Joann Sfar

Chagall in Russland

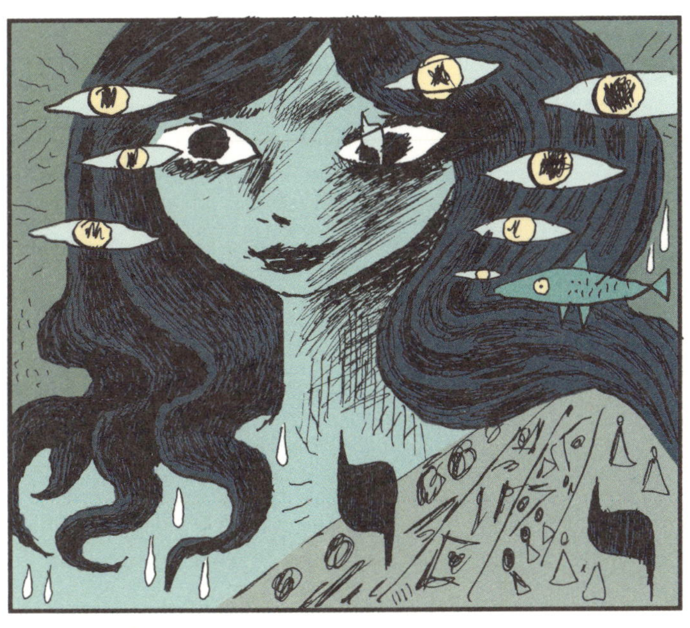

Farben von Brigitte Findakly

avant-verlag

Chagall in Russland

Text und Zeichnungen: Joann Sfar
Kolorierung: Brigitte Findakly
ISBN: 978-3-939080-73-2

Übersetzung: Lorenz Hatt
Korrekturen: Maximilian Lenz
Handlettering: Maya della Pietra
Lettering & Produktion: Tinet Elmgren
Herausgeber: Johann Ulrich

avant-verlag | Rodenbergstr. 9 | 10439 Berlin
info@avant-verlag.de

Mehr Informationen finden Sie online:
www.avant-verlag.de

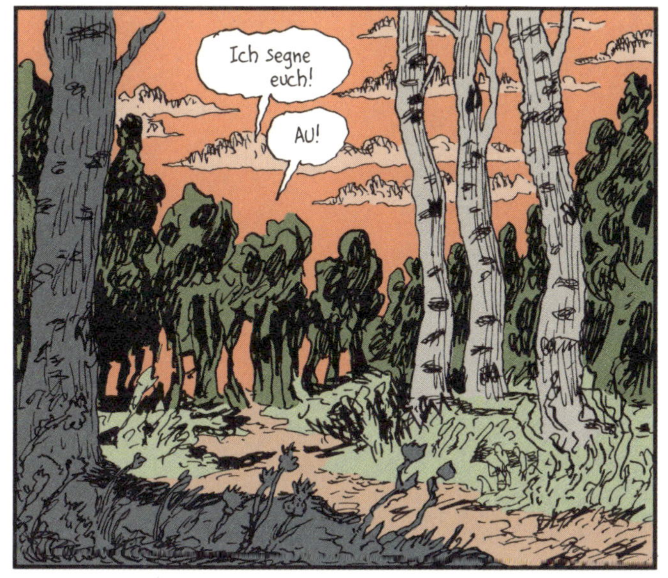
Ich segne euch!
Au!

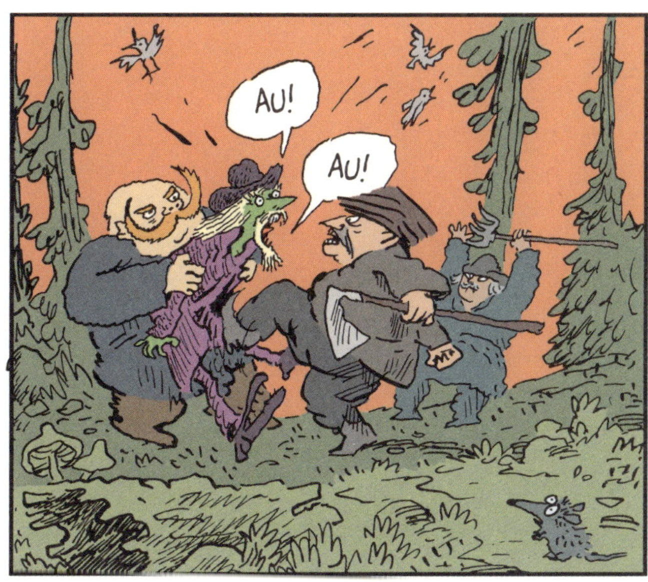
AU!
AU!

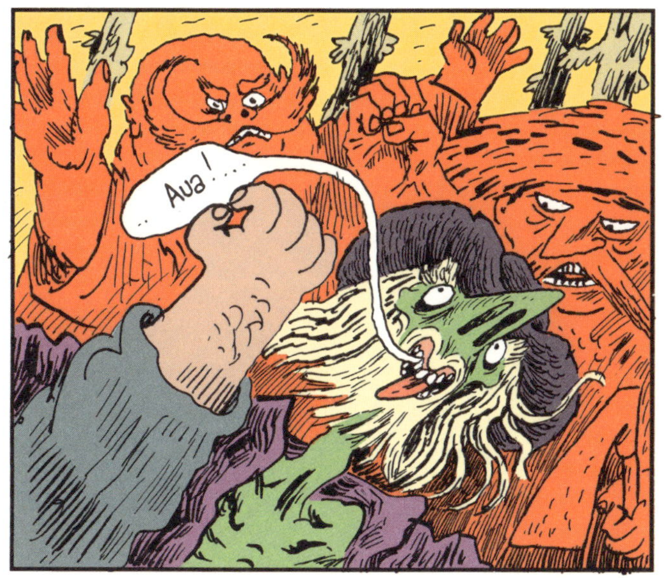
Aua! ...

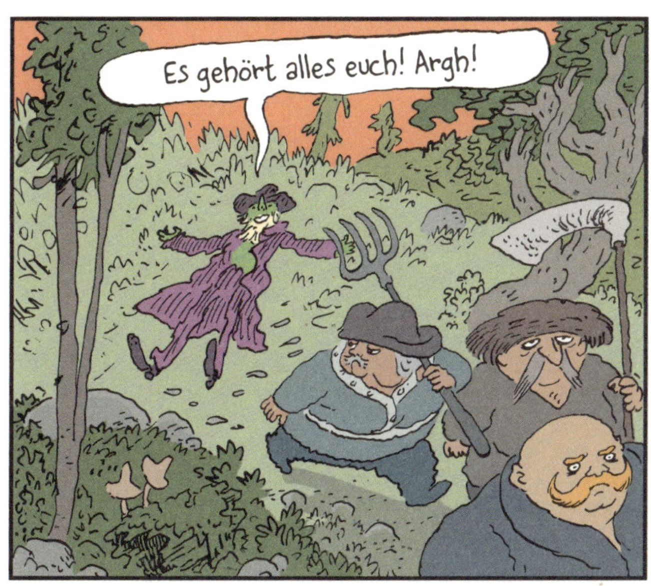
Es gehört alles euch! Argh!

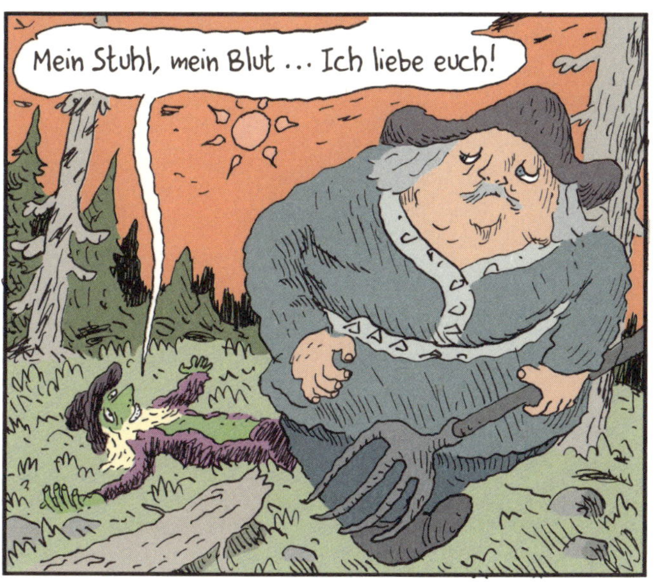
Mein Stuhl, mein Blut ... Ich liebe euch!

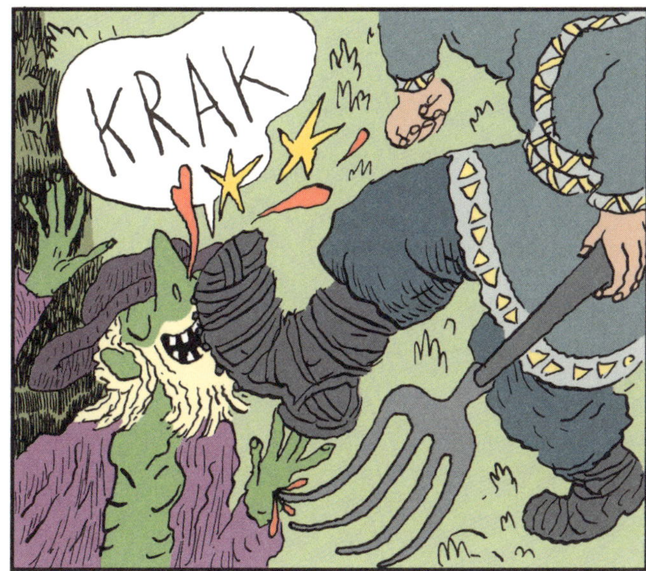
KRAK

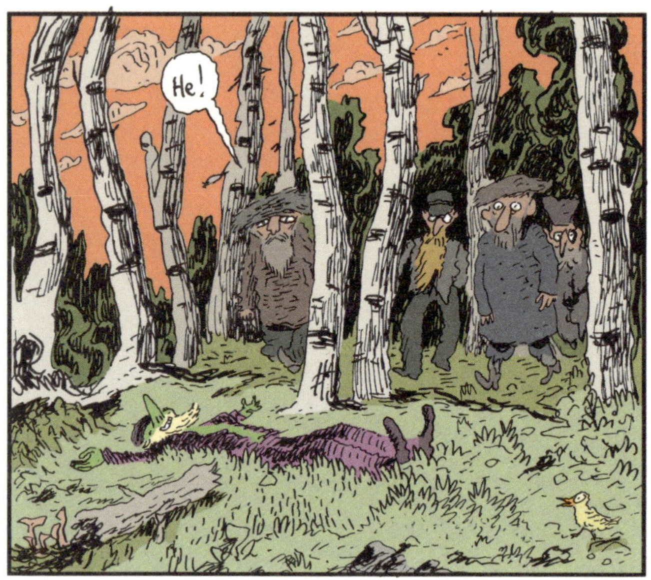
He!

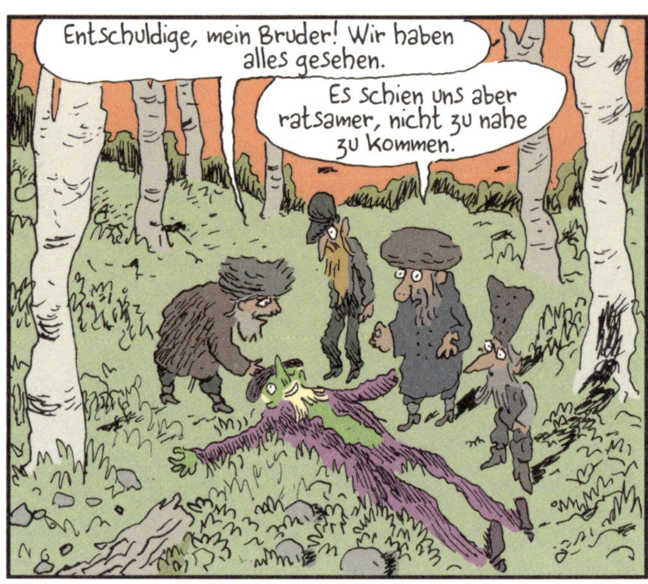
Entschuldige, mein Bruder! Wir haben alles gesehen.
Es schien uns aber ratsamer, nicht zu nahe zu kommen.

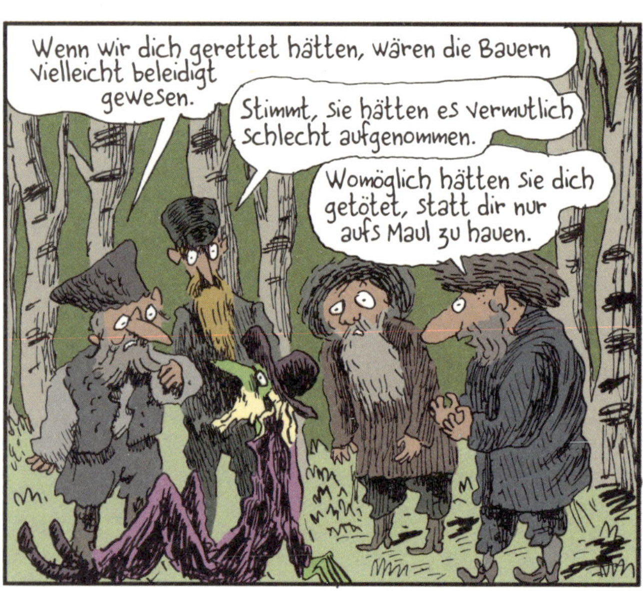
Wenn wir dich gerettet hätten, wären die Bauern vielleicht beleidigt gewesen.
Stimmt, sie hätten es vermutlich schlecht aufgenommen.
Womöglich hätten sie dich getötet, statt dir nur aufs Maul zu hauen.

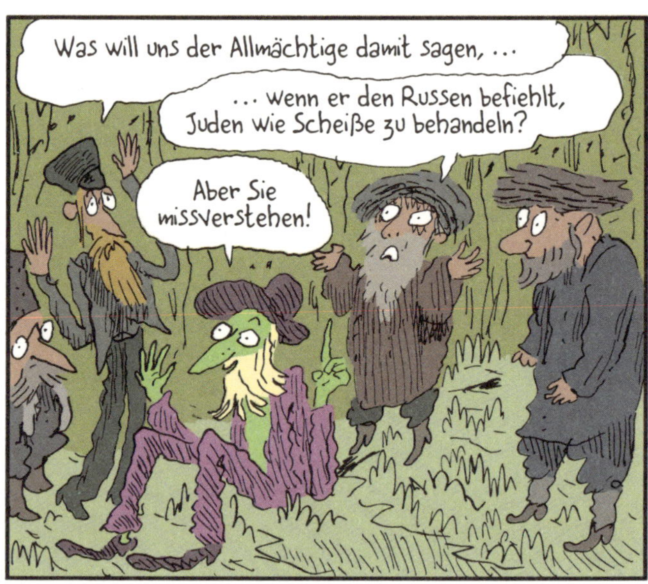
Was will uns der Allmächtige damit sagen, …
… wenn er den Russen befiehlt, Juden wie Scheiße zu behandeln?
Aber Sie missverstehen!

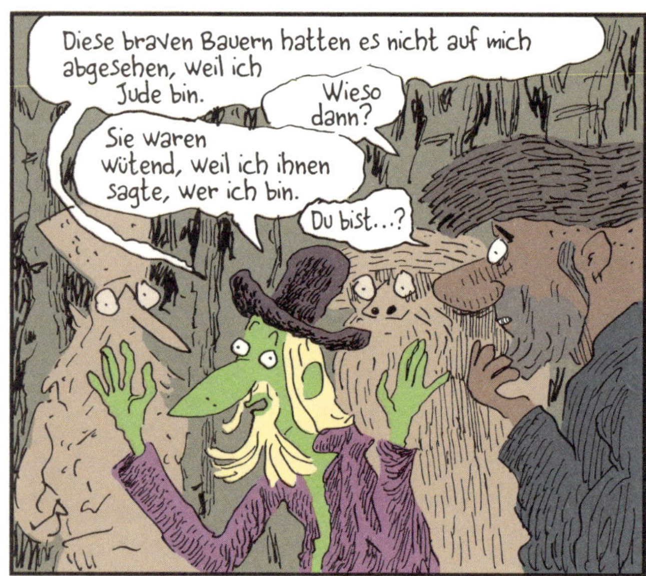
Diese braven Bauern hatten es nicht auf mich abgesehen, weil ich Jude bin.
Wieso dann?
Sie waren wütend, weil ich ihnen sagte, wer ich bin.
Du bist…?

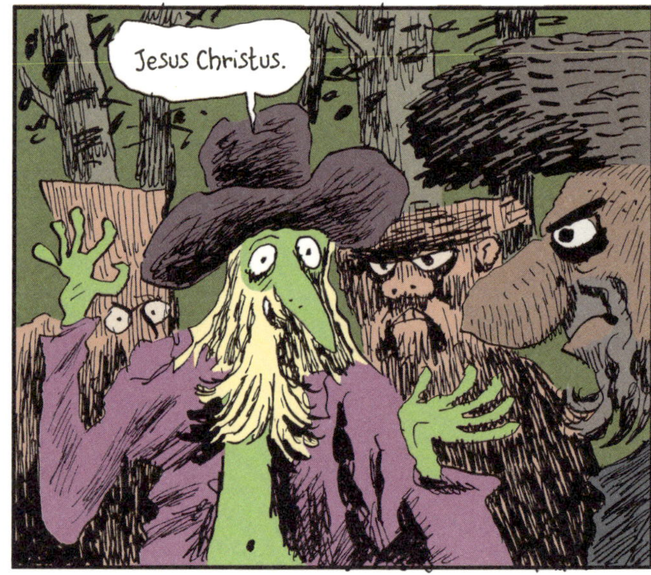
Jesus Christus.

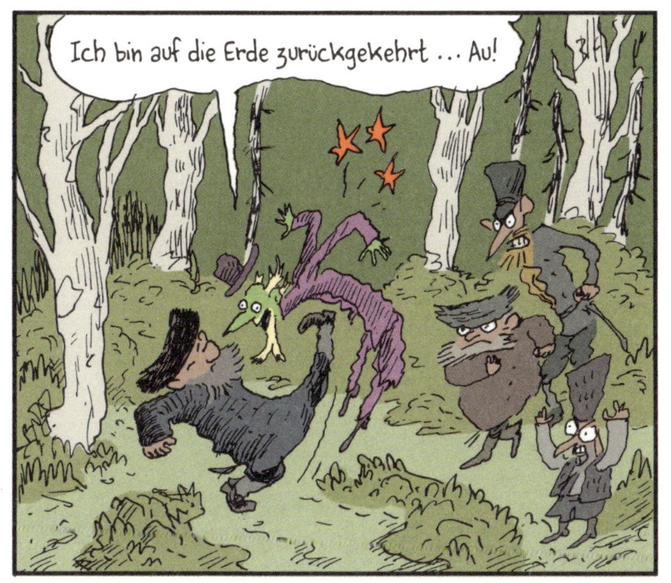
Ich bin auf die Erde zurückgekehrt ... Au!

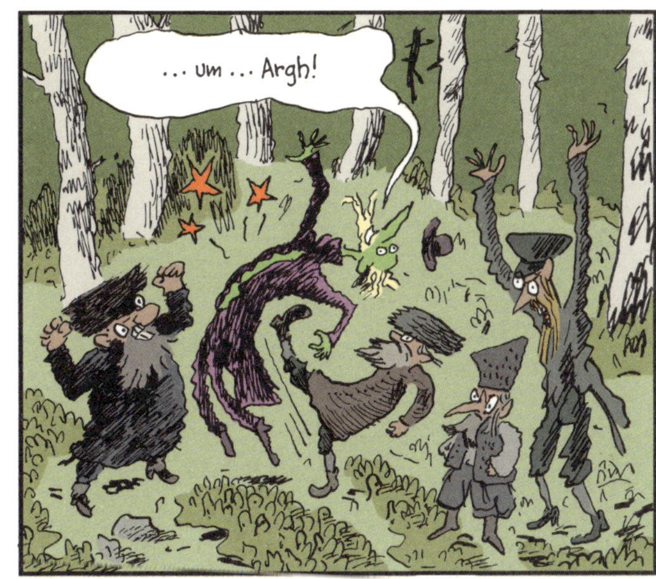
... um ... Argh!

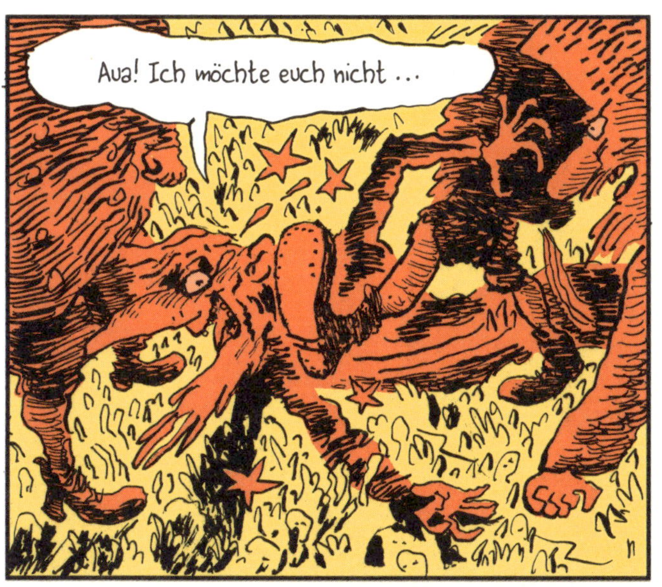
Aua! Ich möchte euch nicht ...

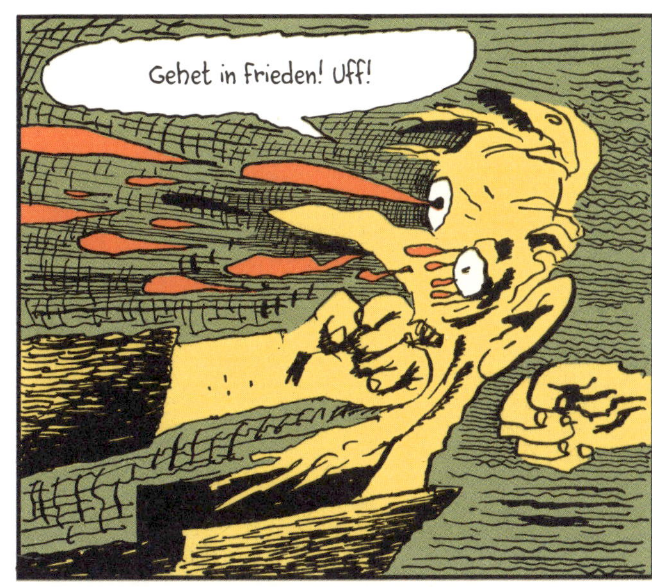
Gehet in Frieden! Uff!

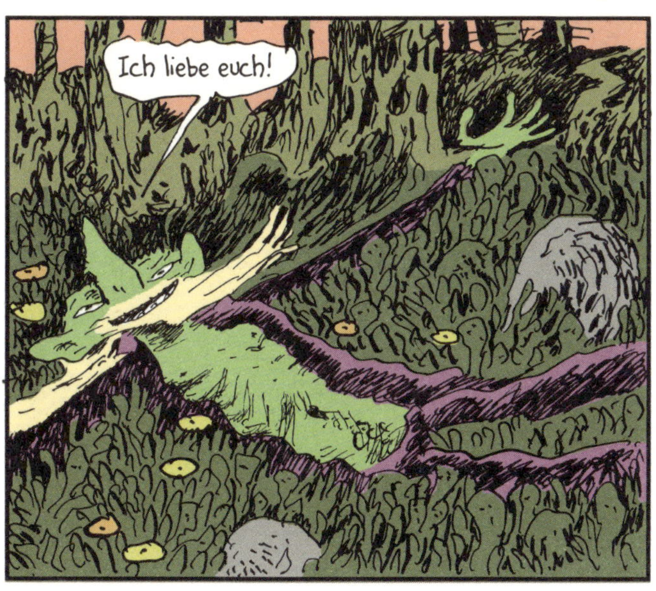
Ich liebe euch!

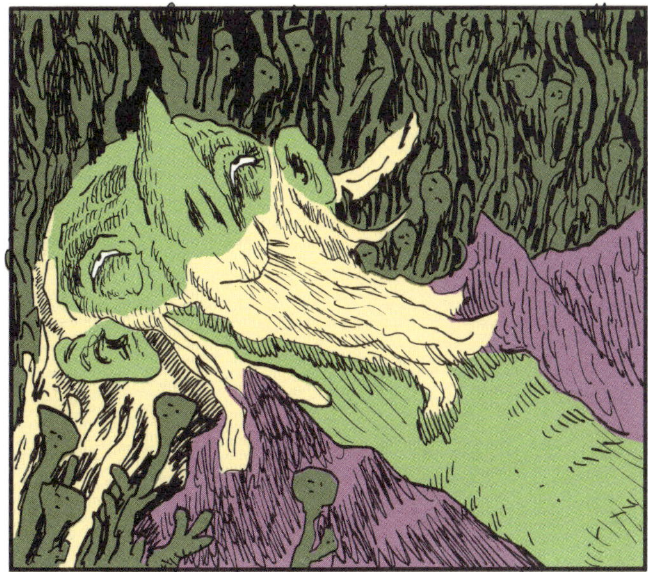

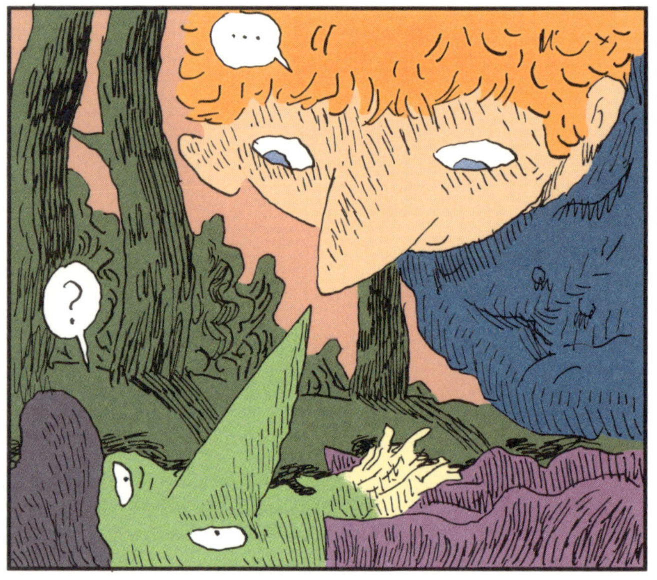
...
?

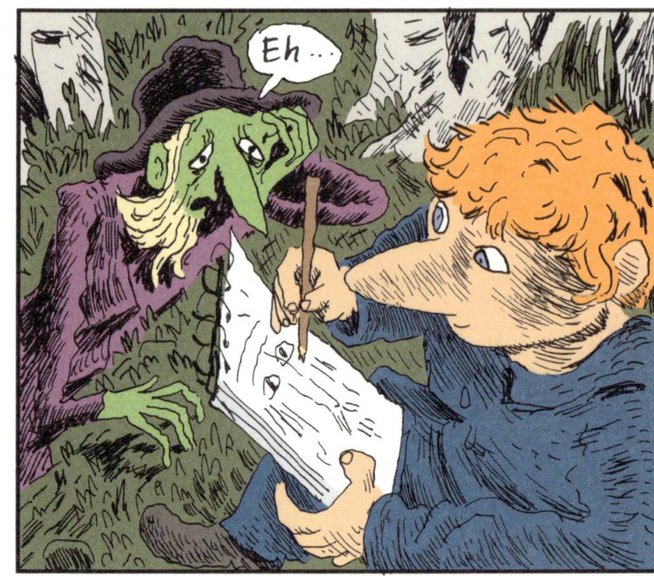
Eh...

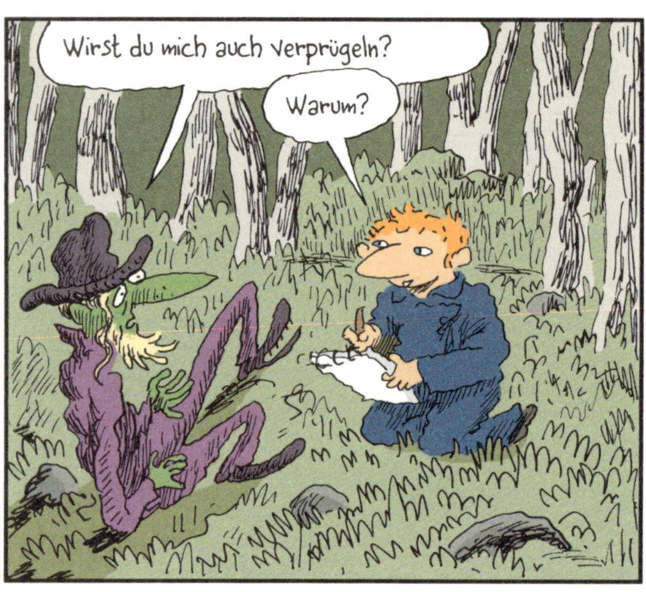
Wirst du mich auch verprügeln?
Warum?

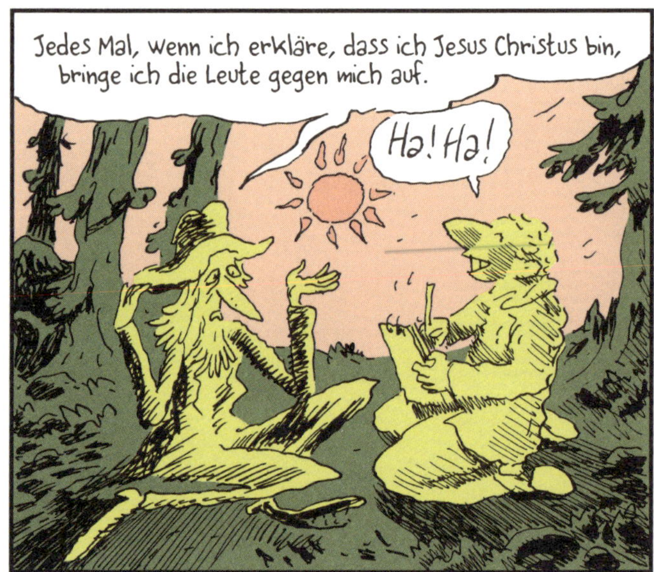
Jedes Mal, wenn ich erkläre, dass ich Jesus Christus bin, bringe ich die Leute gegen mich auf.
Ha! Ha!

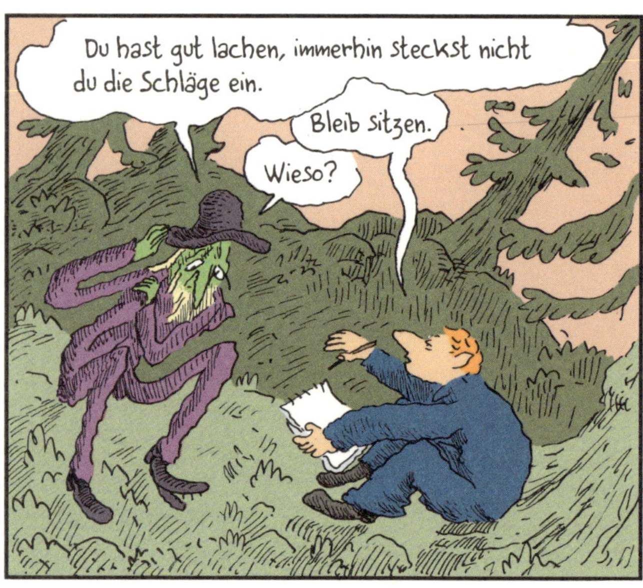
Du hast gut lachen, immerhin steckst nicht du die Schläge ein.
Bleib sitzen.
Wieso?

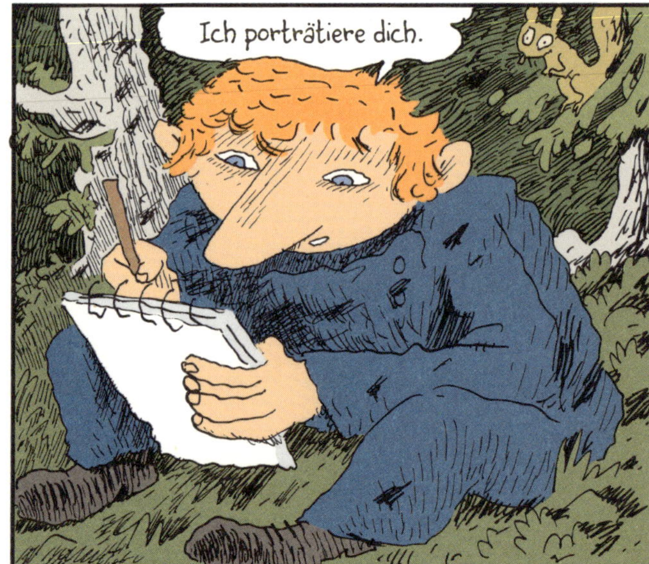
Ich porträtiere dich.

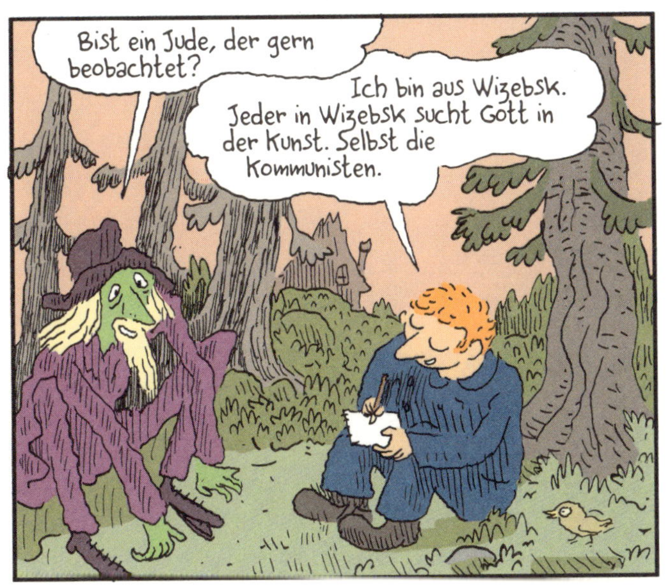
Bist ein Jude, der gern beobachtet?
Ich bin aus Wizebsk. Jeder in Wizebsk sucht Gott in der Kunst. Selbst die Kommunisten.

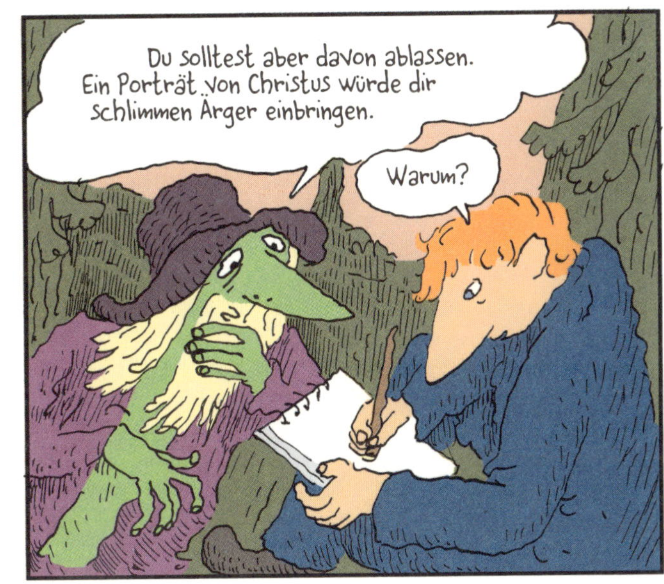
Du solltest aber davon ablassen. Ein Porträt von Christus würde dir schlimmen Ärger einbringen.
Warum?

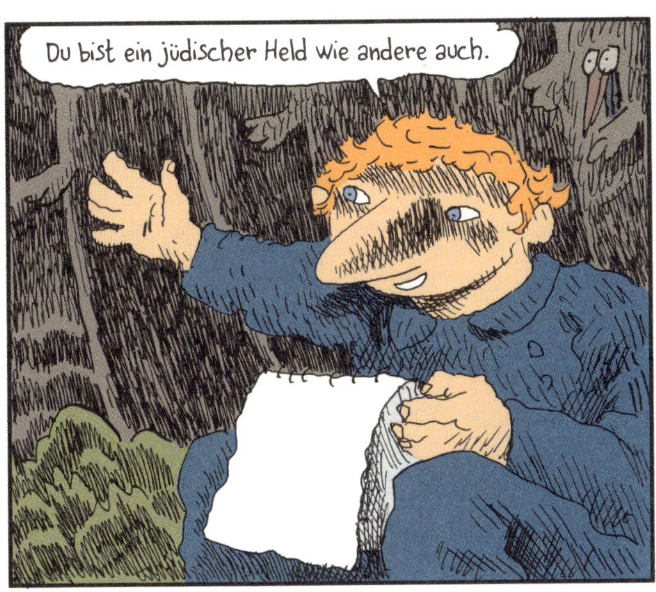
Du bist ein jüdischer Held wie andere auch.

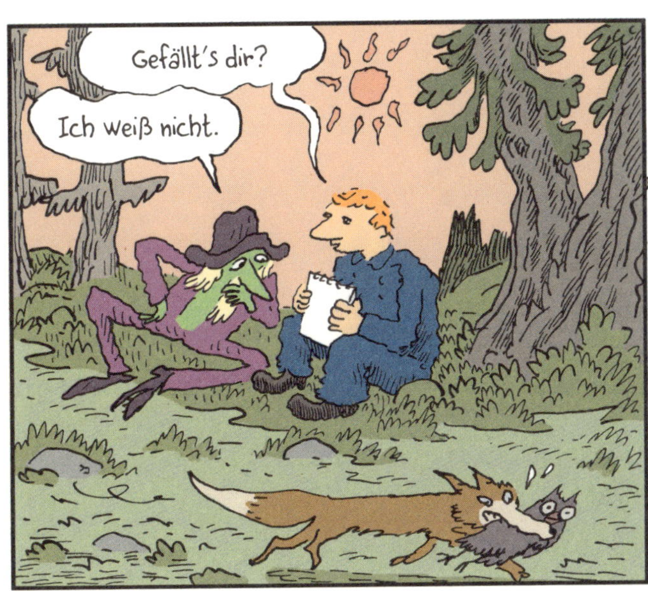
Gefällt's dir?
Ich weiß nicht.

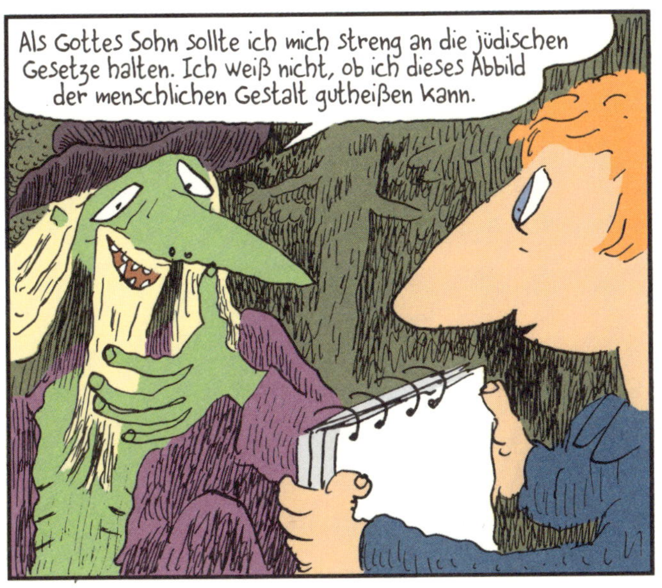
Als Gottes Sohn sollte ich mich streng an die jüdischen Gesetze halten. Ich weiß nicht, ob ich dieses Abbild der menschlichen Gestalt gutheißen kann.

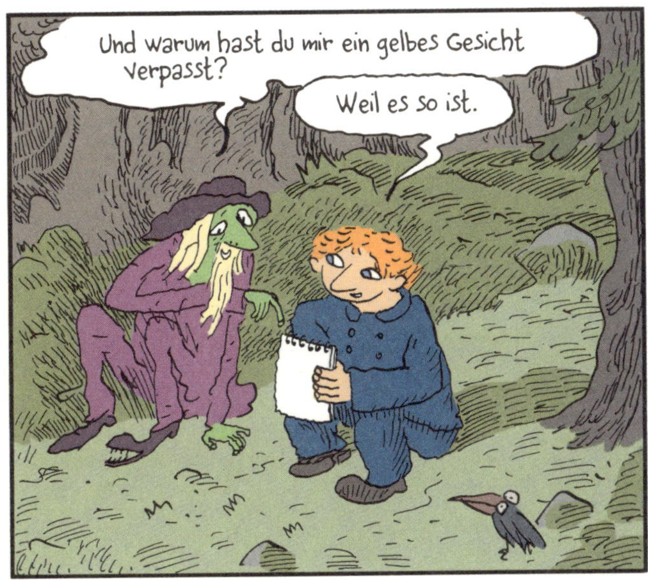
Und warum hast du mir ein gelbes Gesicht verpasst?
Weil es so ist.

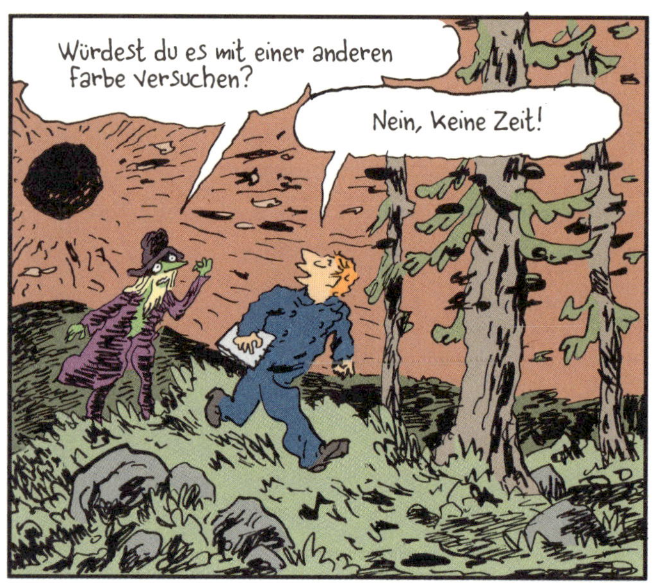
Würdest du es mit einer anderen Farbe versuchen?
Nein, keine Zeit!

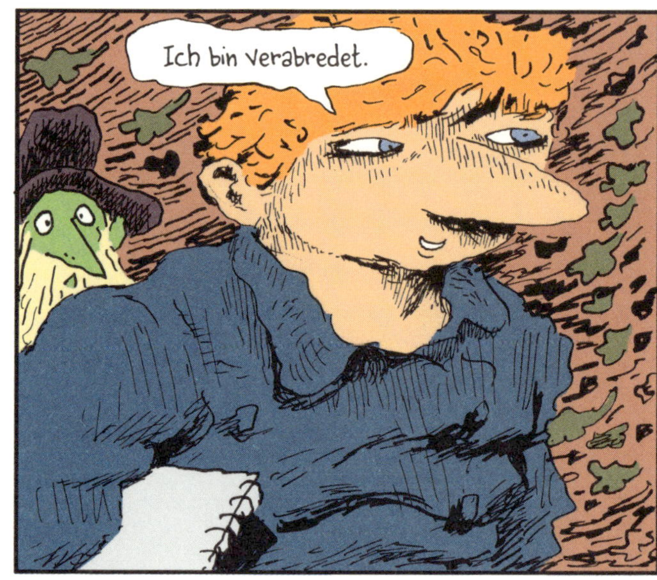
Ich bin verabredet.

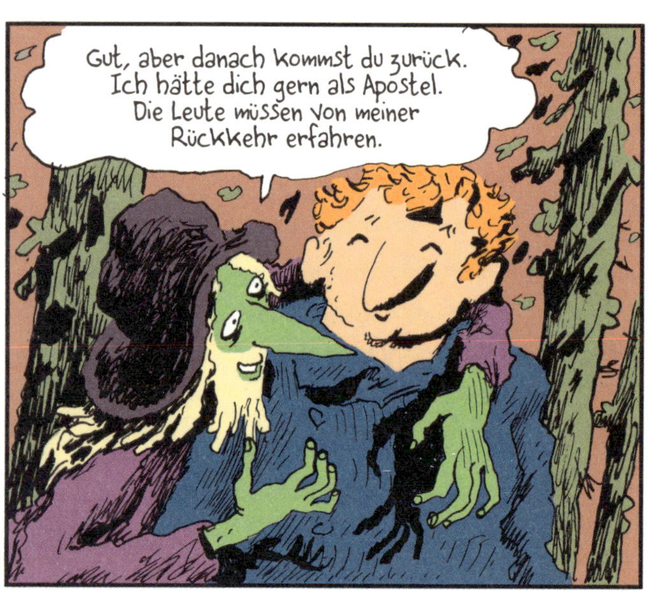
Gut, aber danach kommst du zurück. Ich hätte dich gern als Apostel. Die Leute müssen von meiner Rückkehr erfahren.

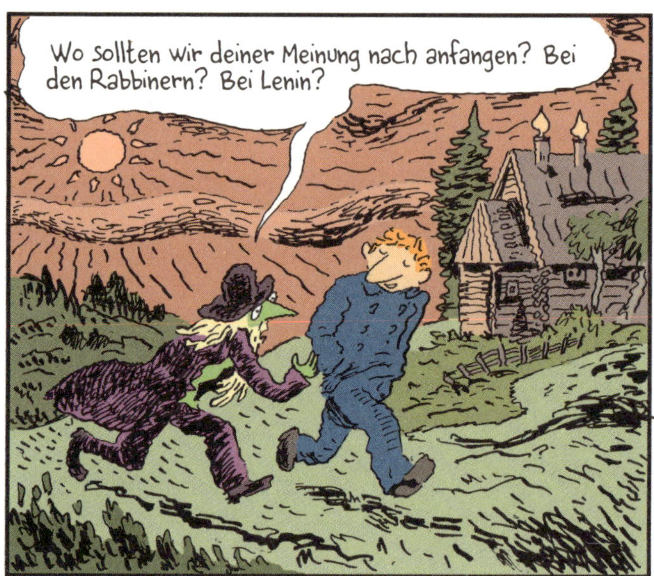
Wo sollten wir deiner Meinung nach anfangen? Bei den Rabbinern? Bei Lenin?

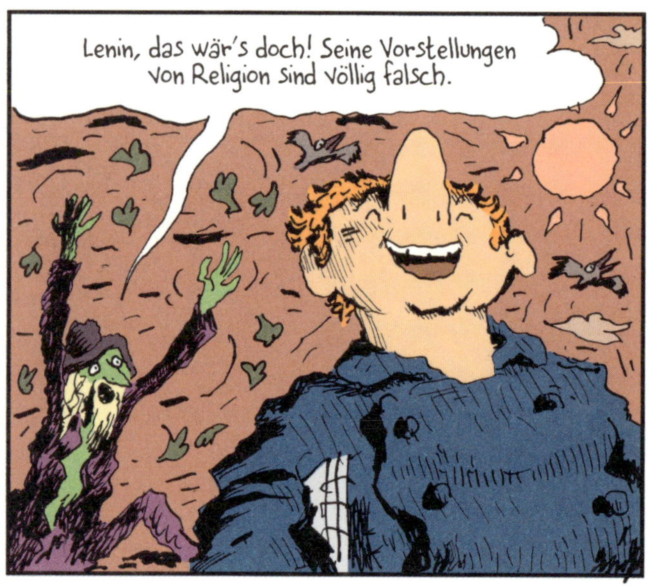
Lenin, das wär's doch! Seine Vorstellungen von Religion sind völlig falsch.

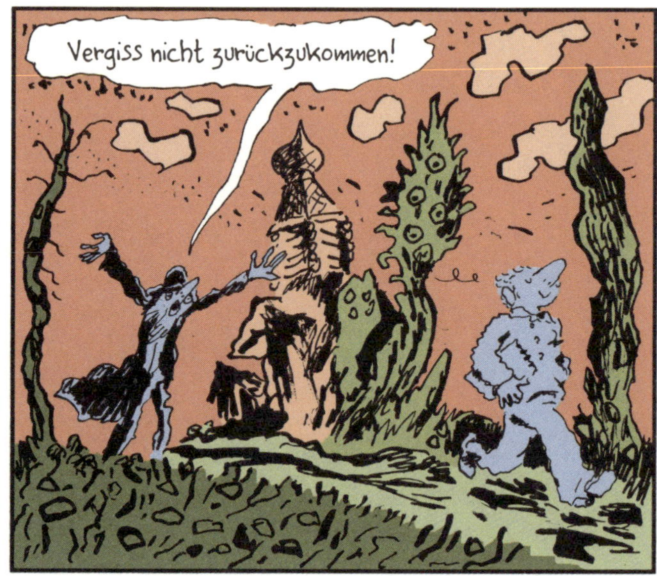
Vergiss nicht zurückzukommen!

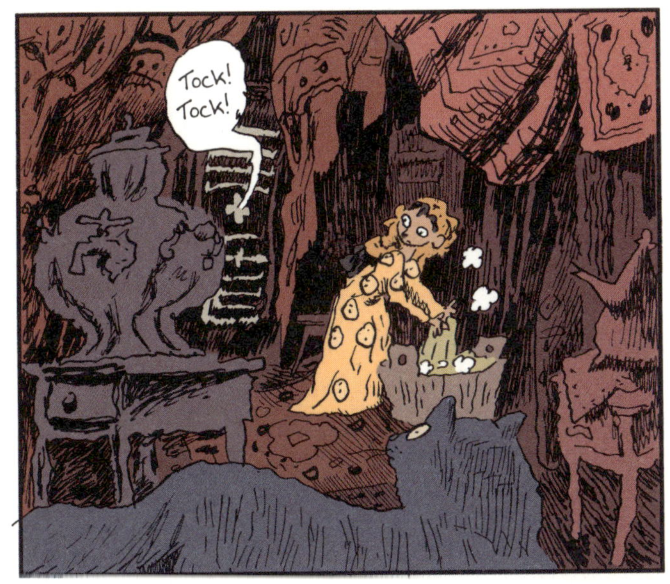
Tock! Tock!

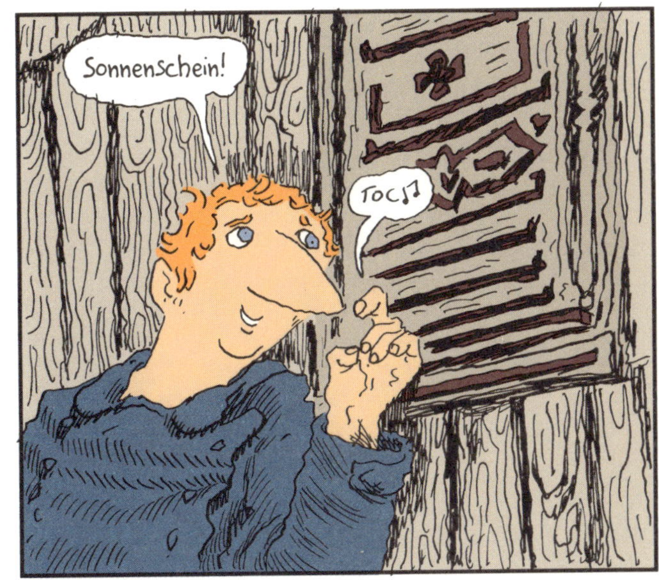
Sonnenschein!
Toc♫

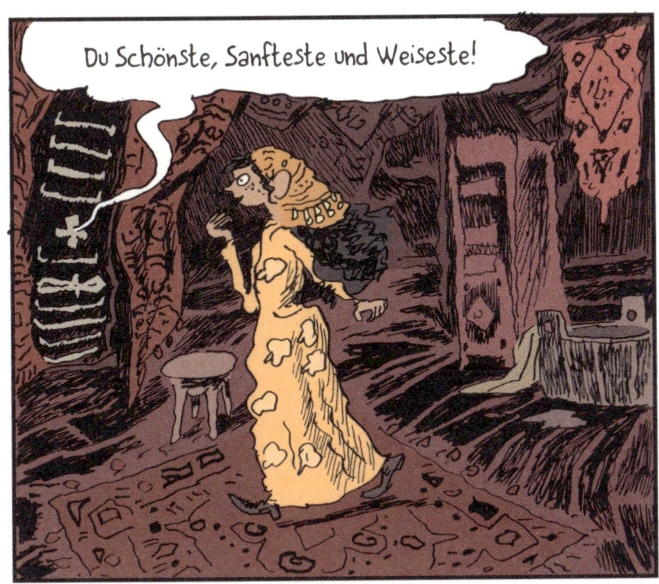
Du Schönste, Sanfteste und Weiseste!

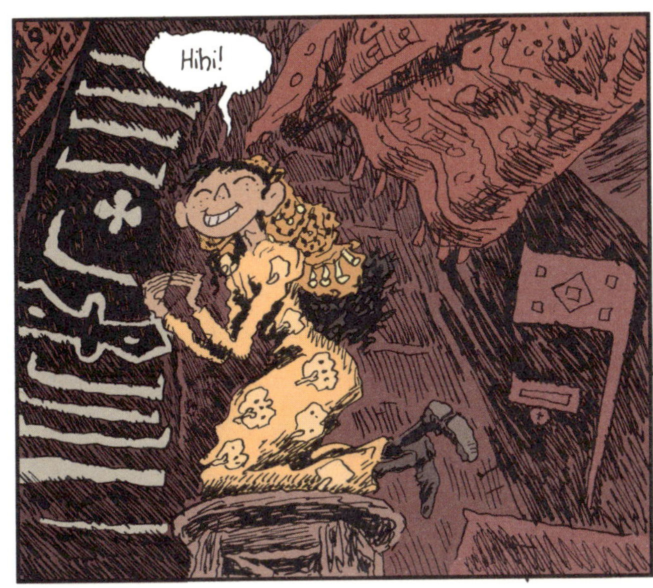
Hihi!

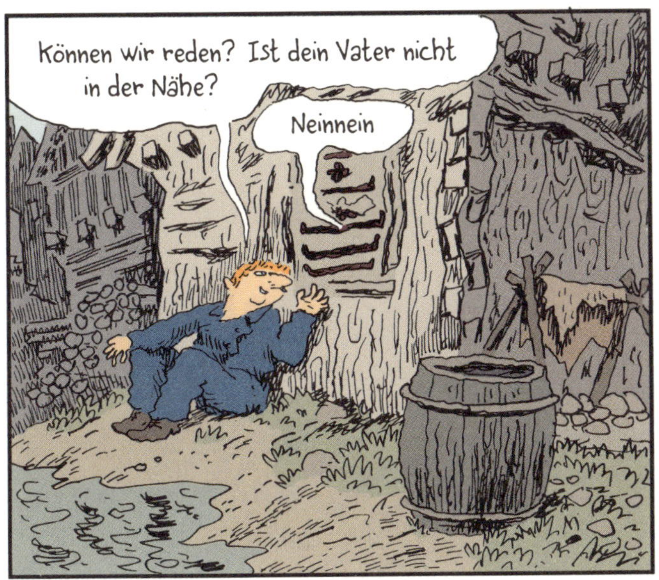
Können wir reden? Ist dein Vater nicht in der Nähe?
Neinnein

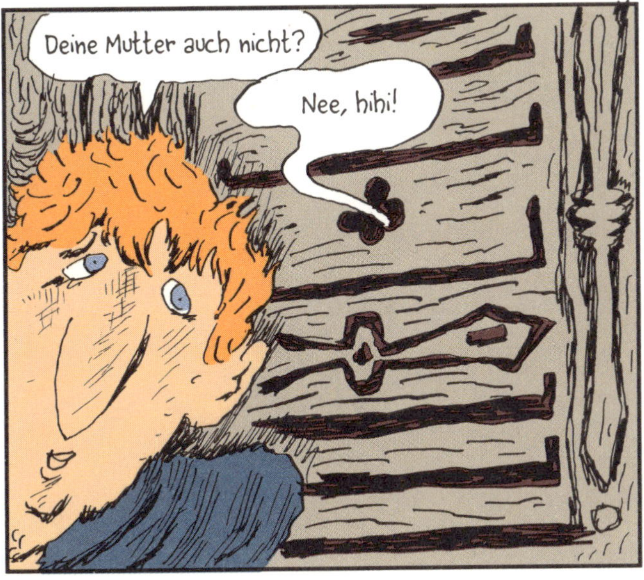
Deine Mutter auch nicht?
Nee, hihi!

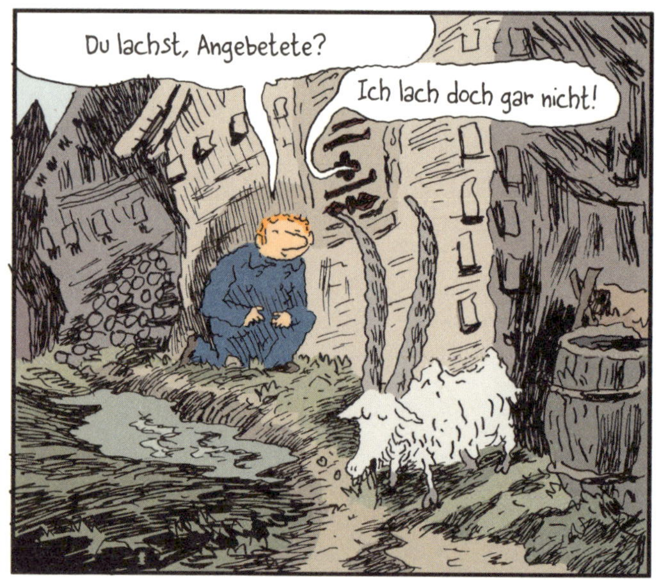
Du lachst, Angebetete?
Ich lach doch gar nicht!

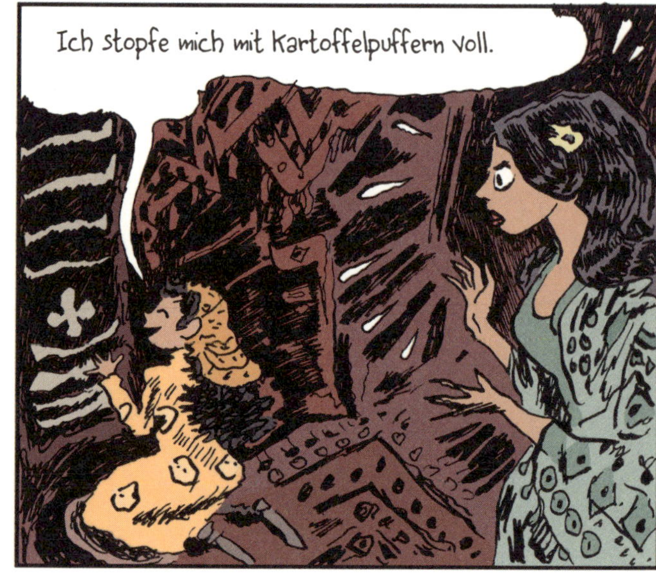
Ich stopfe mich mit Kartoffelpuffern voll.

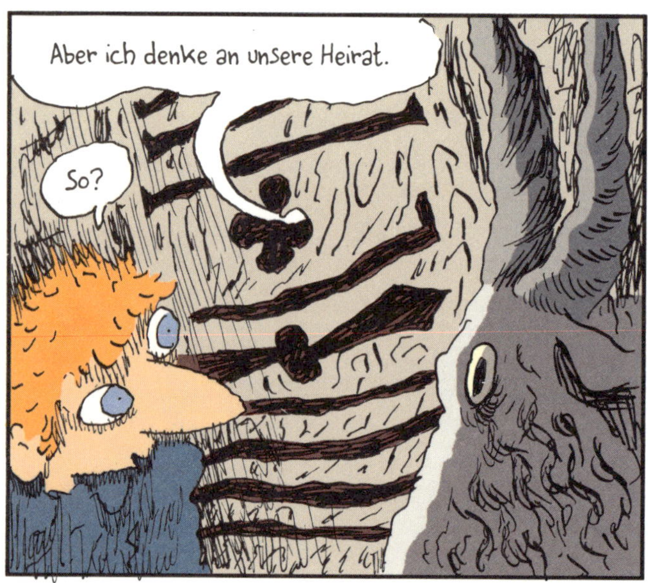
Aber ich denke an unsere Heirat.
So?

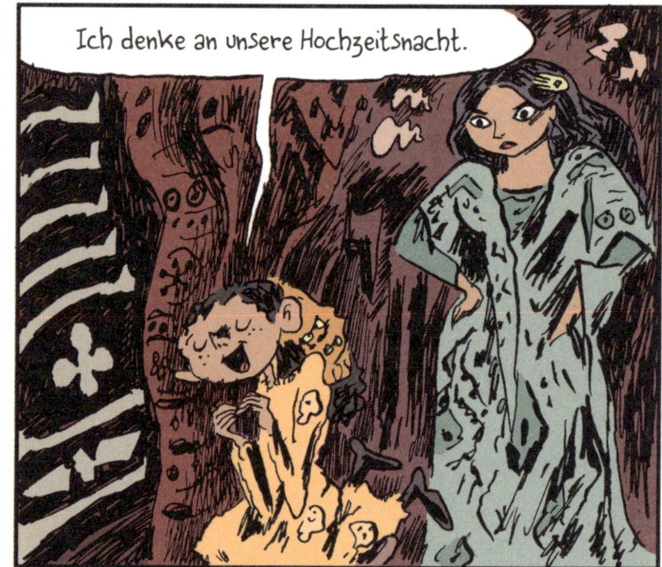
Ich denke an unsere Hochzeitsnacht.

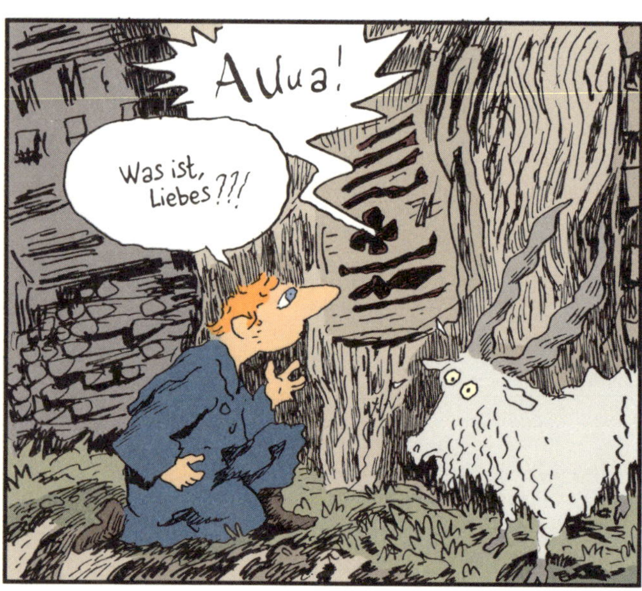
AUua!
Was ist, Liebes ?!?

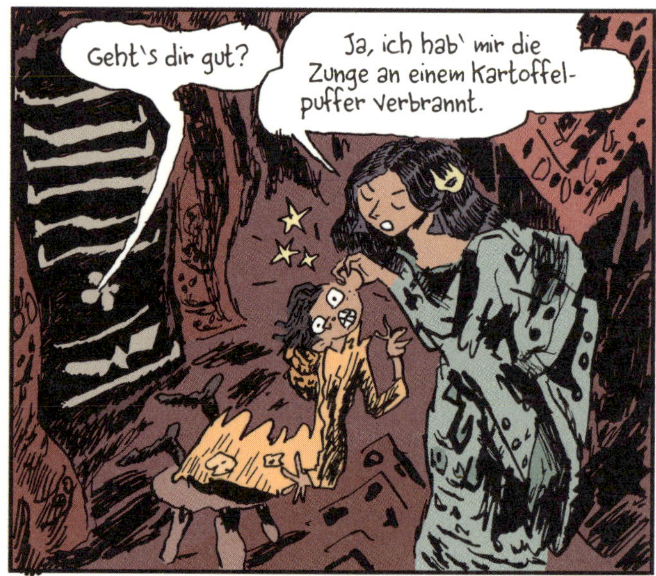
Geht's dir gut?
Ja, ich hab' mir die Zunge an einem Kartoffel-puffer verbrannt.

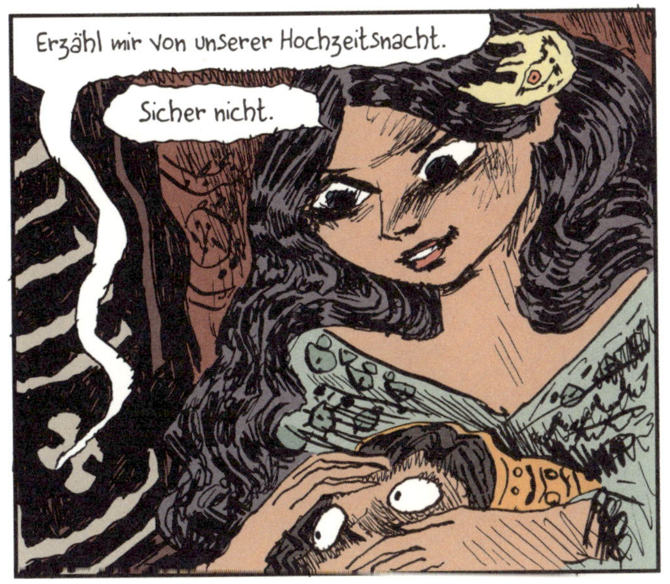
Erzähl mir von unserer Hochzeitsnacht.
Sicher nicht.

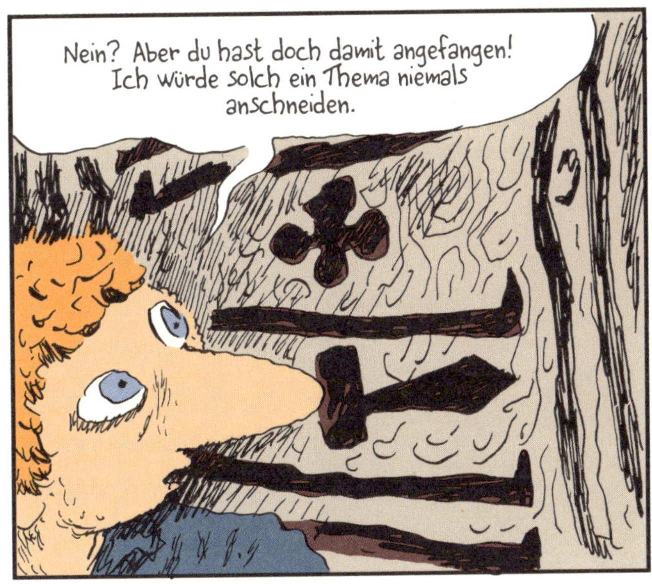
Nein? Aber du hast doch damit angefangen! Ich würde solch ein Thema niemals anschneiden.

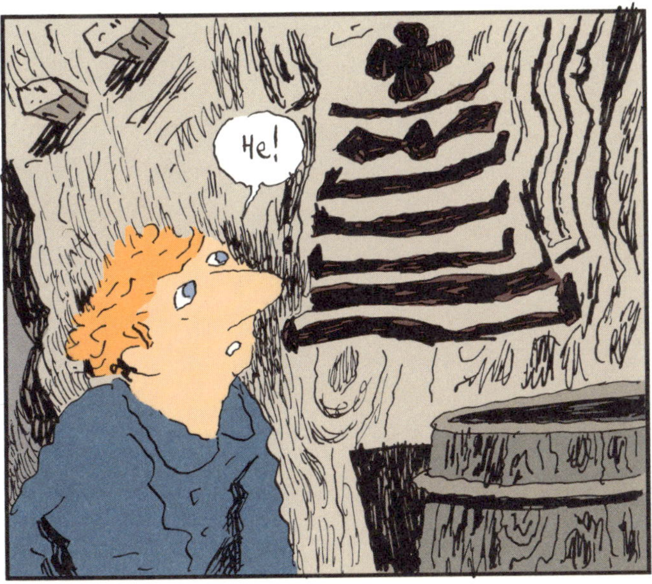
He!

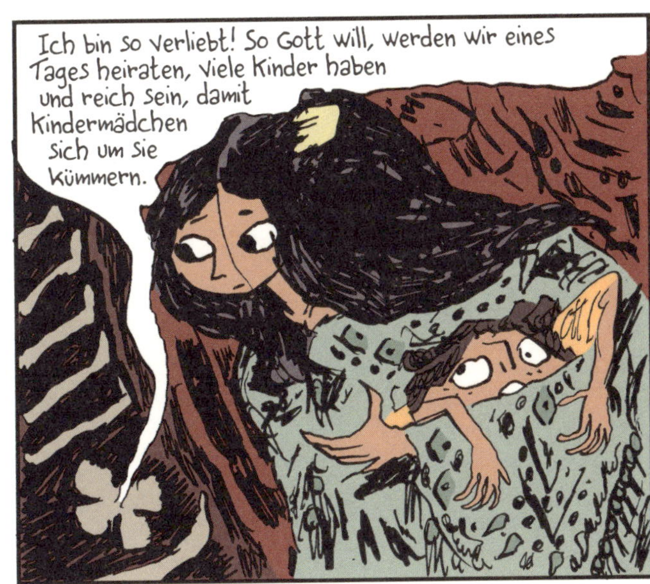
Ich bin so verliebt! So Gott will, werden wir eines Tages heiraten, viele Kinder haben und reich sein, damit Kindermädchen sich um sie kümmern.

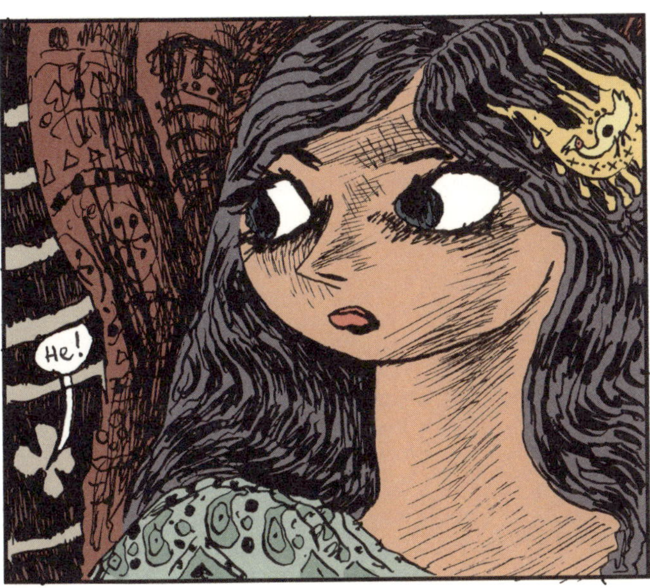
He!

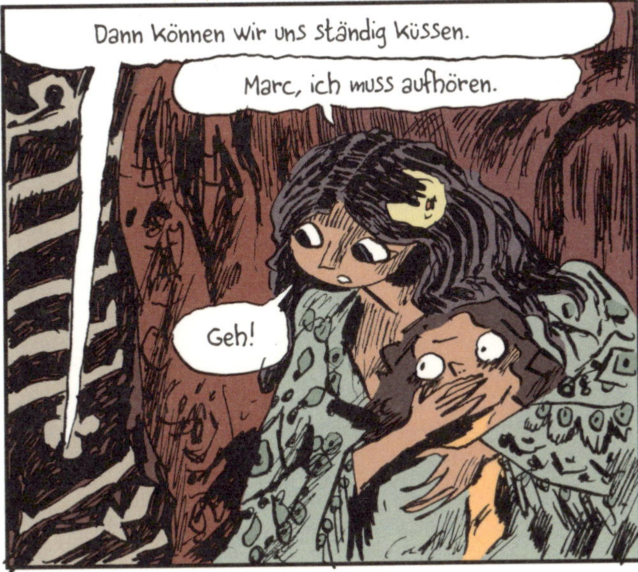
Dann können wir uns ständig küssen.
Marc, ich muss aufhören.
Geh!

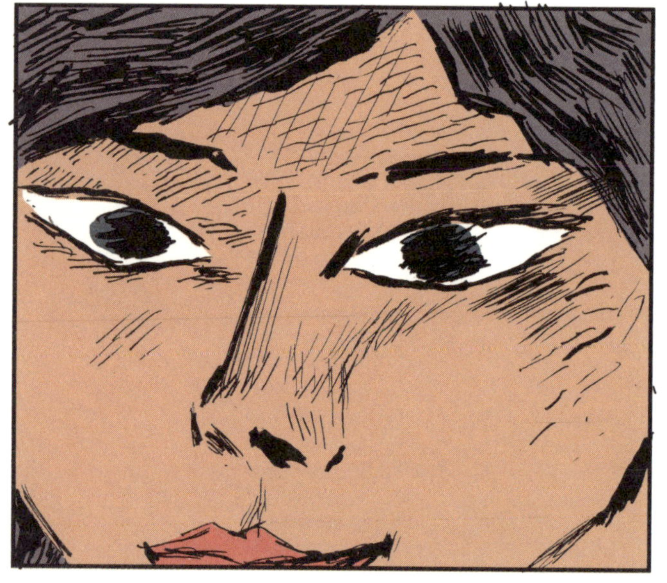
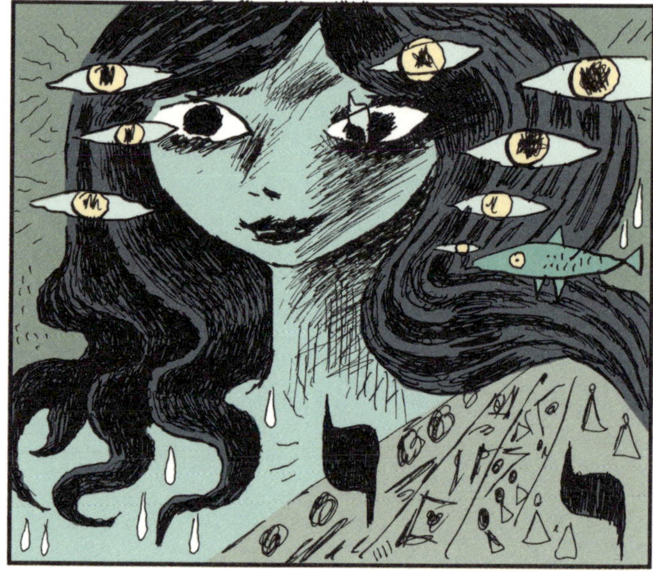
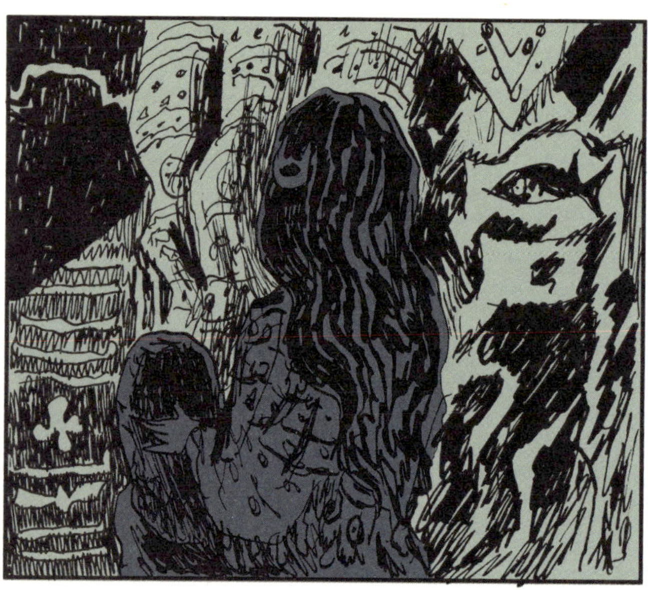
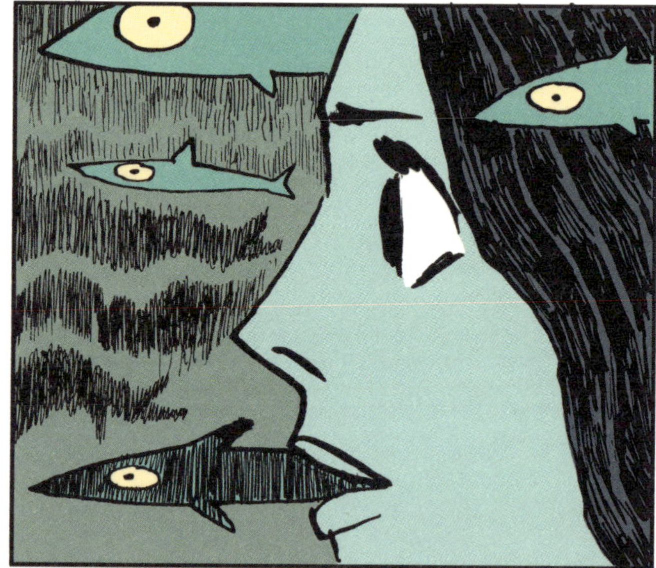
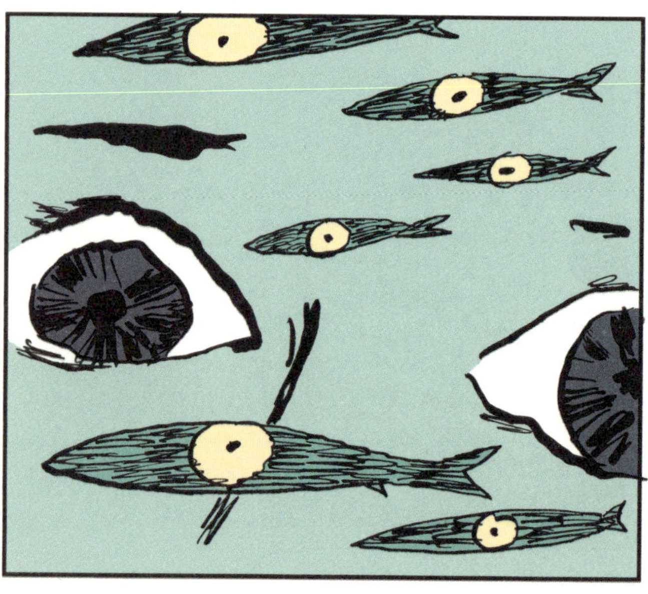
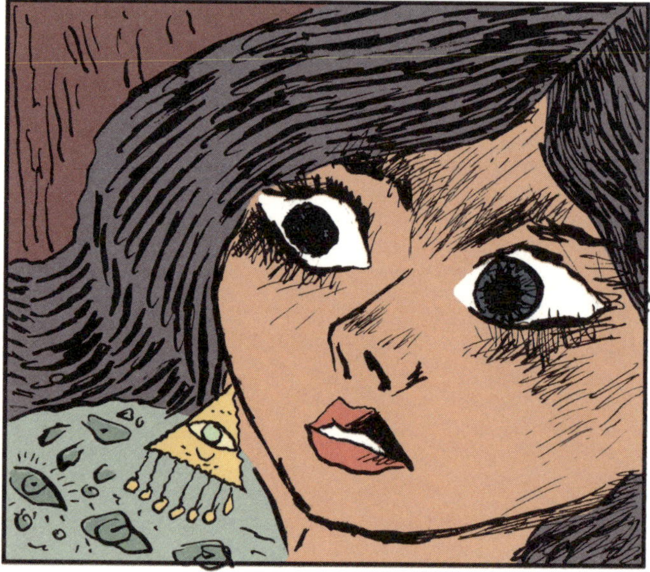

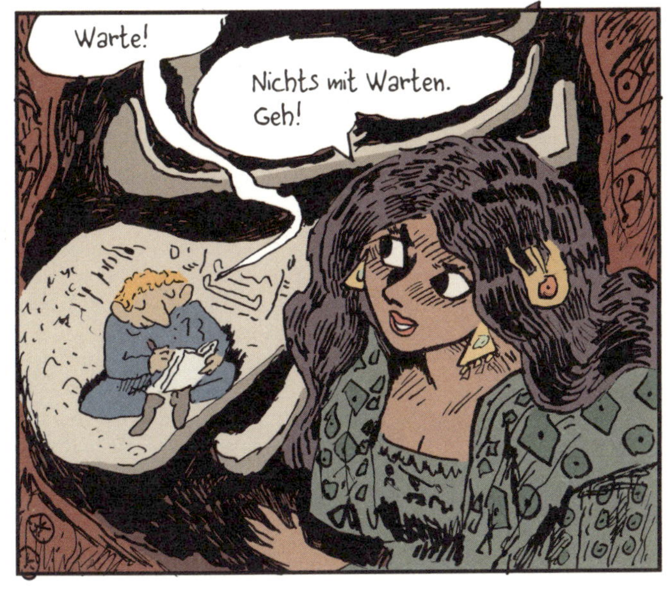
Warte!
Nichts mit Warten. Geh!

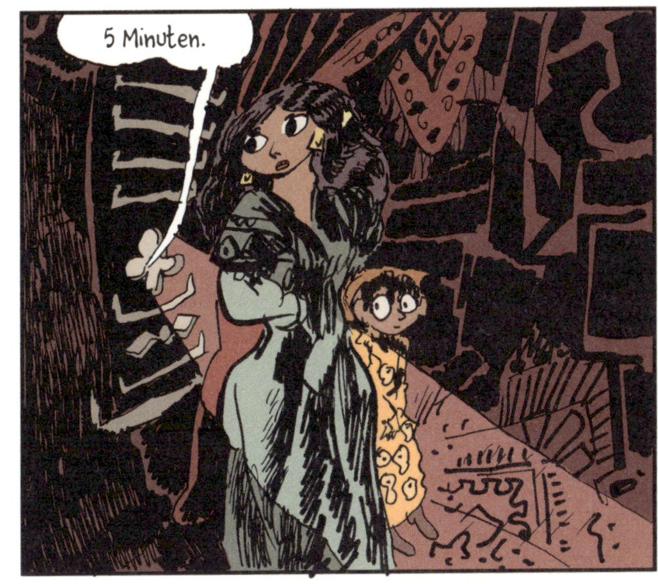
5 Minuten.

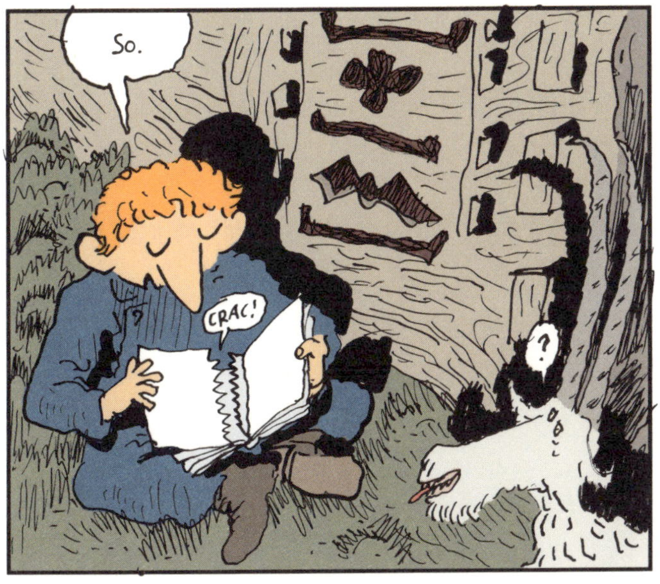
So.
CRAC!
?

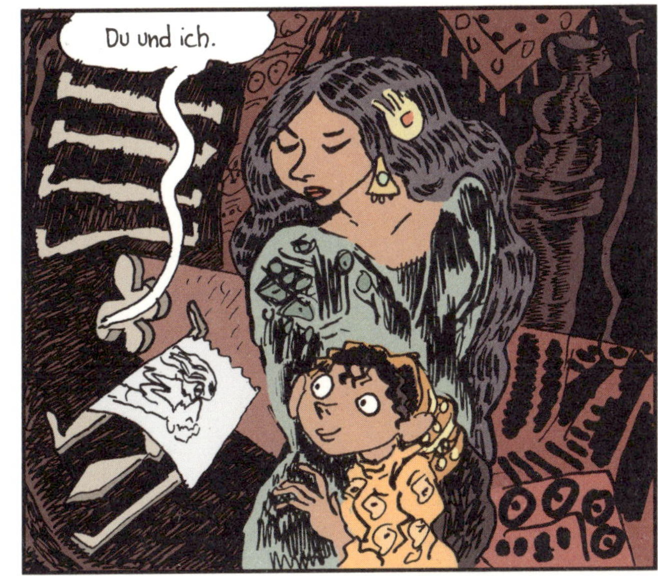
Du und ich.

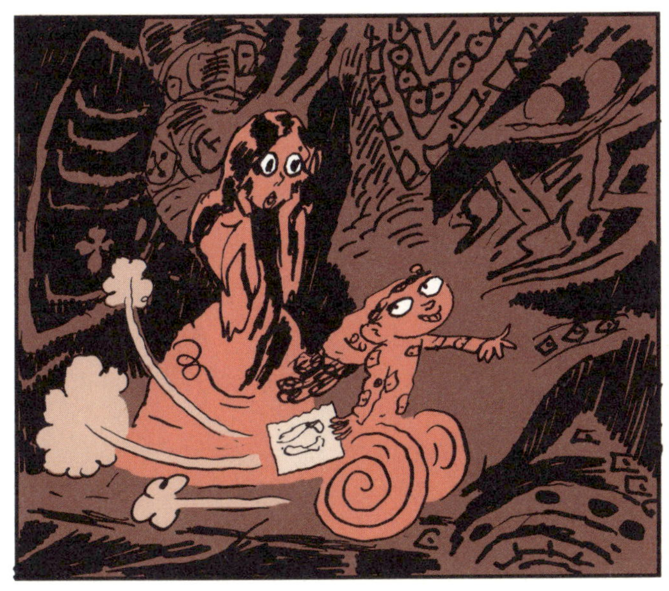

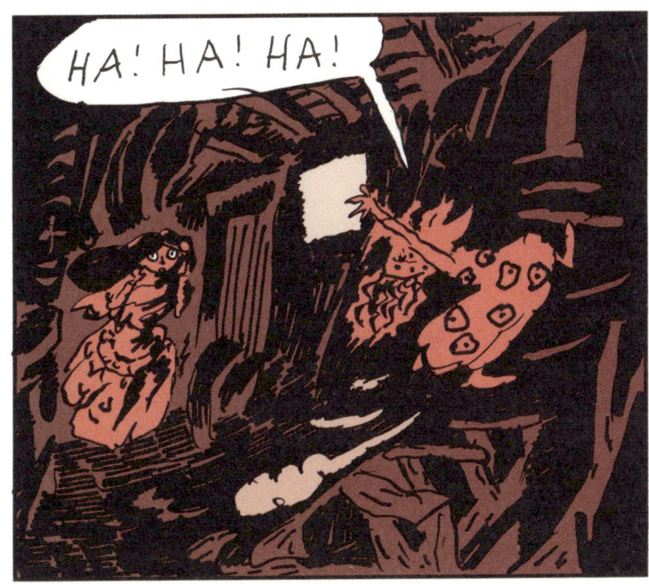
HA! HA! HA!

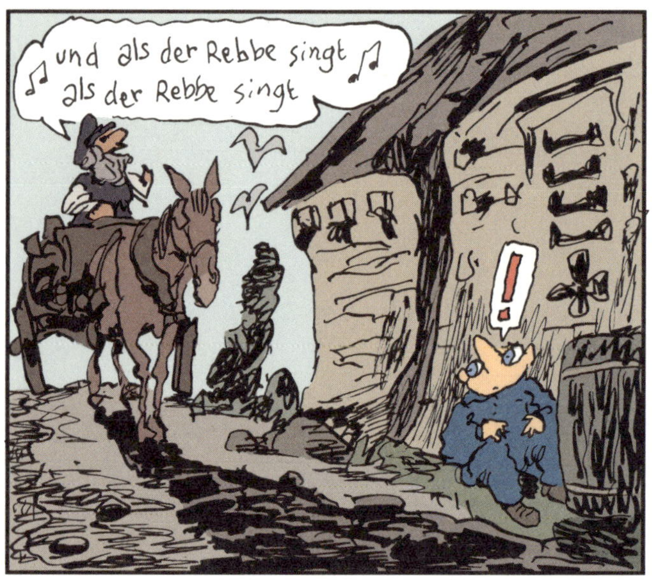
und als der Rebbe singt
als der Rebbe singt
!

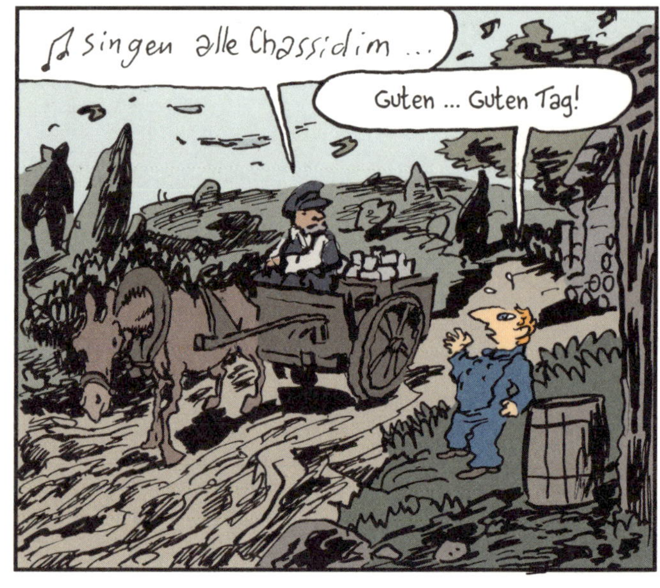
singen alle Chassidim ...
Guten ... Guten Tag!

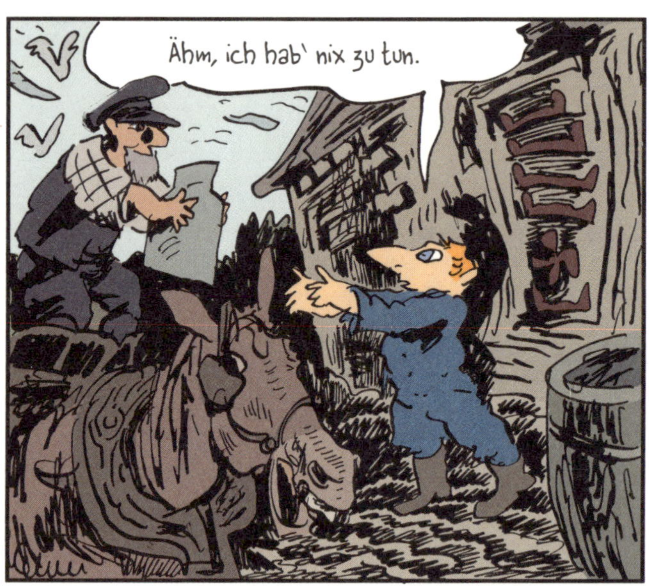
Ähm, ich hab' nix zu tun.

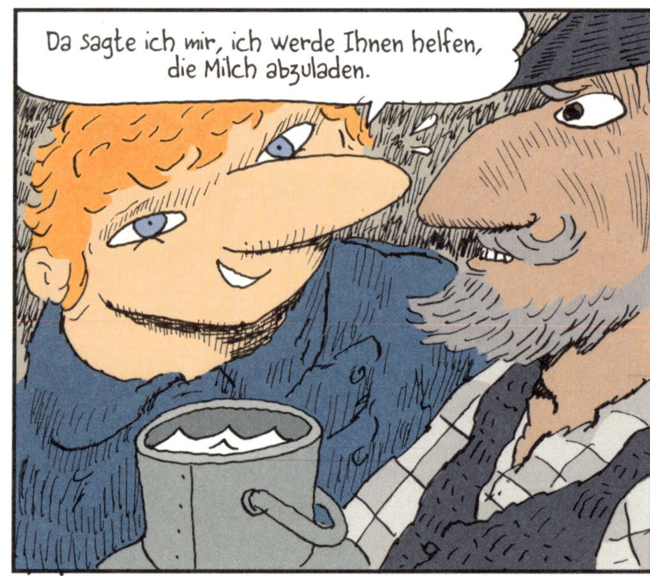
Da sagte ich mir, ich werde Ihnen helfen, die Milch abzuladen.

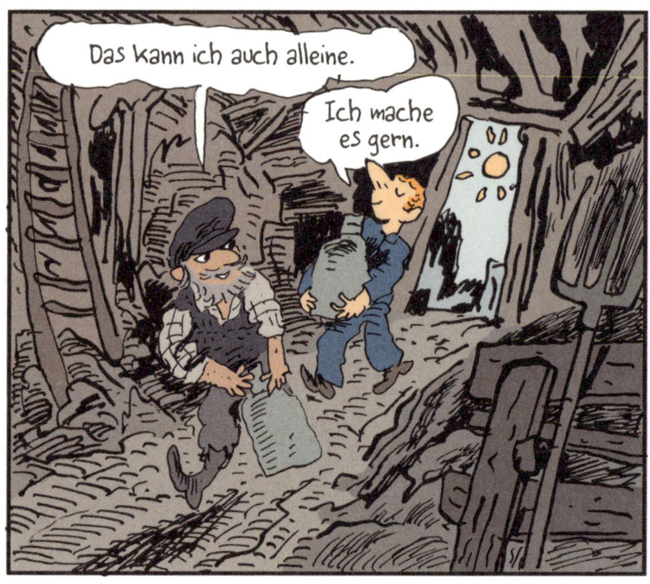
Das kann ich auch alleine.
Ich mache es gern.

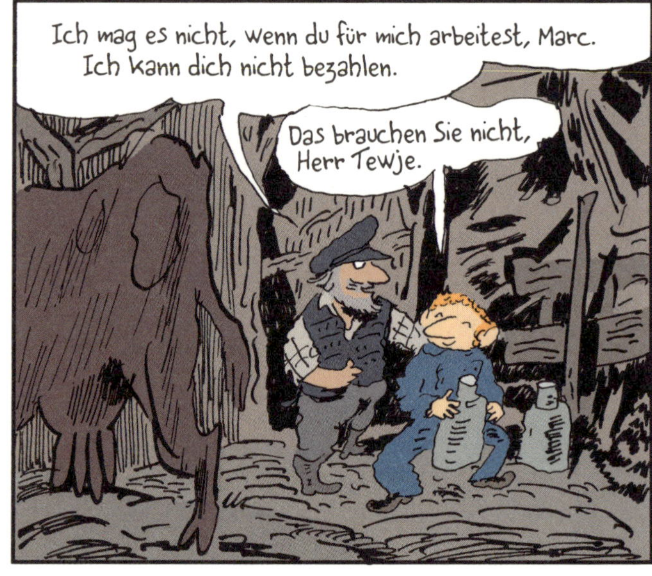
Ich mag es nicht, wenn du für mich arbeitest, Marc. Ich kann dich nicht bezahlen.
Das brauchen Sie nicht, Herr Tewje.

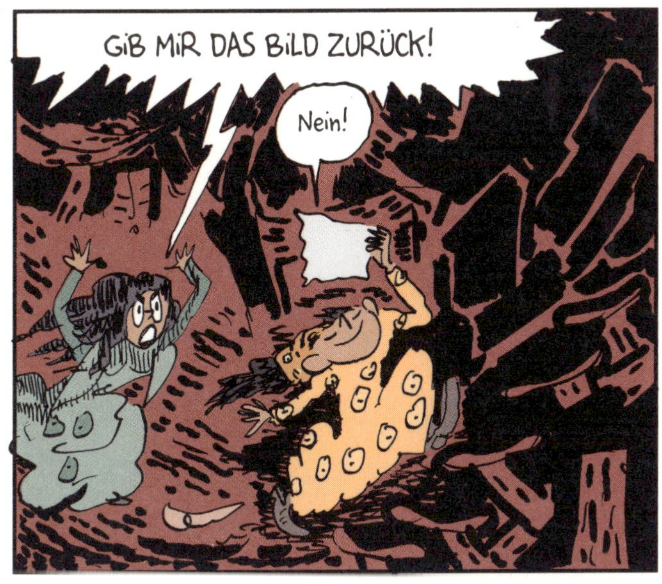
GIB MIR DAS BILD ZURÜCK!
Nein!

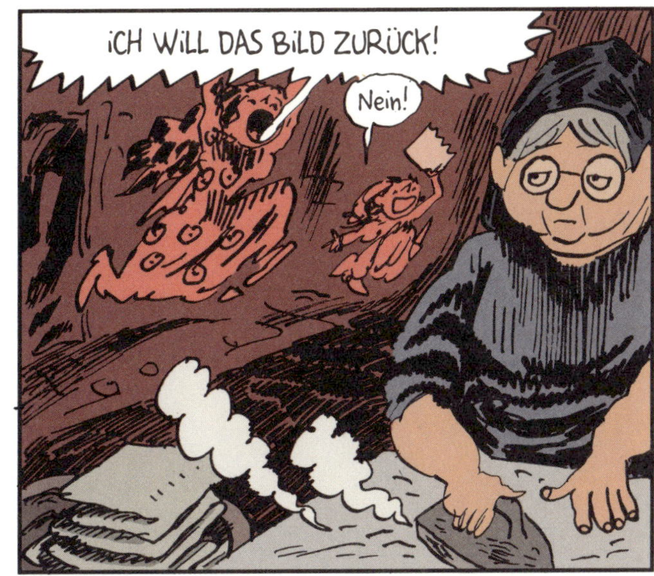
ICH WILL DAS BILD ZURÜCK!
Nein!

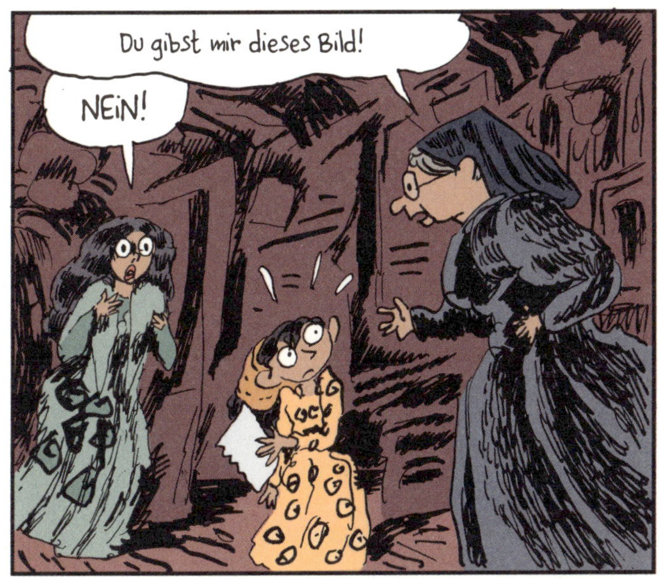
Du gibst mir dieses Bild!
NEIN!

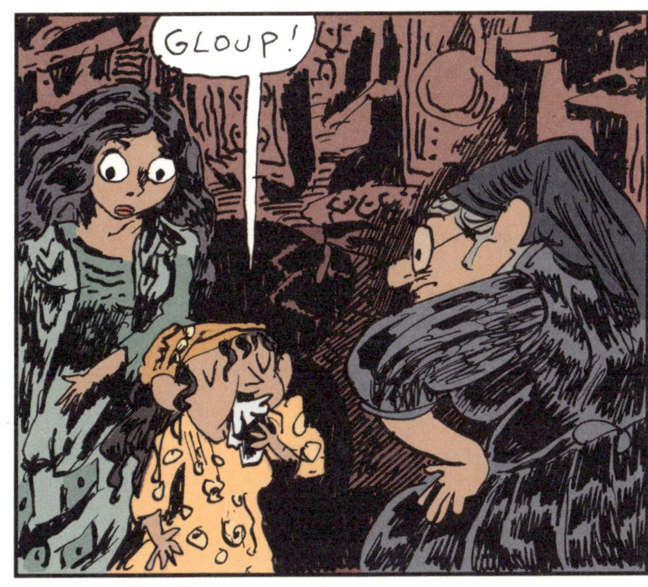
GLOUP!

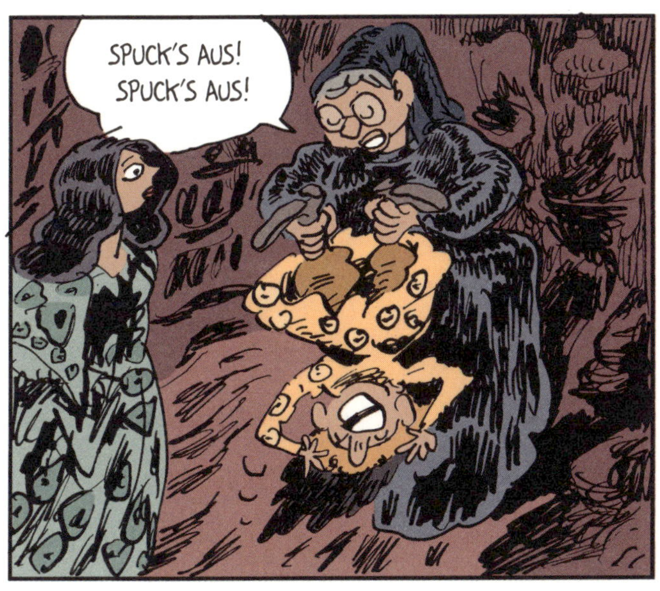
SPUCK'S AUS!
SPUCK'S AUS!

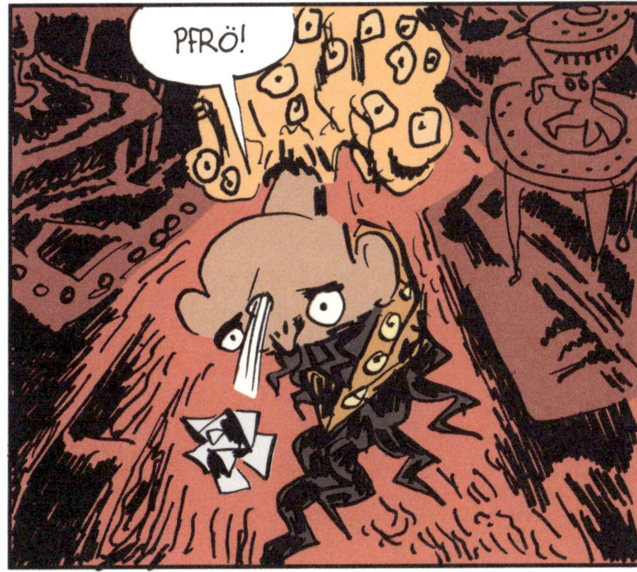
PFRÖ!

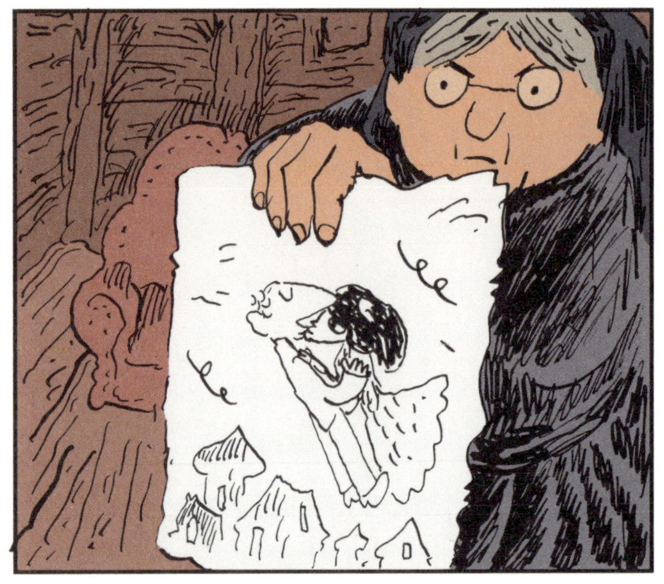
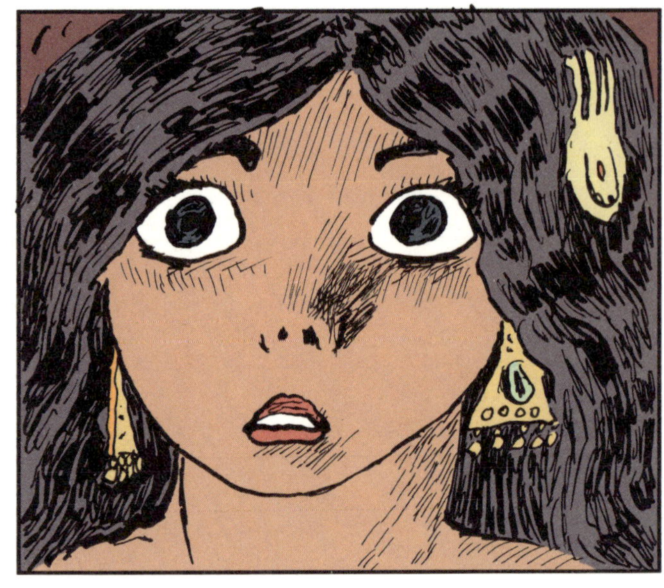
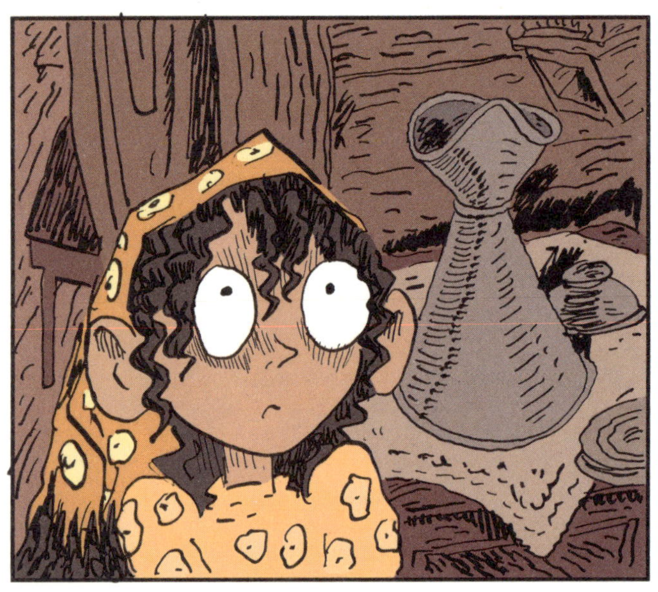
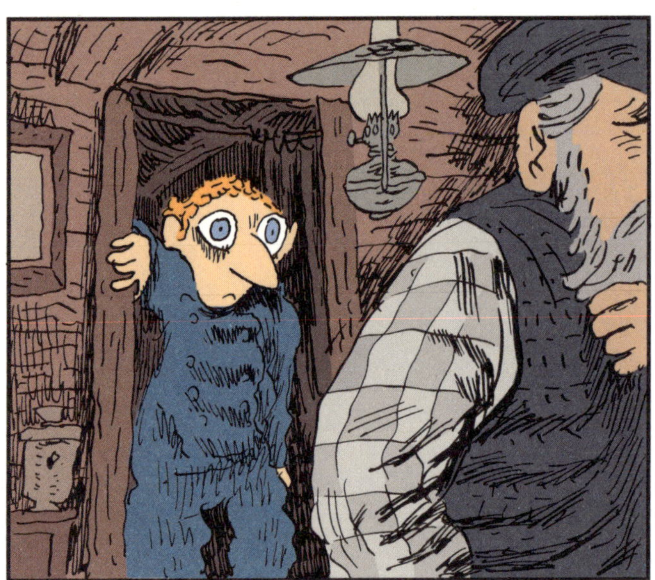
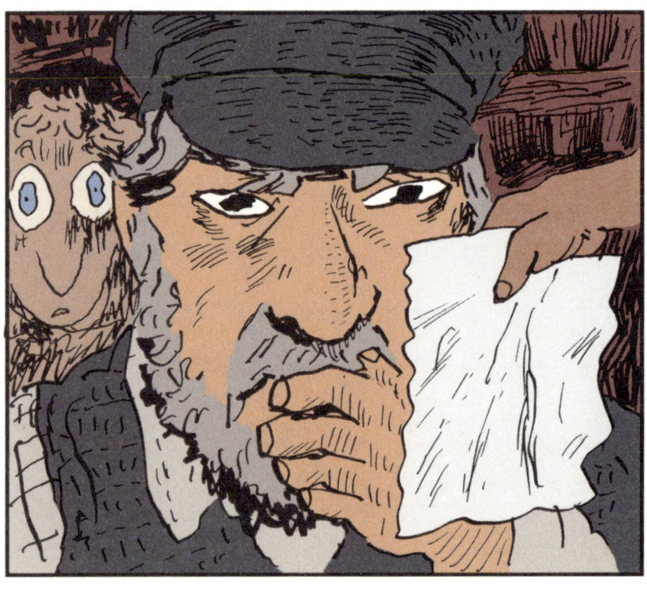
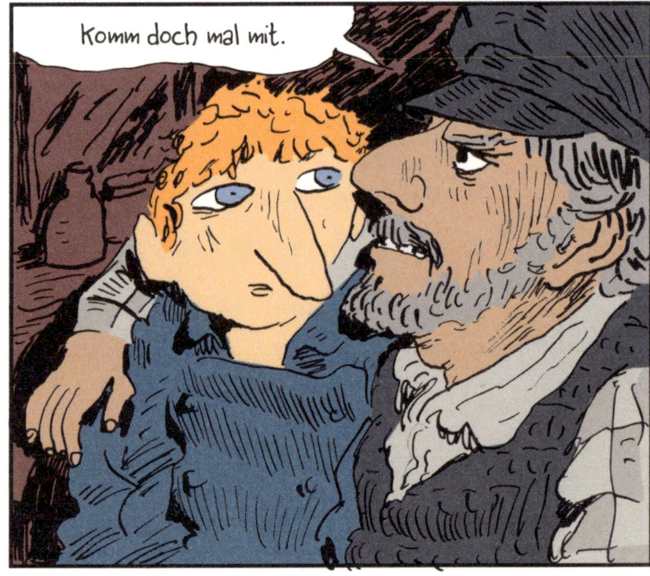
Komm doch mal mit.

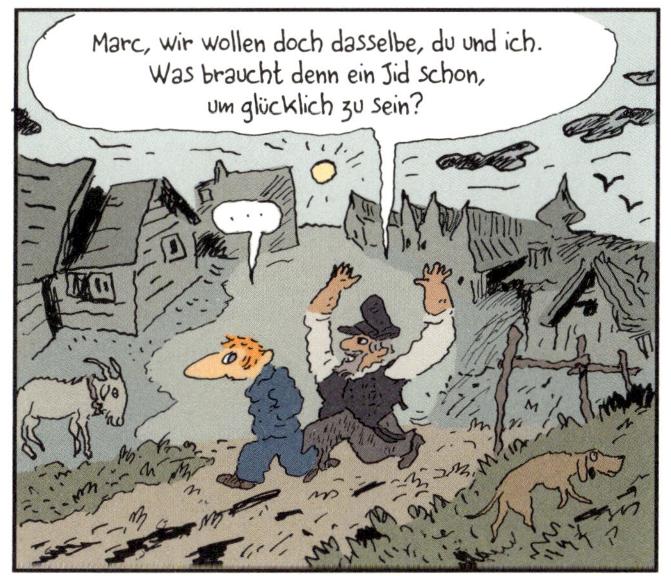
Marc, wir wollen doch dasselbe, du und ich. Was braucht denn ein Jid schon, um glücklich zu sein?
...

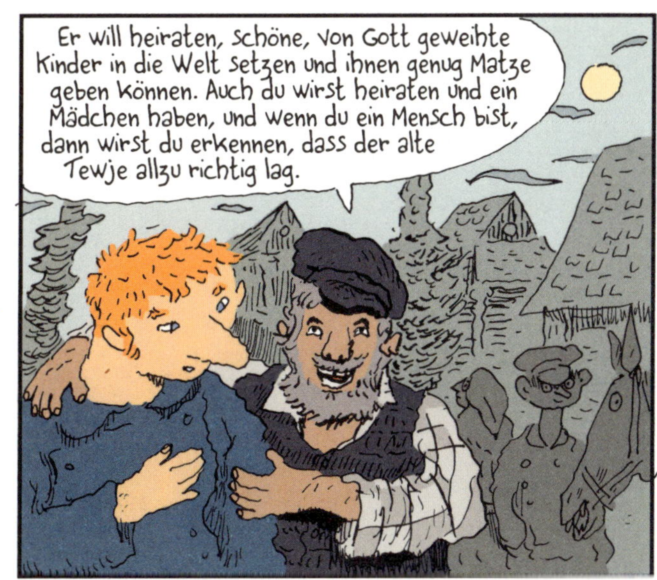
Er will heiraten, schöne, von Gott geweihte Kinder in die Welt setzen und ihnen genug Matze geben können. Auch du wirst heiraten und ein Mädchen haben, und wenn du ein Mensch bist, dann wirst du erkennen, dass der alte Tewje allzu richtig lag.

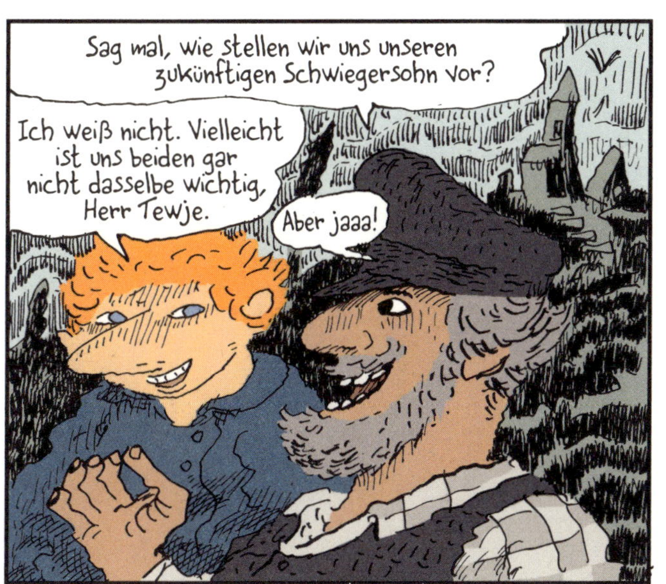
Sag mal, wie stellen wir uns unseren zukünftigen Schwiegersohn vor?
Ich weiß nicht. Vielleicht ist uns beiden gar nicht dasselbe wichtig, Herr Tewje.
Aber jaaa!

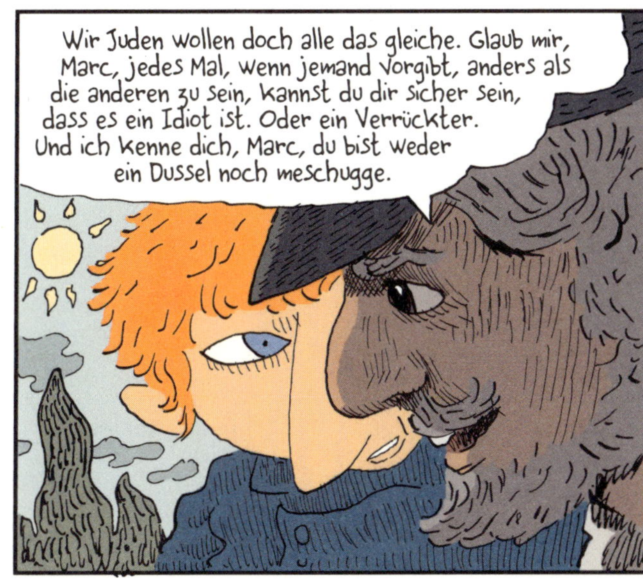
Wir Juden wollen doch alle das gleiche. Glaub mir, Marc, jedes Mal, wenn jemand vorgibt, anders als die anderen zu sein, kannst du dir sicher sein, dass es ein Idiot ist. Oder ein Verrückter. Und ich kenne dich, Marc, du bist weder ein Dussel noch meschugge.

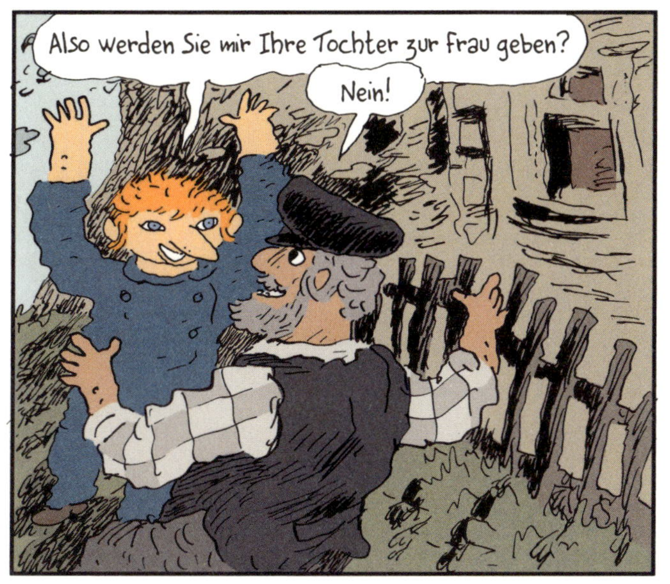
Also werden Sie mir Ihre Tochter zur Frau geben?
Nein!

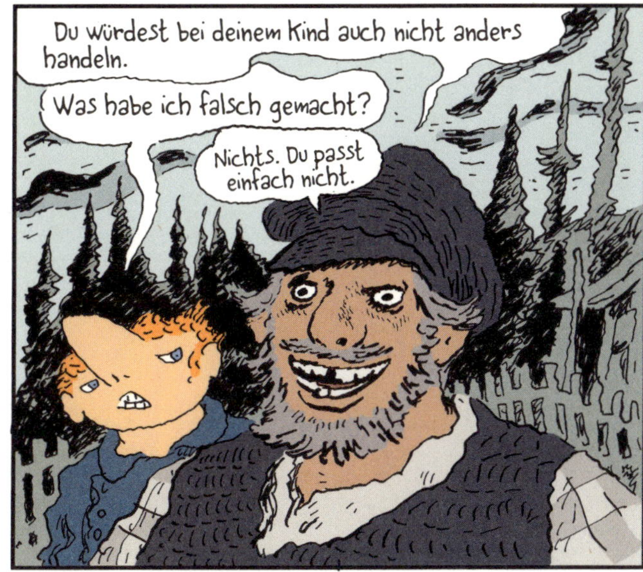
Du würdest bei deinem Kind auch nicht anders handeln.
Was habe ich falsch gemacht?
Nichts. Du passt einfach nicht.

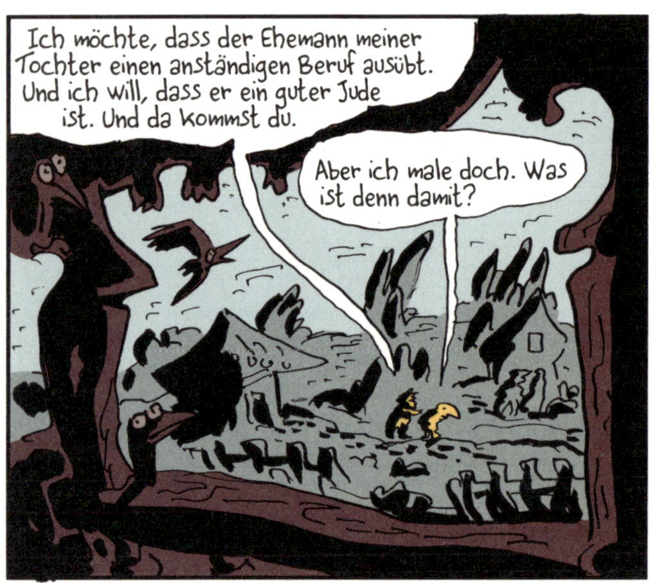
Ich möchte, dass der Ehemann meiner Tochter einen anständigen Beruf ausübt. Und ich will, dass er ein guter Jude ist. Und da kommst du.
Aber ich male doch. Was ist denn damit?

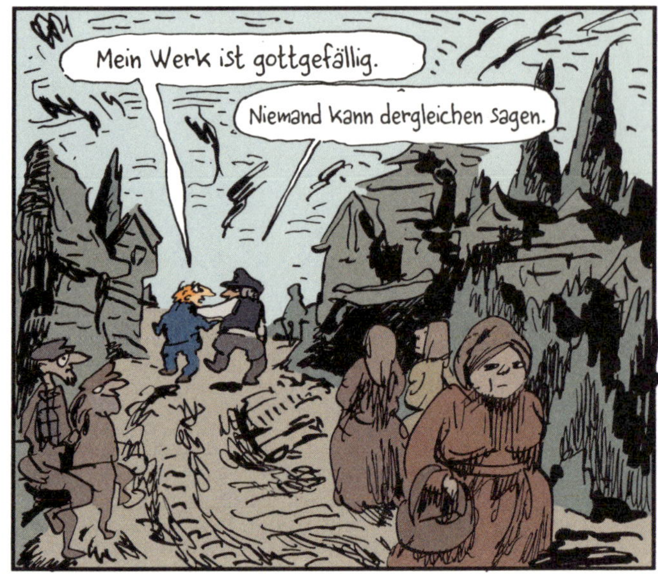
Mein Werk ist gottgefällig.
Niemand kann dergleichen sagen.

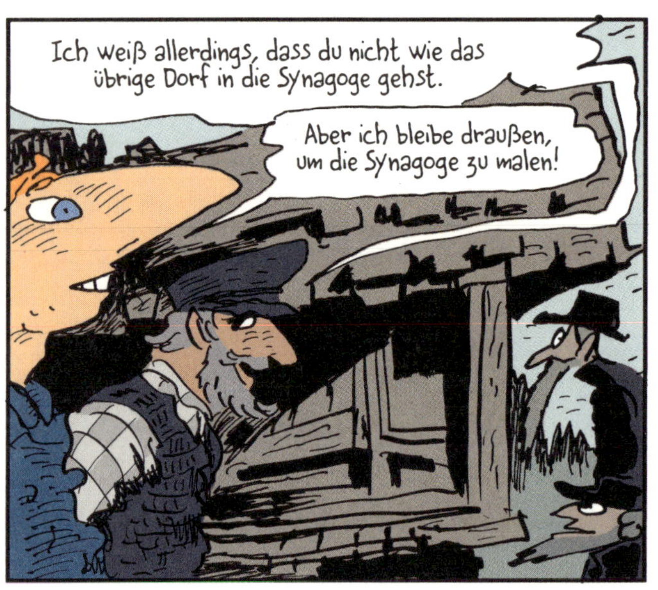
Ich weiß allerdings, dass du nicht wie das übrige Dorf in die Synagoge gehst.
Aber ich bleibe draußen, um die Synagoge zu malen!

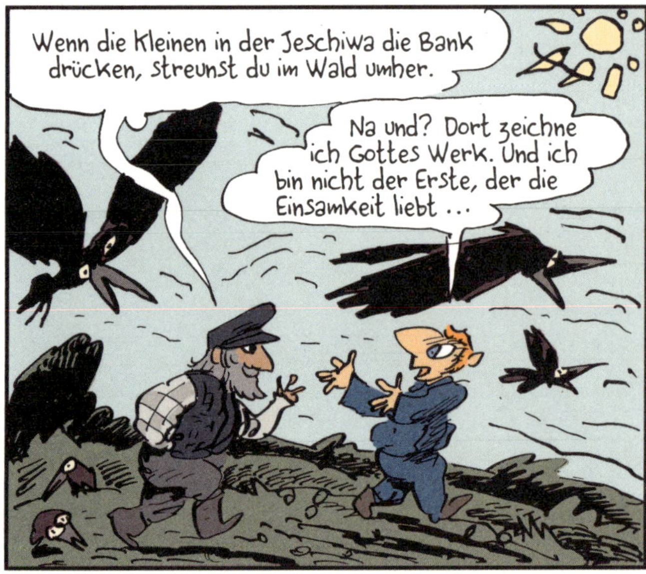
Wenn die Kleinen in der Jeschiwa die Bank drücken, streunst du im Wald umher.
Na und? Dort zeichne ich Gottes Werk. Und ich bin nicht der Erste, der die Einsamkeit liebt …

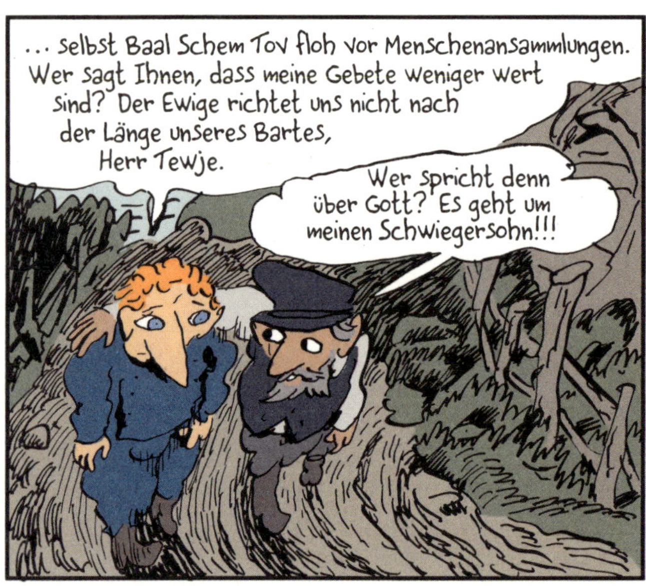
… selbst Baal Schem Tov floh vor Menschenansammlungen. Wer sagt Ihnen, dass meine Gebete weniger wert sind? Der Ewige richtet uns nicht nach der Länge unseres Bartes, Herr Tewje.
Wer spricht denn über Gott? Es geht um meinen Schwiegersohn!!!

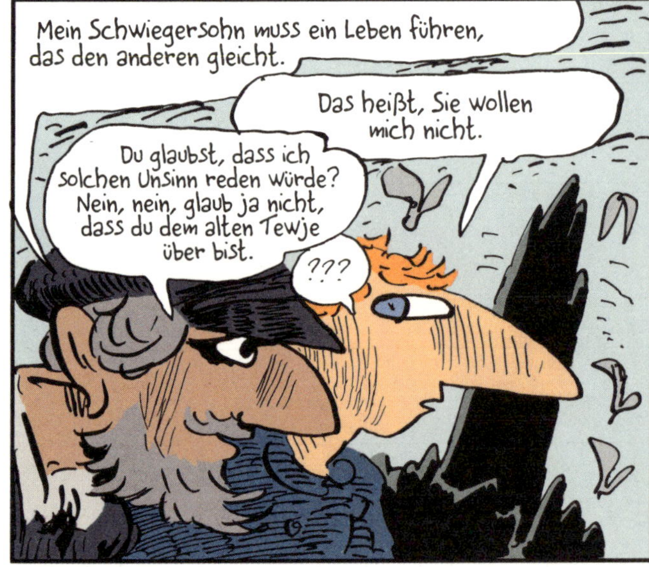
Mein Schwiegersohn muss ein Leben führen, das den anderen gleicht.
Das heißt, Sie wollen mich nicht.
Du glaubst, dass ich solchen Unsinn reden würde? Nein, nein, glaub ja nicht, dass du dem alten Tewje über bist.
???

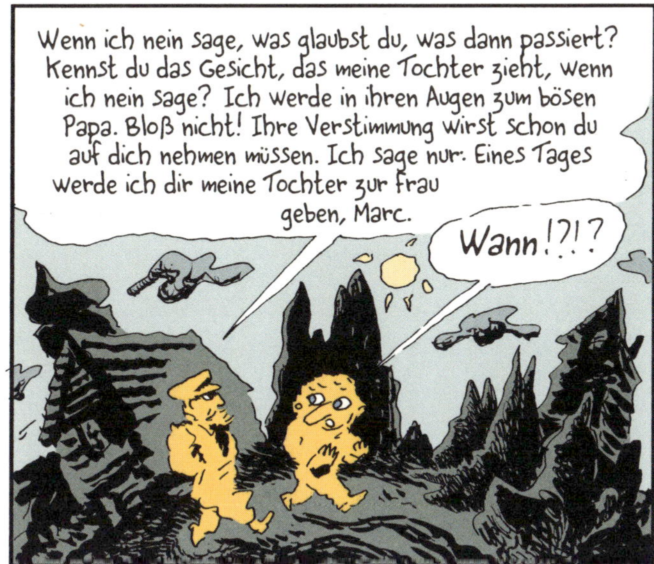

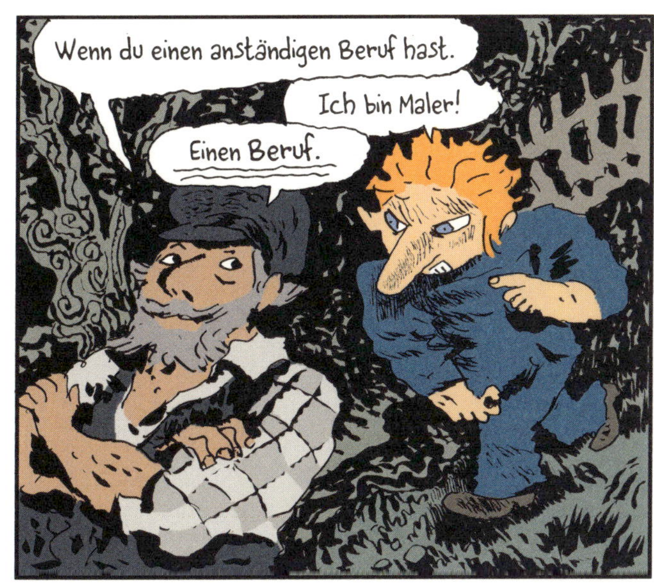

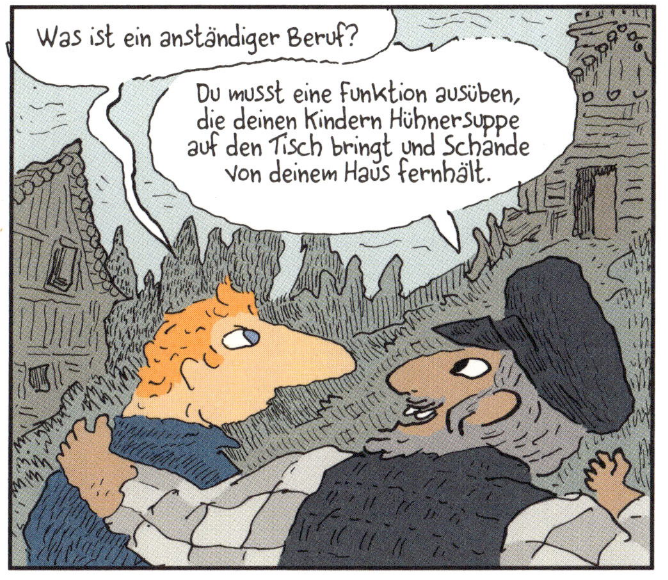

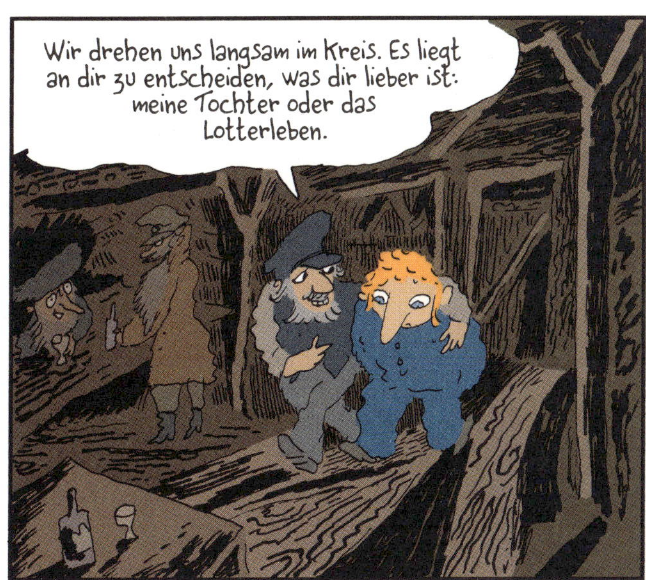

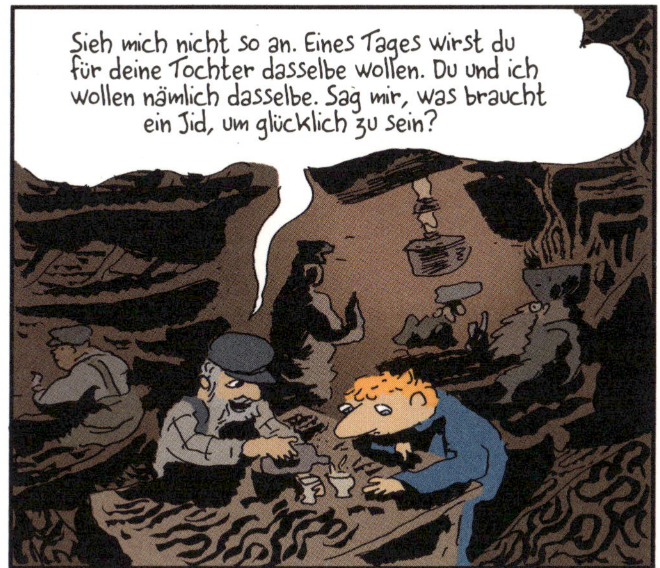

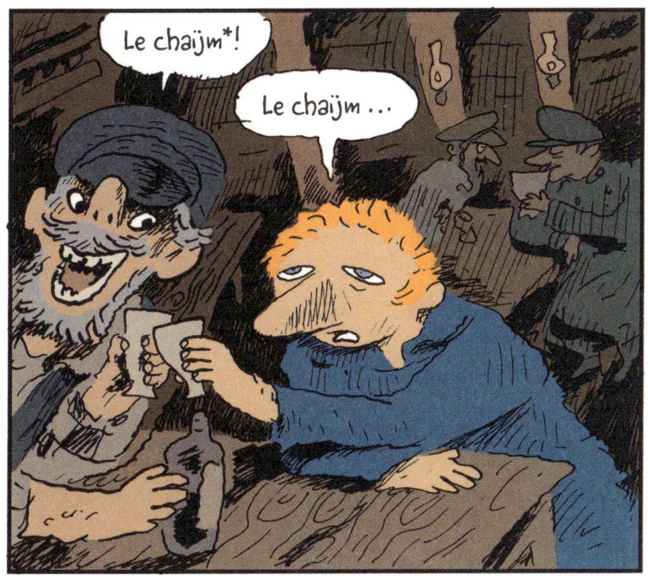

* „Prost!", „Auf das Leben!"

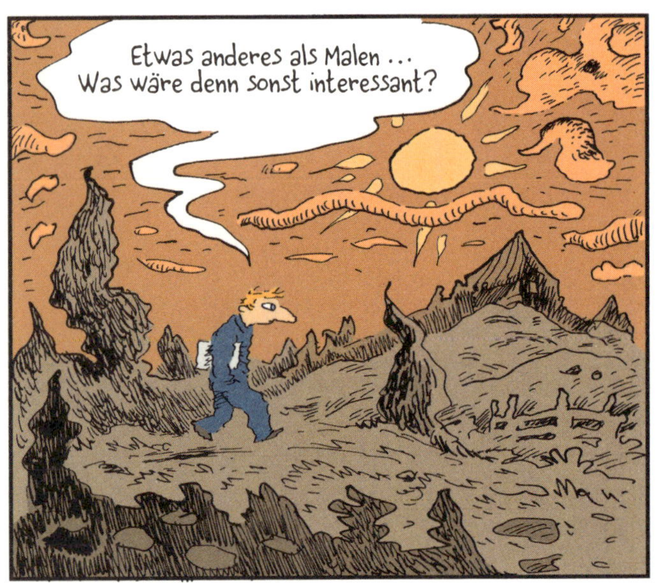
Etwas anderes als Malen …
Was wäre denn sonst interessant?

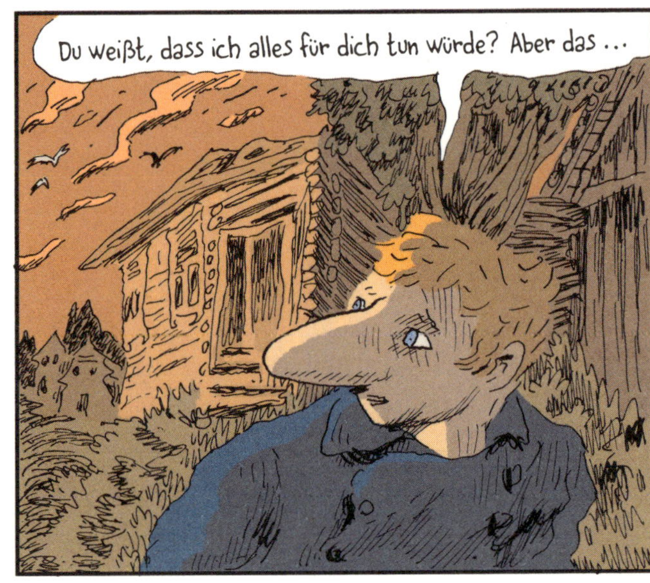
Du weißt, dass ich alles für dich tun würde? Aber das …

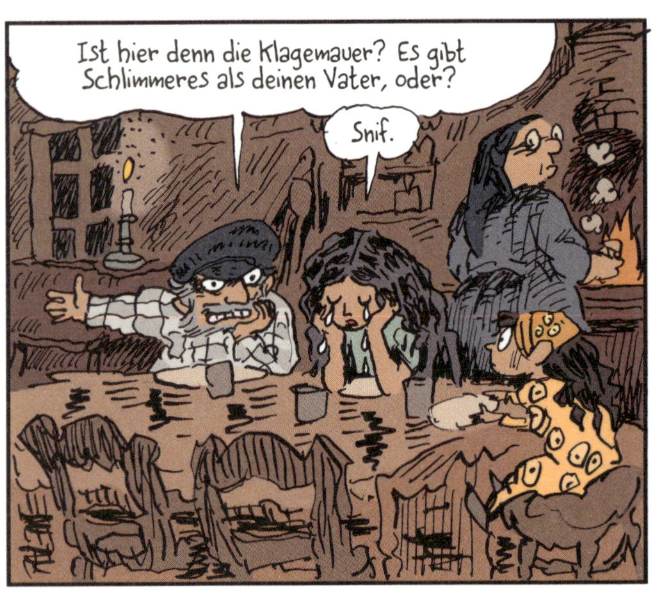
Ist hier denn die Klagemauer? Es gibt Schlimmeres als deinen Vater, oder?
Snif.

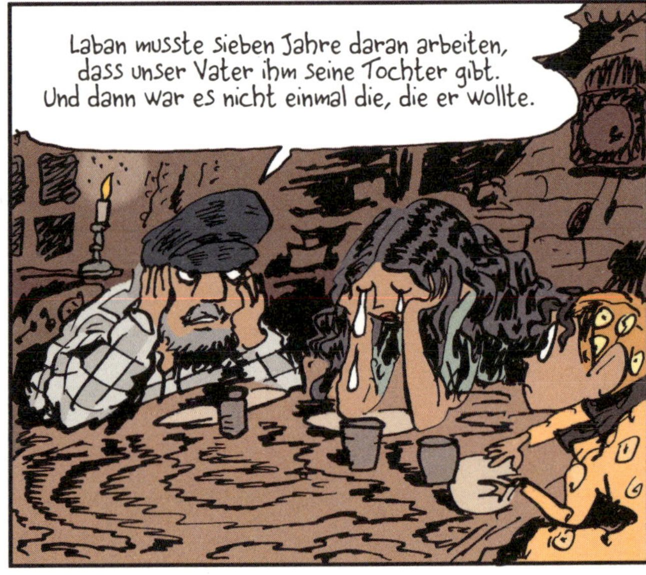
Laban musste sieben Jahre daran arbeiten, dass unser Vater ihm seine Tochter gibt. Und dann war es nicht einmal die, die er wollte.

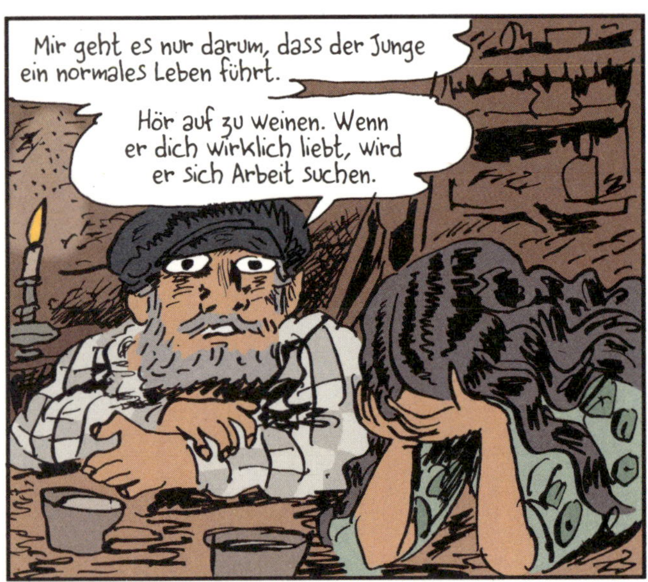
Mir geht es nur darum, dass der Junge ein normales Leben führt.
Hör auf zu weinen. Wenn er dich wirklich liebt, wird er sich Arbeit suchen.

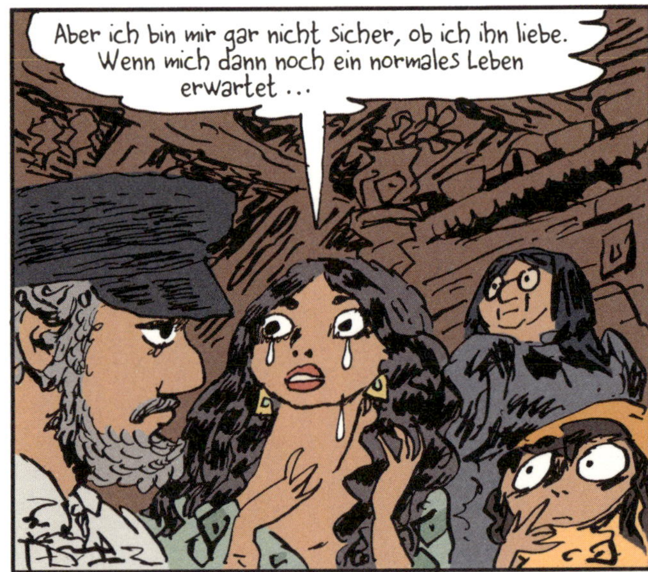
Aber ich bin mir gar nicht sicher, ob ich ihn liebe. Wenn mich dann noch ein normales Leben erwartet …

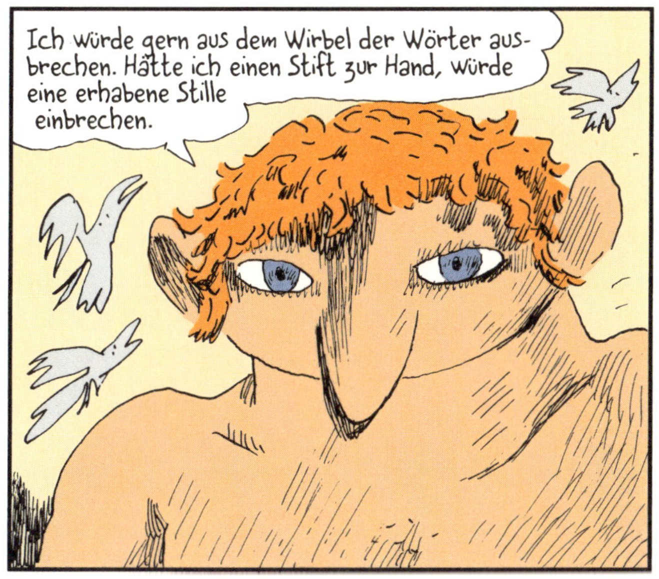
Ich würde gern aus dem Wirbel der Wörter ausbrechen. Hätte ich einen Stift zur Hand, würde eine erhabene Stille einbrechen.

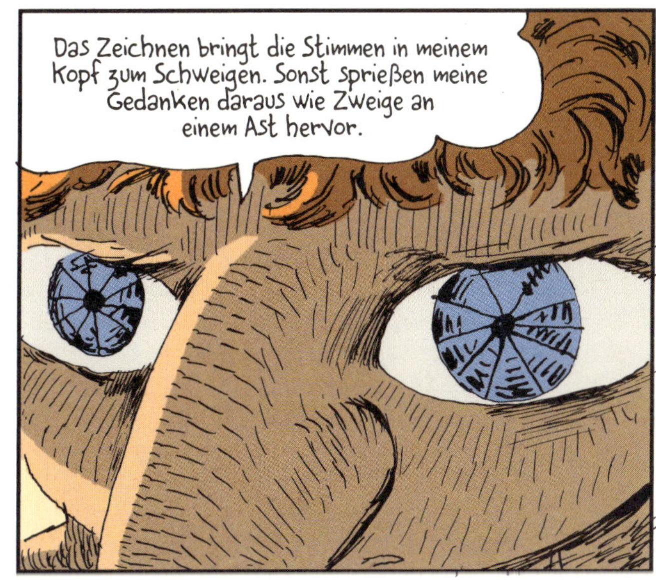
Das Zeichnen bringt die Stimmen in meinem Kopf zum Schweigen. Sonst sprießen meine Gedanken daraus wie Zweige an einem Ast hervor.

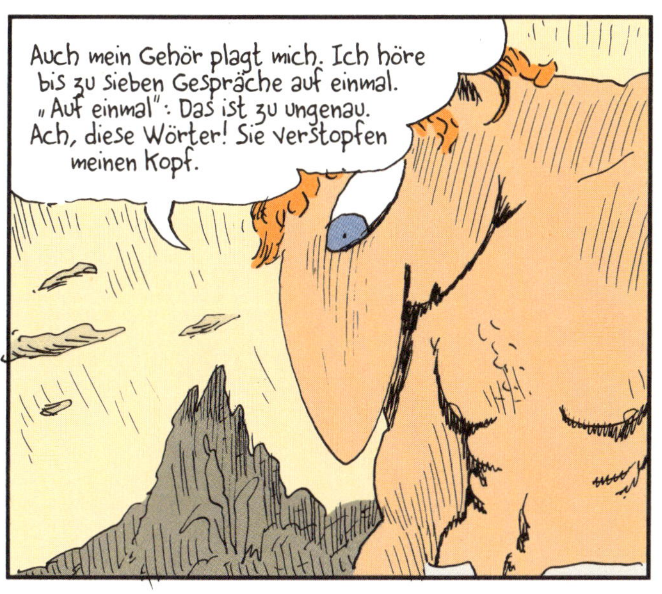
Auch mein Gehör plagt mich. Ich höre bis zu sieben Gespräche auf einmal. „Auf einmal": Das ist zu ungenau. Ach, diese Wörter! Sie verstopfen meinen Kopf.

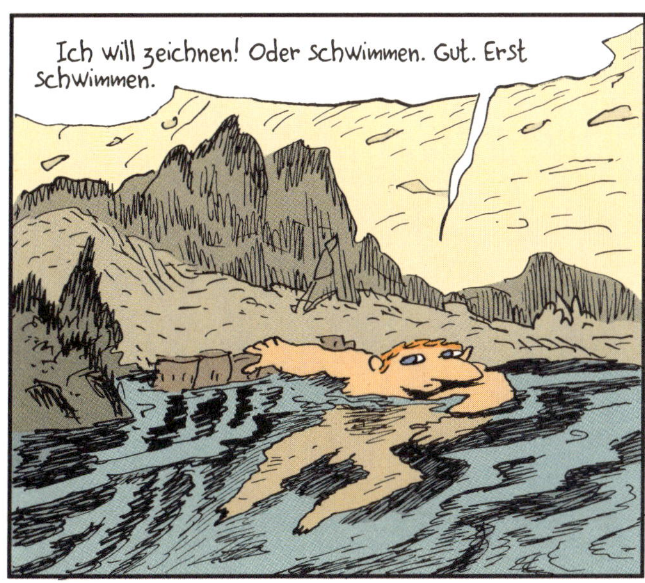
Ich will zeichnen! Oder schwimmen. Gut. Erst schwimmen.

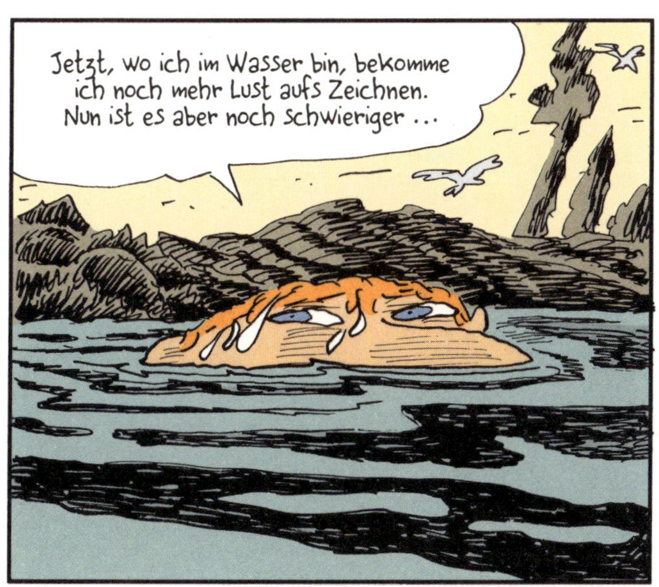
Jetzt, wo ich im Wasser bin, bekomme ich noch mehr Lust aufs Zeichnen. Nun ist es aber noch schwieriger …

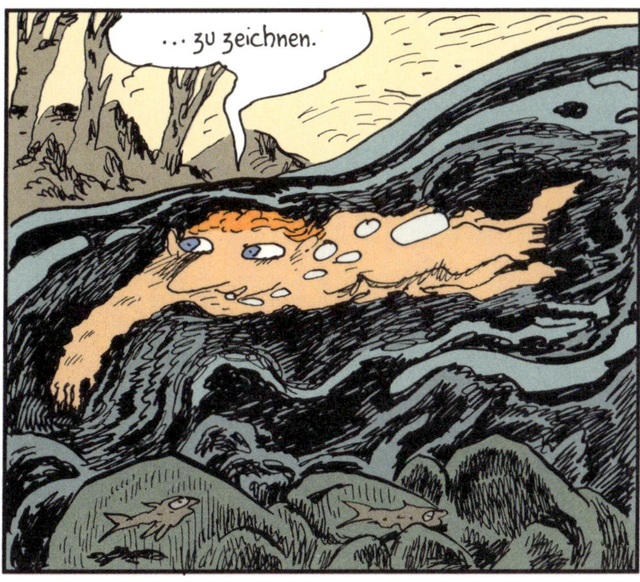
… zu zeichnen.

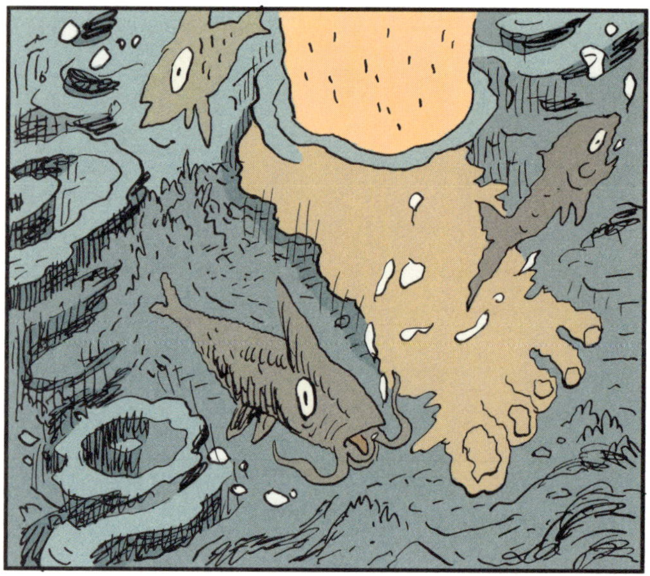

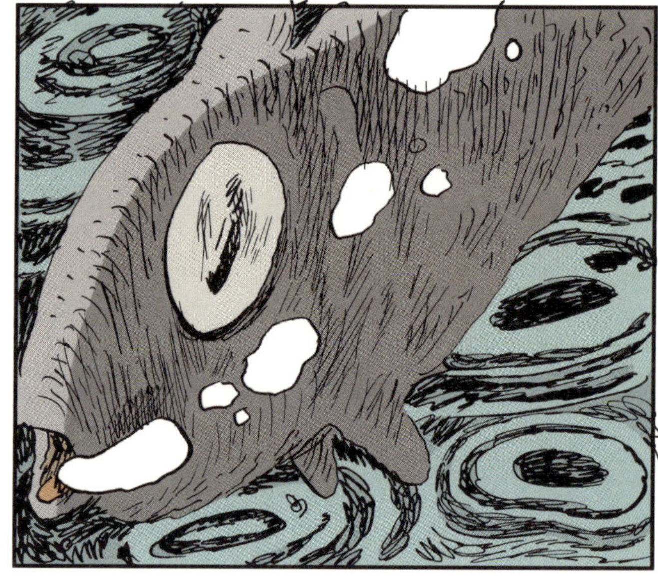

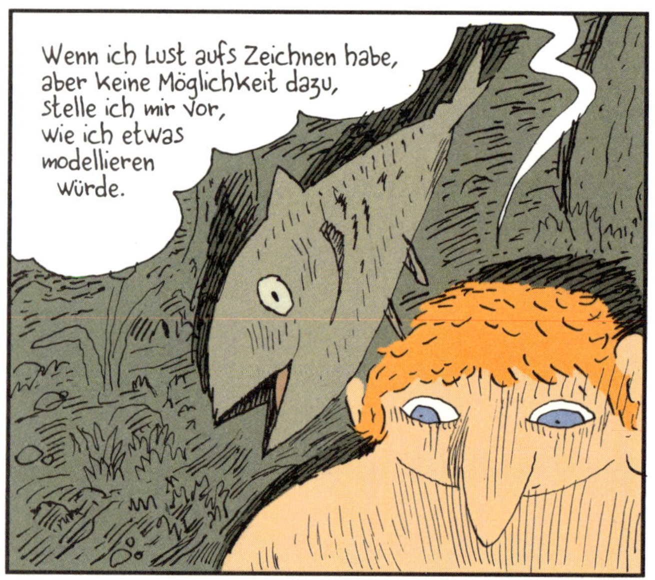
Wenn ich Lust aufs Zeichnen habe, aber keine Möglichkeit dazu, stelle ich mir vor, wie ich etwas modellieren würde.

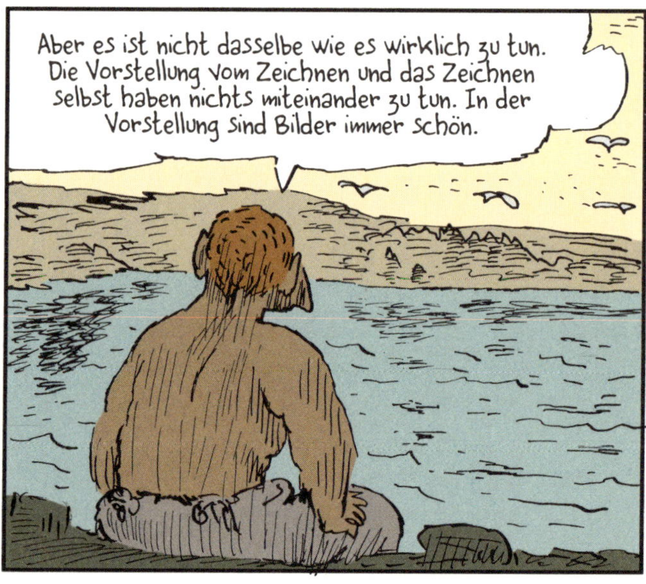
Aber es ist nicht dasselbe wie es wirklich zu tun. Die Vorstellung vom Zeichnen und das Zeichnen selbst haben nichts miteinander zu tun. In der Vorstellung sind Bilder immer schön.

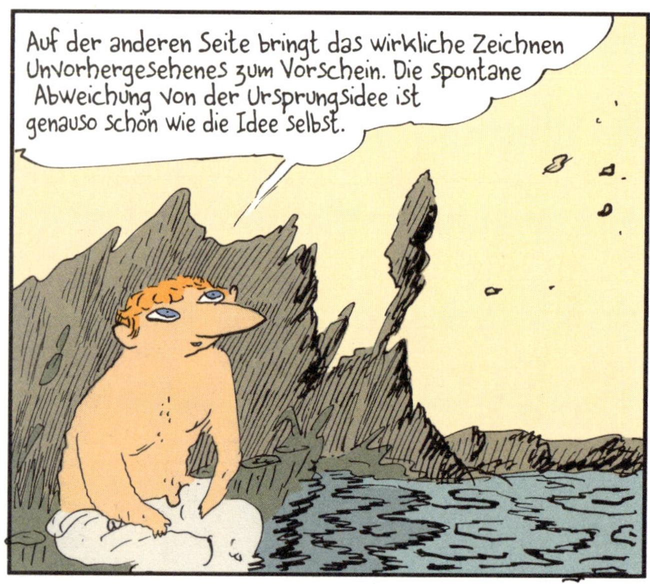
Auf der anderen Seite bringt das wirkliche Zeichnen Unvorhergesehenes zum Vorschein. Die spontane Abweichung von der Ursprungsidee ist genauso schön wie die Idee selbst.

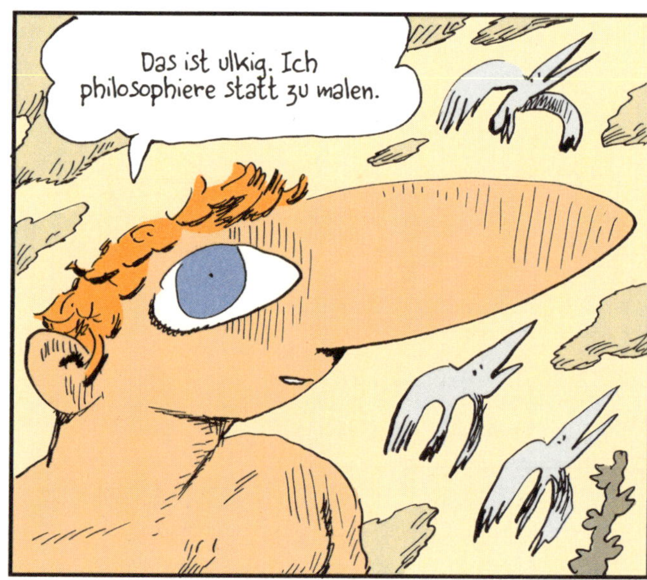
Das ist ulkig. Ich philosophiere statt zu malen.

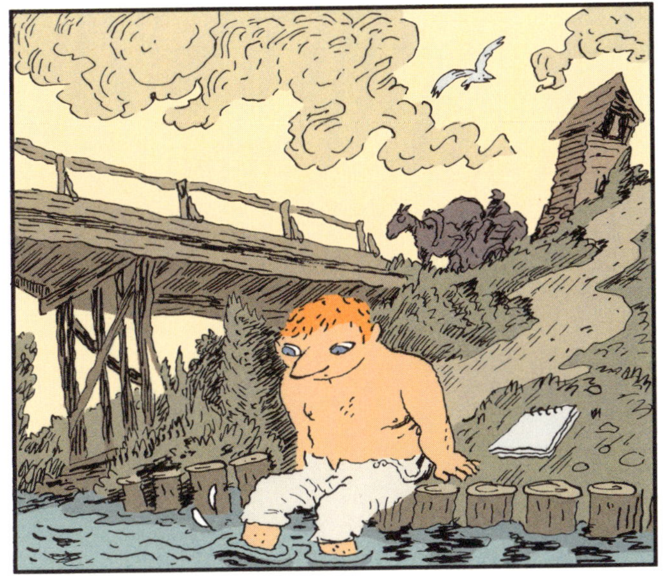
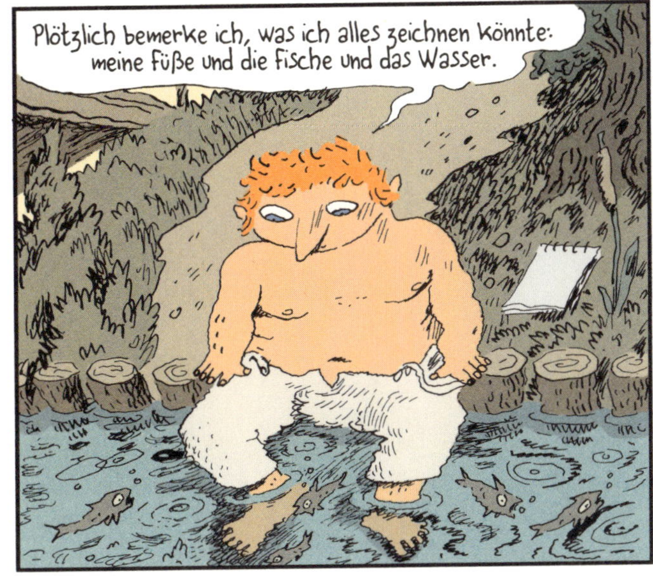
Plötzlich bemerke ich, was ich alles zeichnen könnte: meine Füße und die Fische und das Wasser.
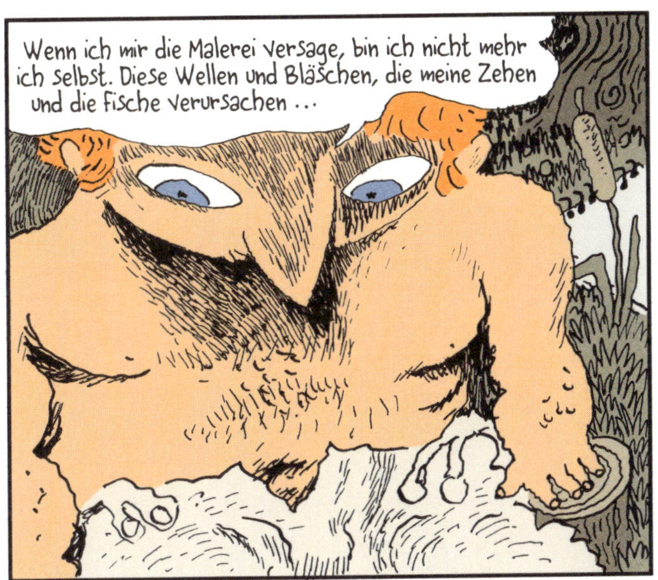
Wenn ich mir die Malerei versage, bin ich nicht mehr ich selbst. Diese Wellen und Bläschen, die meine Zehen und die Fische verursachen ...
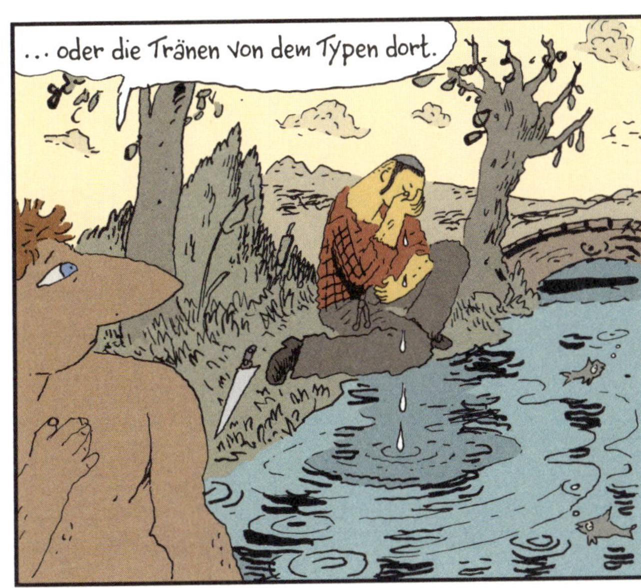
... oder die Tränen von dem Typen dort.
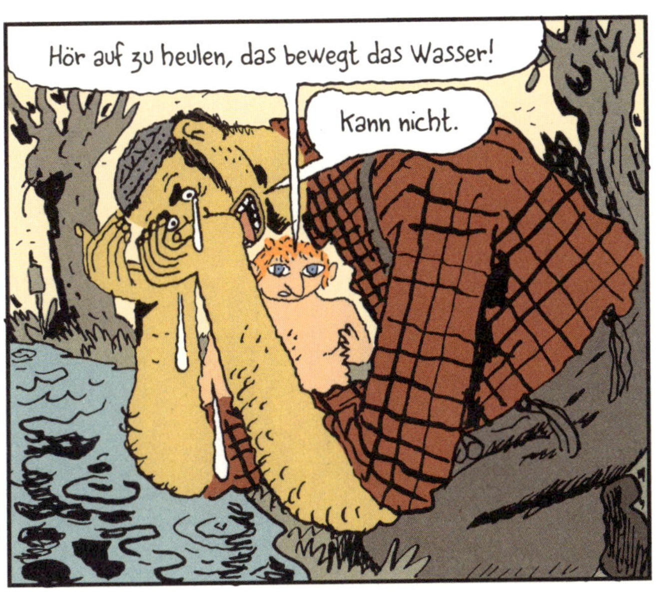
Hör auf zu heulen, das bewegt das Wasser!
Kann nicht.
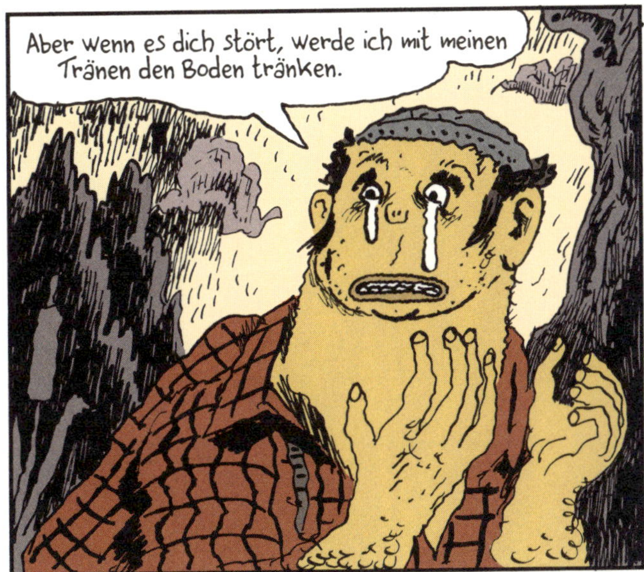
Aber wenn es dich stört, werde ich mit meinen Tränen den Boden tränken.

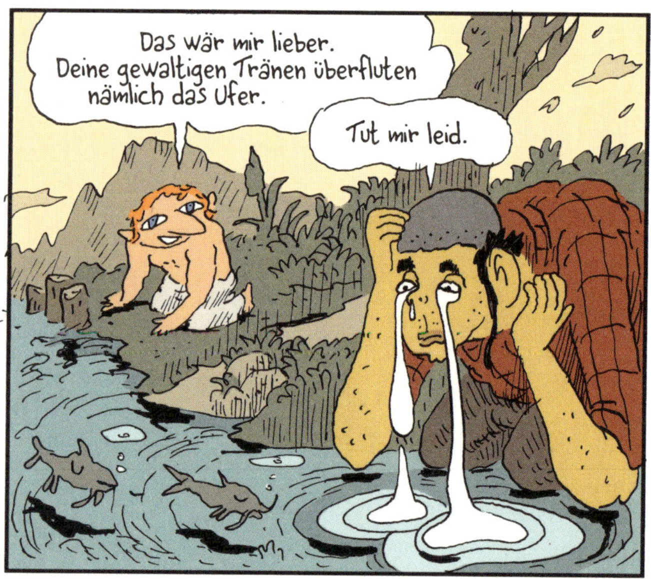
Das wär mir lieber.
Deine gewaltigen Tränen überfluten
nämlich das Ufer.
Tut mir leid.

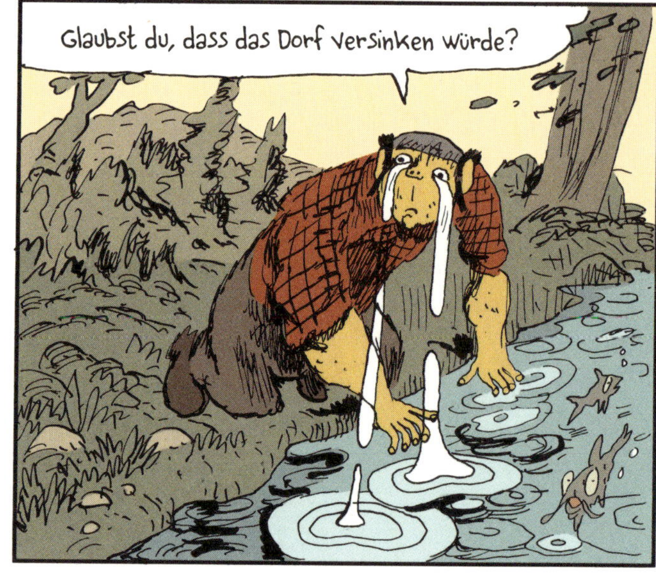
Glaubst du, dass das Dorf versinken würde?

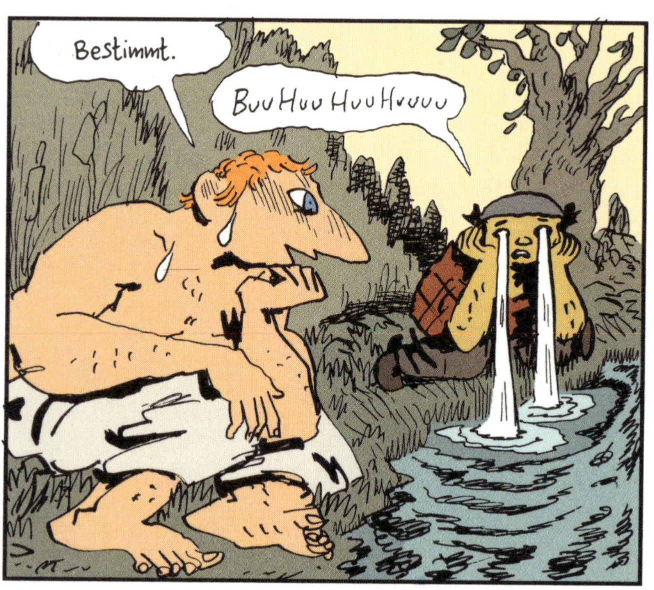
Bestimmt.
BuuHuu HuuHuuuu

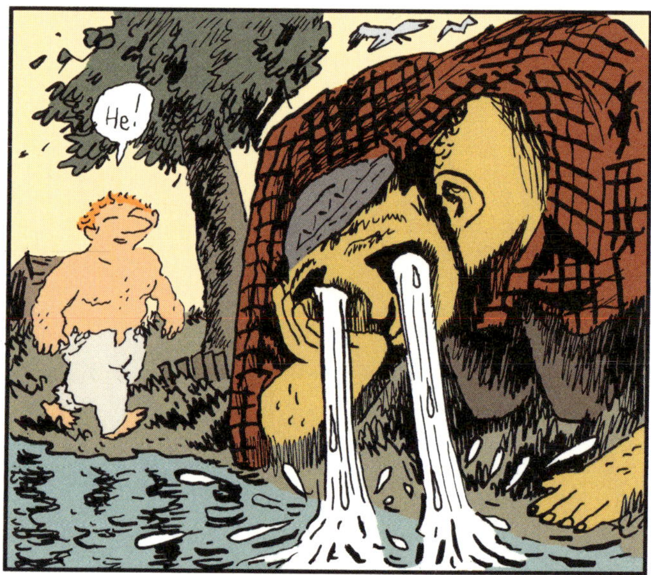
He!

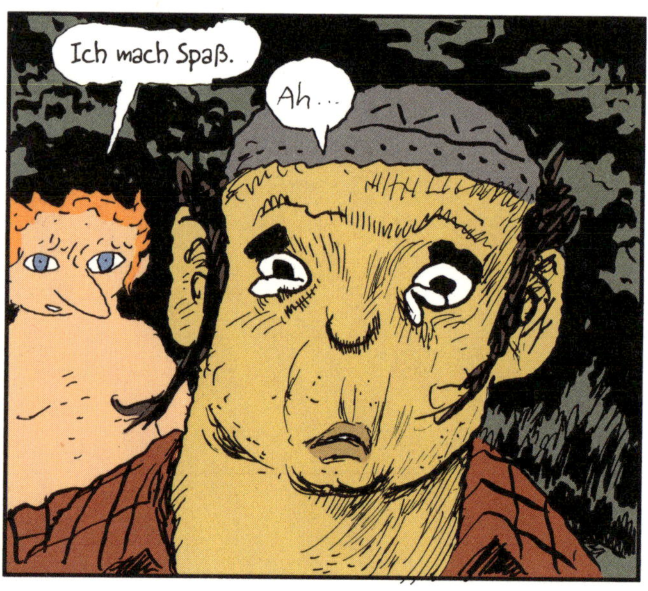
Ich mach Spaß.
Ah...

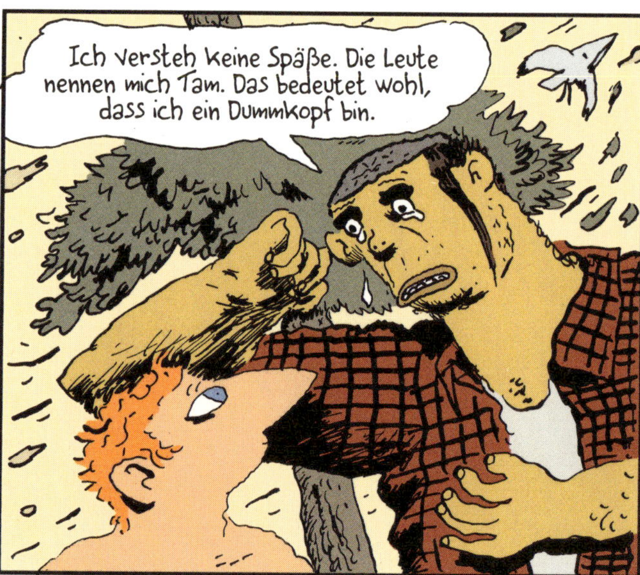
Ich versteh keine Späße. Die Leute
nennen mich Tam. Das bedeutet wohl,
dass ich ein Dummkopf bin.

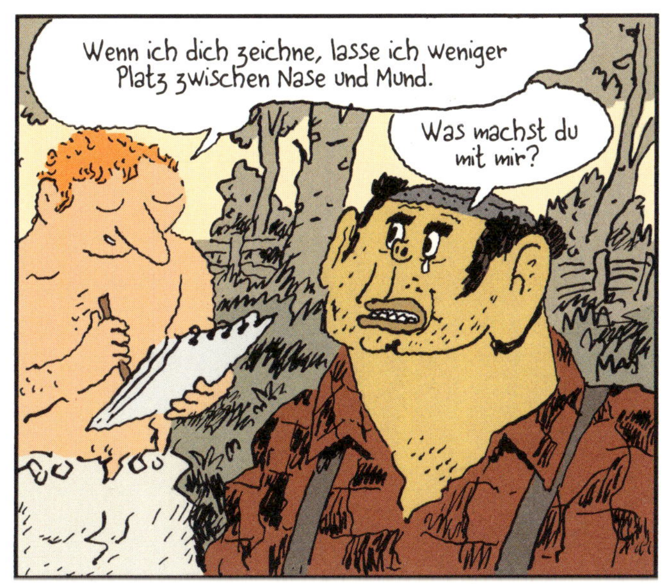
Wenn ich dich zeichne, lasse ich weniger Platz zwischen Nase und Mund.
Was machst du mit mir?

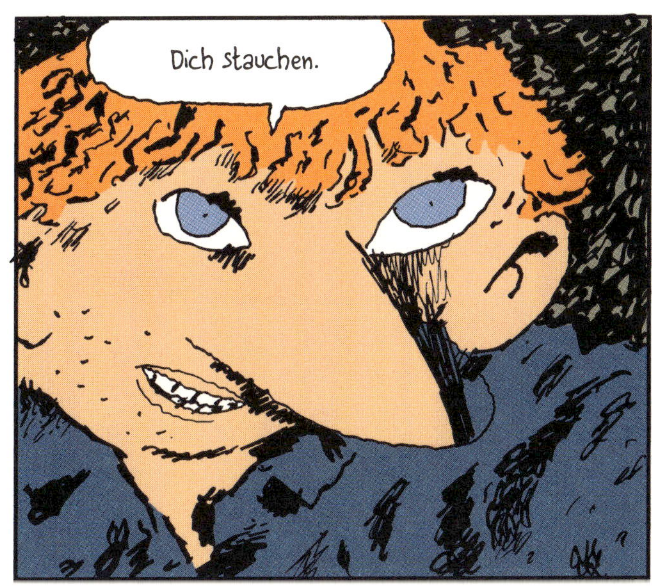
Dich stauchen.

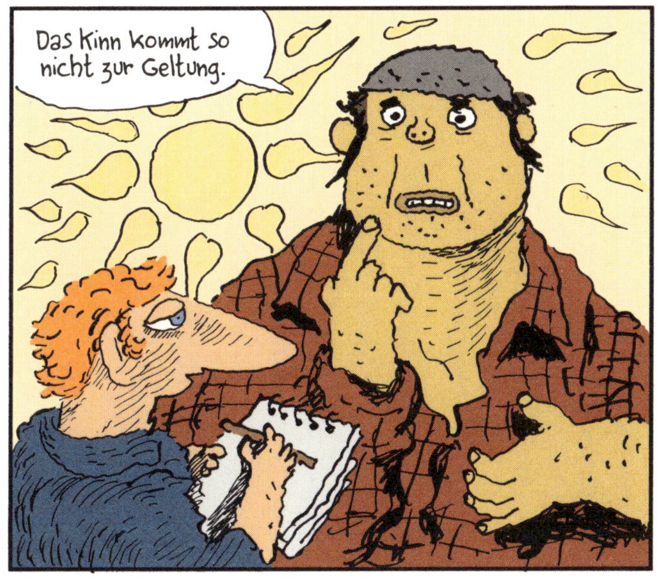
Das Kinn kommt so nicht zur Geltung.

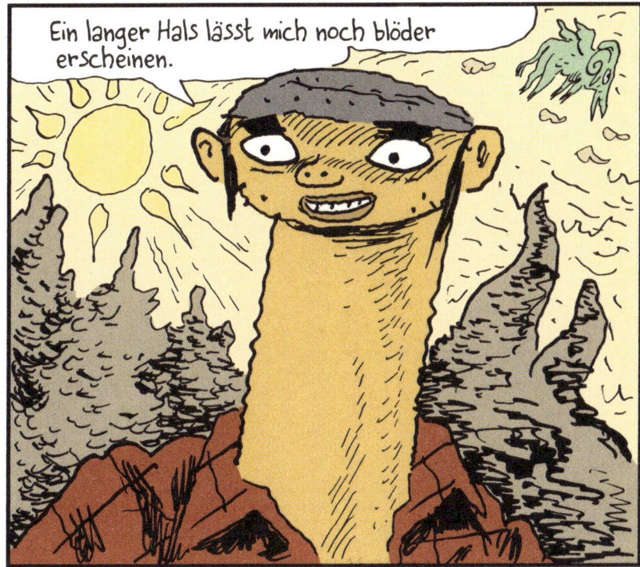
Ein langer Hals lässt mich noch blöder erscheinen.

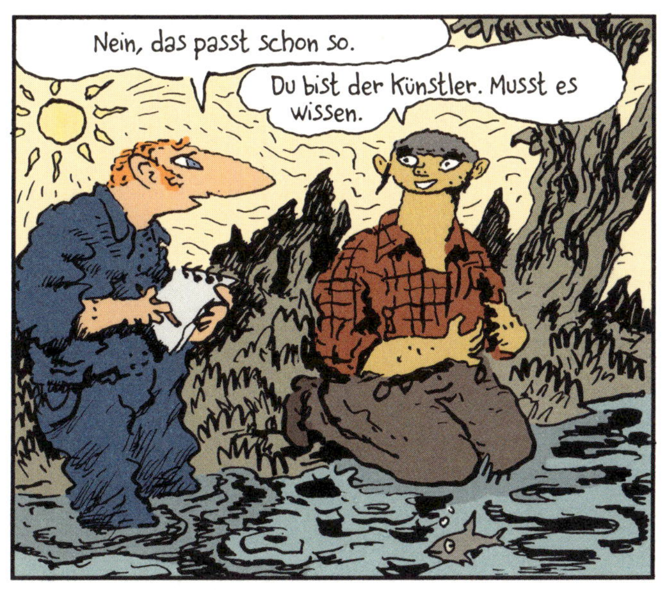
Nein, das passt schon so.
Du bist der Künstler. Musst es wissen.

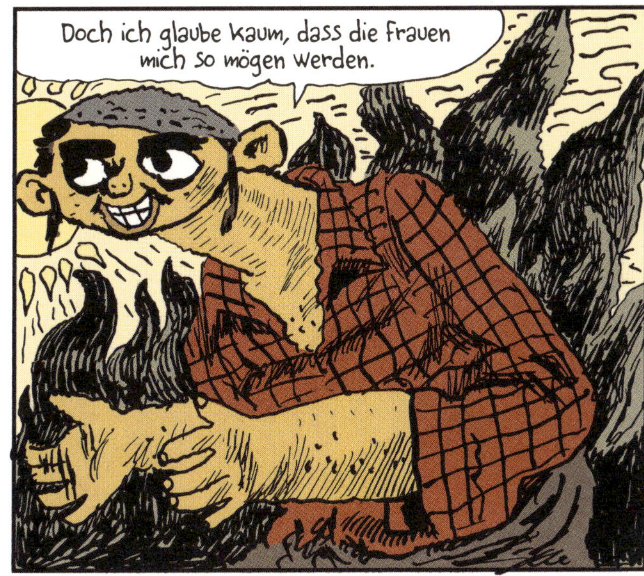
Doch ich glaube kaum, dass die Frauen mich so mögen werden.

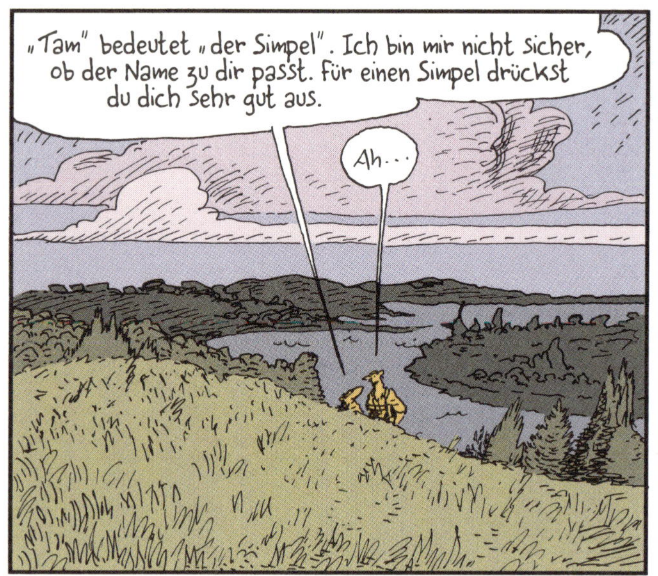
„Tam" bedeutet „der Simpel". Ich bin mir nicht sicher, ob der Name zu dir passt. Für einen Simpel drückst du dich sehr gut aus.
Ah...

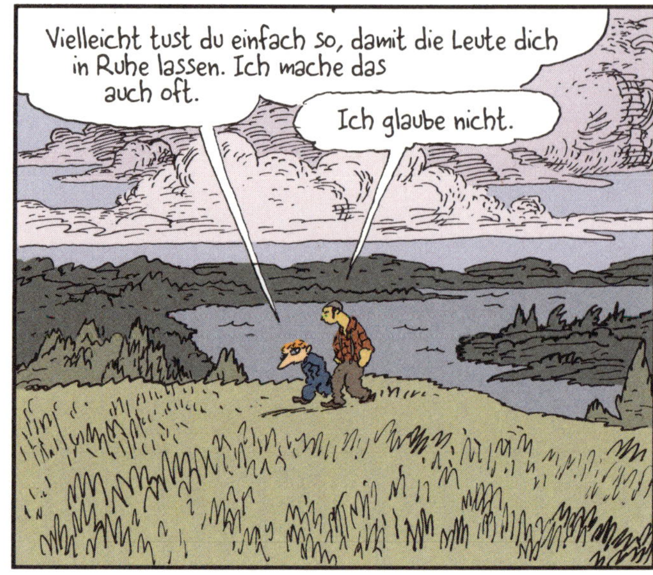
Vielleicht tust du einfach so, damit die Leute dich in Ruhe lassen. Ich mache das auch oft.
Ich glaube nicht.

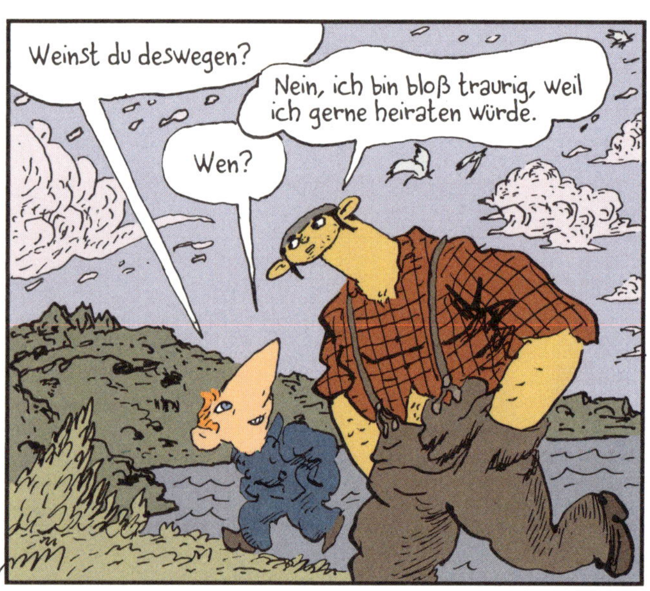
Weinst du deswegen?
Nein, ich bin bloß traurig, weil ich gerne heiraten würde.
Wen?

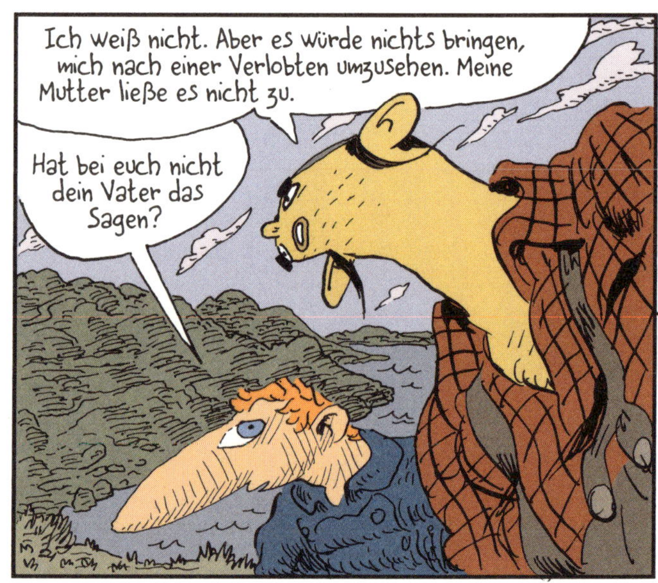
Ich weiß nicht. Aber es würde nichts bringen, mich nach einer Verlobten umzusehen. Meine Mutter ließe es nicht zu.
Hat bei euch nicht dein Vater das Sagen?

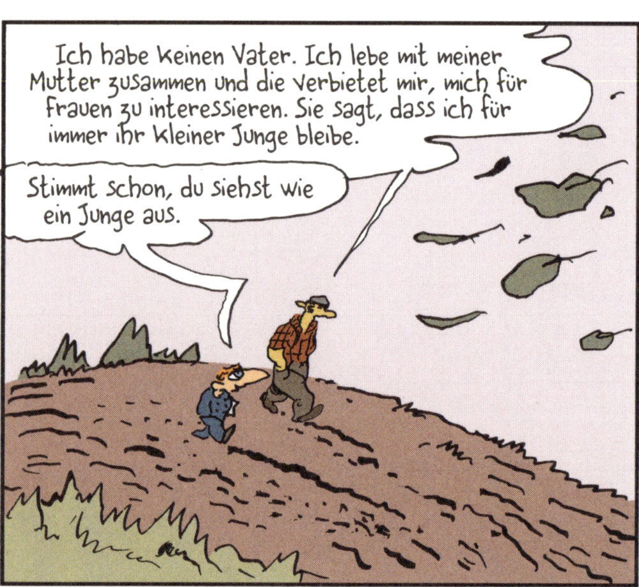
Ich habe keinen Vater. Ich lebe mit meiner Mutter zusammen und die verbietet mir, mich für Frauen zu interessieren. Sie sagt, dass ich für immer ihr kleiner Junge bleibe.
Stimmt schon, du siehst wie ein Junge aus.

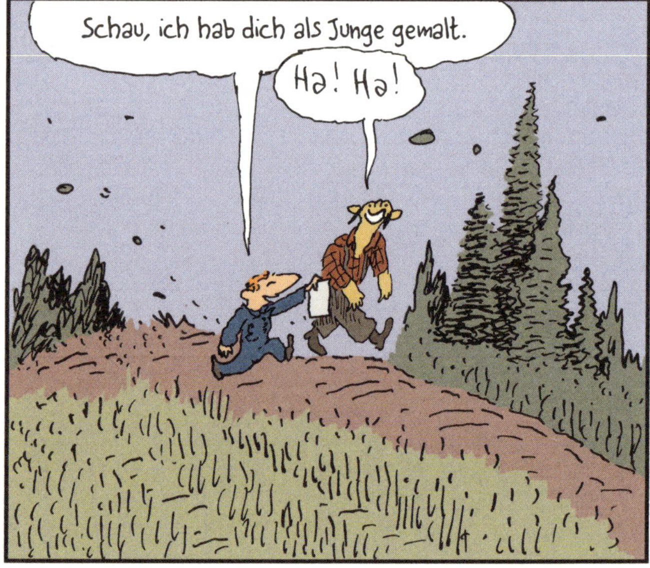
Schau, ich hab dich als Junge gemalt.
Ha! Ha!

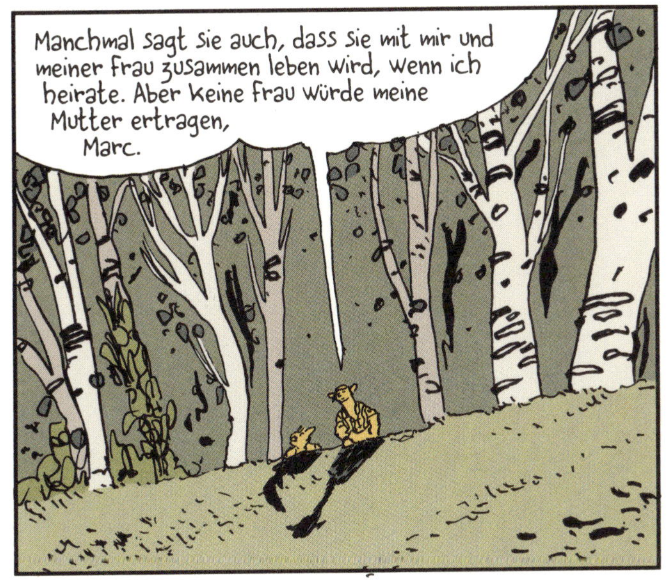
Manchmal sagt sie auch, dass sie mit mir und meiner Frau zusammen leben wird, wenn ich heirate. Aber keine Frau würde meine Mutter ertragen, Marc.
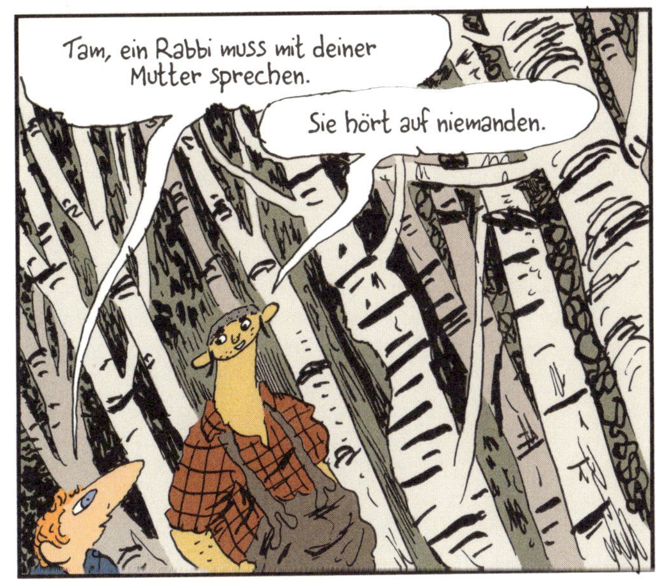
Tam, ein Rabbi muss mit deiner Mutter sprechen.
Sie hört auf niemanden.
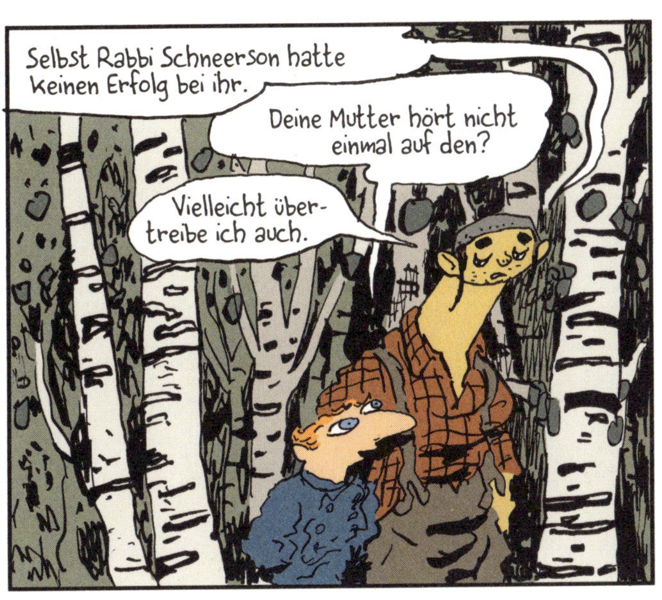
Selbst Rabbi Schneerson hatte keinen Erfolg bei ihr.
Deine Mutter hört nicht einmal auf den?
Vielleicht übertreibe ich auch.
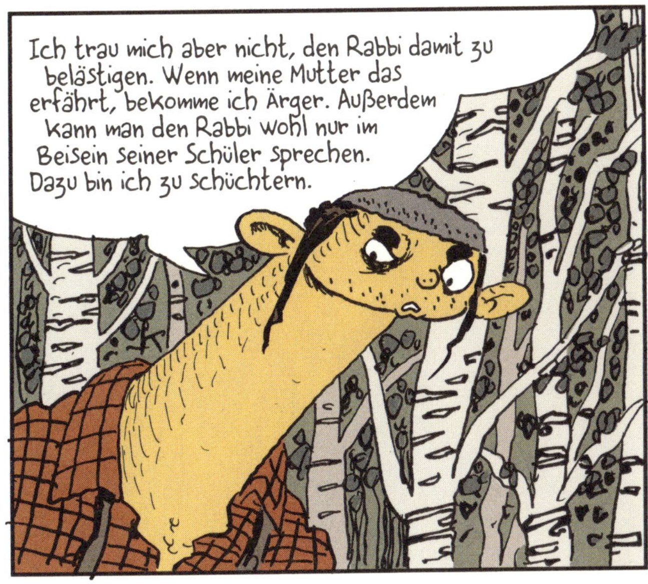
Ich trau mich aber nicht, den Rabbi damit zu belästigen. Wenn meine Mutter das erfährt, bekomme ich Ärger. Außerdem kann man den Rabbi wohl nur im Beisein seiner Schüler sprechen. Dazu bin ich zu schüchtern.
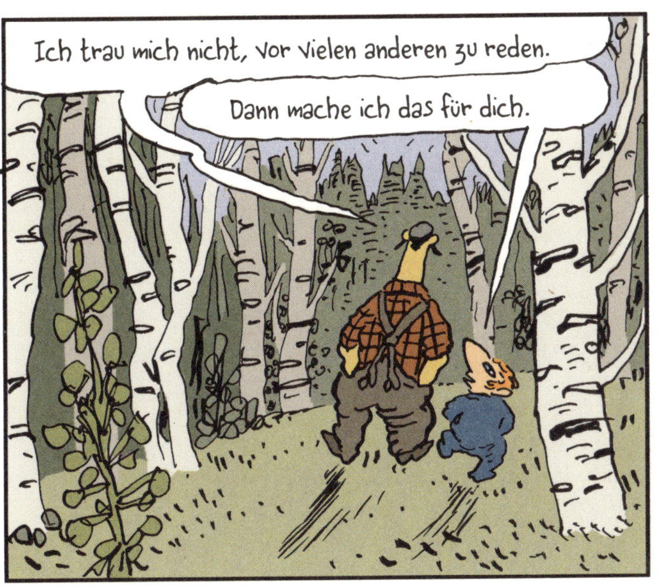
Ich trau mich nicht, vor vielen anderen zu reden.
Dann mache ich das für dich.
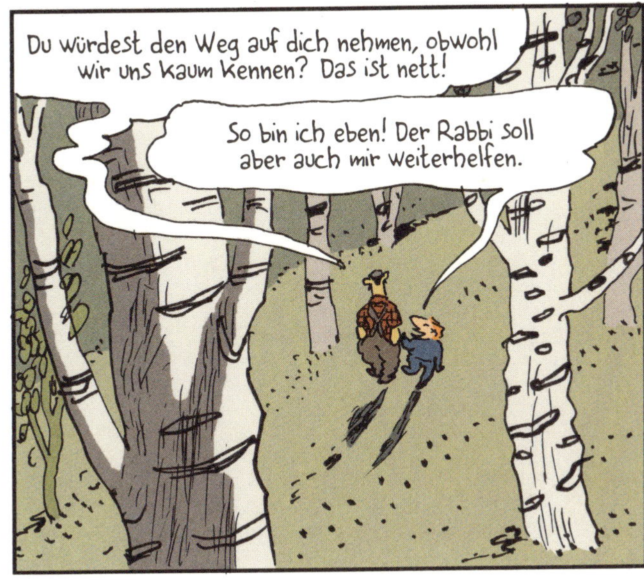
Du würdest den Weg auf dich nehmen, obwohl wir uns kaum kennen? Das ist nett!
So bin ich eben! Der Rabbi soll aber auch mir weiterhelfen.

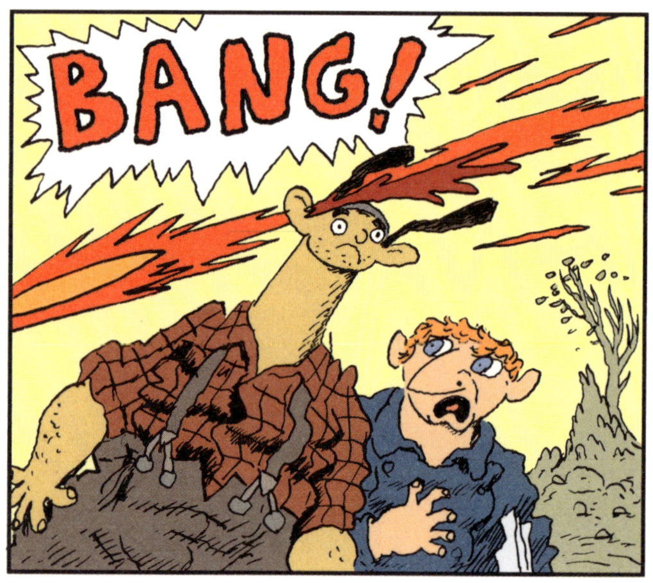
BANG!

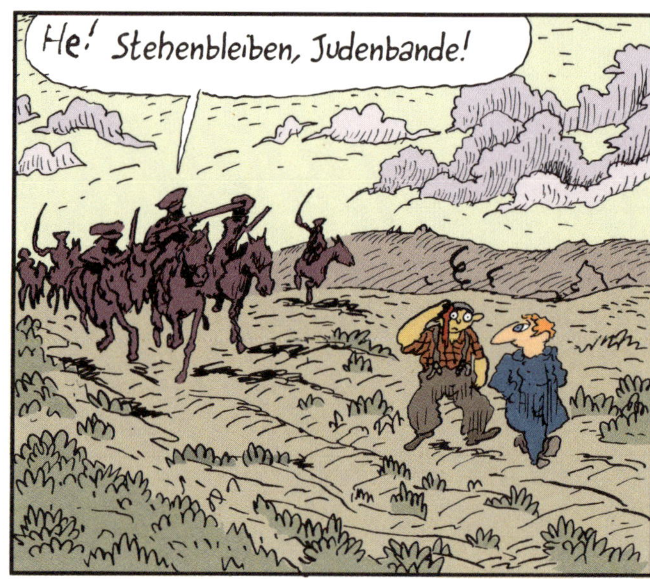
He! Stehenbleiben, Judenbande!

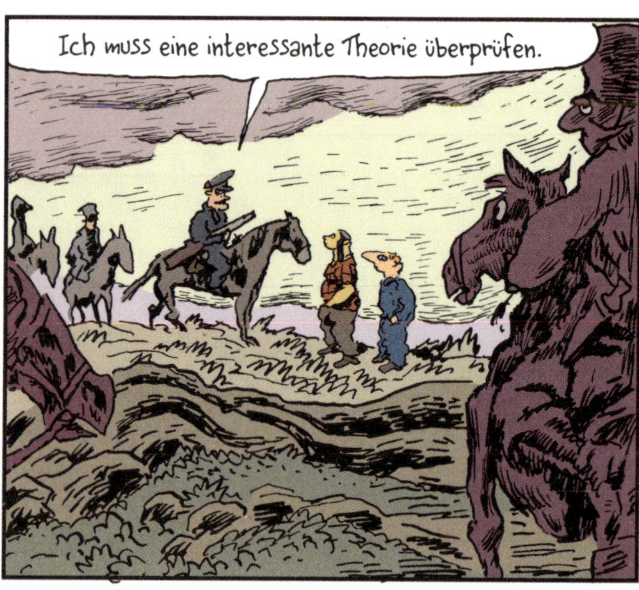
Ich muss eine interessante Theorie überprüfen.

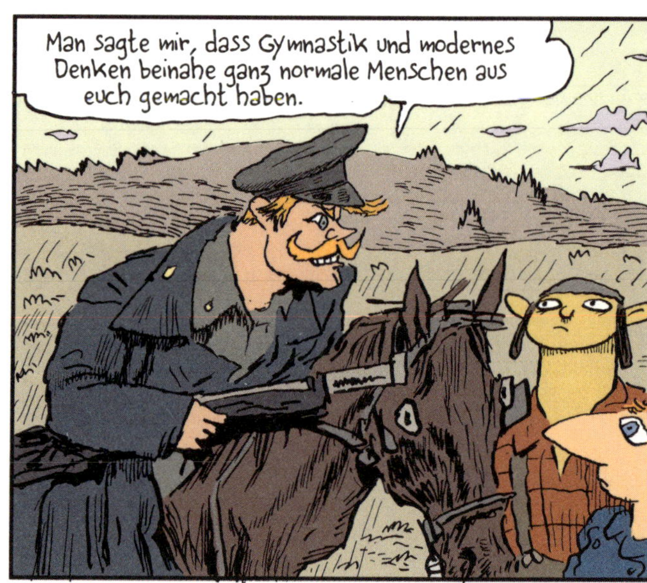
Man sagte mir, dass Gymnastik und modernes Denken beinahe ganz normale Menschen aus euch gemacht haben.

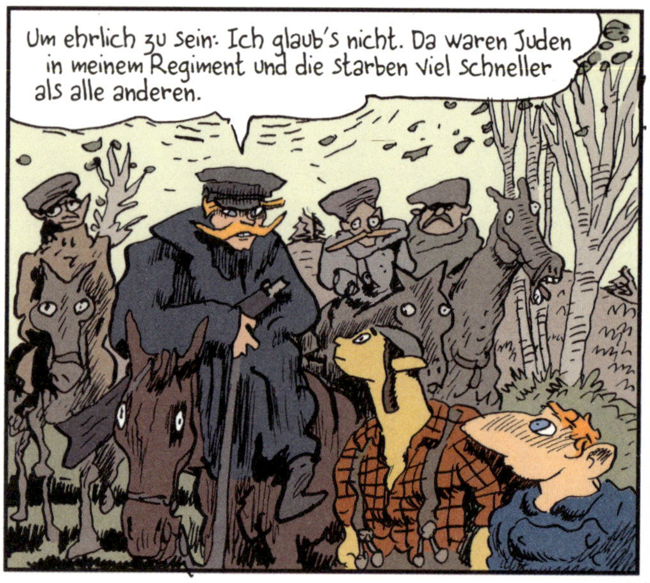
Um ehrlich zu sein: Ich glaub's nicht. Da waren Juden in meinem Regiment und die starben viel schneller als alle anderen.

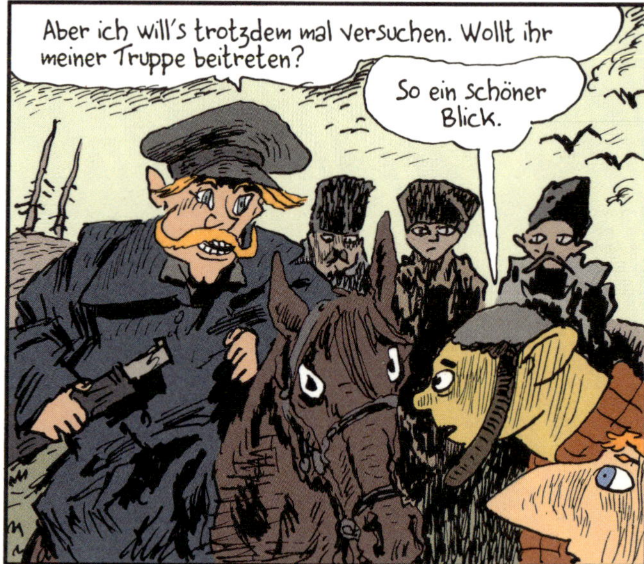
Aber ich will's trotzdem mal versuchen. Wollt ihr meiner Truppe beitreten?
So ein schöner Blick.

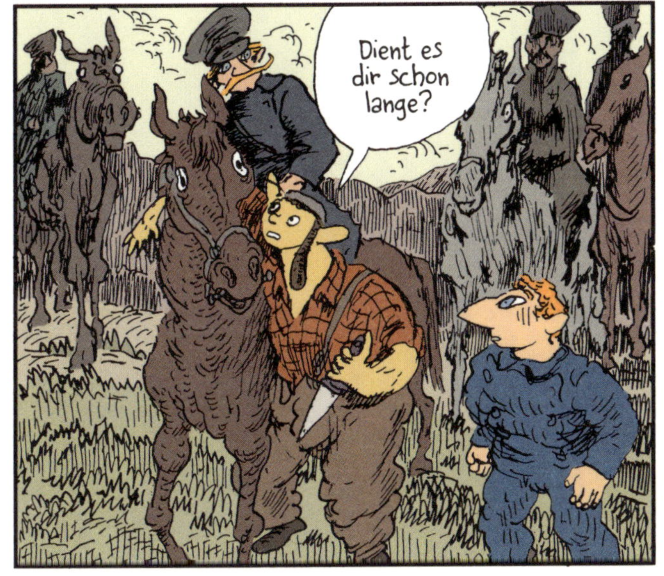
Dient es dir schon lange?

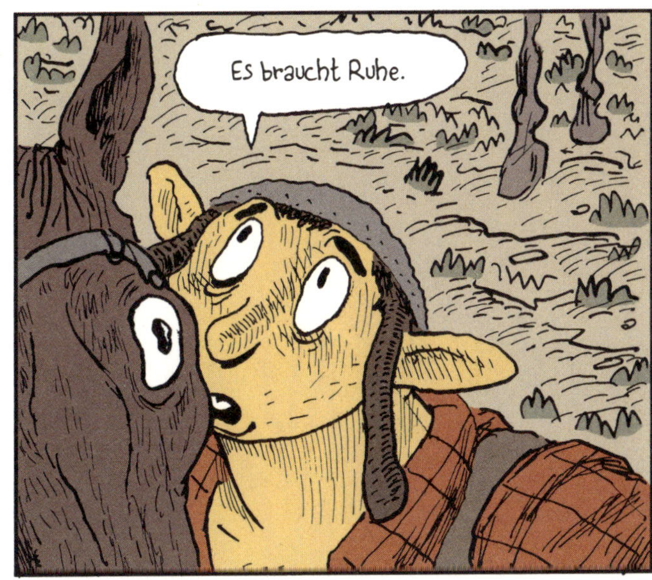
Es braucht Ruhe.

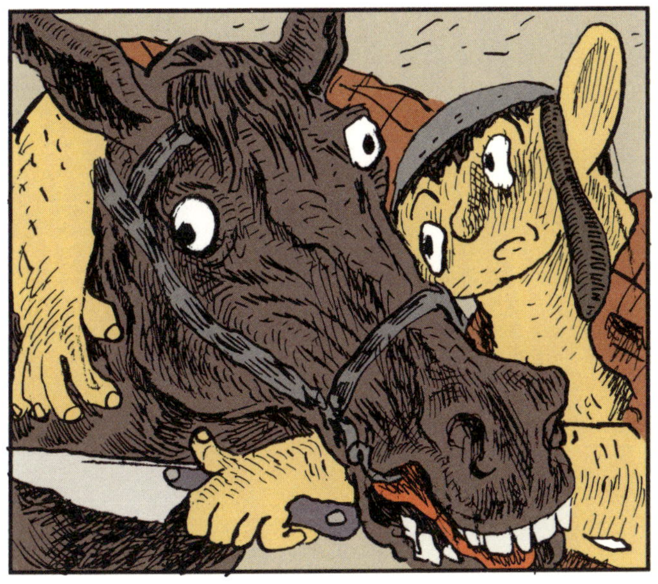

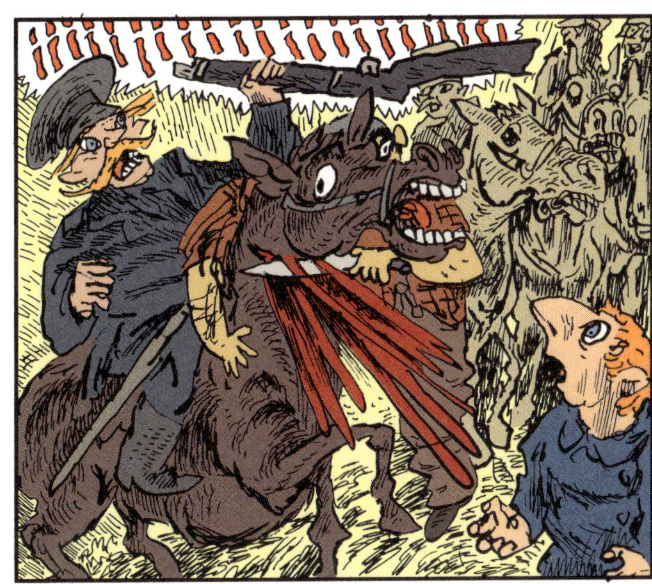

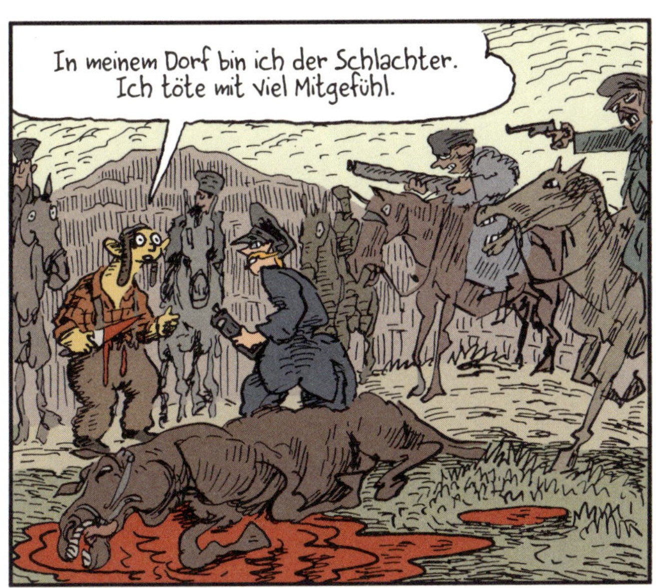
In meinem Dorf bin ich der Schlachter. Ich töte mit viel Mitgefühl.

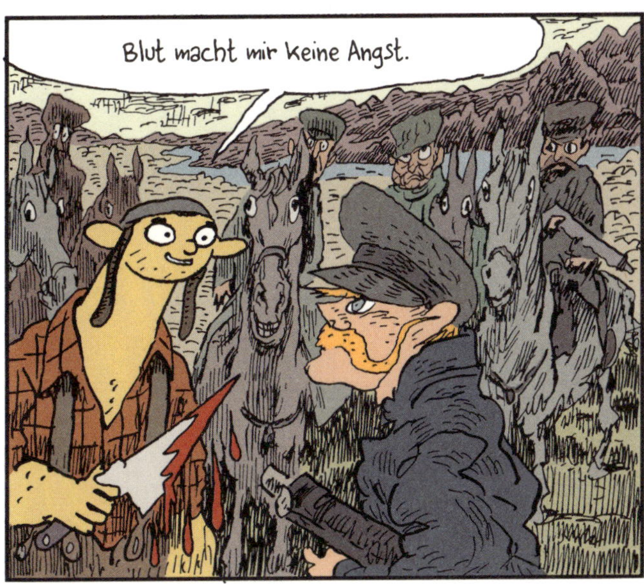
Blut macht mir keine Angst.

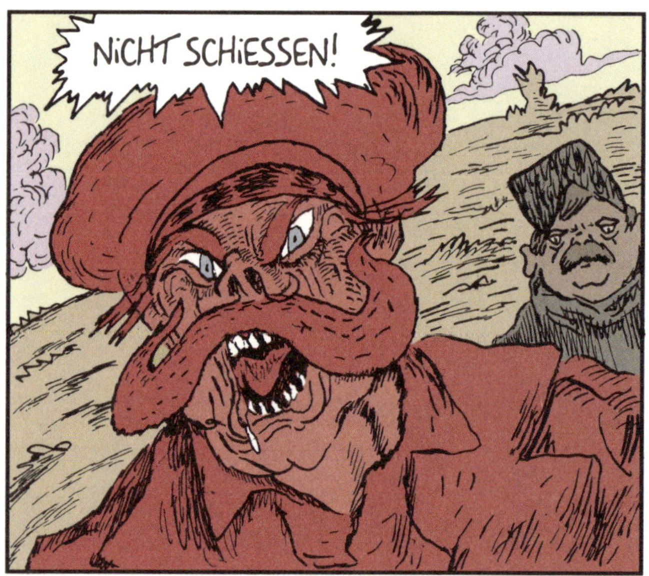
NICHT SCHIESSEN!

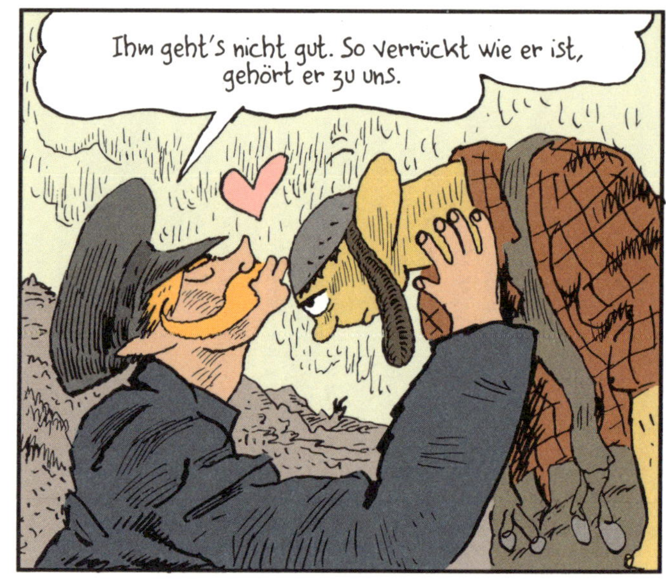
Ihm geht's nicht gut. So verrückt wie er ist, gehört er zu uns.

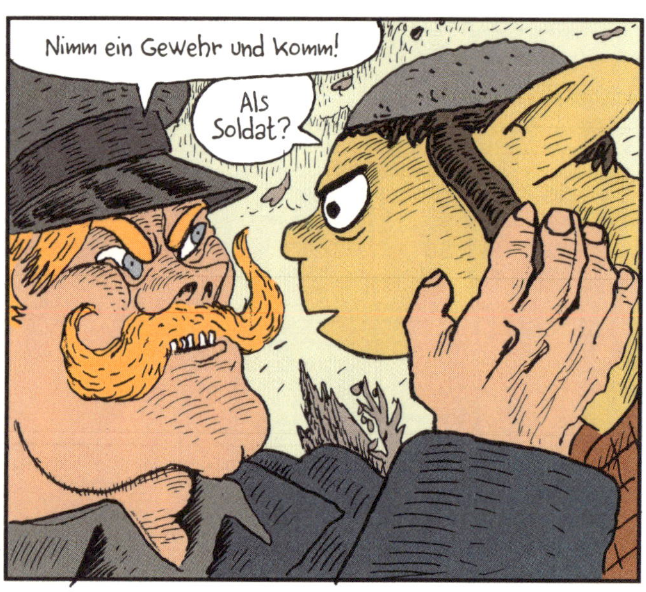
Nimm ein Gewehr und komm!
Als Soldat?

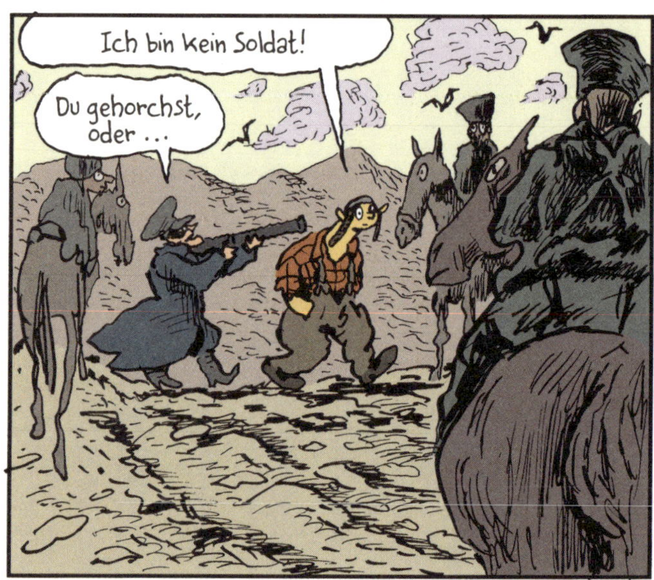
Ich bin kein Soldat!
Du gehorchst, oder ...

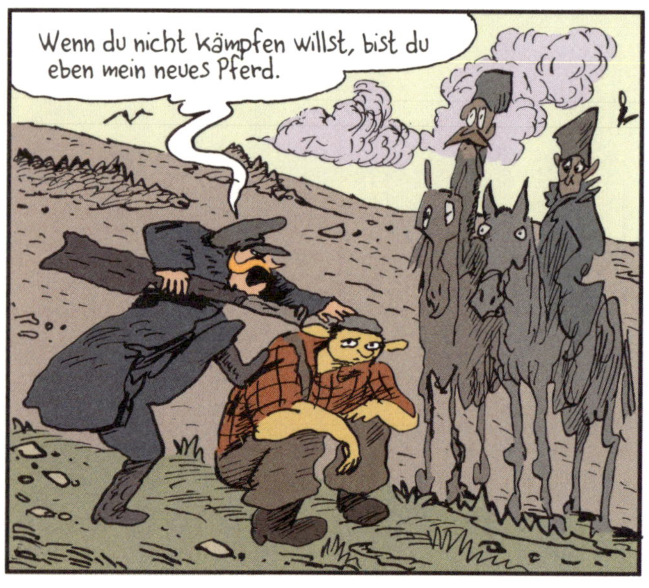
Wenn du nicht kämpfen willst, bist du eben mein neues Pferd.

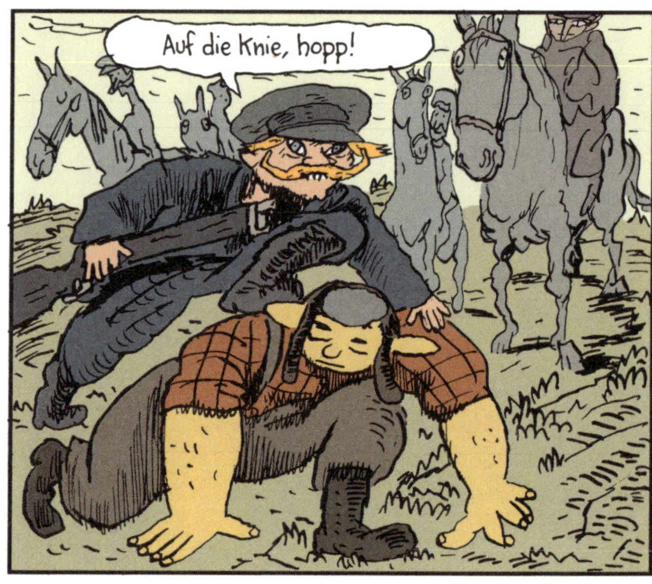
Auf die Knie, hopp!

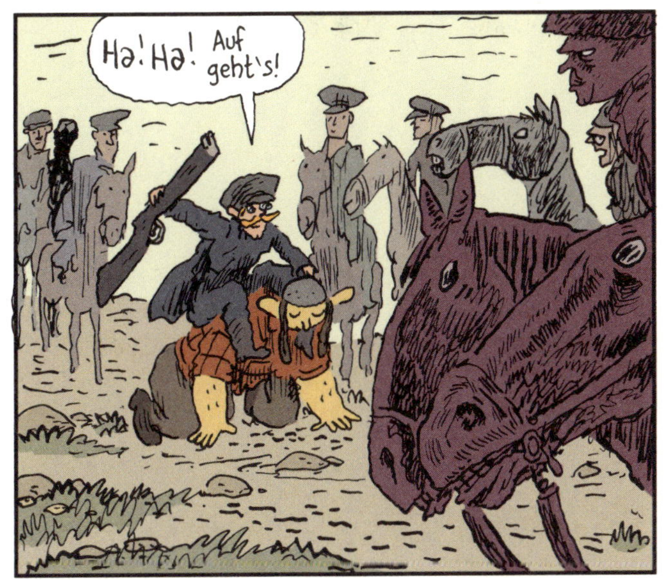
Ha! Ha! Auf geht's!
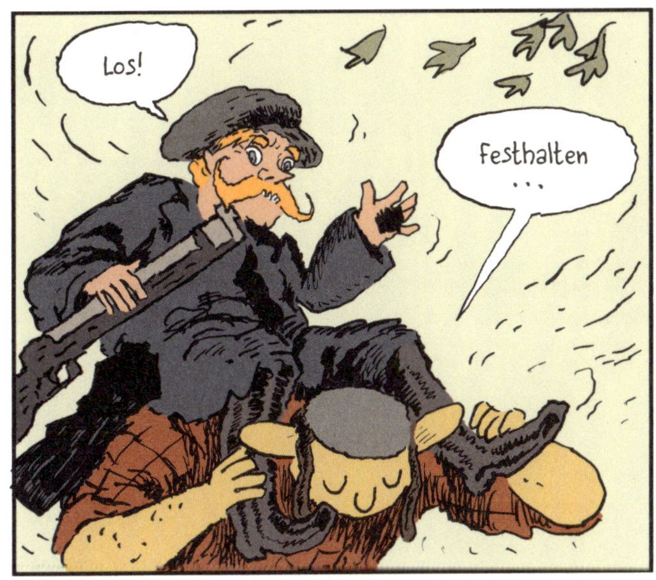
Los!
Festhalten ...
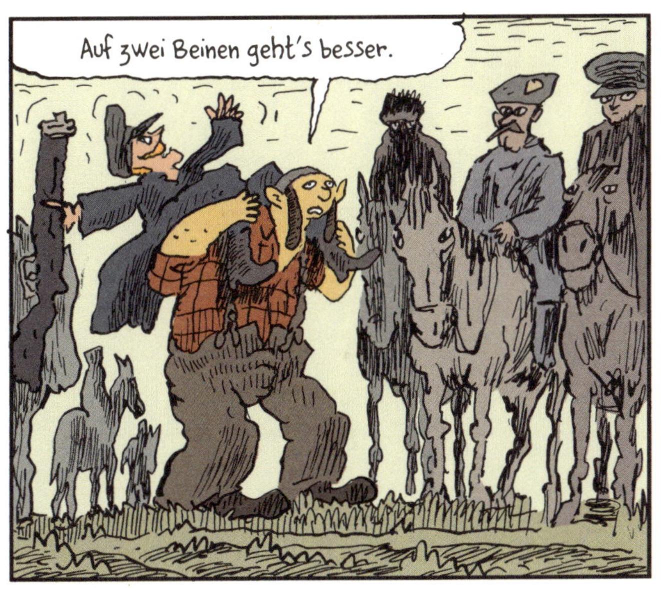
Auf zwei Beinen geht's besser.
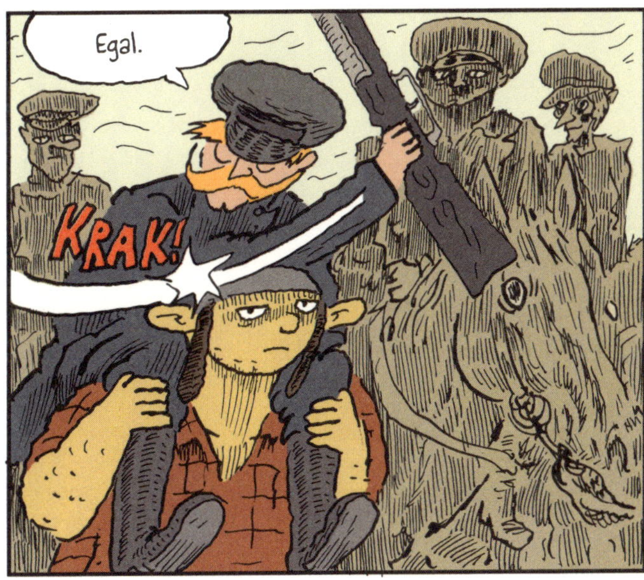
Egal.
KRAK!
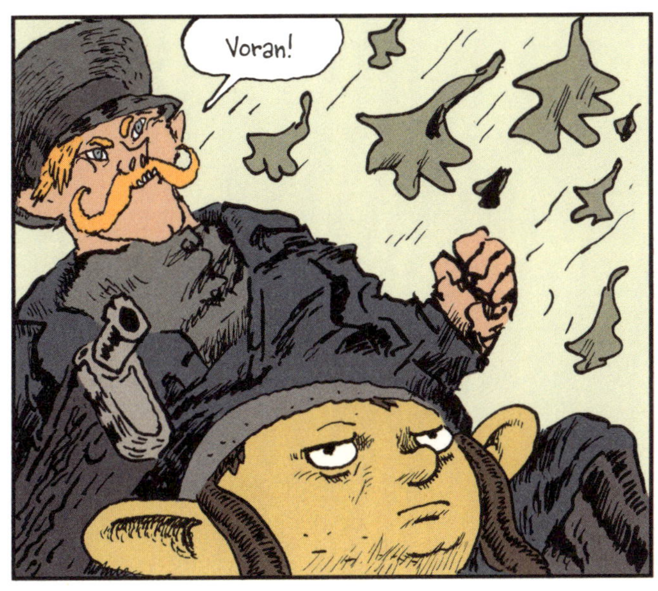
Voran!
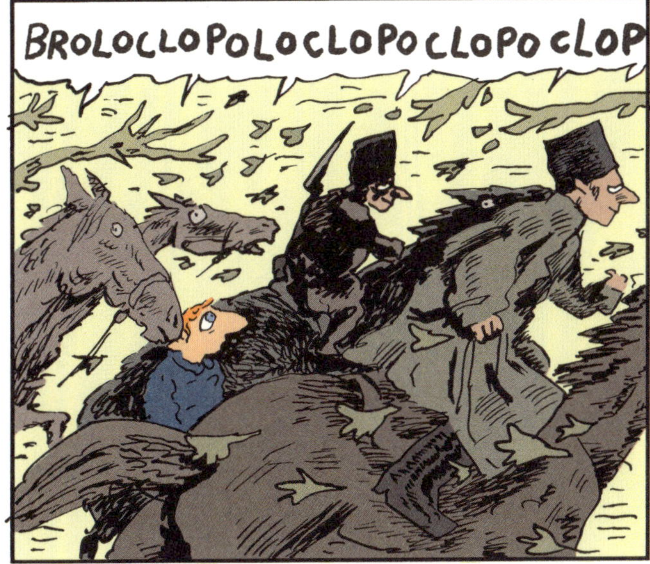
BROLOCLLOPOLOCLOPOCLOPOCLOP

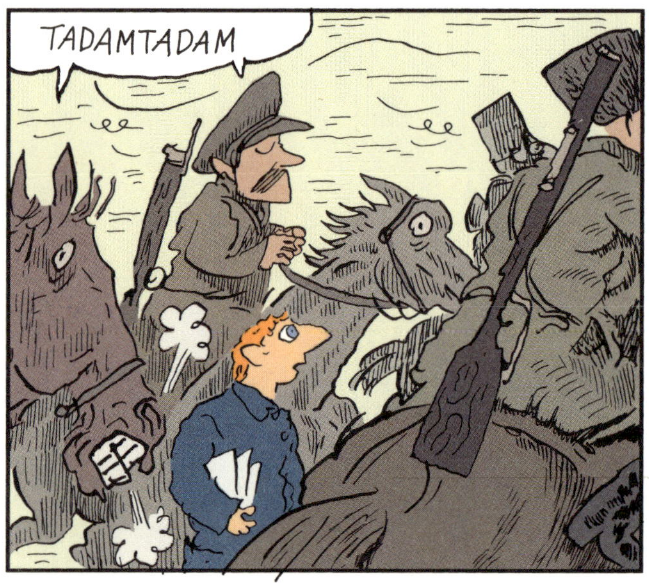
TADAMTADAM

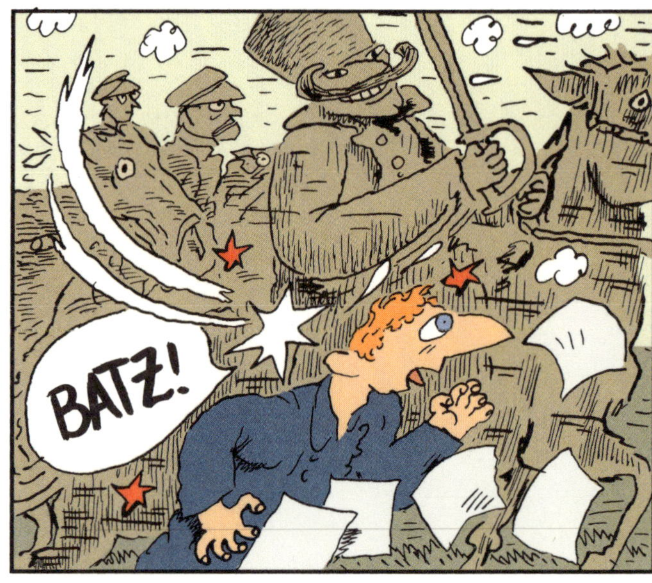
BATZ!

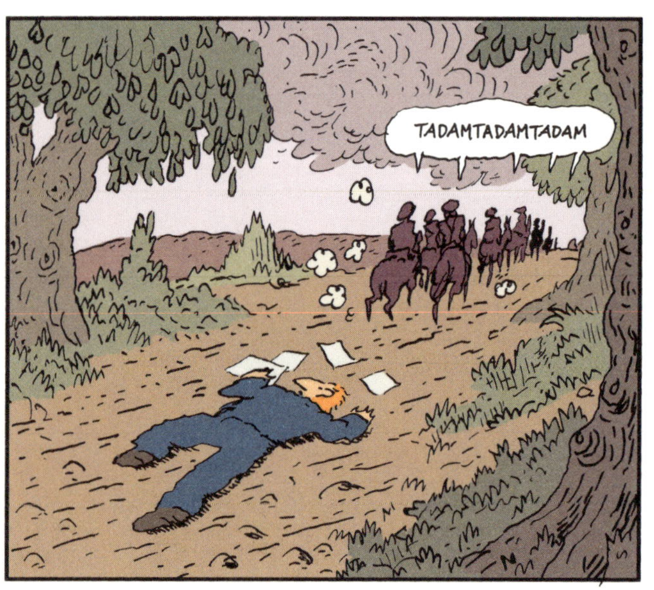
TADAMTADAMTADAM

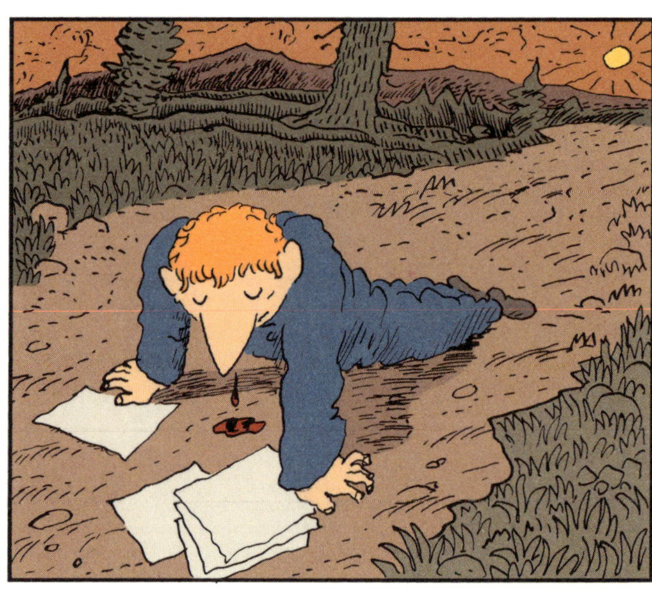

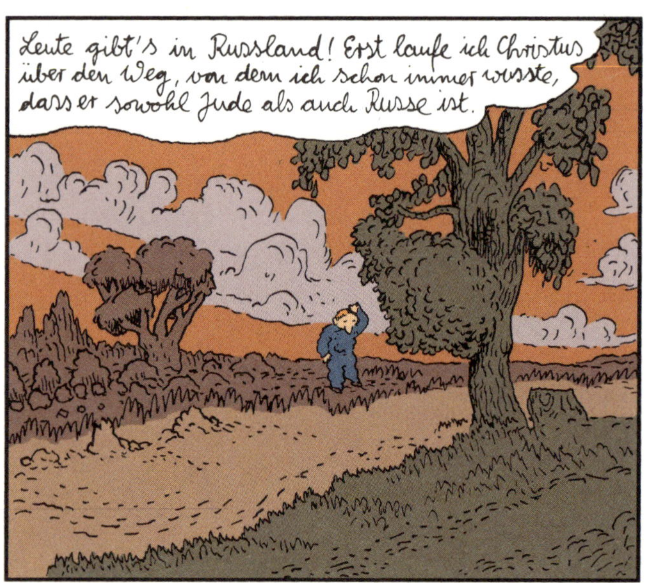
Leute gibt's in Russland! Erst laufe ich Christus über den Weg, von dem ich schon immer wusste, dass er sowohl Jude als auch Russe ist.

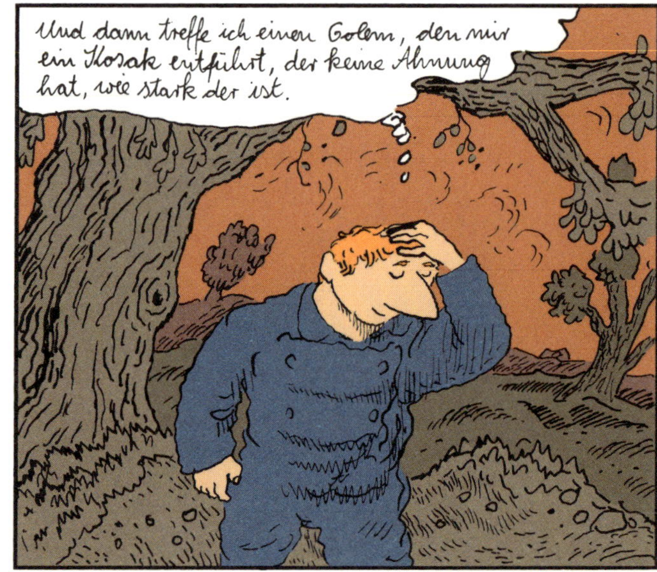
Und dann treffe ich einen Golem, den mir ein Kosak entführt, der keine Ahnung hat, wie stark der ist.

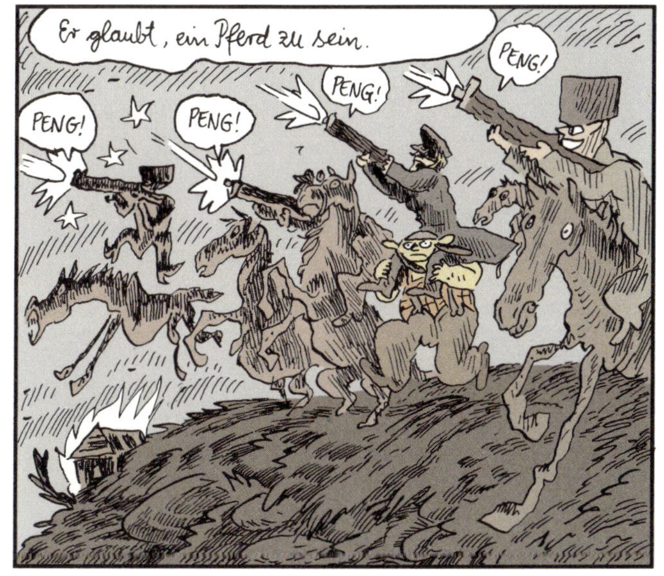
Er glaubt, ein Pferd zu sein.
PENG!
PENG!
PENG!
PENG!

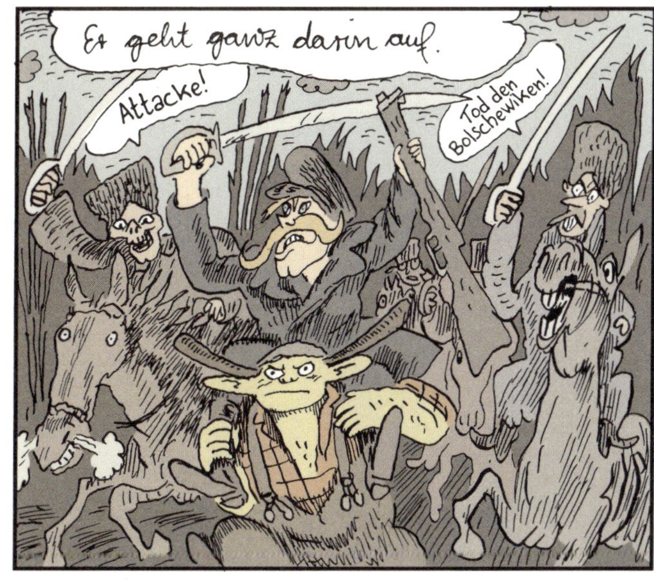
Er geht ganz darin auf.
Attacke!
Tod den Bolschewiken!

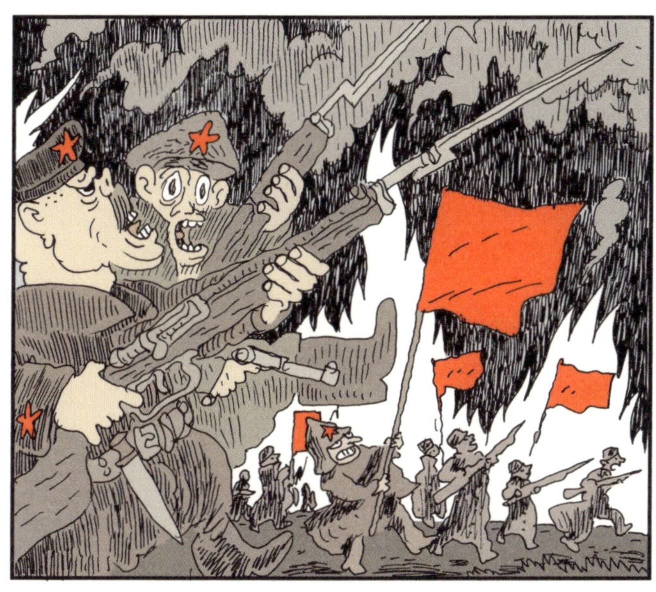

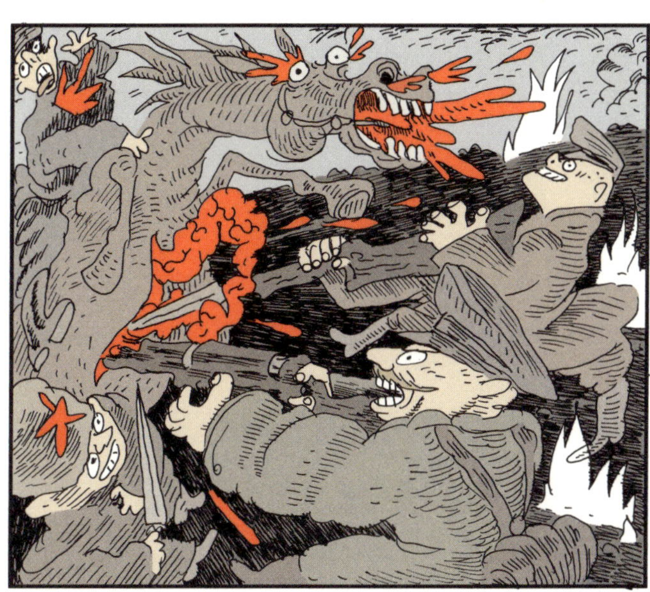

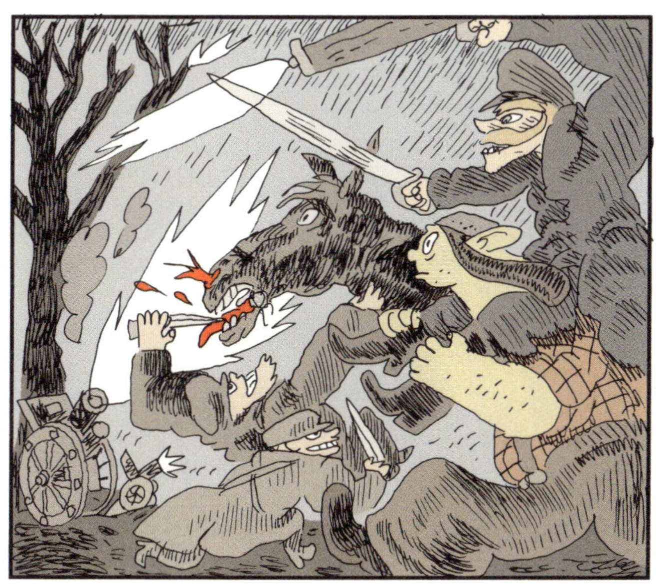

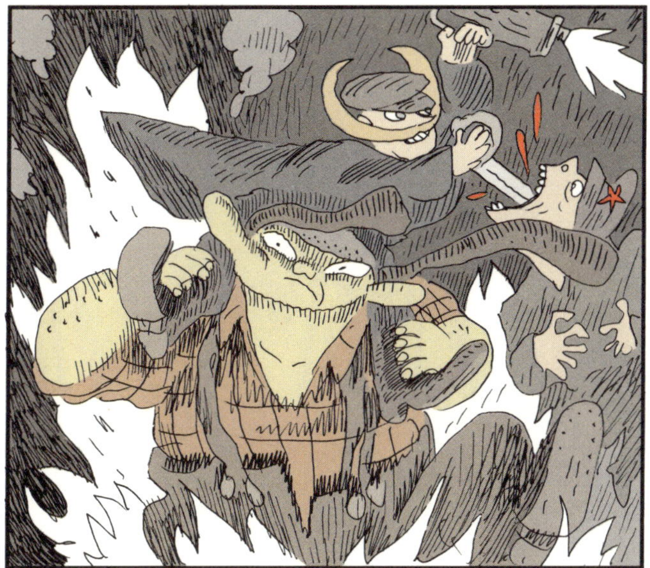

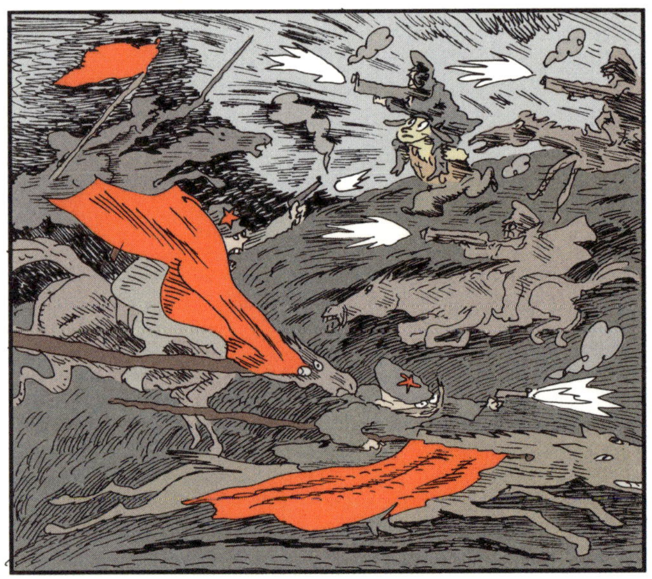

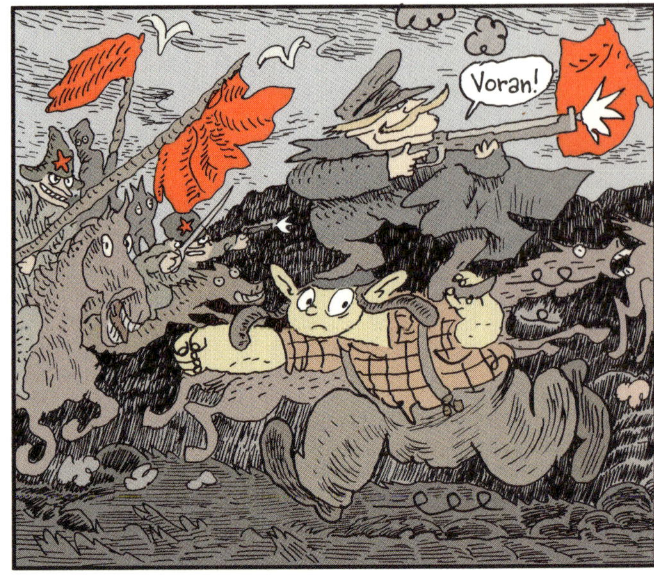
Voran!

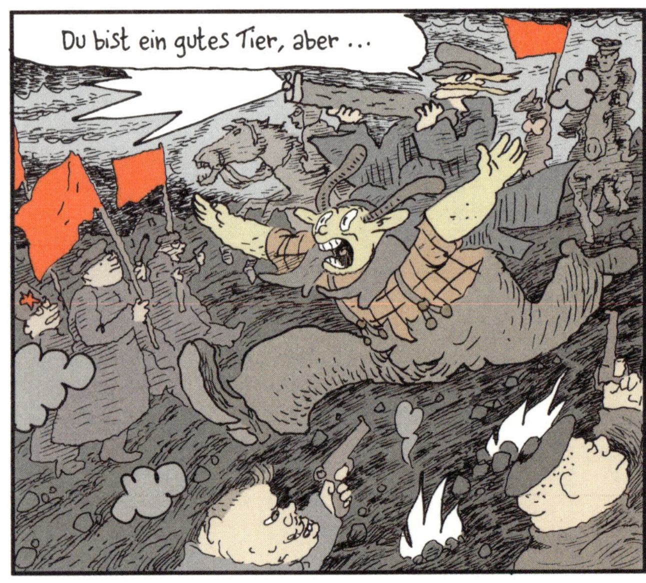
Du bist ein gutes Tier, aber ...

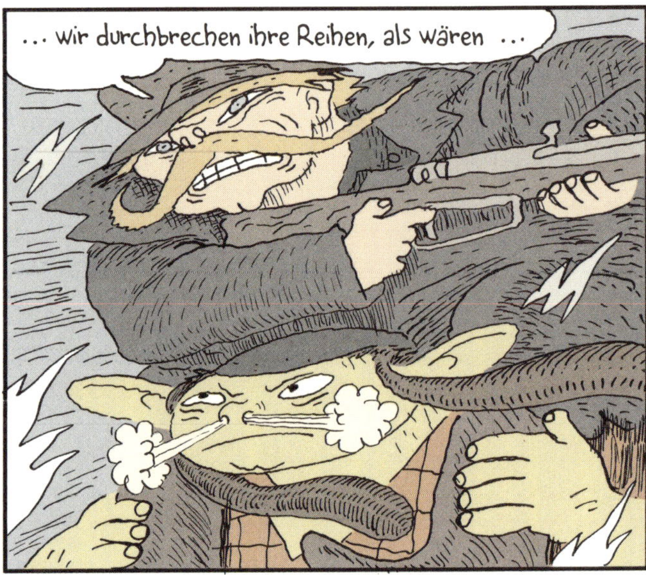
... wir durchbrechen ihre Reihen, als wären ...

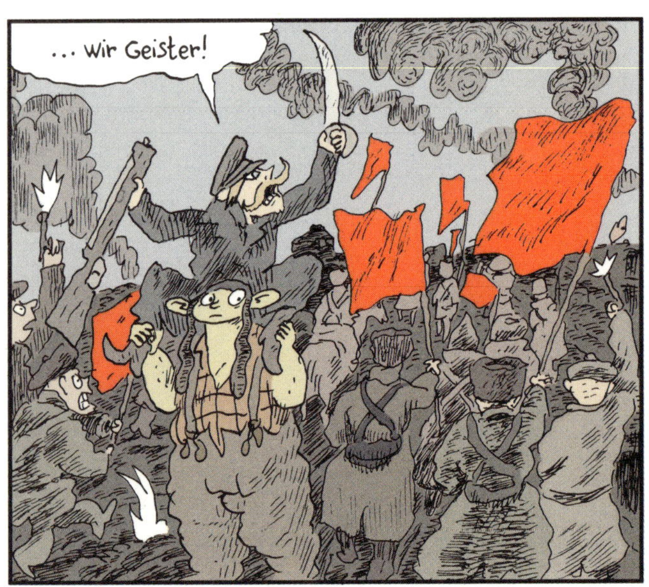
... wir Geister!

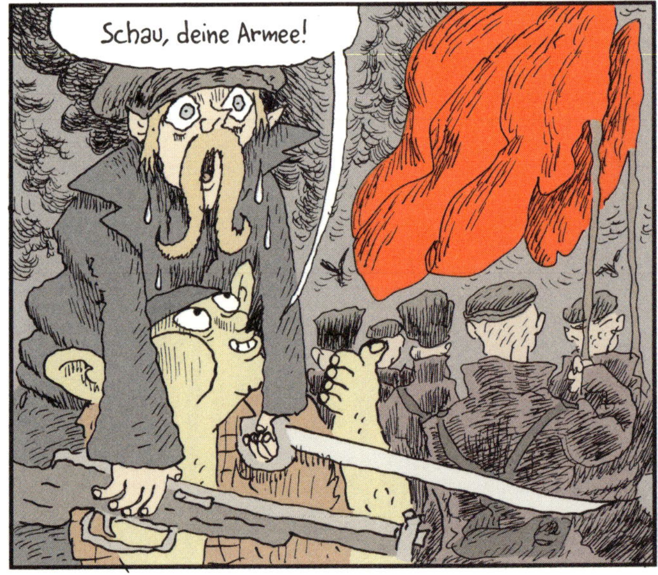
Schau, deine Armee!

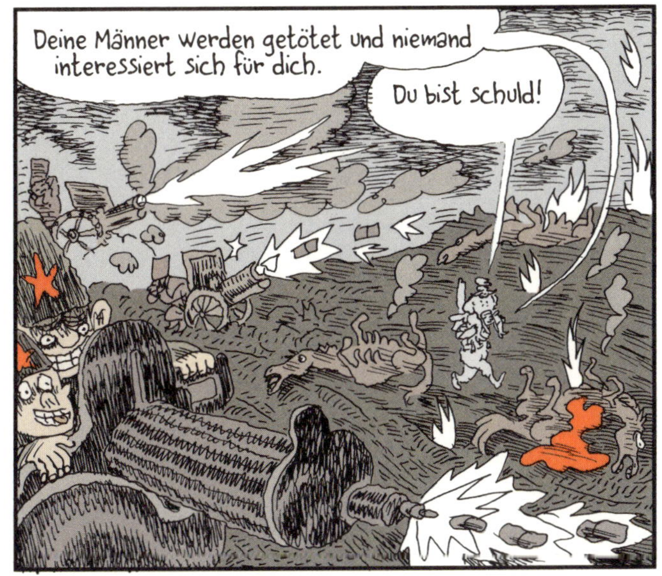
Deine Männer werden getötet und niemand interessiert sich für dich.
Du bist schuld!

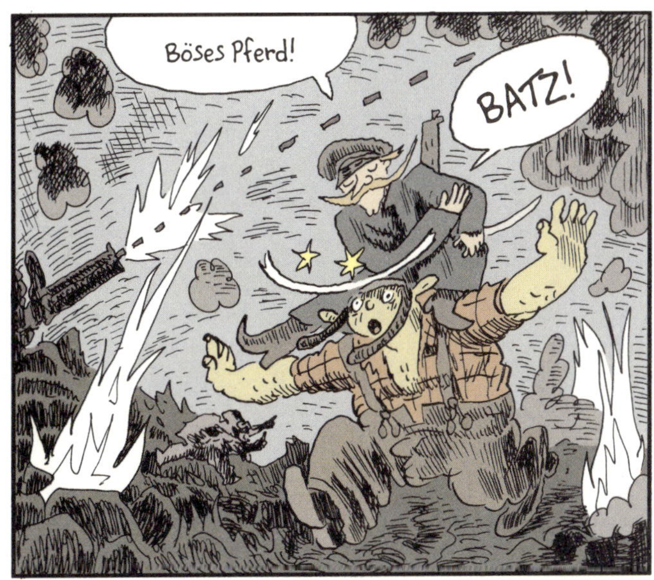
Böses Pferd!
BATZ!

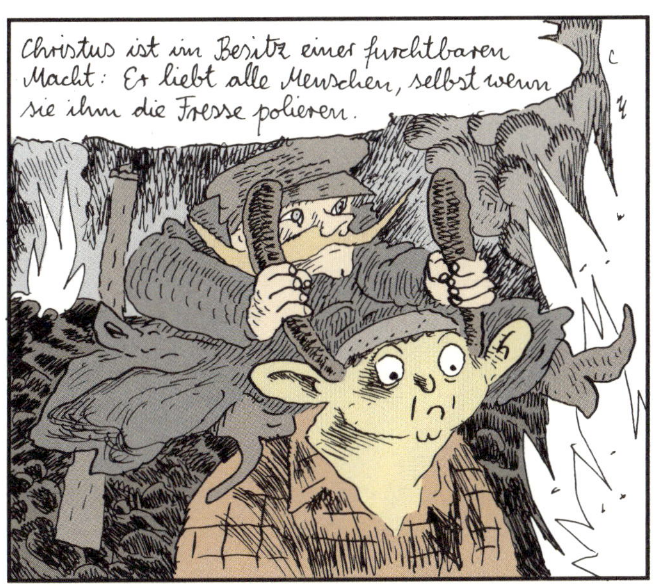
Christus ist im Besitz einer furchtbaren Macht: Er liebt alle Menschen, selbst wenn sie ihm die Fresse polieren.

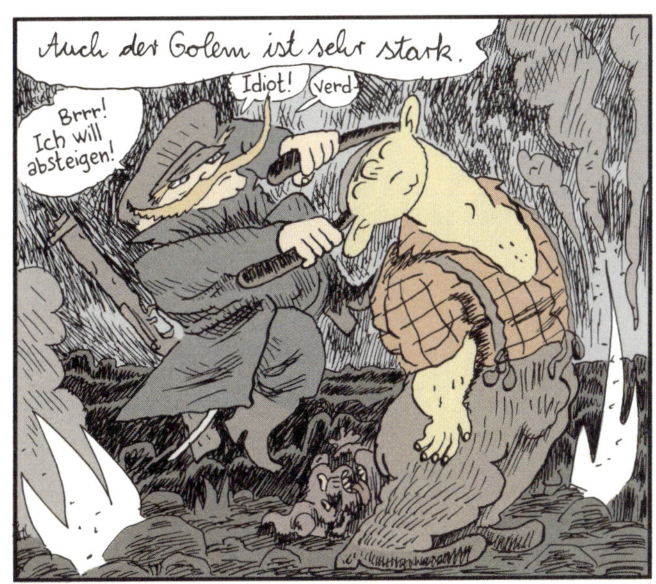
Auch der Golem ist sehr stark.
Brrr! Ich will absteigen!
Idiot!
Verd-

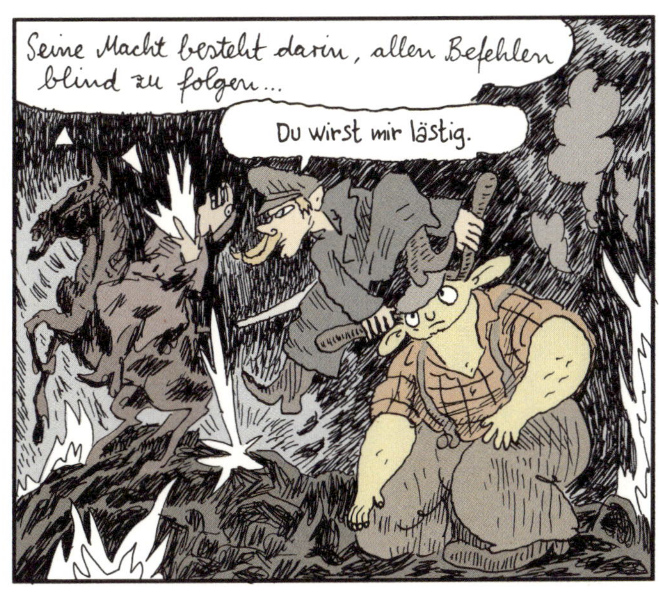
Seine Macht besteht darin, allen Befehlen blind zu folgen...
Du wirst mir lästig.

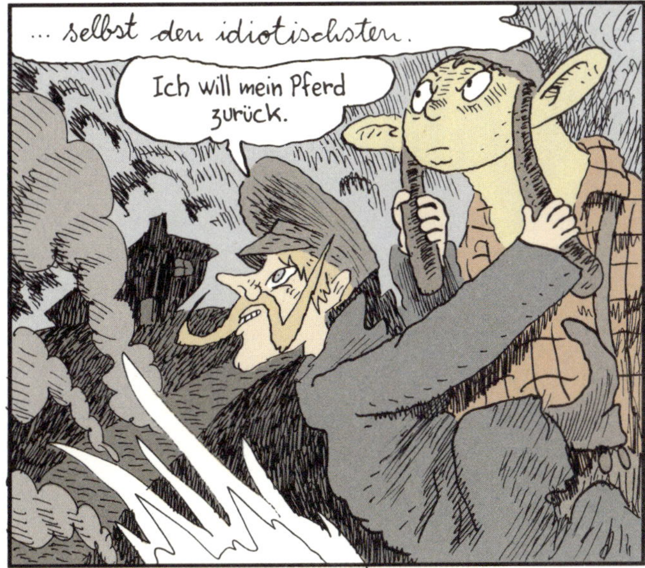
... selbst den idiotischsten.
Ich will mein Pferd zurück.

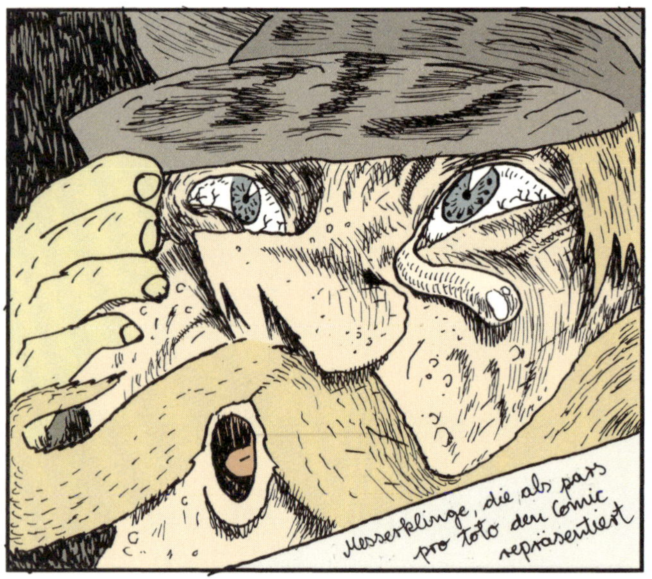
Messerklinge, die als pars pro toto den Comic repräsentiert

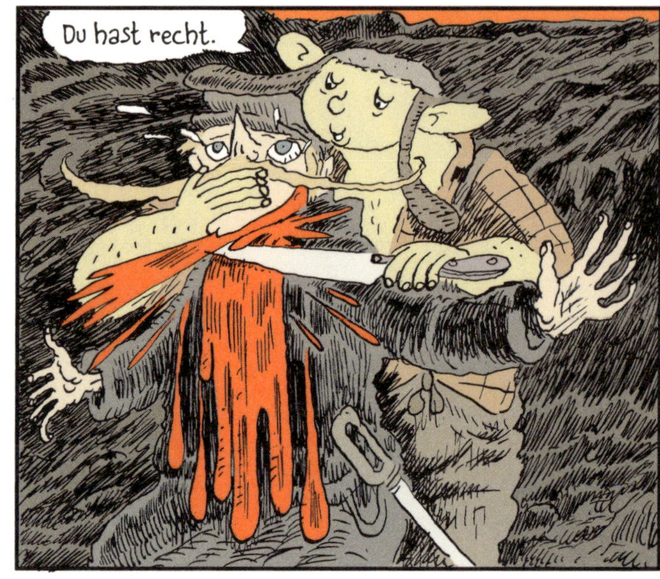
Du hast recht.

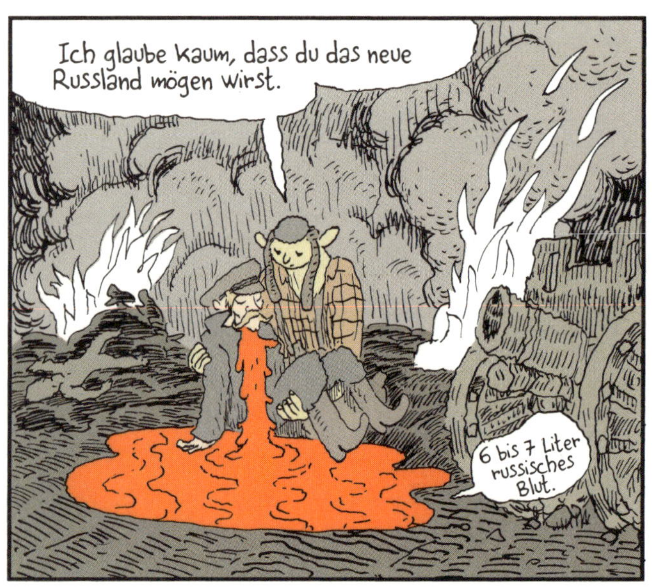
Ich glaube kaum, dass du das neue Russland mögen wirst.
6 bis 7 Liter russisches Blut.

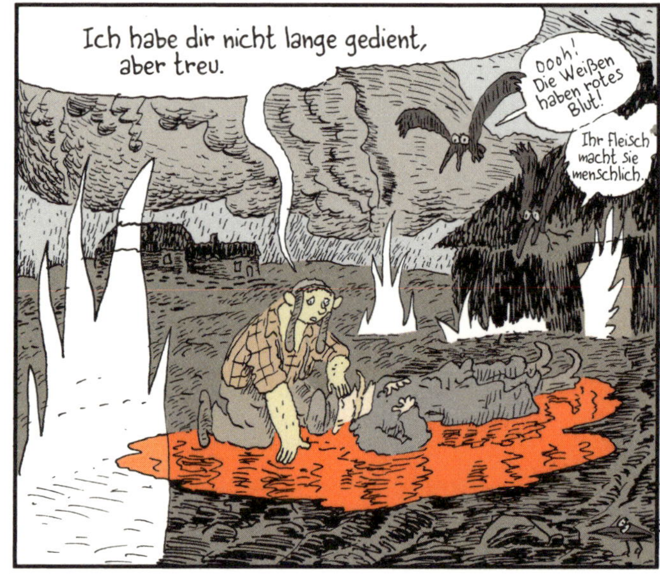
Ich habe dir nicht lange gedient, aber treu.
Oooh! Die Weißen haben rotes Blut!
Ihr Fleisch macht sie menschlich.

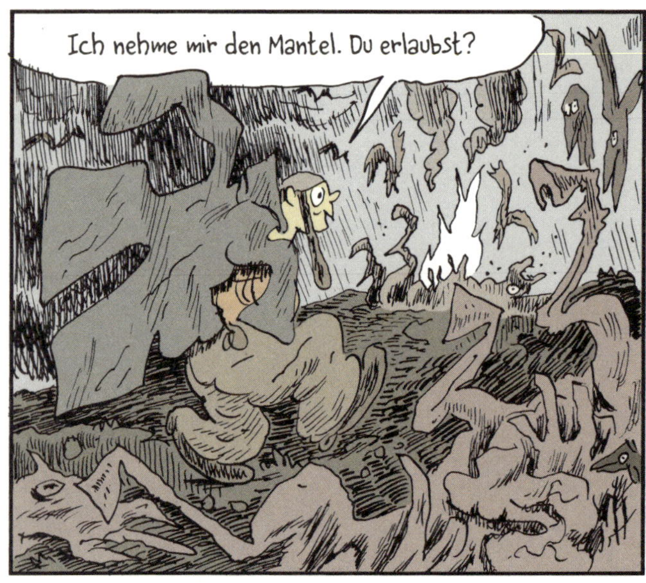
Ich nehme mir den Mantel. Du erlaubst?

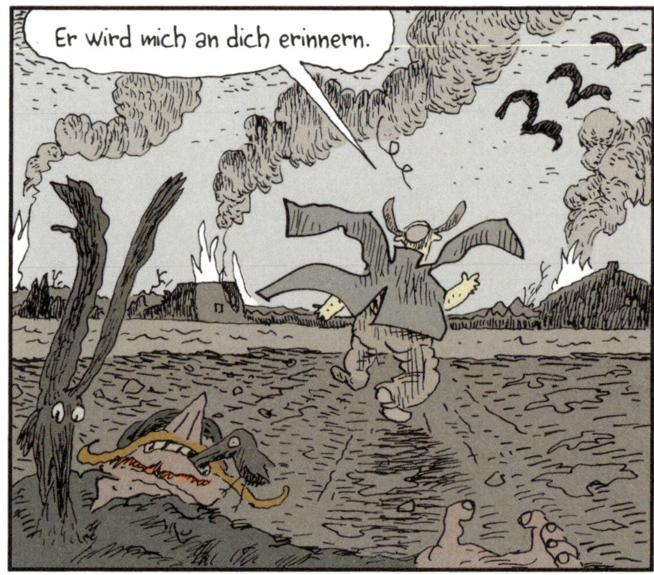
Er wird mich an dich erinnern.

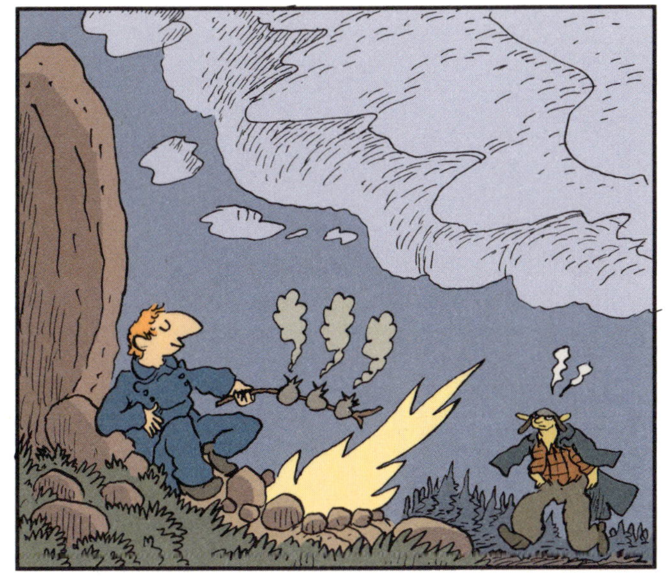

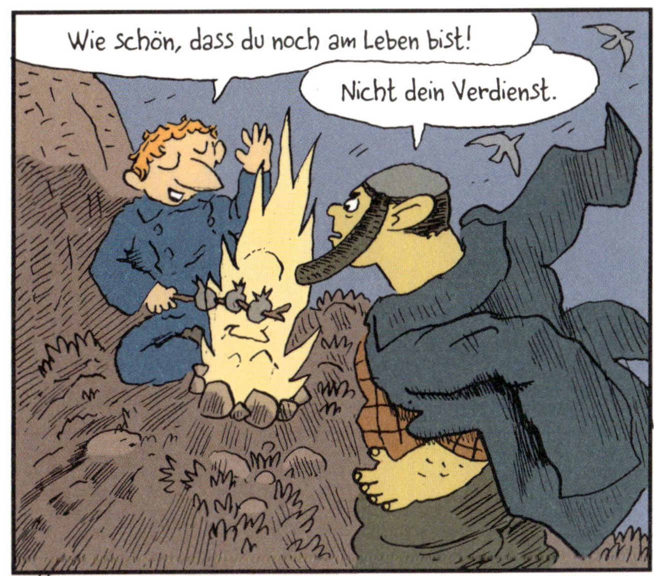
Wie schön, dass du noch am Leben bist!
Nicht dein Verdienst.

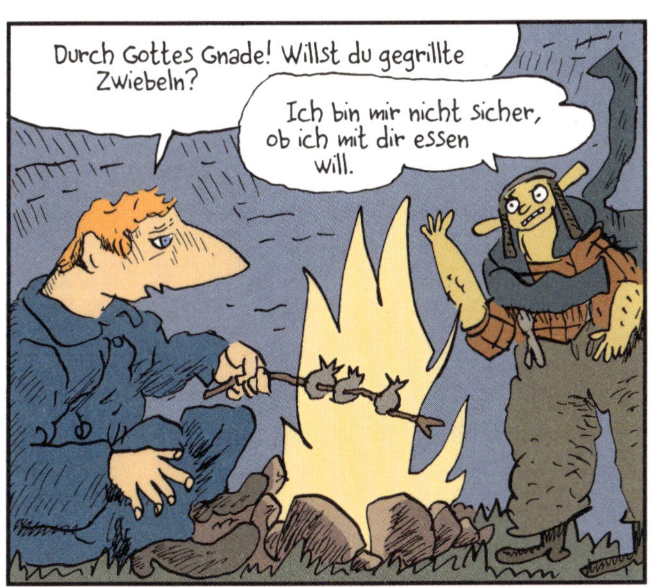
Durch Gottes Gnade! Willst du gegrillte Zwiebeln?
Ich bin mir nicht sicher, ob ich mit dir essen will.

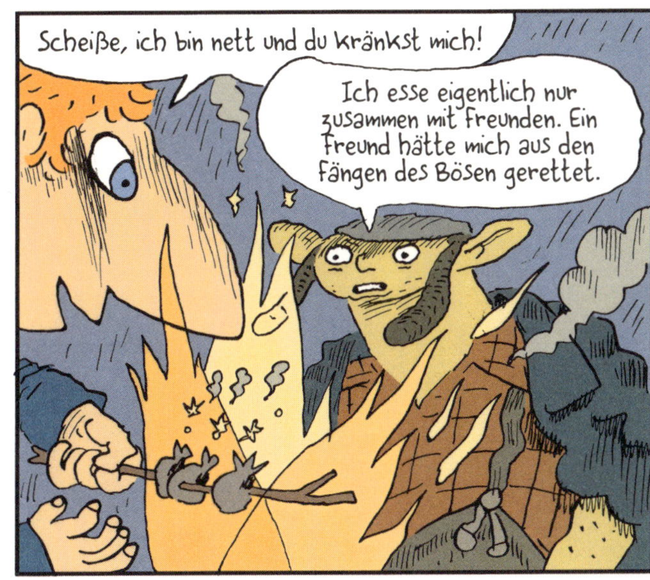
Scheiße, ich bin nett und du kränkst mich!
Ich esse eigentlich nur zusammen mit Freunden. Ein Freund hätte mich aus den Fängen des Bösen gerettet.

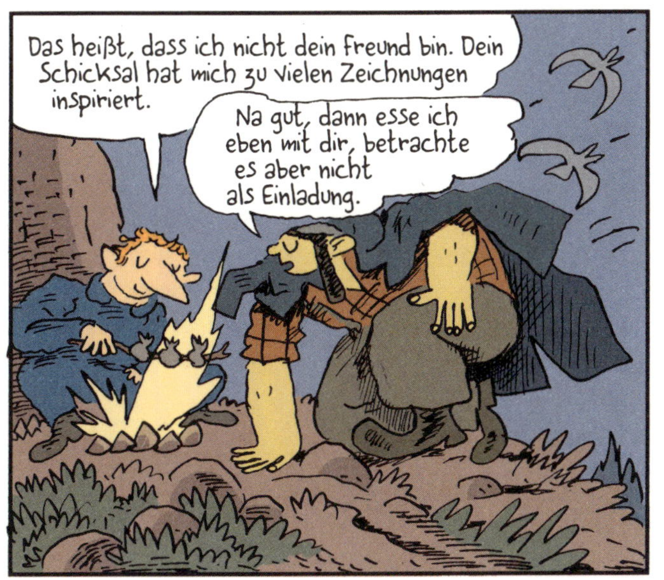
Das heißt, dass ich nicht dein Freund bin. Dein Schicksal hat mich zu vielen Zeichnungen inspiriert.
Na gut, dann esse ich eben mit dir, betrachte es aber nicht als Einladung.

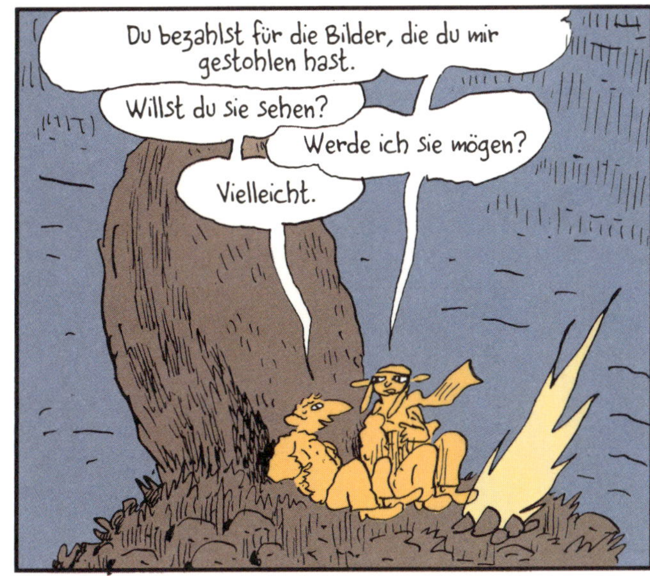
Du bezahlst für die Bilder, die du mir gestohlen hast.
Willst du sie sehen?
Werde ich sie mögen?
Vielleicht.

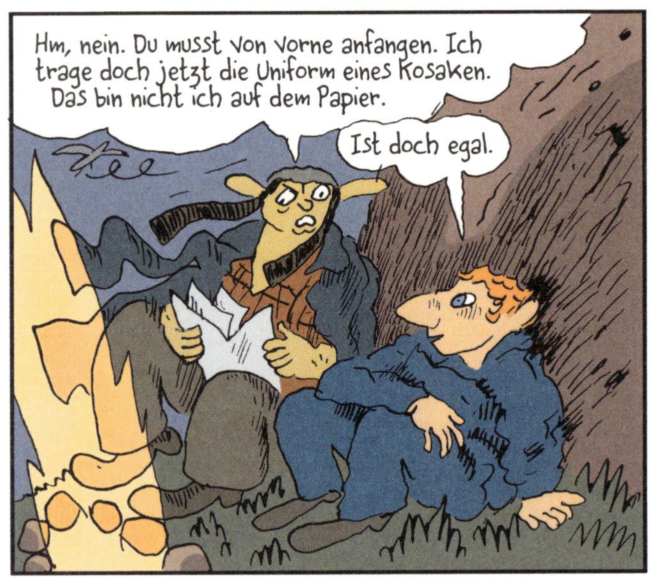
Hm, nein. Du musst von vorne anfangen. Ich trage doch jetzt die Uniform eines Kosaken. Das bin nicht ich auf dem Papier.
Ist doch egal.

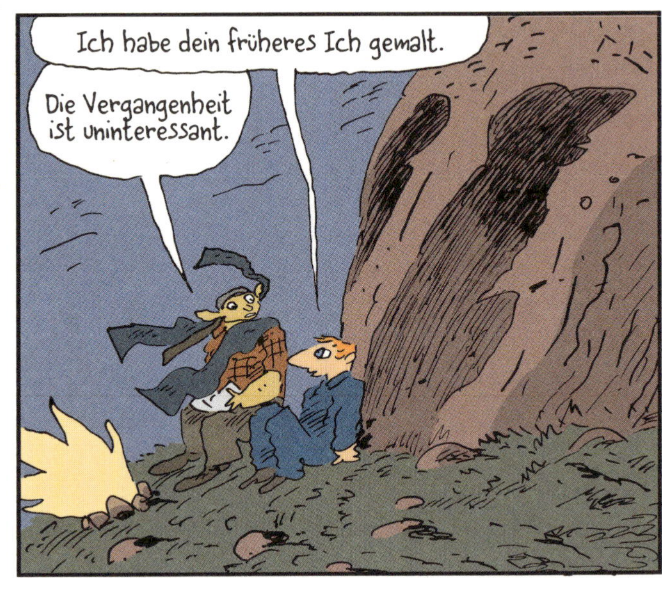
Ich habe dein früheres Ich gemalt.
Die Vergangenheit ist uninteressant.

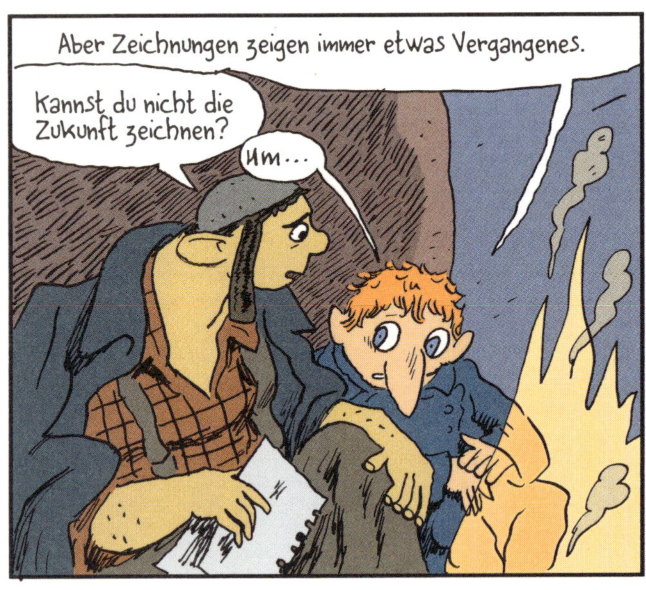
Aber Zeichnungen zeigen immer etwas Vergangenes.
Kannst du nicht die Zukunft zeichnen?
Hm...

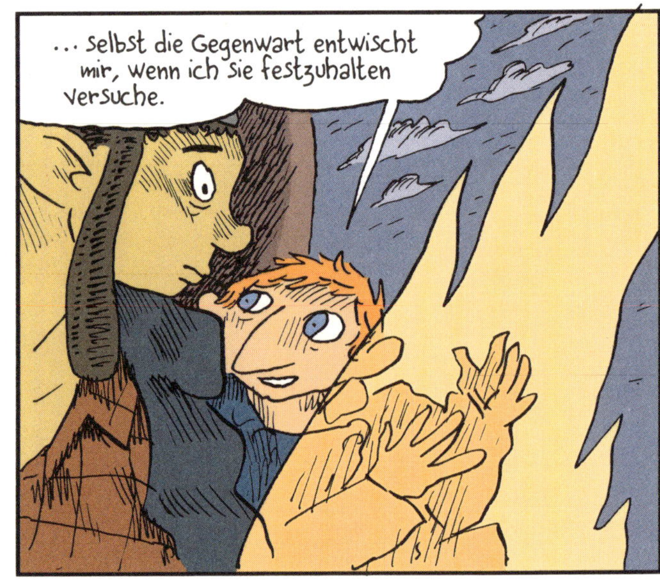
... selbst die Gegenwart entwischt mir, wenn ich sie festzuhalten versuche.

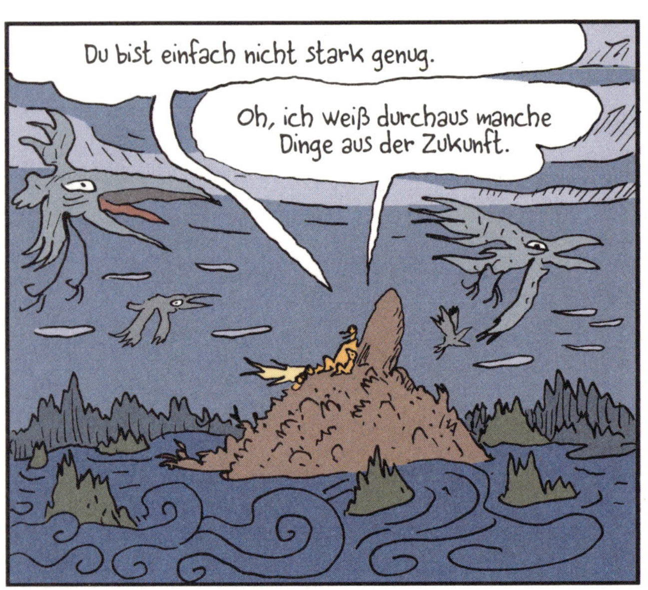
Du bist einfach nicht stark genug.
Oh, ich weiß durchaus manche Dinge aus der Zukunft.

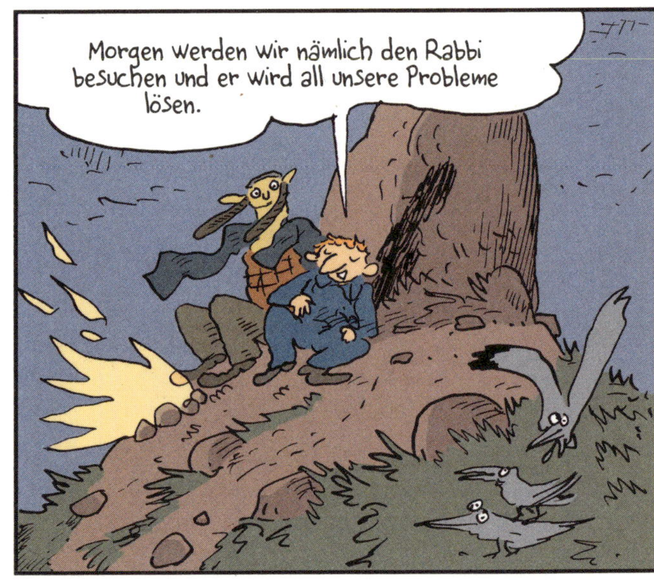
Morgen werden wir nämlich den Rabbi besuchen und er wird all unsere Probleme lösen.

Unser Maler hat kürzere Beine als der, welcher das Vieh schlachtet.

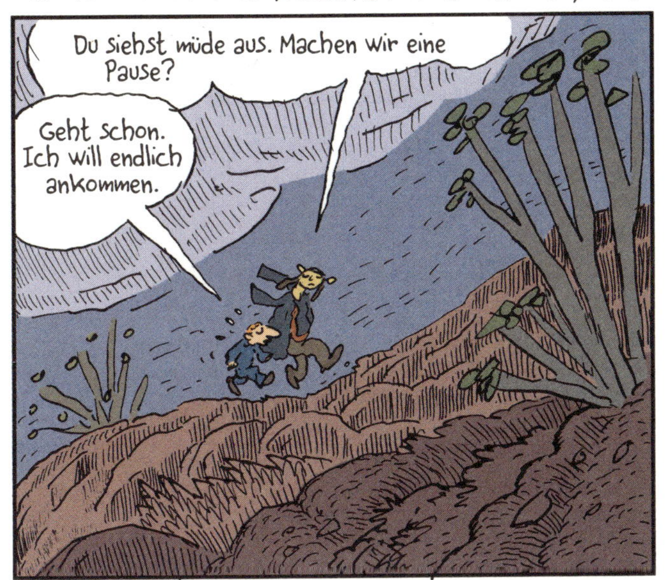

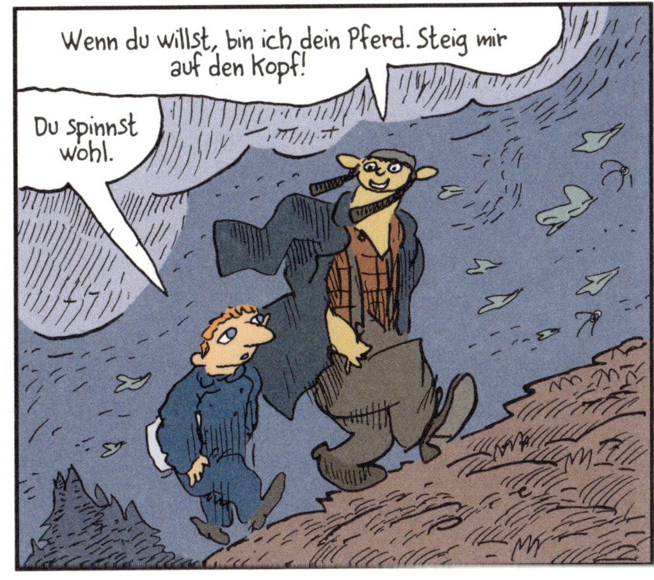

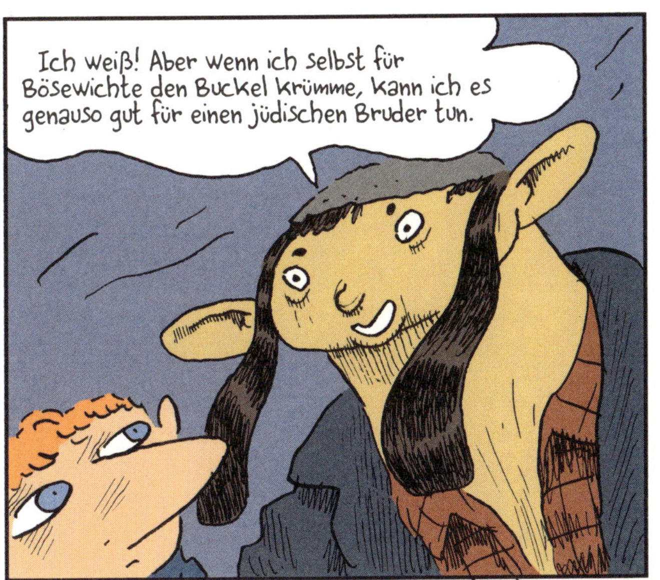

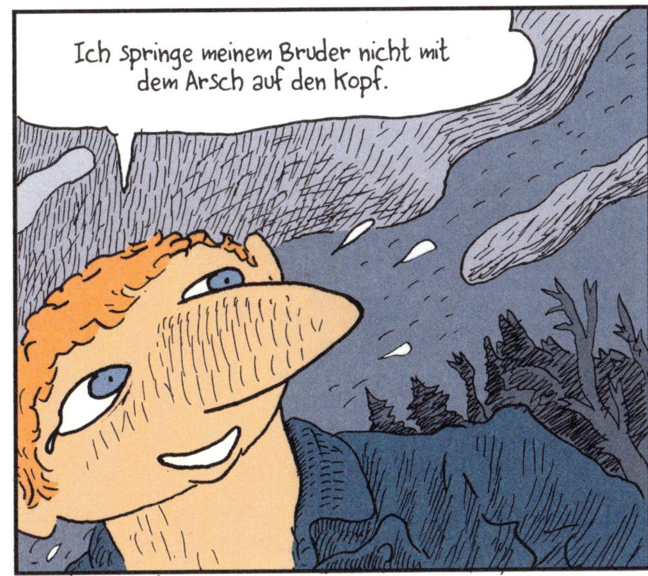

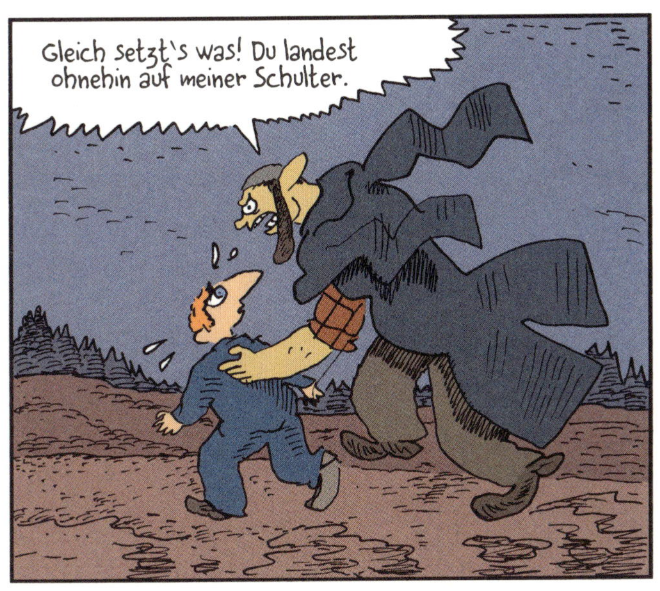

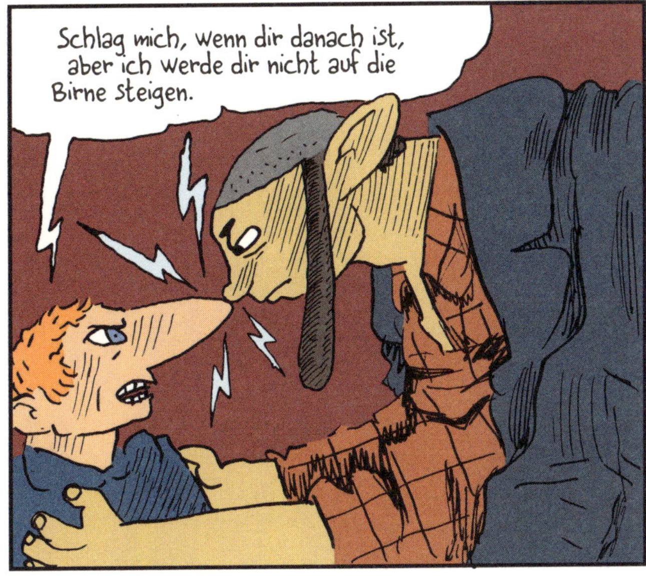

Er verpasste ihm eine, damit endlich Ruhe war. Anschließend trug er ihn eine gehörige Wegstrecke.

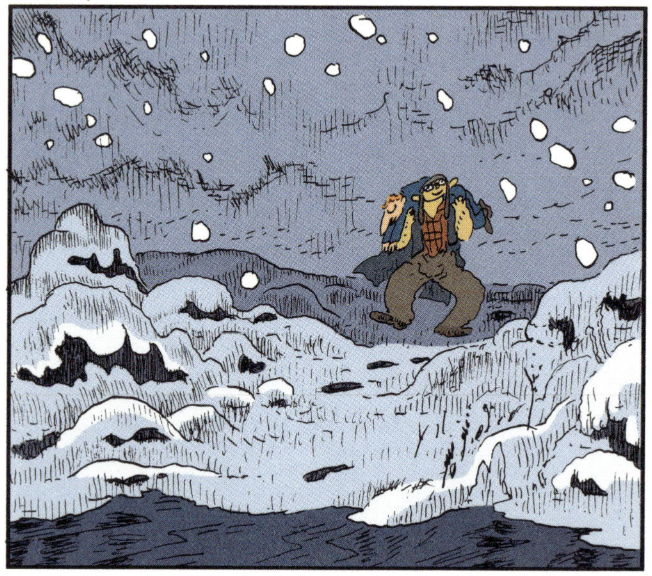

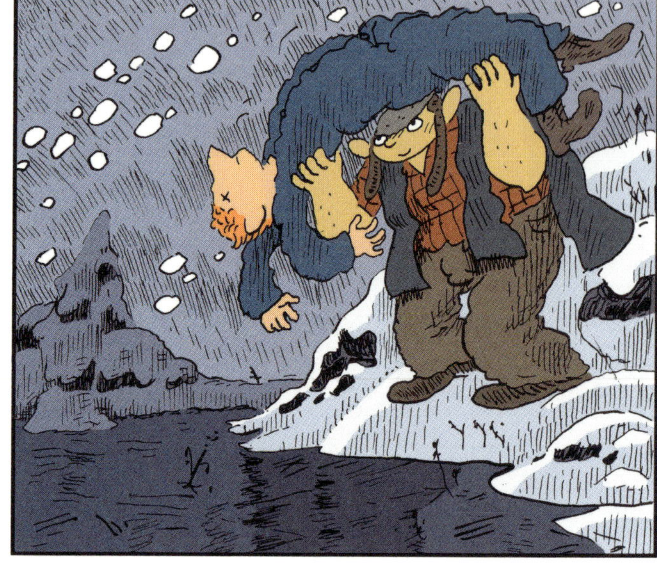

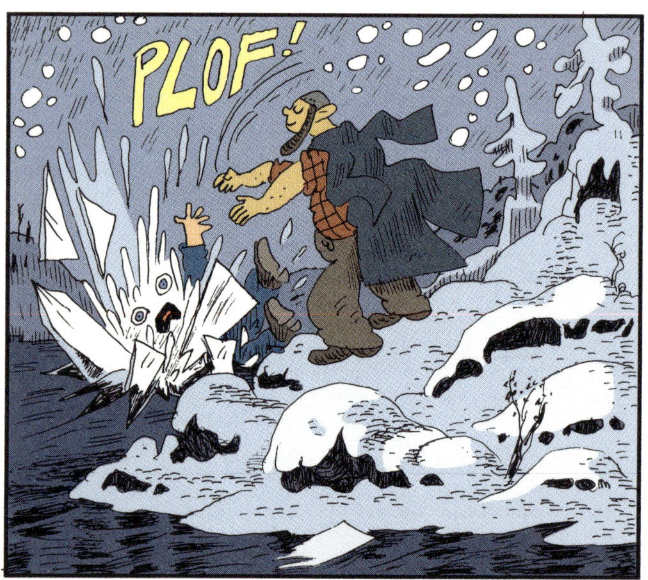

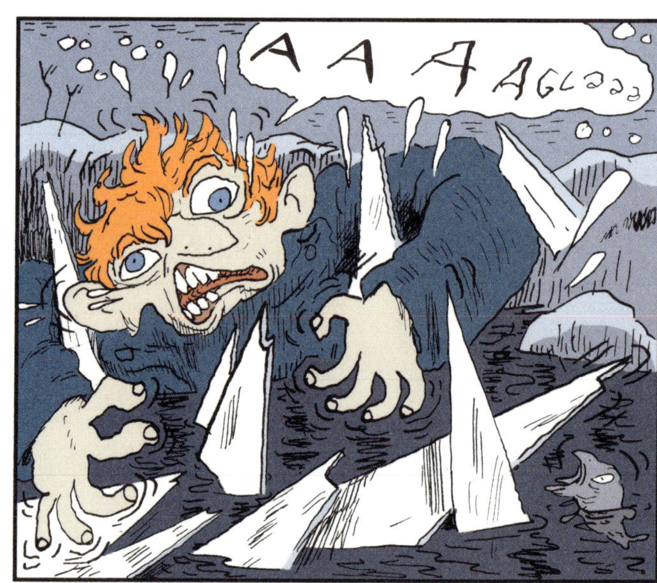

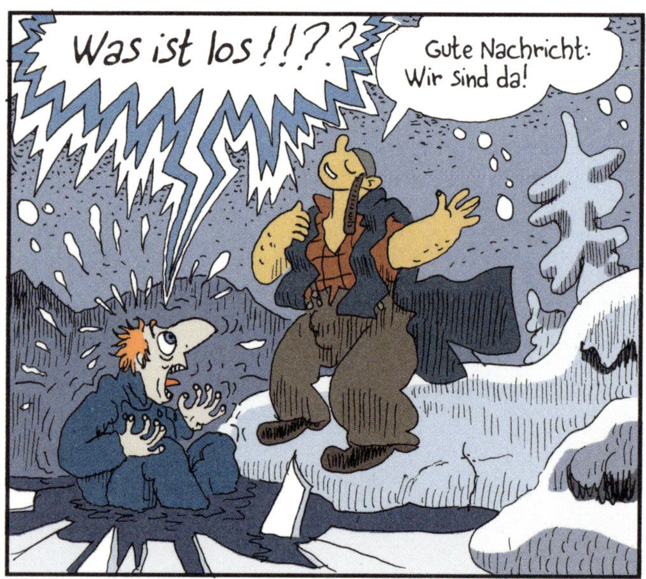

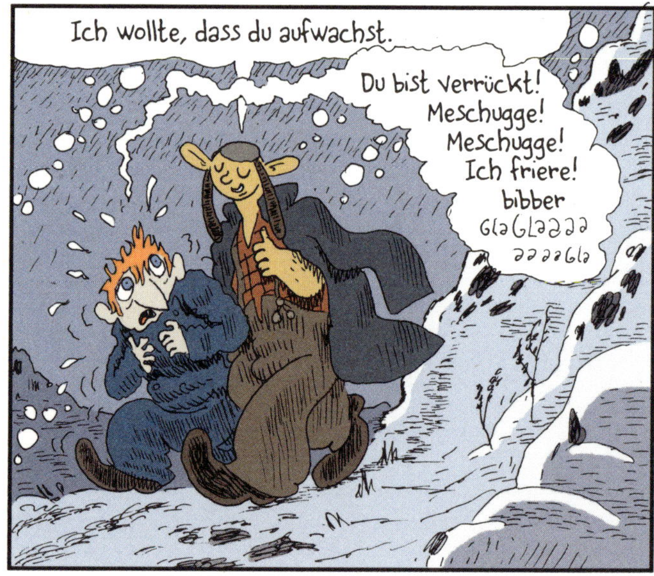

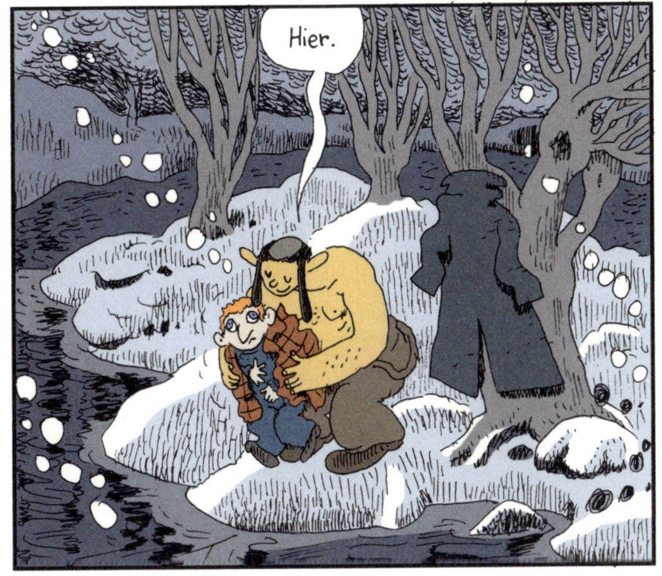
Hier.

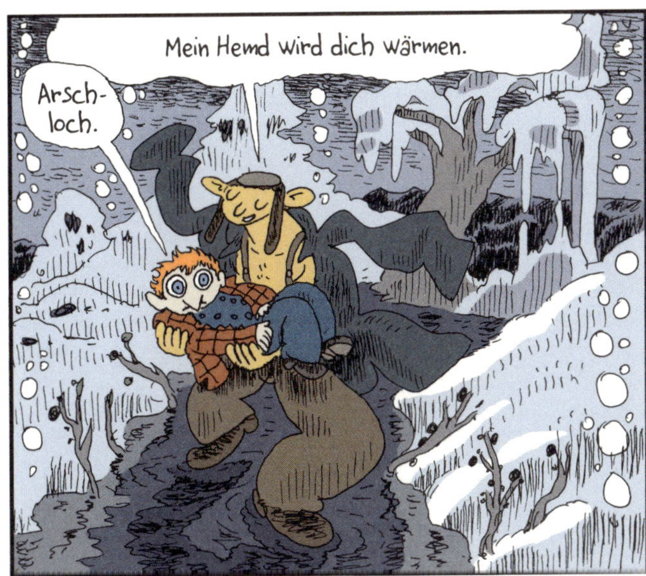
Mein Hemd wird dich wärmen.
Arsch-
loch.

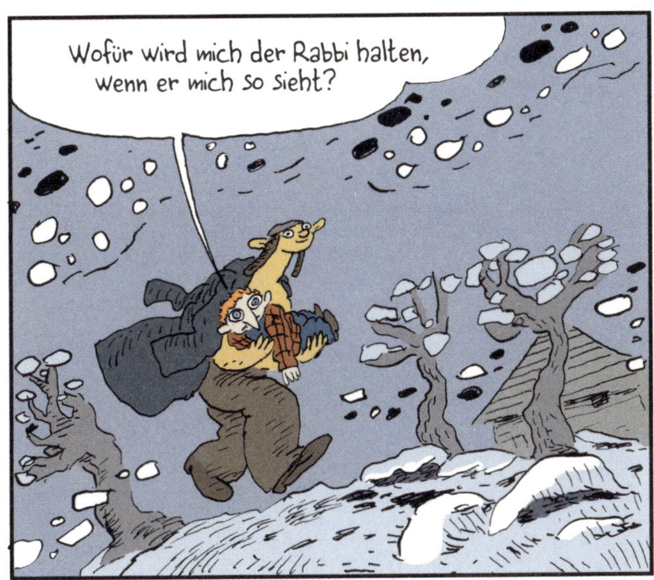
Wofür wird mich der Rabbi halten,
wenn er mich so sieht?

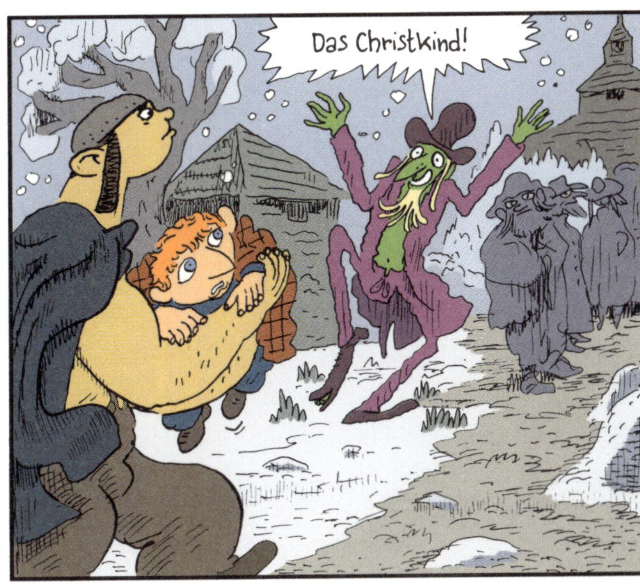
Das Christkind!

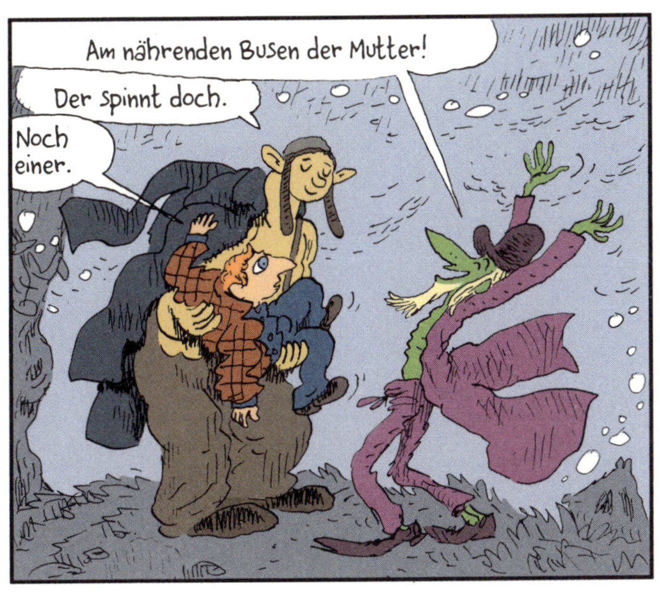
Am nährenden Busen der Mutter!
Der spinnt doch.
Noch
einer.

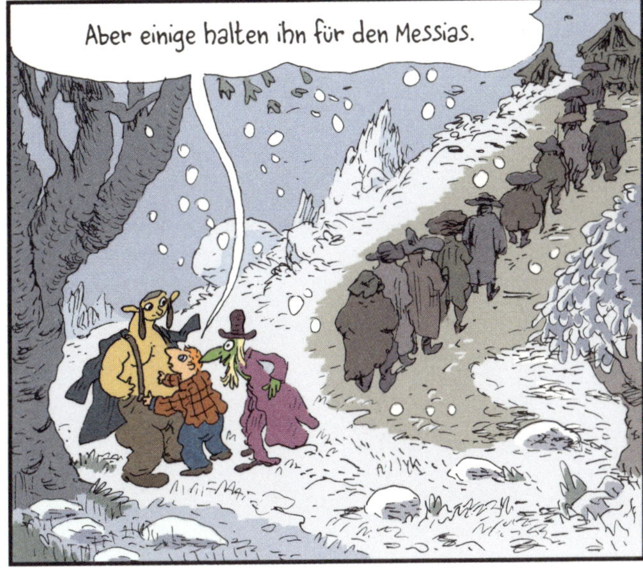
Aber einige halten ihn für den Messias.

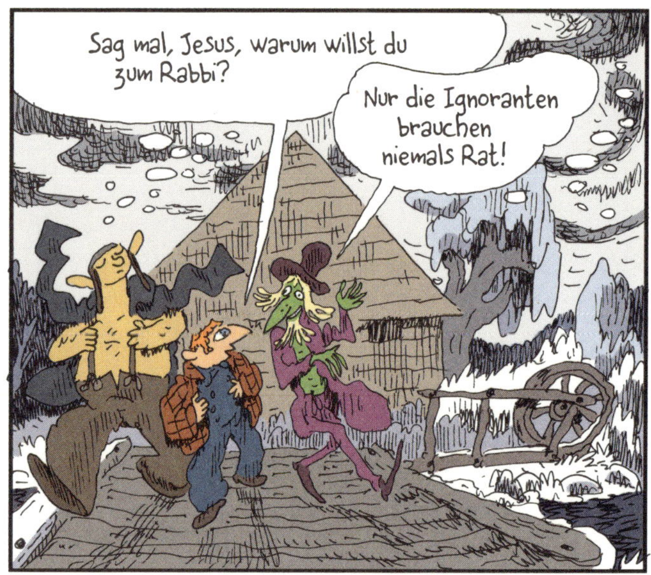
Sag mal, Jesus, warum willst du zum Rabbi?
Nur die Ignoranten brauchen niemals Rat!

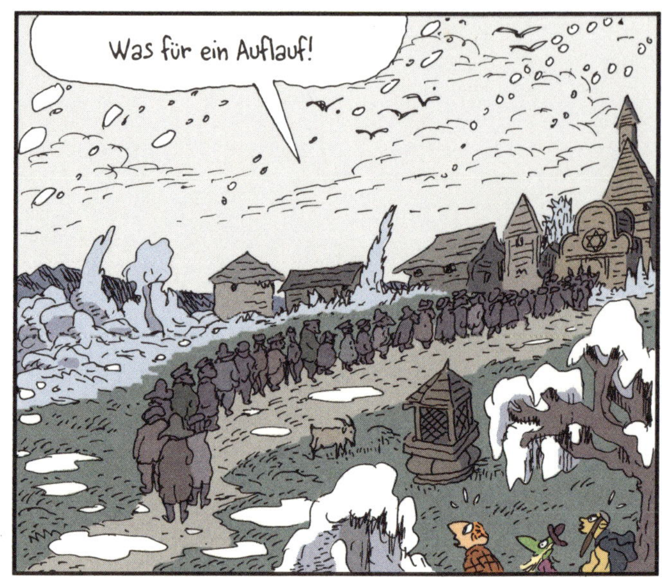
Was für ein Auflauf!

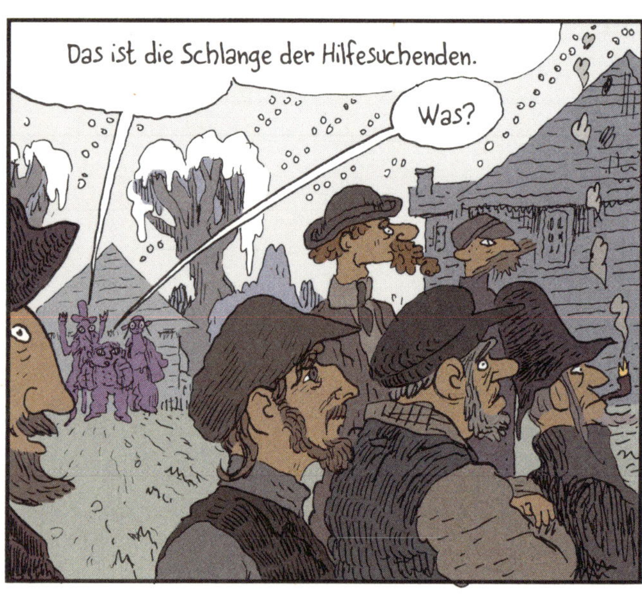
Das ist die Schlange der Hilfesuchenden.
Was?

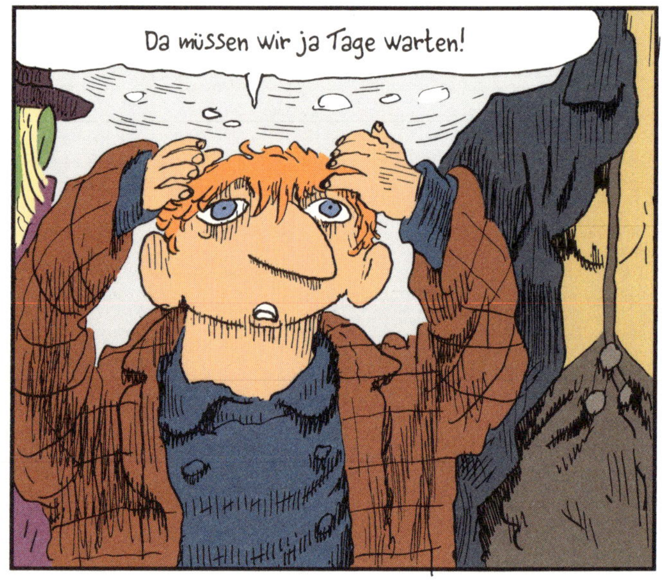
Da müssen wir ja Tage warten!

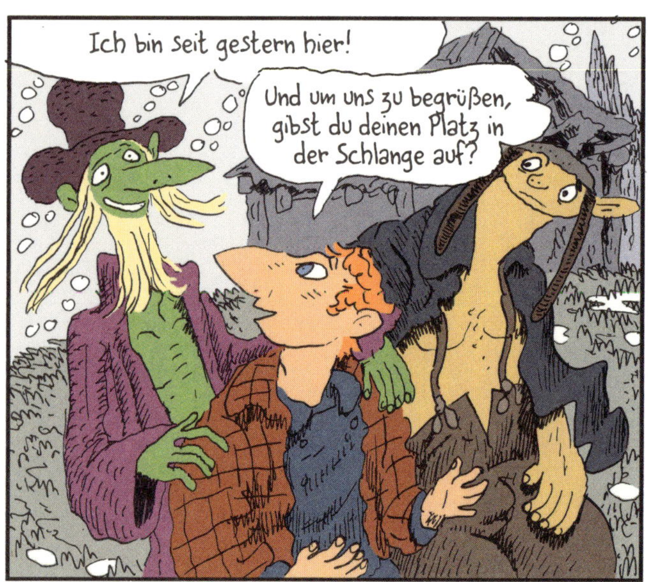
Ich bin seit gestern hier!
Und um uns zu begrüßen, gibst du deinen Platz in der Schlange auf?

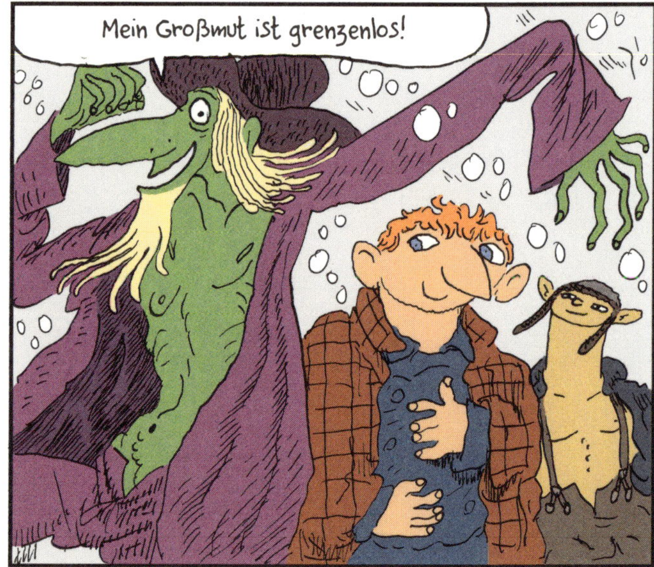
Mein Großmut ist grenzenlos!

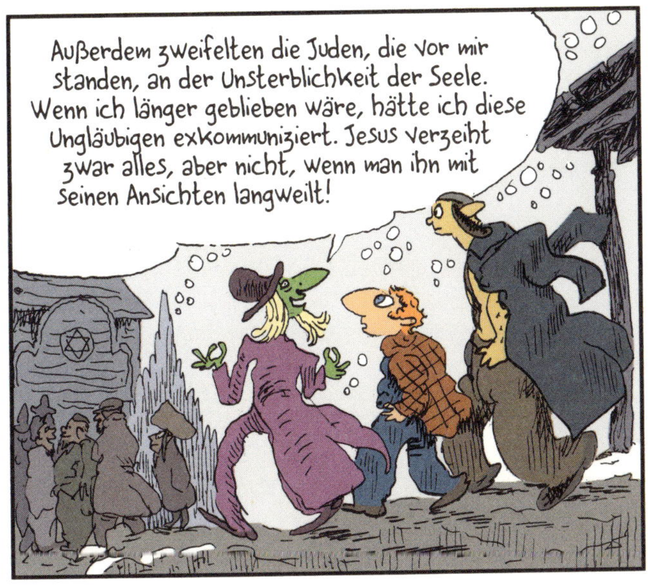
Außerdem zweifelten die Juden, die vor mir standen, an der Unsterblichkeit der Seele. Wenn ich länger geblieben wäre, hätte ich diese Ungläubigen exkommuniziert. Jesus verzeiht zwar alles, aber nicht, wenn man ihn mit seinen Ansichten langweilt!

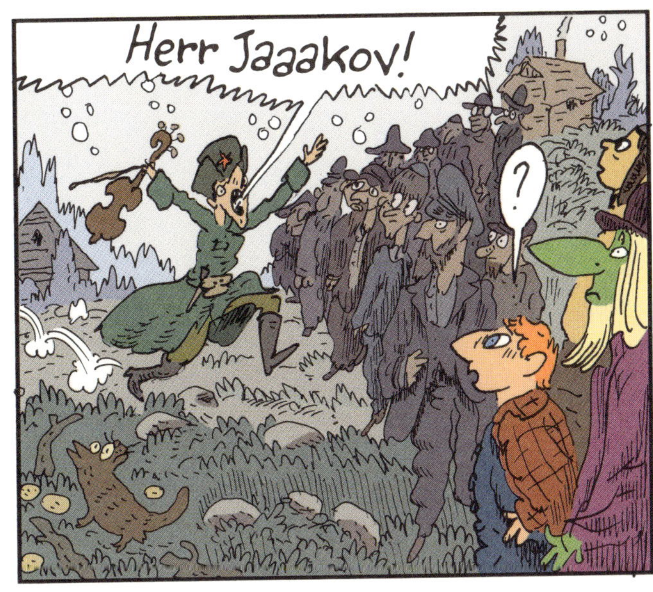
Herr Jaaakov!
?

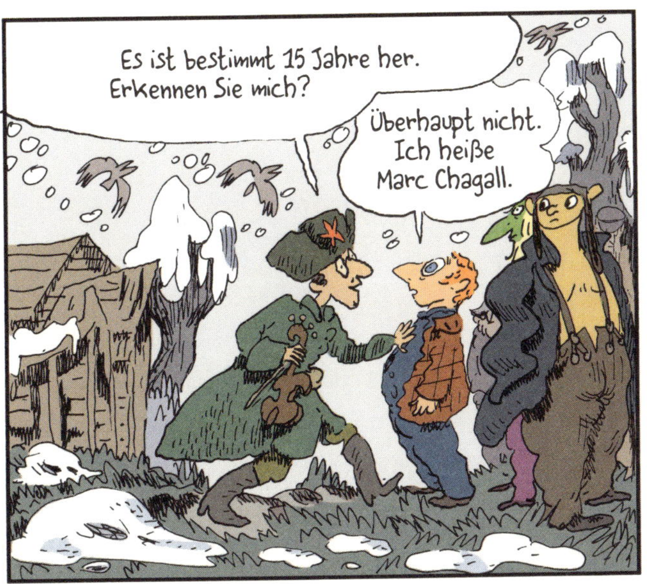
Es ist bestimmt 15 Jahre her. Erkennen Sie mich?
Überhaupt nicht. Ich heiße Marc Chagall.

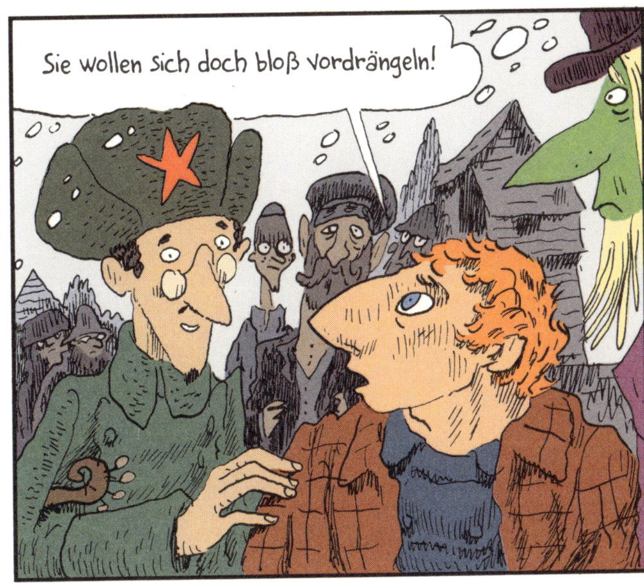
Sie wollen sich doch bloß vordrängeln!

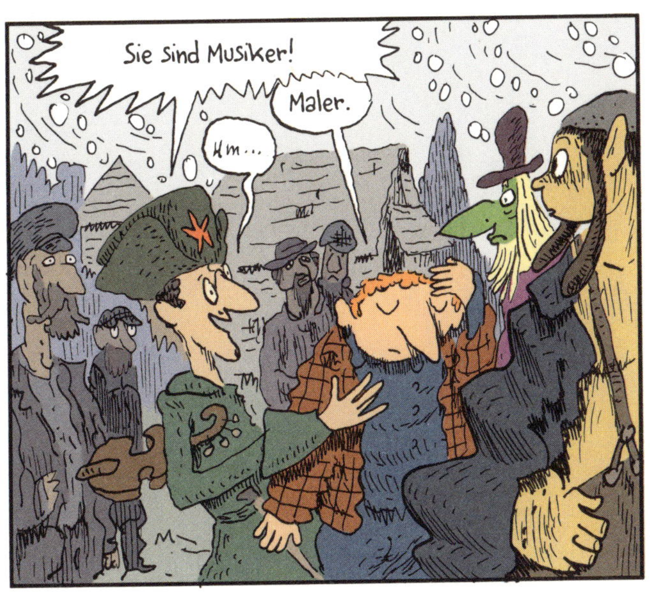
Sie sind Musiker!
Maler.
Hm...

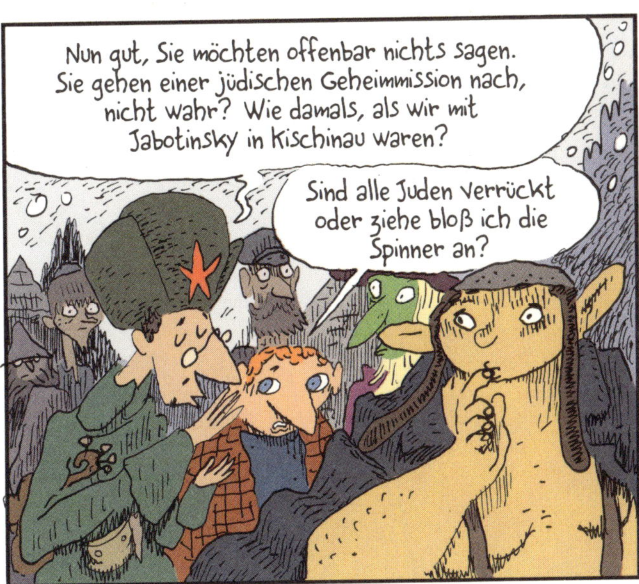
Nun gut, Sie möchten offenbar nichts sagen. Sie gehen einer jüdischen Geheimmission nach, nicht wahr? Wie damals, als wir mit Jabotinsky in Kischinau waren?
Sind alle Juden verrückt oder ziehe bloß ich die Spinner an?

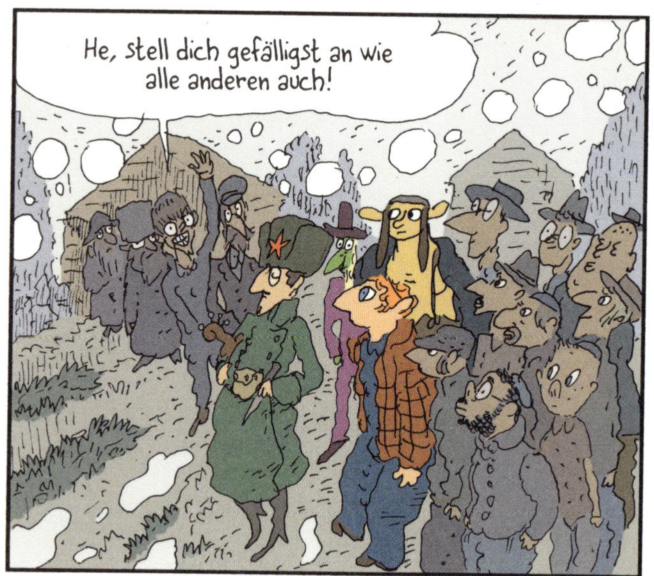
He, stell dich gefälligst an wie alle anderen auch!

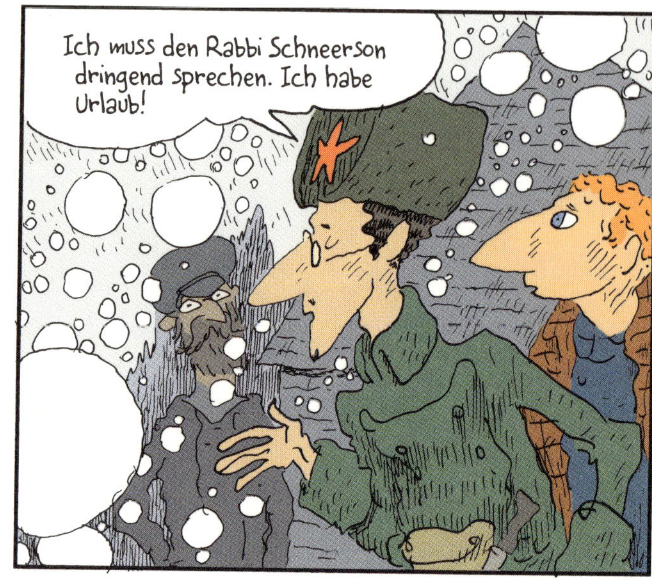
Ich muss den Rabbi Schneerson dringend sprechen. Ich habe Urlaub!

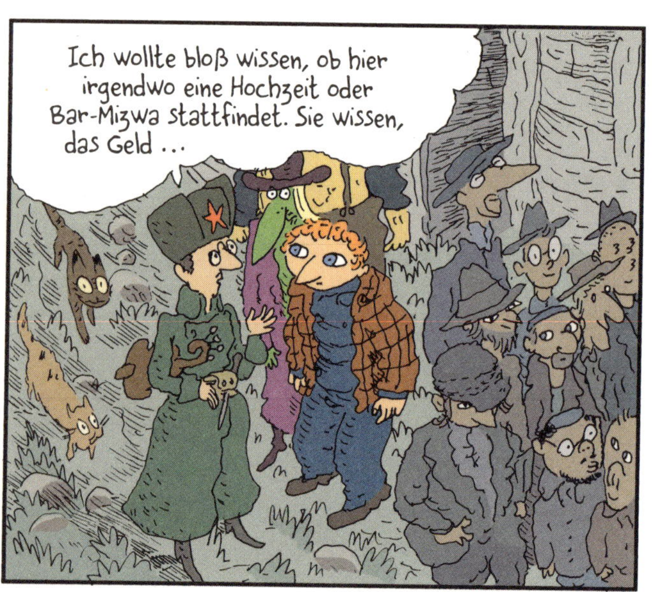
Ich wollte bloß wissen, ob hier irgendwo eine Hochzeit oder Bar-Mizwa stattfindet. Sie wissen, das Geld …

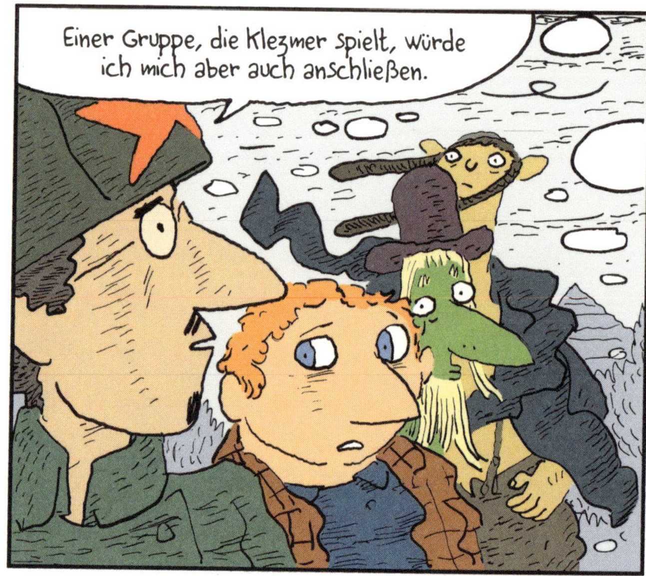
Einer Gruppe, die Klezmer spielt, würde ich mich aber auch anschließen.

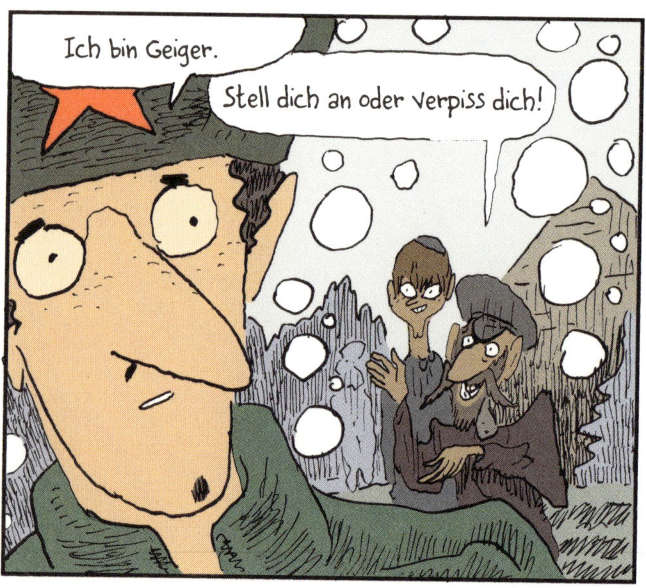
Ich bin Geiger.
Stell dich an oder verpiss dich!

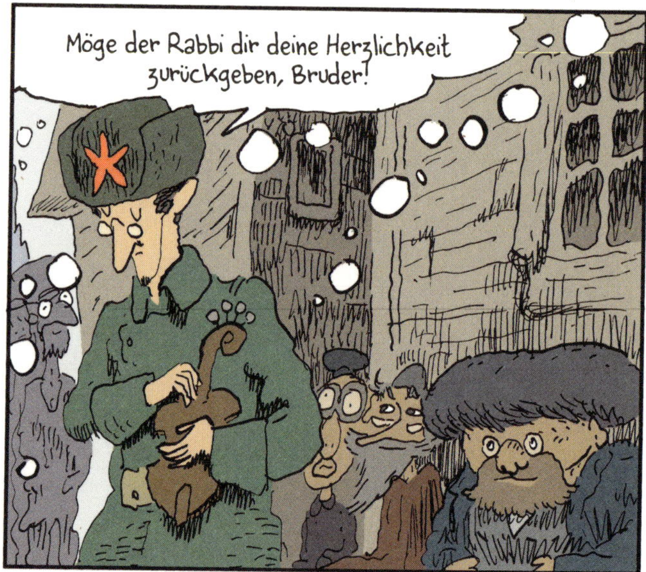
Möge der Rabbi dir deine Herzlichkeit zurückgeben, Bruder!

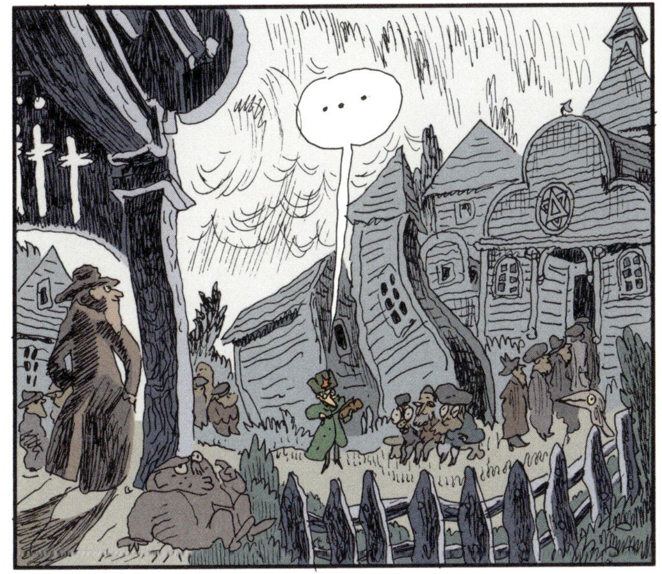
...

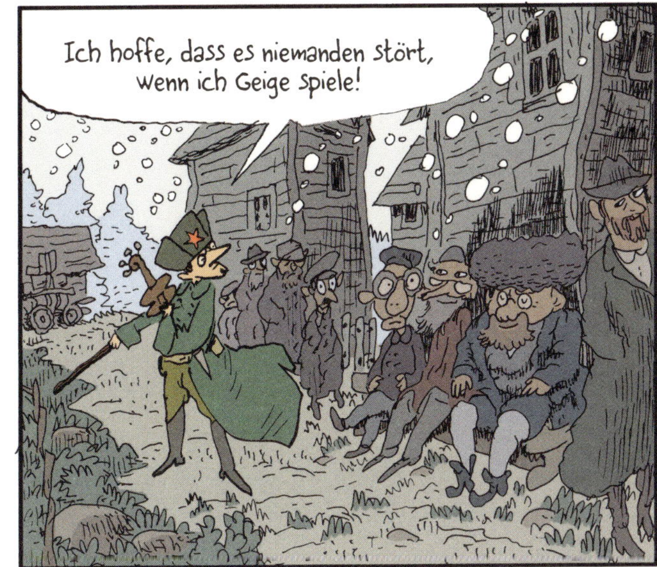
Ich hoffe, dass es niemanden stört, wenn ich Geige spiele!

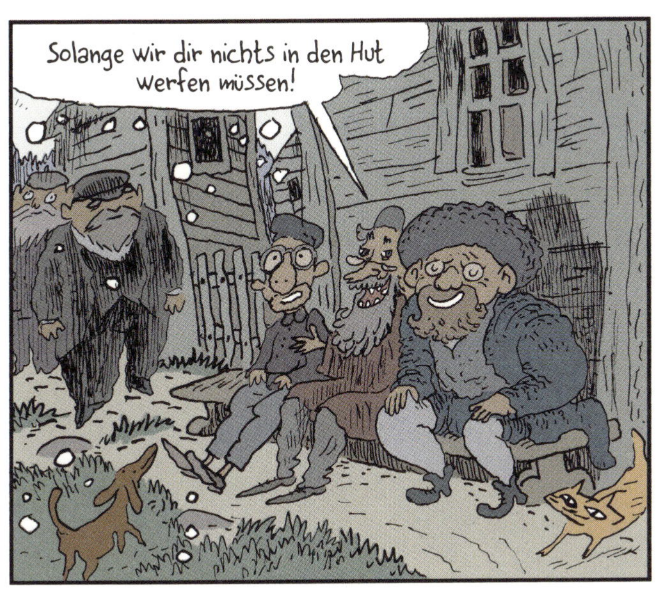
Solange wir dir nichts in den Hut werfen müssen!

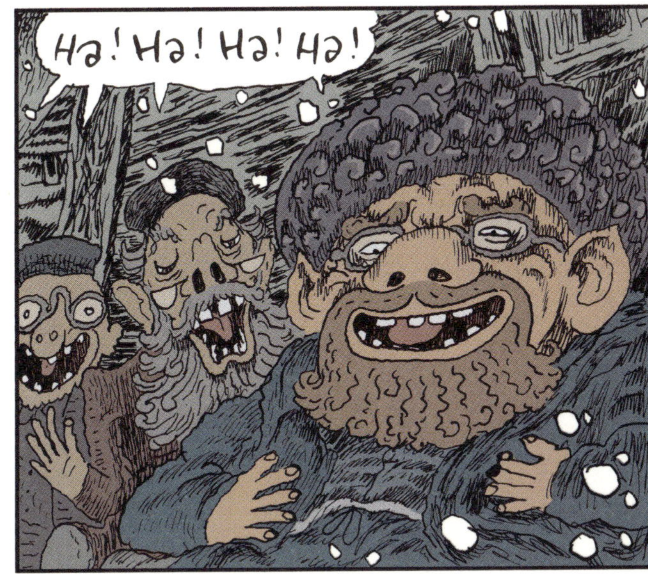
Ha! Ha! Ha! Ha!

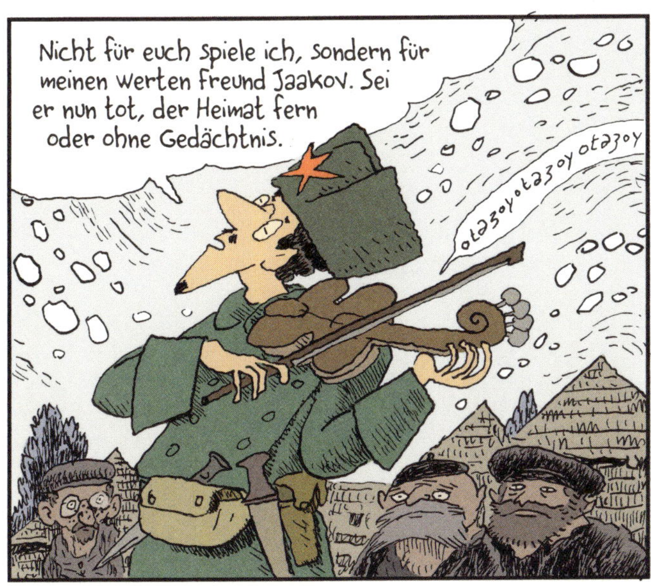
Nicht für euch spiele ich, sondern für meinen werten Freund Jaakov. Sei er nun tot, der Heimat fern oder ohne Gedächtnis.

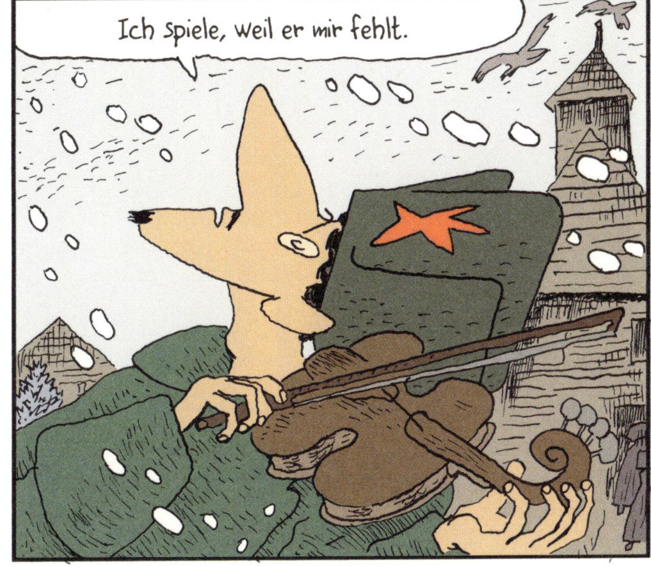
Ich spiele, weil er mir fehlt.

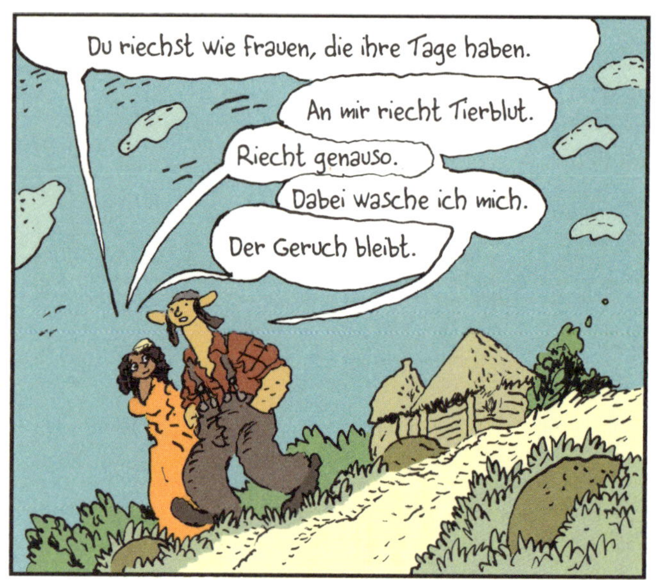
Du riechst wie Frauen, die ihre Tage haben.
An mir riecht Tierblut.
Riecht genauso.
Dabei wasche ich mich.
Der Geruch bleibt.

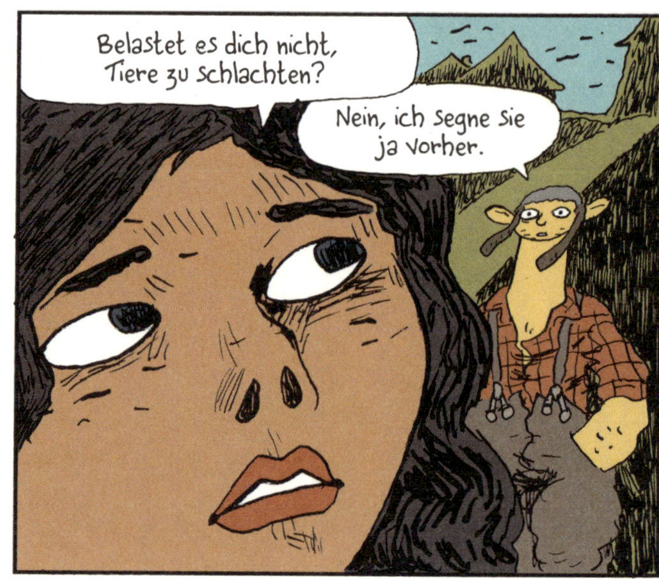
Belastet es dich nicht, Tiere zu schlachten?
Nein, ich segne sie ja vorher.

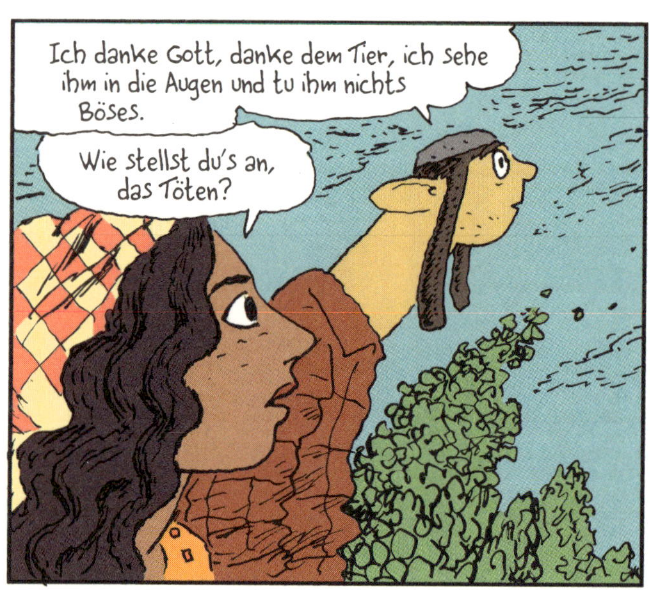
Ich danke Gott, danke dem Tier, ich sehe ihm in die Augen und tu ihm nichts Böses.
Wie stellst du's an, das Töten?

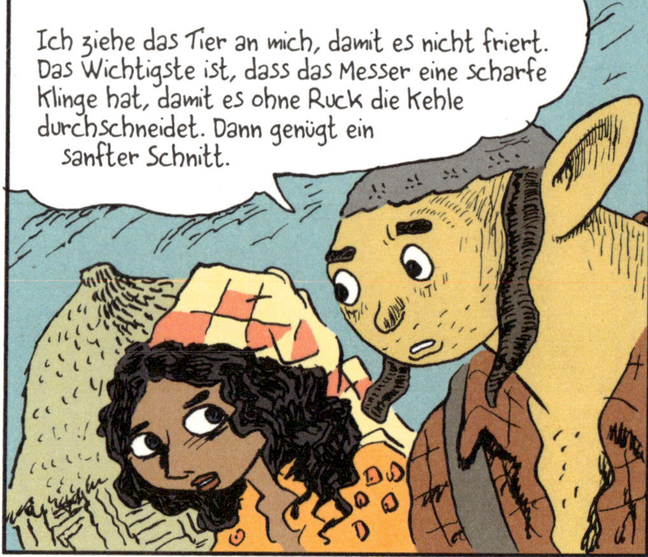
Ich ziehe das Tier an mich, damit es nicht friert. Das Wichtigste ist, dass das Messer eine scharfe Klinge hat, damit es ohne Ruck die Kehle durchschneidet. Dann genügt ein sanfter Schnitt.

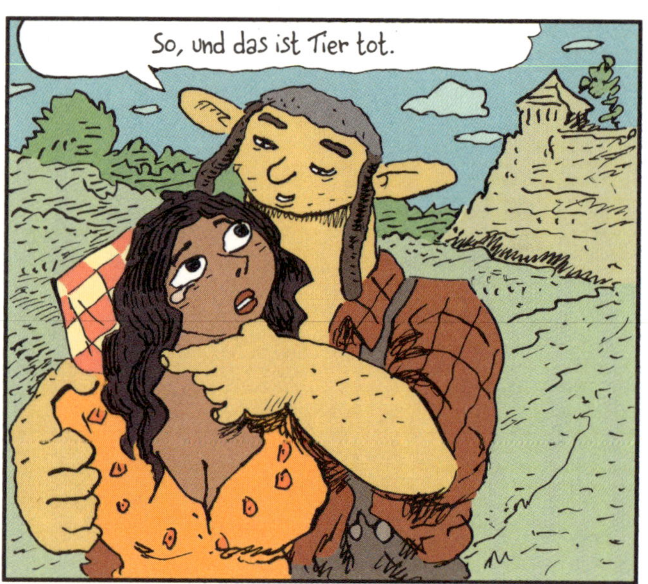
So, und das ist Tier tot.

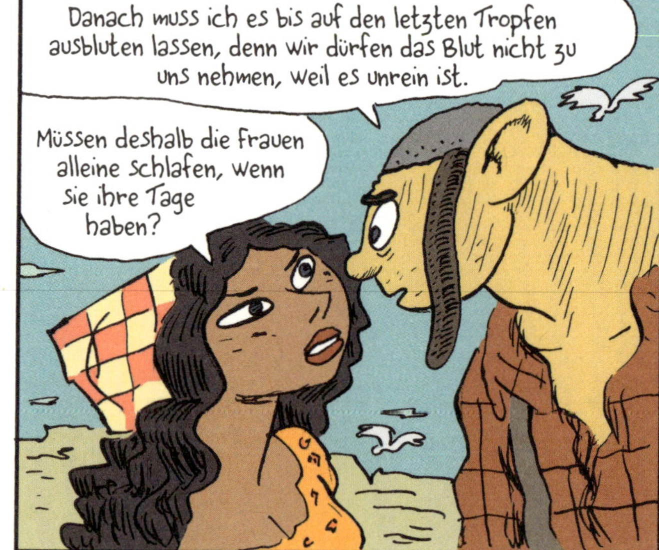
Danach muss ich es bis auf den letzten Tropfen ausbluten lassen, denn wir dürfen das Blut nicht zu uns nehmen, weil es unrein ist.
Müssen deshalb die Frauen alleine schlafen, wenn sie ihre Tage haben?

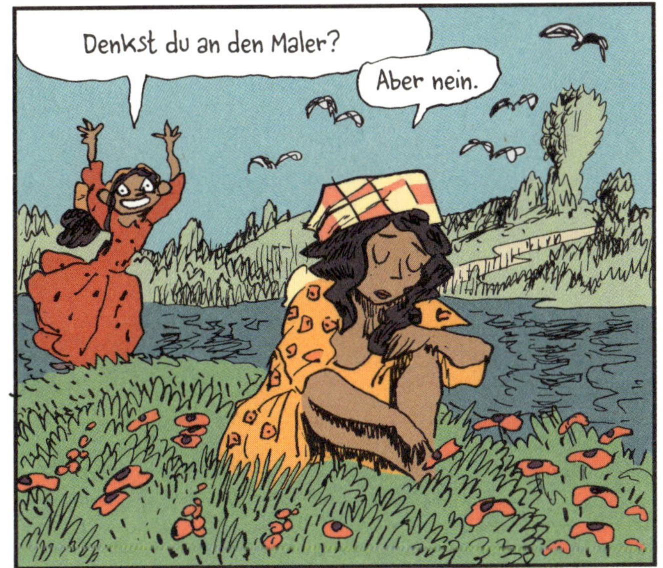
Denkst du an den Maler?
Aber nein.

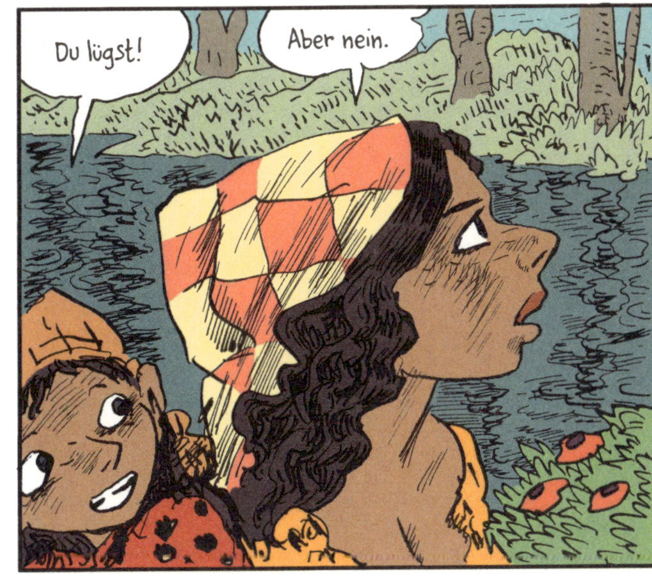
Du lügst!
Aber nein.

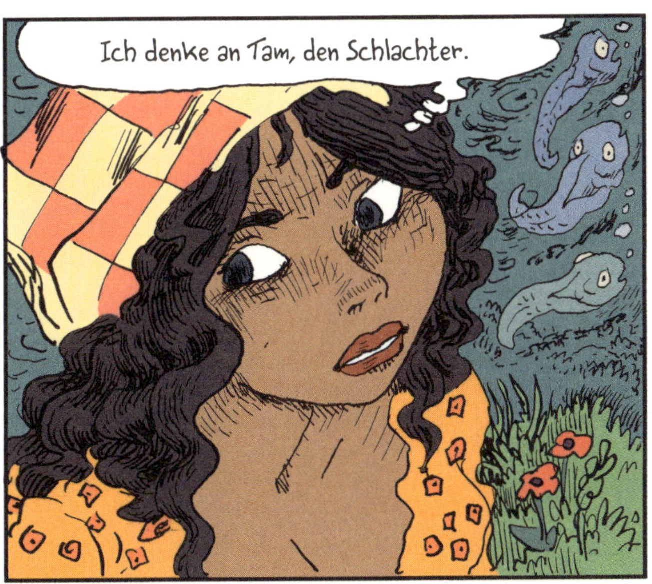
Ich denke an Tam, den Schlachter.

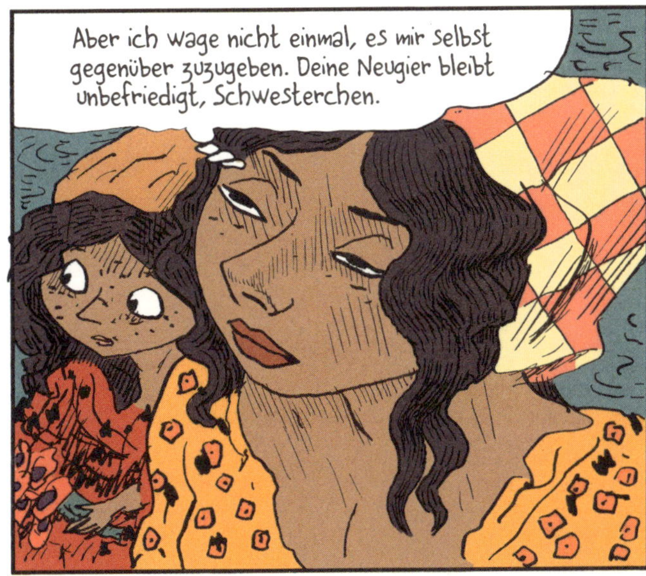
Aber ich wage nicht einmal, es mir selbst gegenüber zuzugeben. Deine Neugier bleibt unbefriedigt, Schwesterchen.

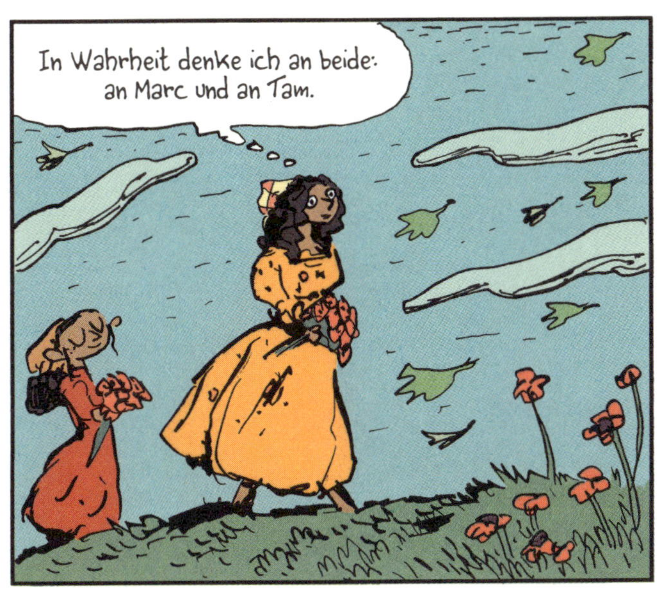
In Wahrheit denke ich an beide: an Marc und an Tam.

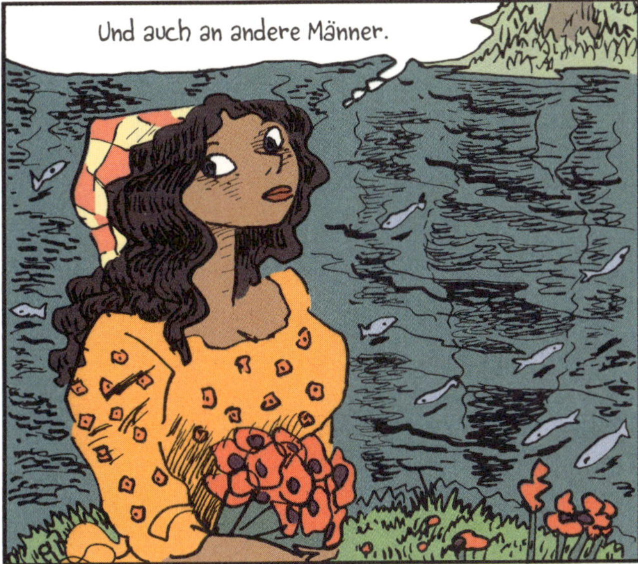
Und auch an andere Männer.

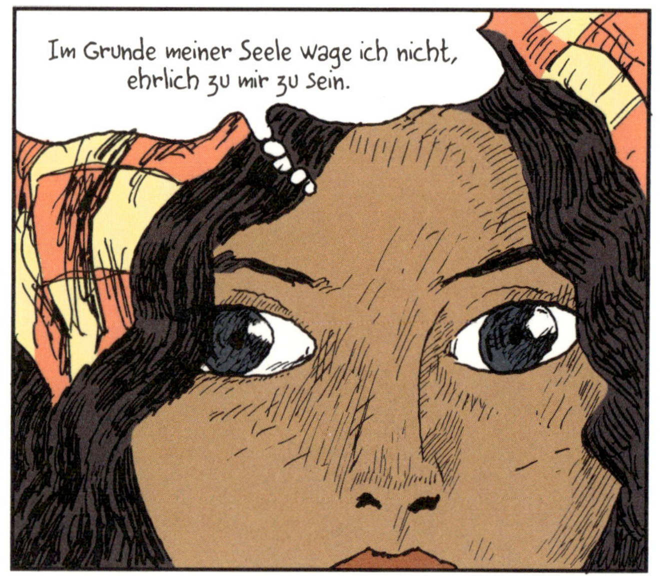
Im Grunde meiner Seele wage ich nicht, ehrlich zu mir zu sein.

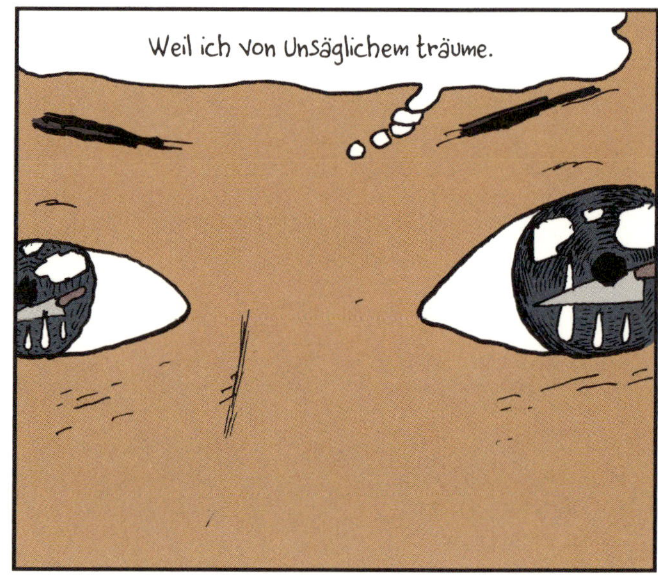
Weil ich von Unsäglichem träume.

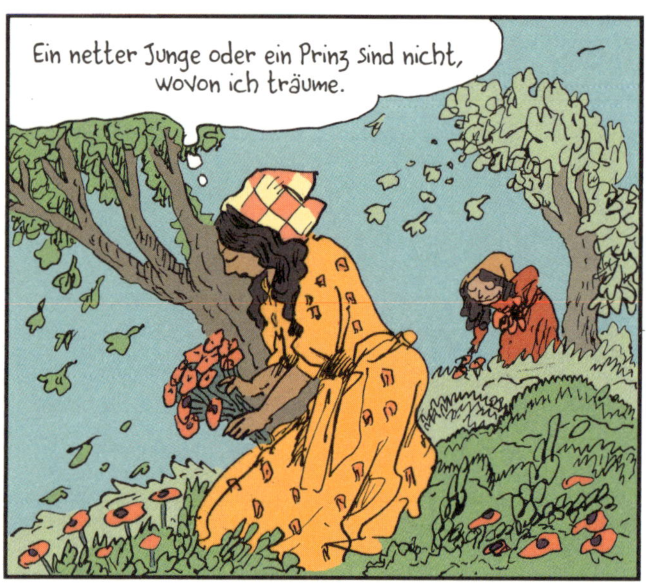
Ein netter Junge oder ein Prinz sind nicht, wovon ich träume.

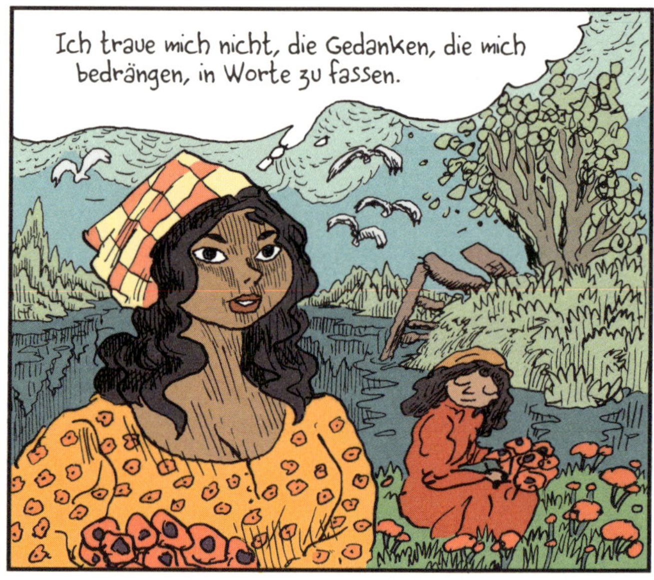
Ich traue mich nicht, die Gedanken, die mich bedrängen, in Worte zu fassen.

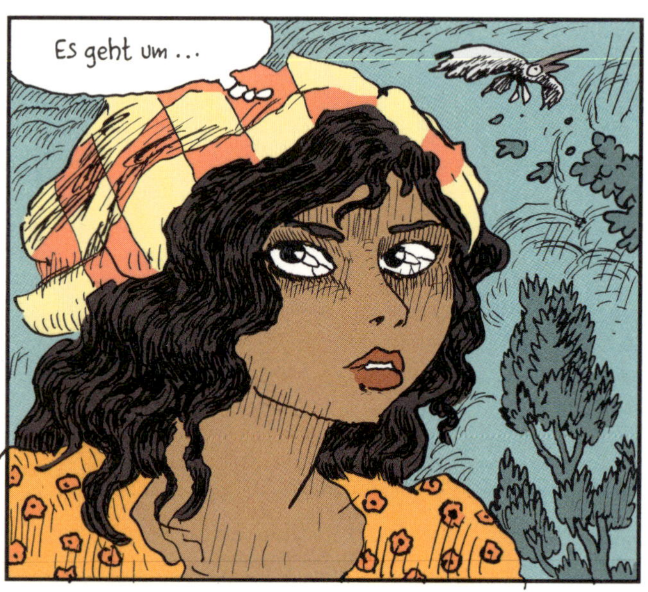
Es geht um ...

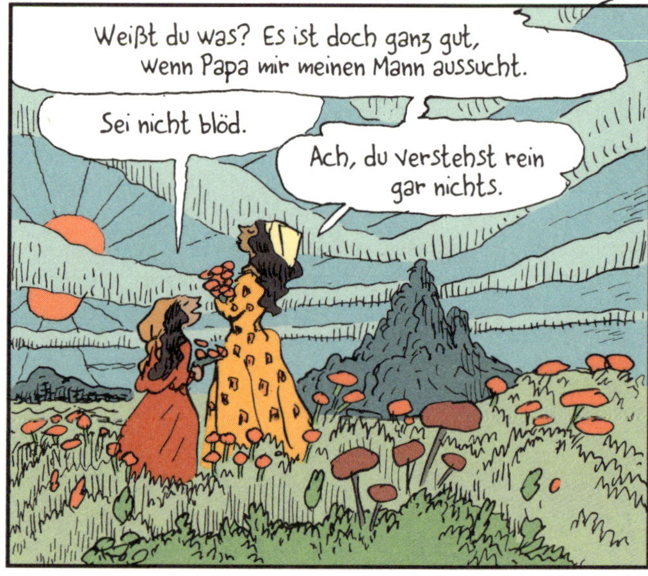
Weißt du was? Es ist doch ganz gut, wenn Papa mir meinen Mann aussucht.
Sei nicht blöd.
Ach, du verstehst rein gar nichts.

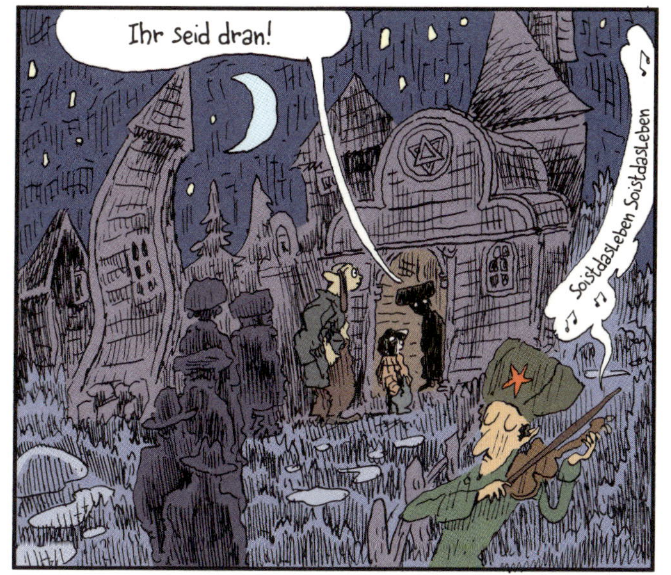
Ihr seid dran!
Soistdasleben Soistdasleben

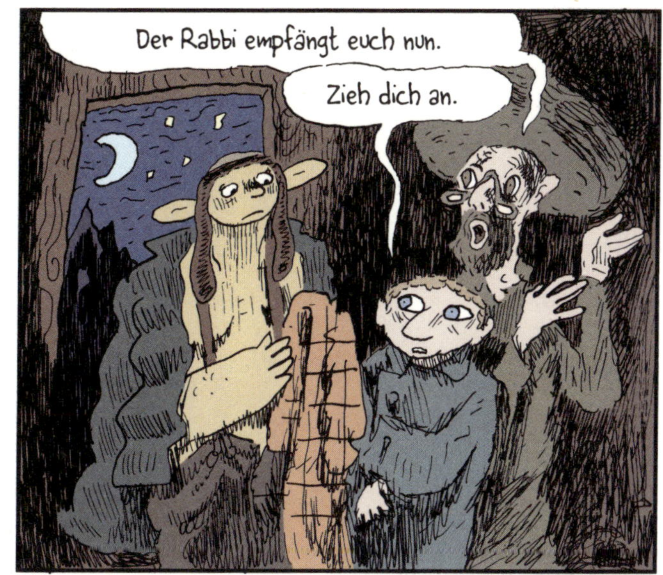
Der Rabbi empfängt euch nun.
Zieh dich an.

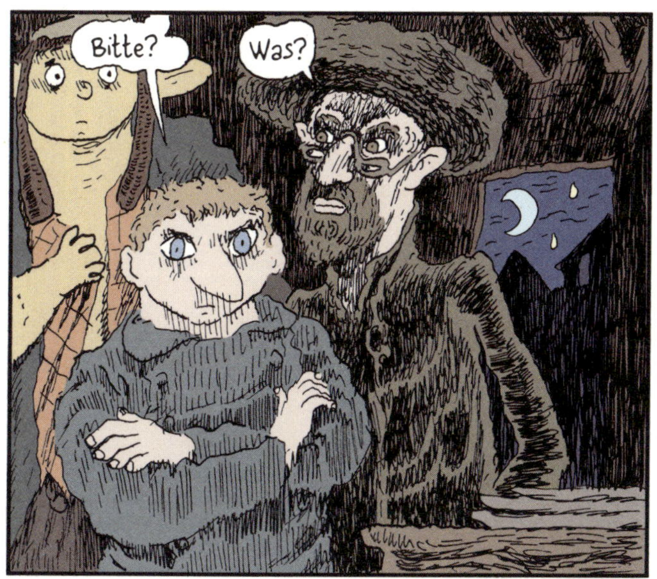
Bitte?
Was?

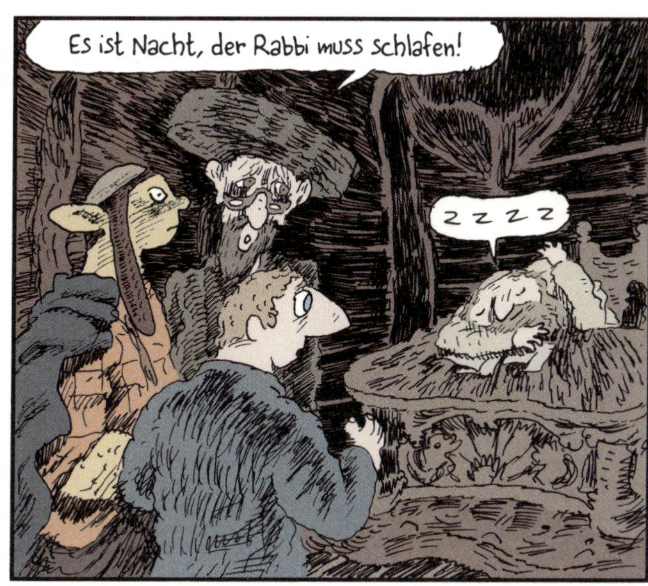
Es ist Nacht, der Rabbi muss schlafen!
z z z z

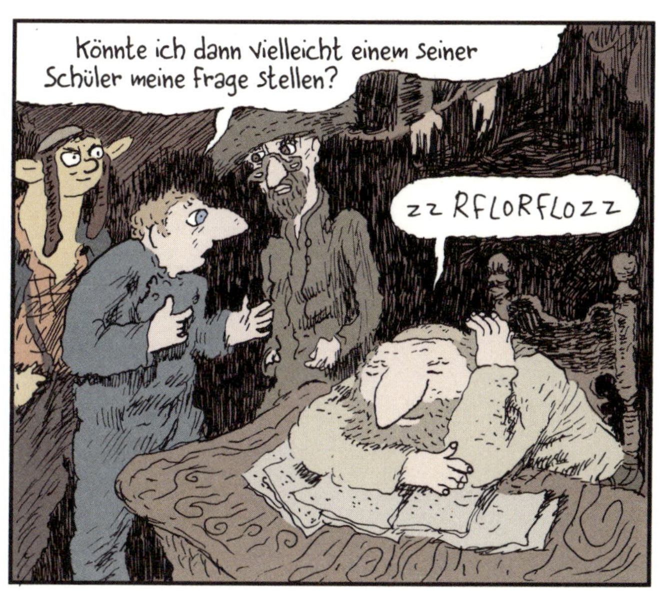
Könnte ich dann vielleicht einem seiner Schüler meine Frage stellen?
zz RFLORFLOzz

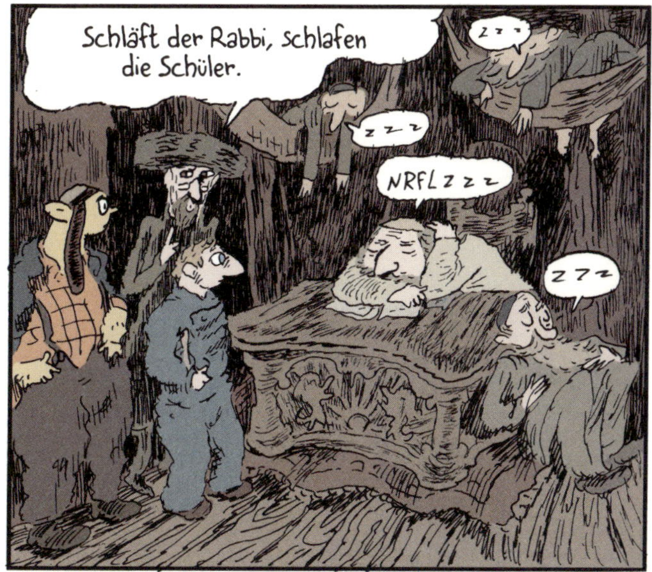
Schläft der Rabbi, schlafen die Schüler.
z z z
z z z
NRFL z z z
z z z

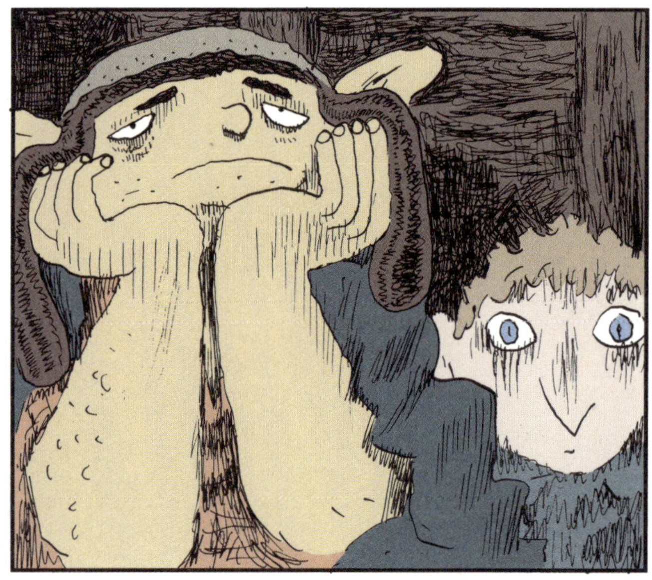

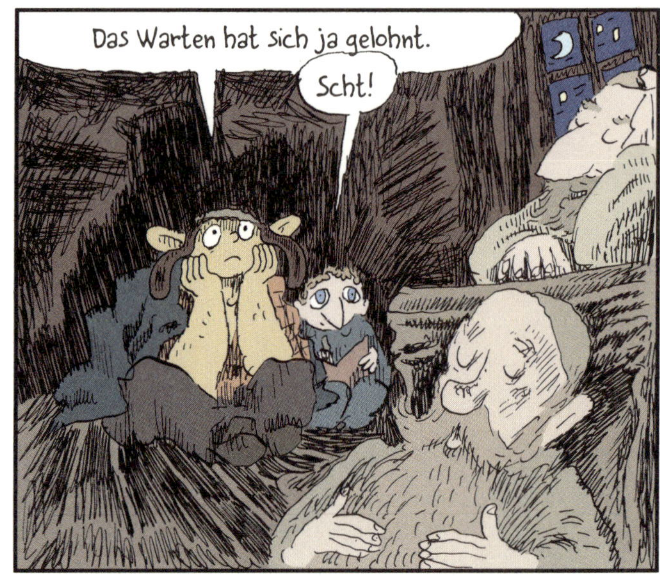
Das Warten hat sich ja gelohnt.
Scht!

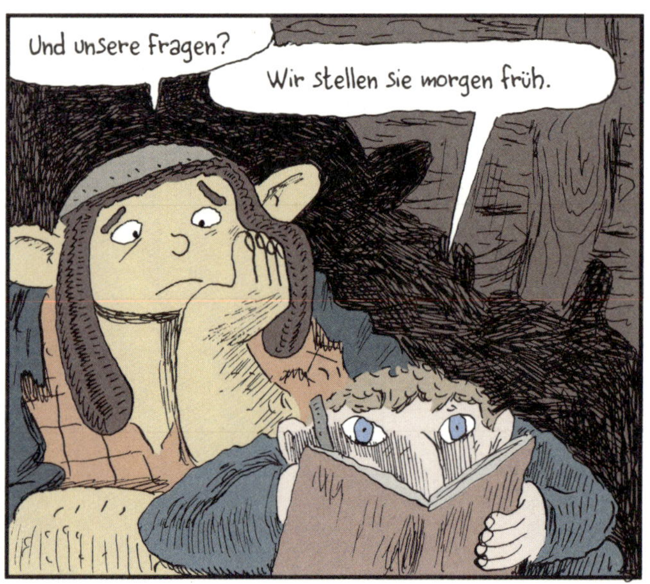
Und unsere Fragen?
Wir stellen sie morgen früh.

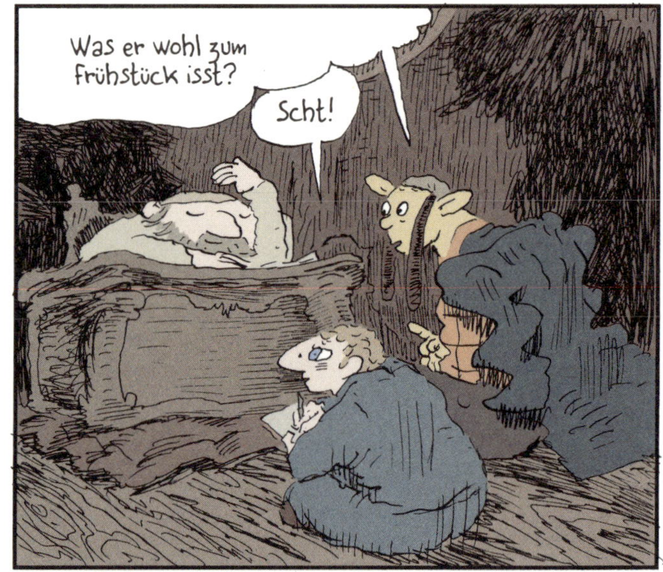
Was er wohl zum Frühstück isst?
Scht!

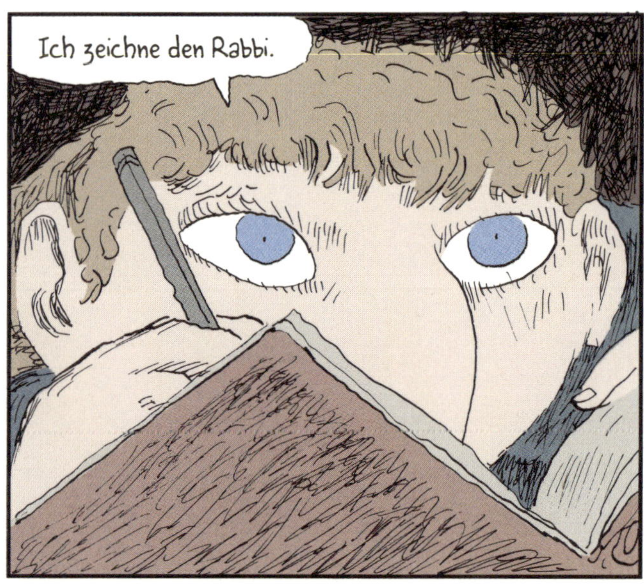
Ich zeichne den Rabbi.

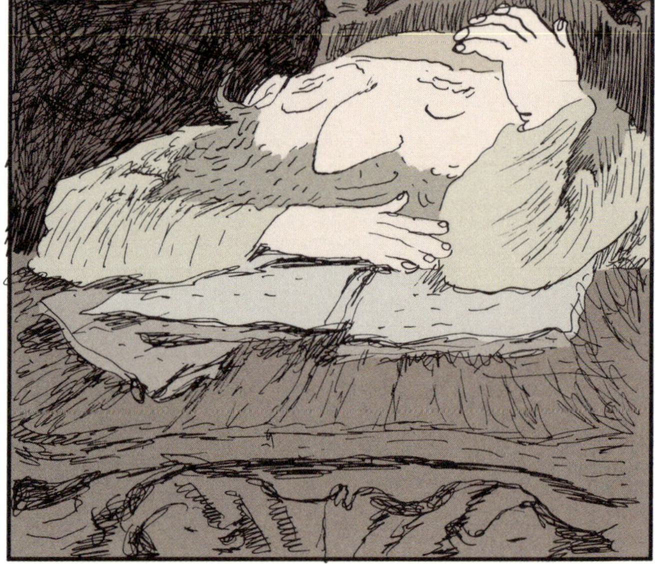

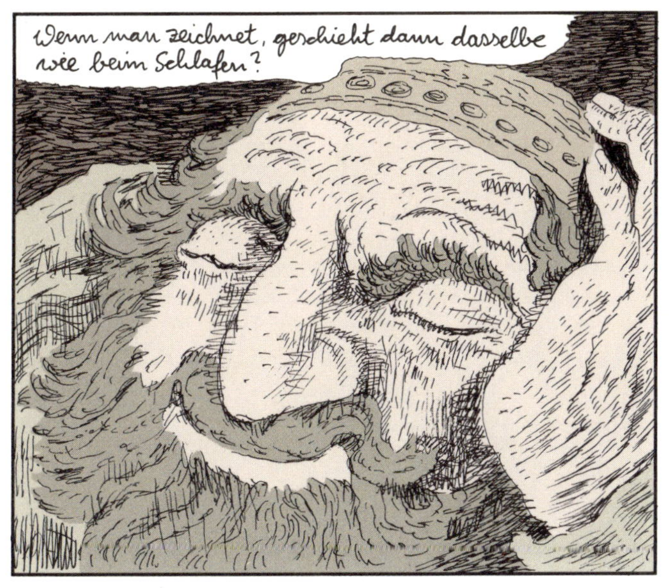
Wenn man zeichnet, geschieht dann dasselbe wie beim Schlafen?

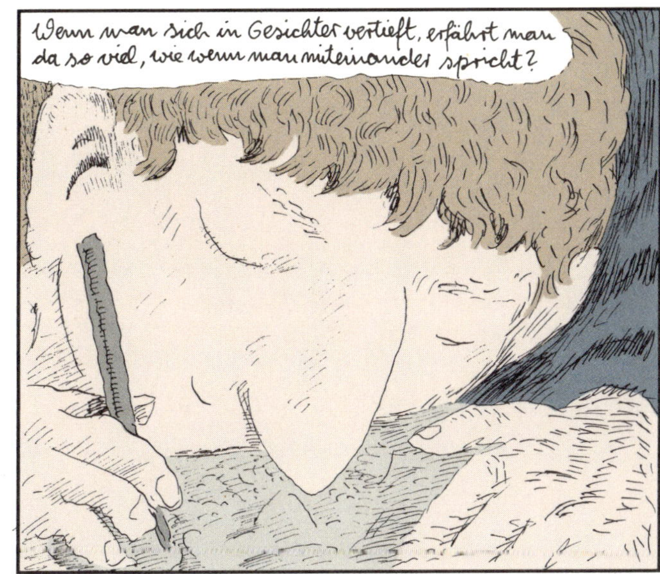
Wenn man sich in Gesichter vertieft, erfährt man da so viel, wie wenn man miteinander spricht?

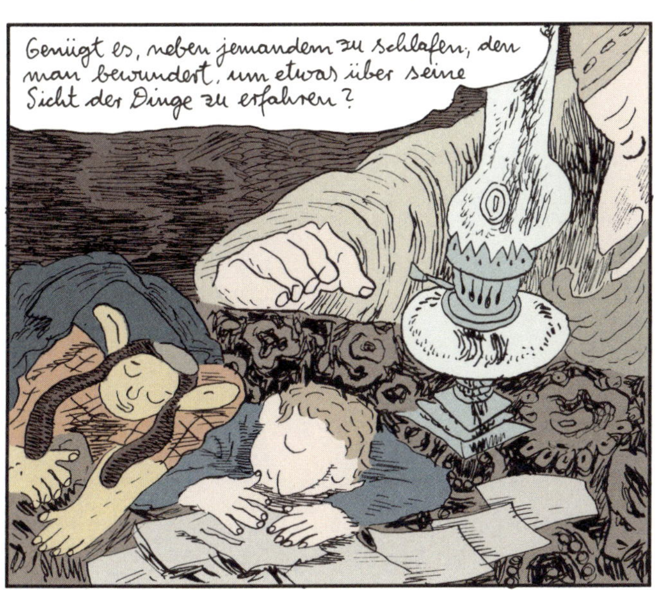
Genügt es, neben jemandem zu schlafen, den man bewundert, um etwas über seine Sicht der Dinge zu erfahren?

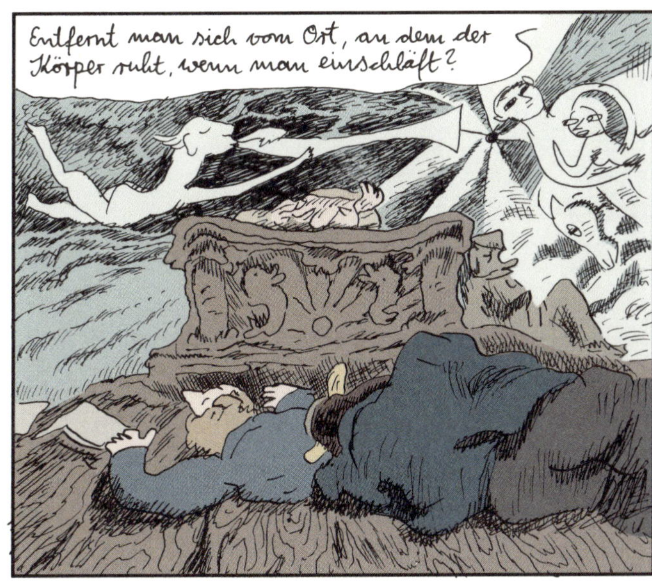
Entfernt man sich vom Ort, an dem der Körper ruht, wenn man einschläft?

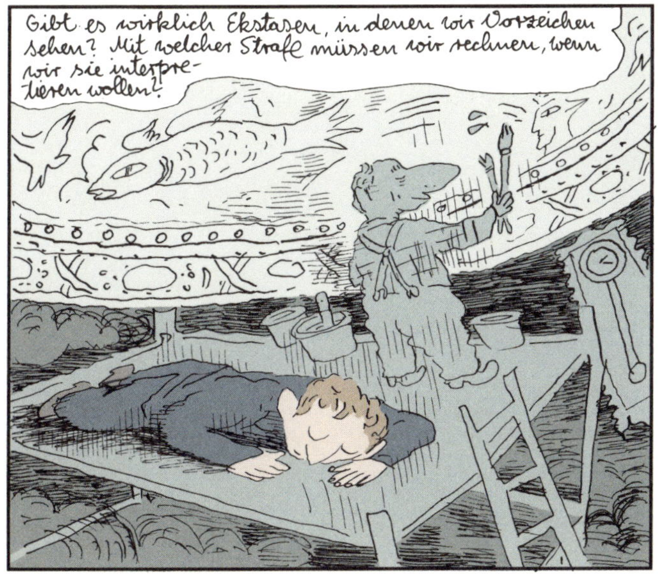
Gibt es wirklich Ekstasen, in denen wir Vorzeichen sehen? Mit welcher Strafe müssen wir rechnen, wenn wir sie interpretieren wollen?

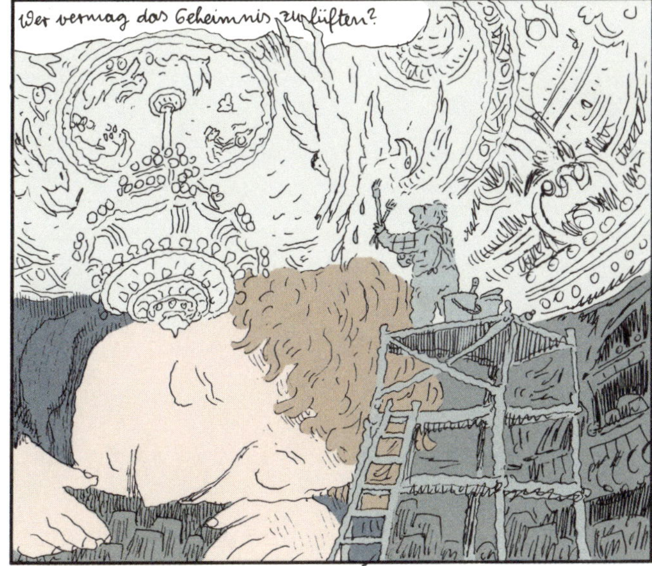
Wer vermag das Geheimnis zu lüften?

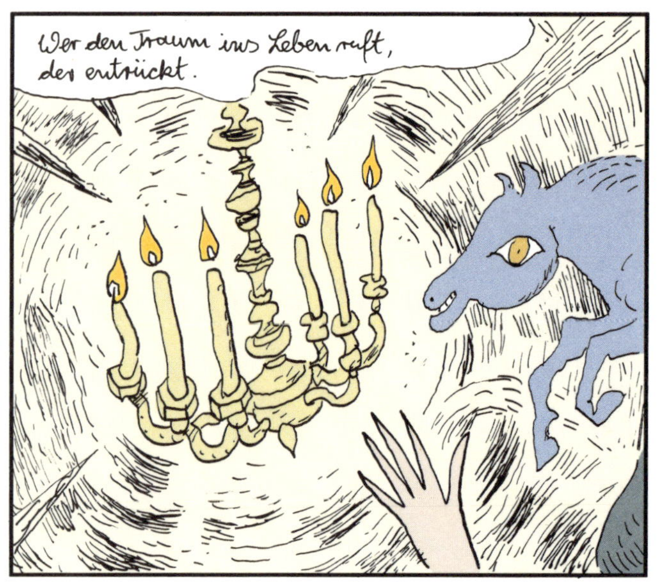
Wer den Traum ins Leben ruft, der entrückt.

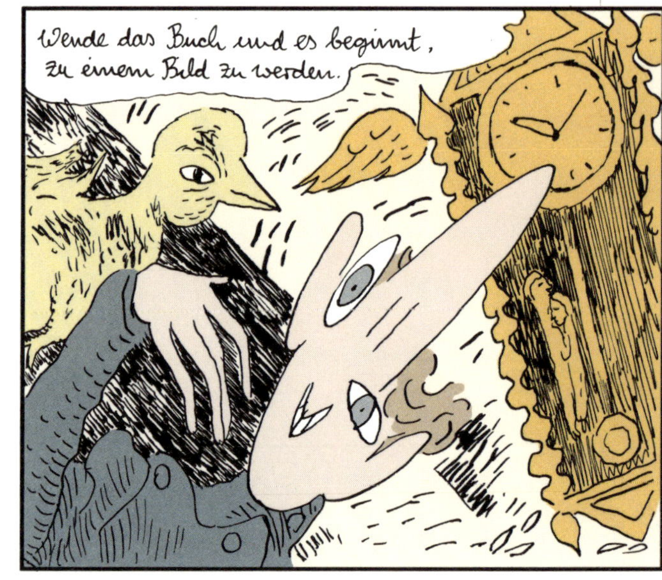
Wende das Buch und es beginnt, zu einem Bild zu werden.

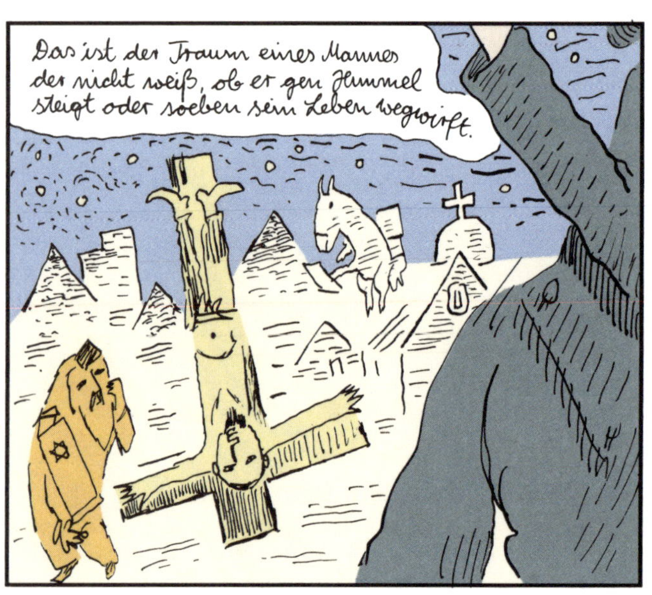
Das ist der Traum eines Mannes der nicht weiß, ob er gen Himmel steigt oder soeben sein Leben wegwirft.

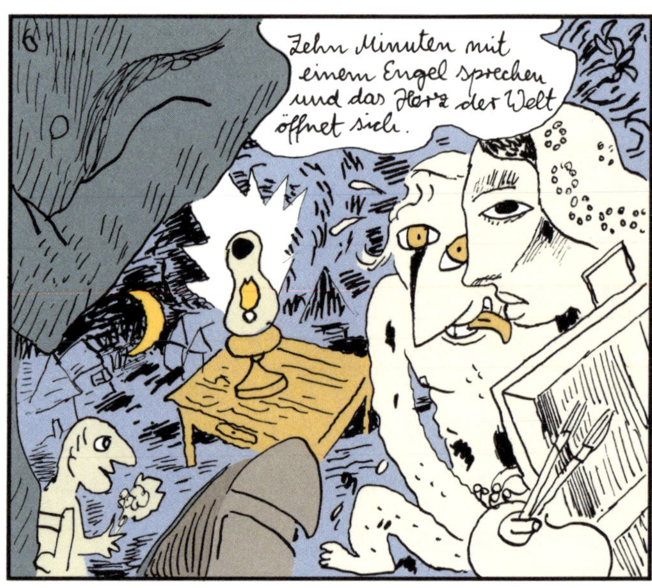
Zehn Minuten mit einem Engel sprechen und das Herz der Welt öffnet sich.

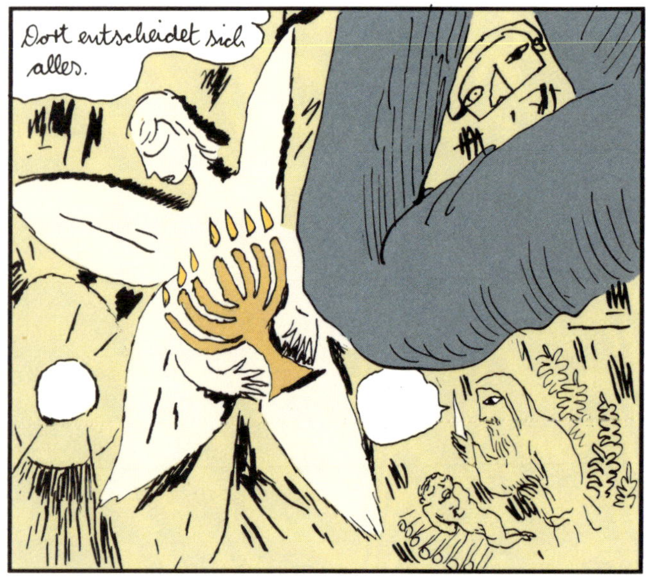
Dort entscheidet sich alles.

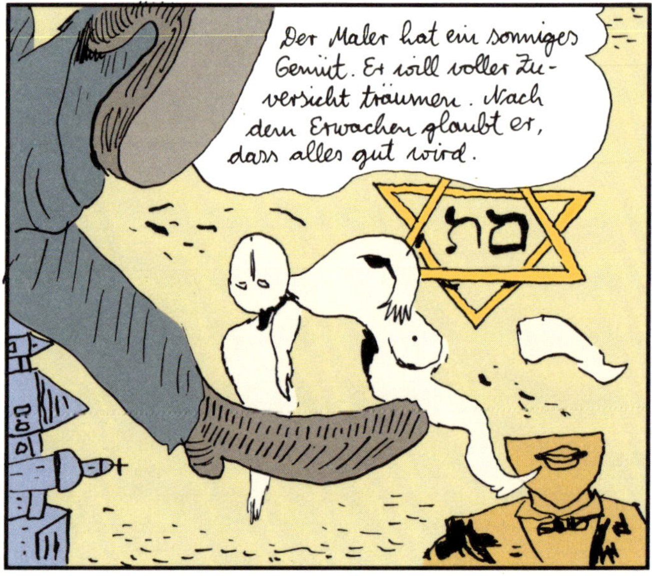
Der Maler hat ein sonniges Gemüt. Er will voller Zuversicht träumen. Nach dem Erwachen glaubt er, dass alles gut wird.

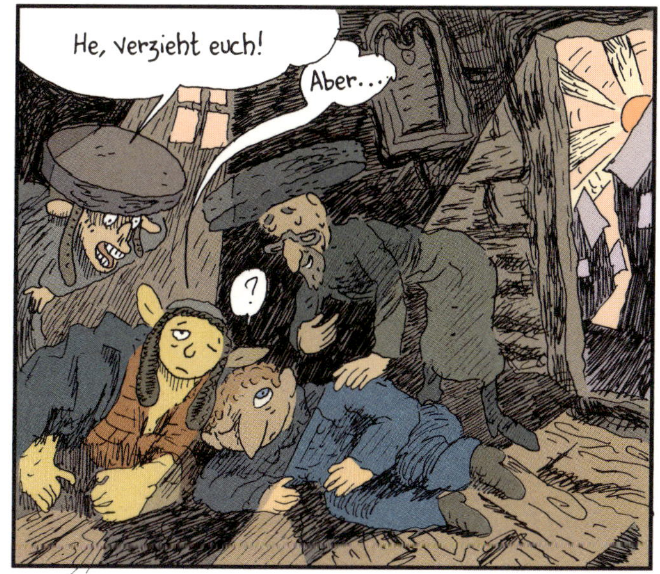
He, verzieht euch!
Aber...
?

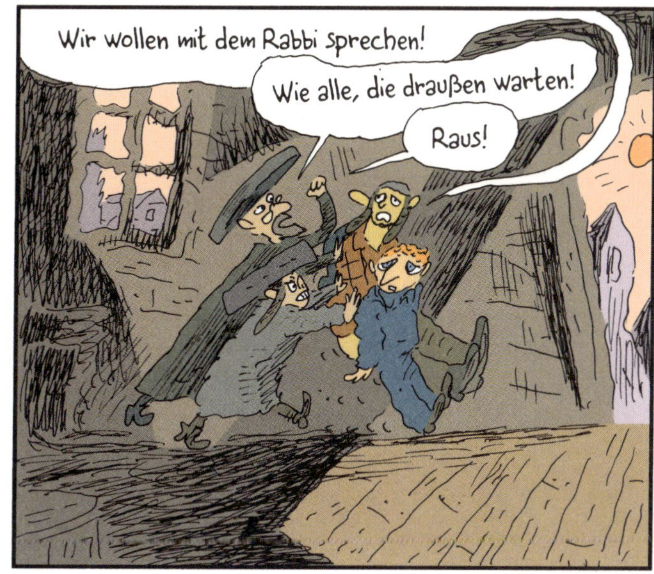
Wir wollen mit dem Rabbi sprechen!
Wie alle, die draußen warten!
Raus!

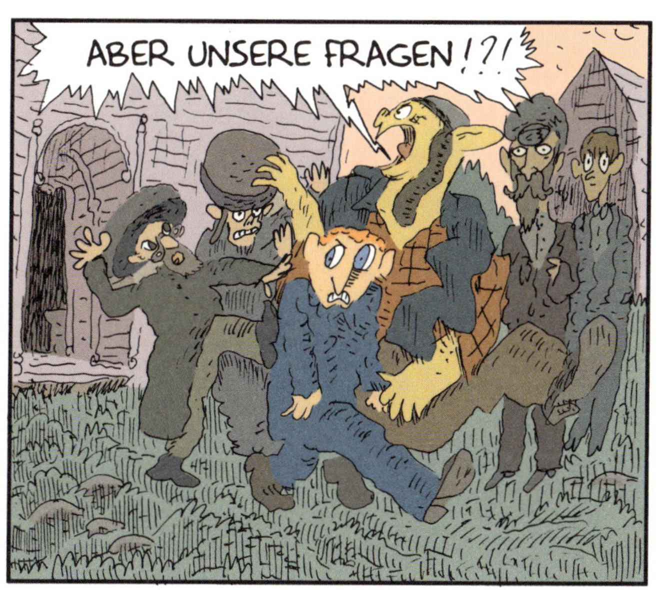
ABER UNSERE FRAGEN!?!

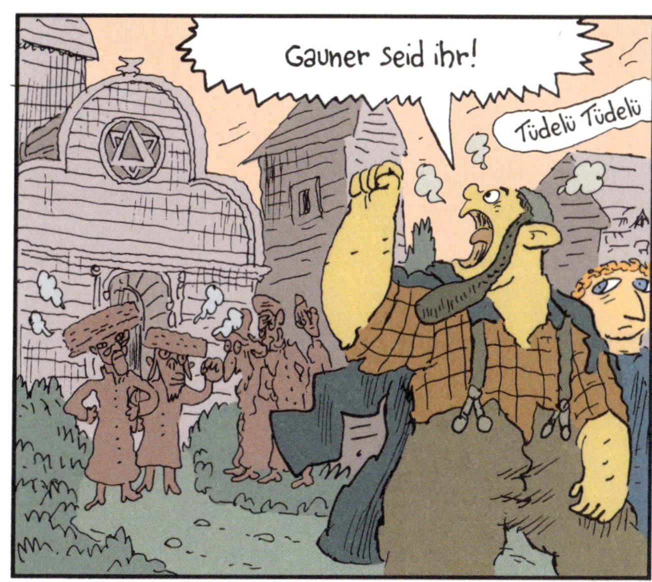
Gauner seid ihr!
Tüdelü Tüdelü

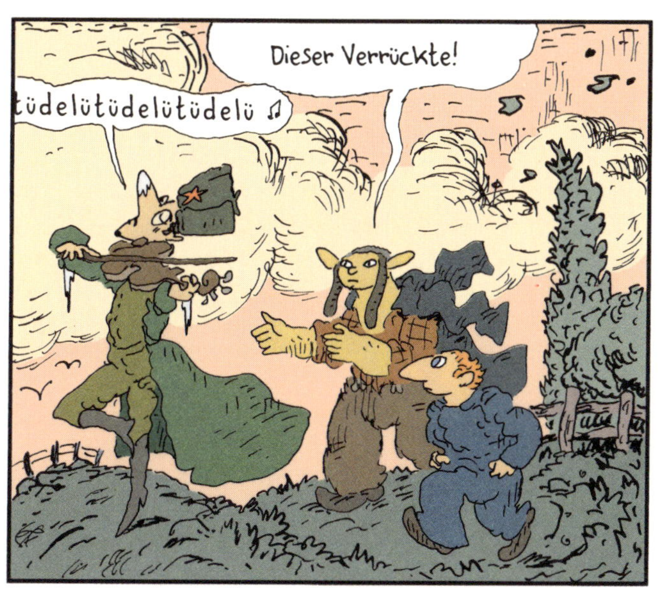
Dieser Verrückte!
tüdelütüdelütüdelü ♫

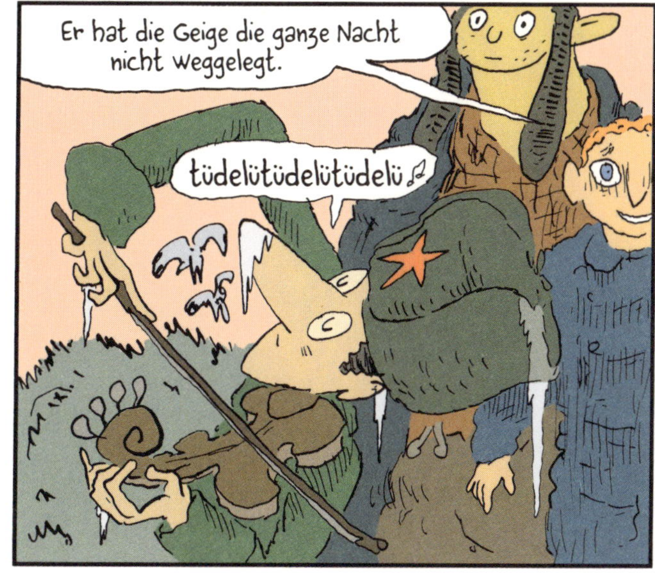
Er hat die Geige die ganze Nacht nicht weggelegt.
tüdelütüdelütüdelü ♫

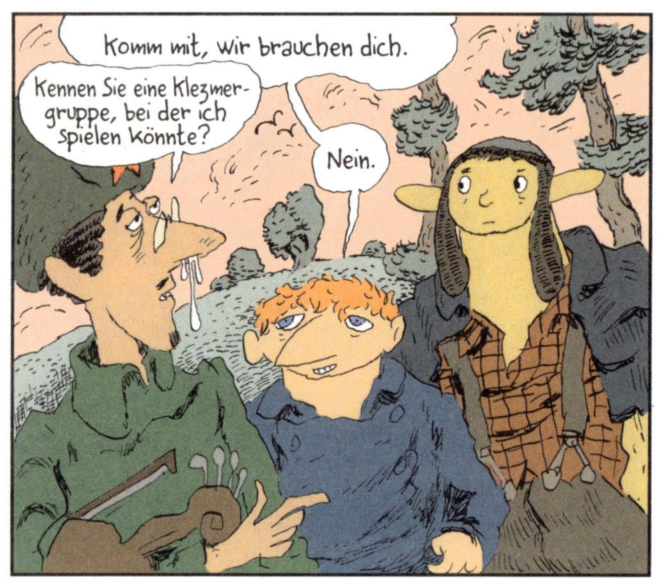
Komm mit, wir brauchen dich.
Kennen Sie eine Klezmergruppe, bei der ich spielen könnte?
Nein.

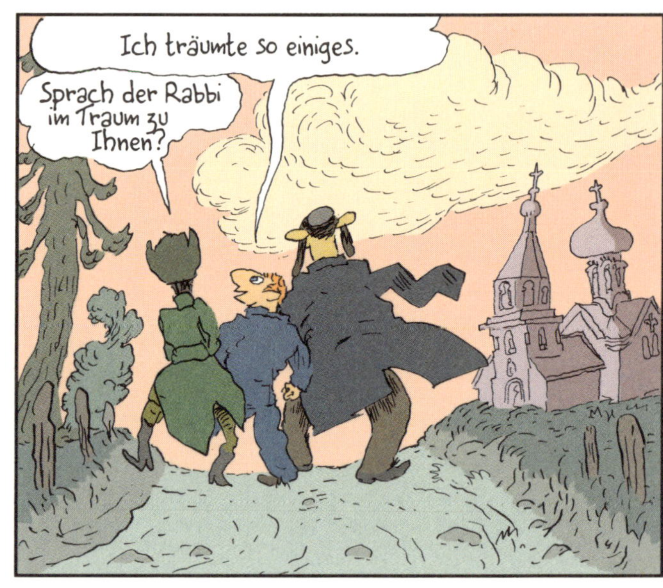
Ich träumte so einiges.
Sprach der Rabbi im Traum zu Ihnen?

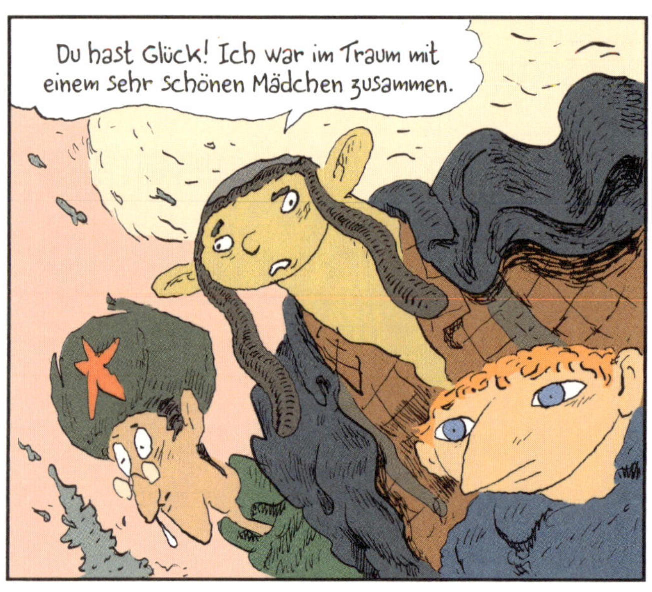
Du hast Glück! Ich war im Traum mit einem sehr schönen Mädchen zusammen.

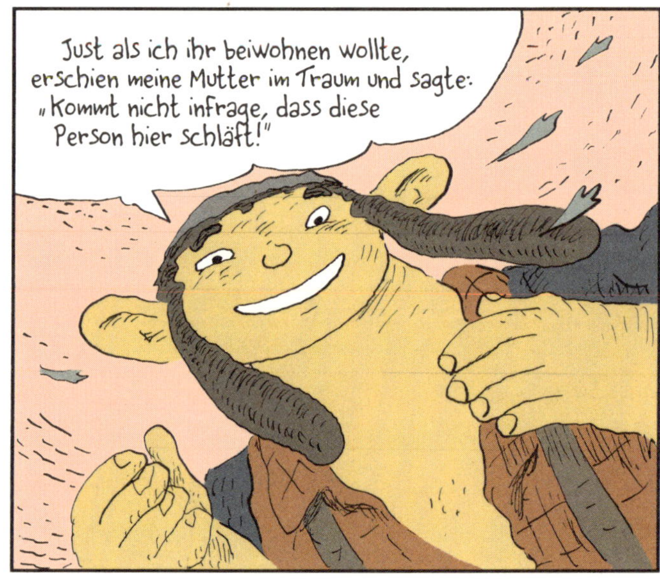
Just als ich ihr beiwohnen wollte, erschien meine Mutter im Traum und sagte: „Kommt nicht infrage, dass diese Person hier schläft!"

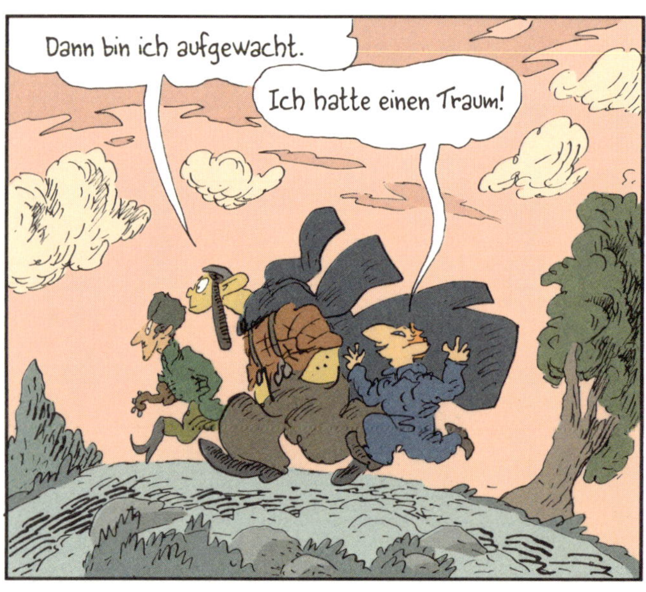
Dann bin ich aufgewacht.
Ich hatte einen Traum!

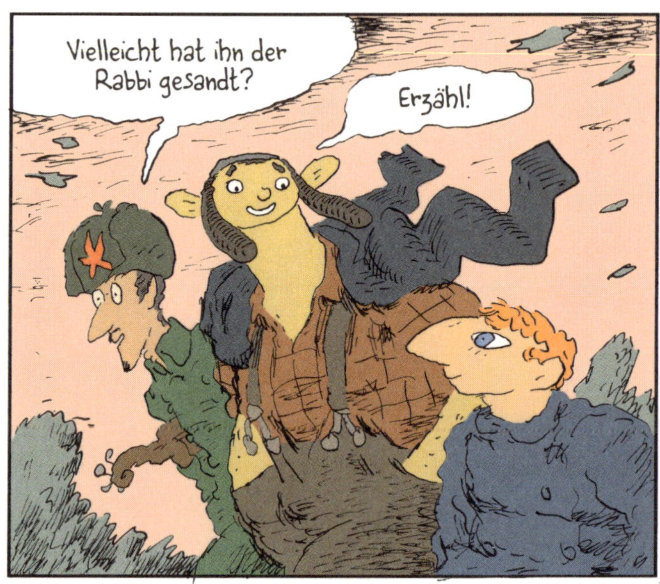
Vielleicht hat ihn der Rabbi gesandt?
Erzähl!

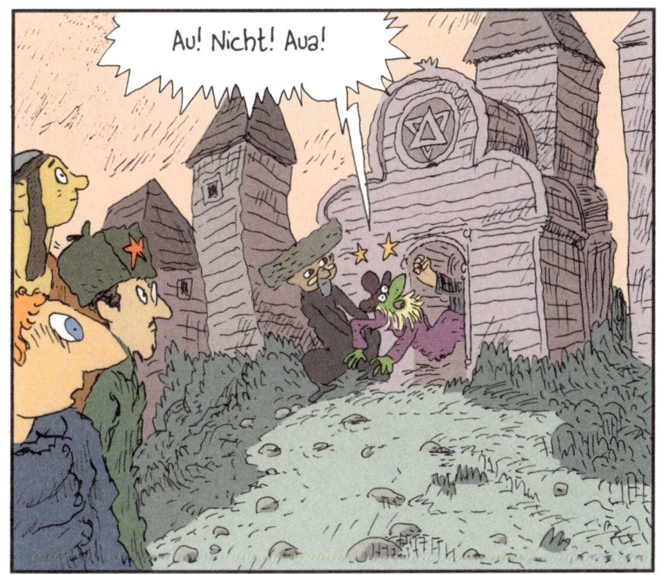
Au! Nicht! Aua!

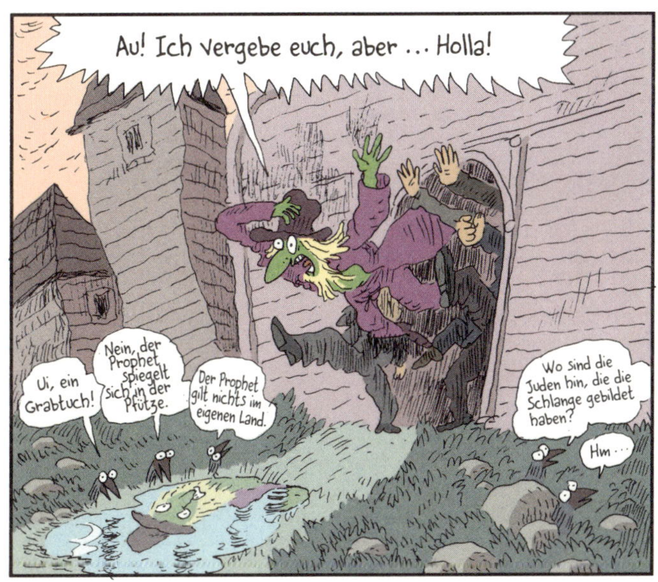
Au! Ich vergebe euch, aber ... Holla!
Ui, ein Grabtuch!
Nein, der Prophet spiegelt sich in der Pfütze.
Der Prophet gilt nichts im eigenen Land.
Wo sind die Juden hin, die die Schlange gebildet haben?
Hm ...

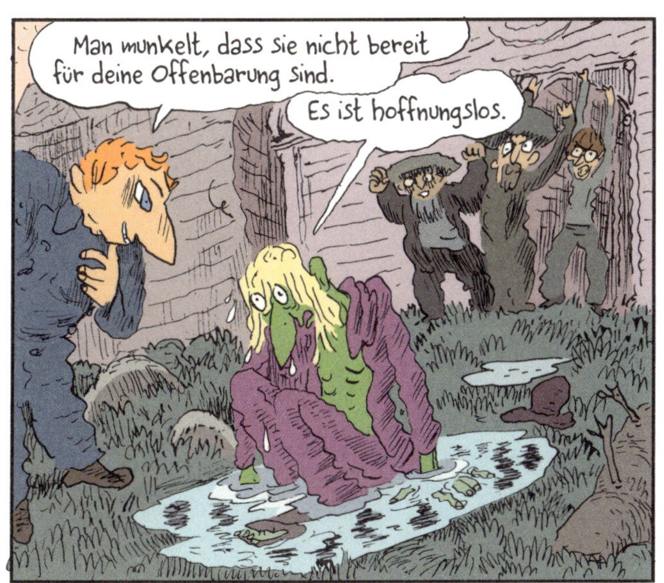
Man munkelt, dass sie nicht bereit für deine Offenbarung sind.
Es ist hoffnungslos.

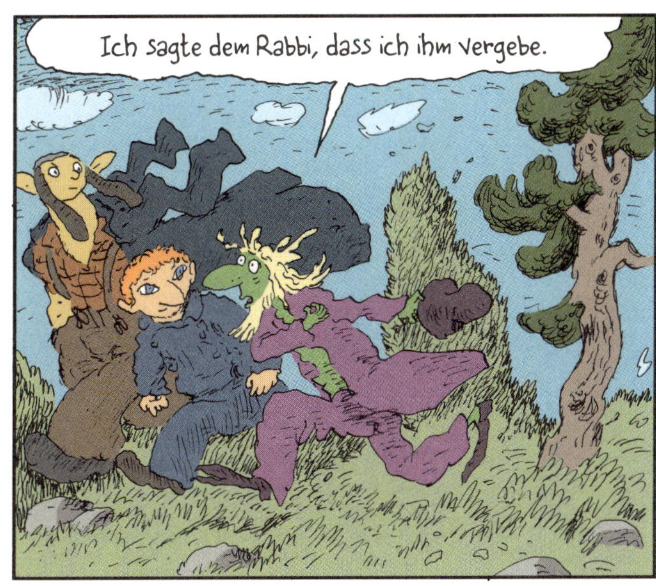
Ich sagte dem Rabbi, dass ich ihm vergebe.

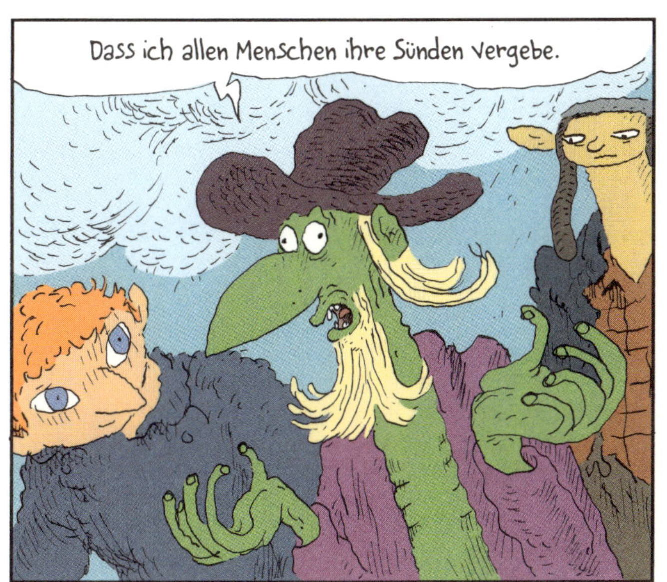
Dass ich allen Menschen ihre Sünden vergebe.

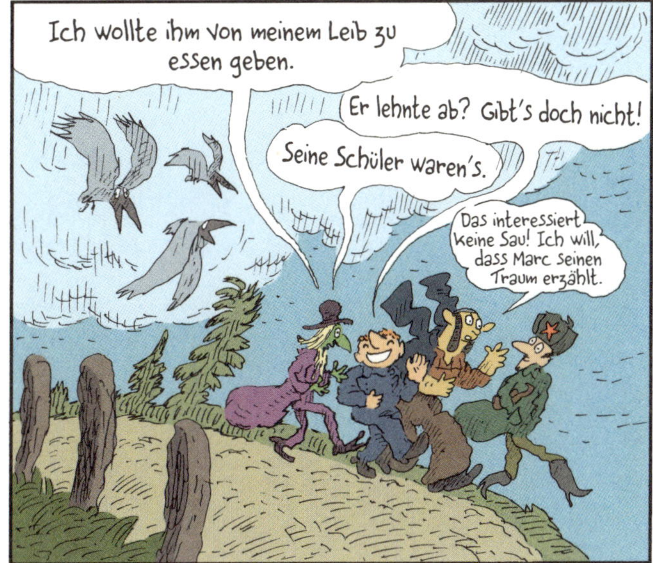
Ich wollte ihm von meinem Leib zu essen geben.
Er lehnte ab? Gibt's doch nicht!
Seine Schüler waren's.
Das interessiert keine Sau! Ich will, dass Marc seinen Traum erzählt.

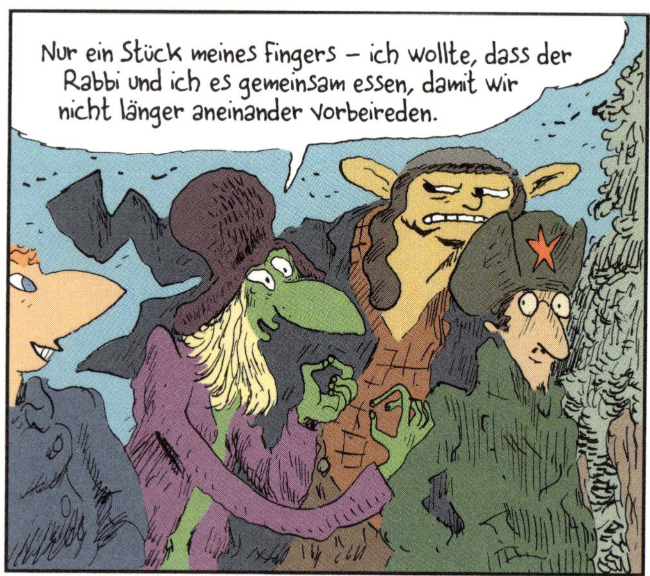
Nur ein Stück meines Fingers – ich wollte, dass der Rabbi und ich es gemeinsam essen, damit wir nicht länger aneinander vorbeireden.

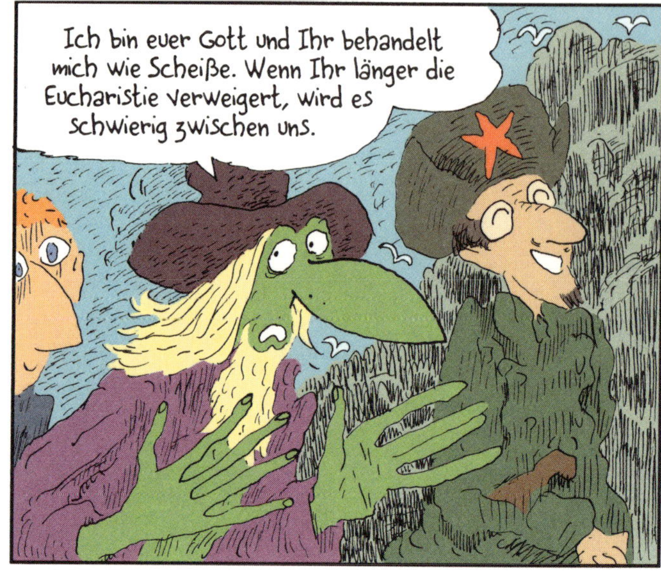
Ich bin euer Gott und Ihr behandelt mich wie Scheiße. Wenn Ihr länger die Eucharistie verweigert, wird es schwierig zwischen uns.

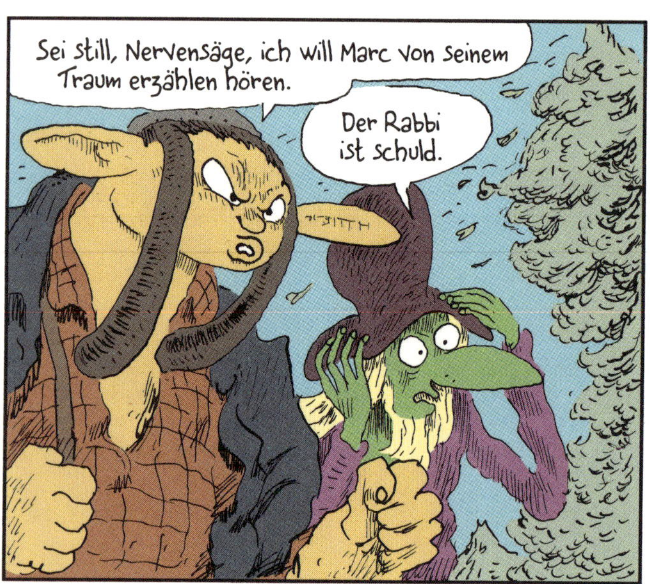
Sei still, Nervensäge, ich will Marc von seinem Traum erzählen hören.
Der Rabbi ist schuld.

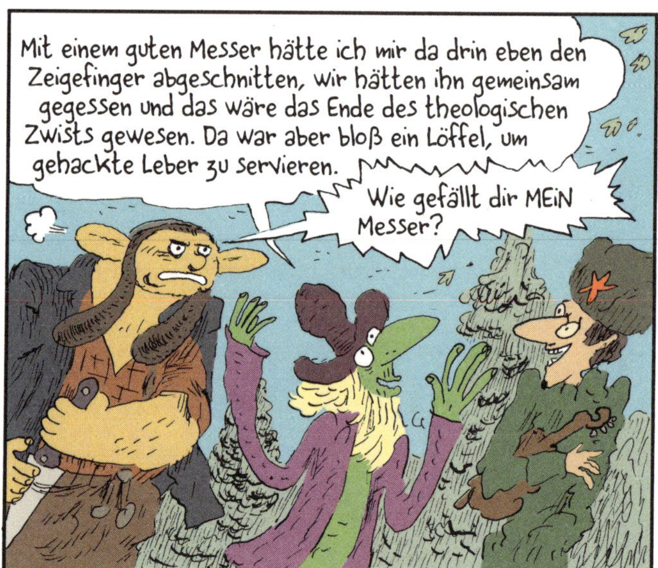
Mit einem guten Messer hätte ich mir da drin eben den Zeigefinger abgeschnitten, wir hätten ihn gemeinsam gegessen und das wäre das Ende des theologischen Zwists gewesen. Da war aber bloß ein Löffel, um gehackte Leber zu servieren.
Wie gefällt dir MEIN Messer?

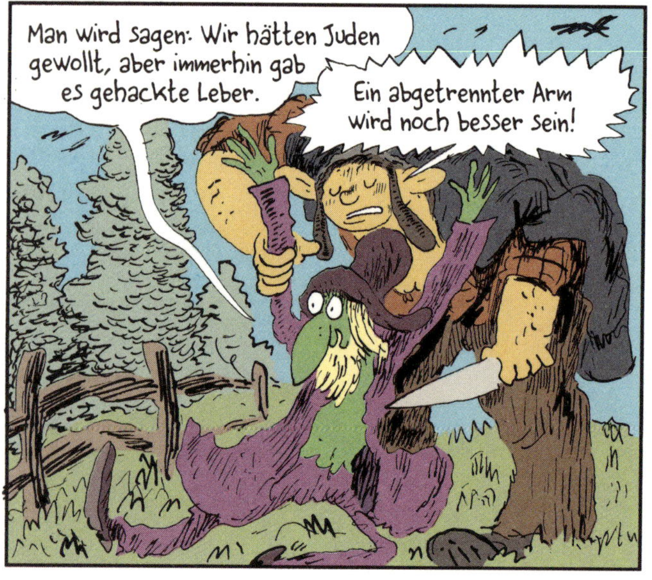
Man wird sagen: Wir hätten Juden gewollt, aber immerhin gab es gehackte Leber.
Ein abgetrennter Arm wird noch besser sein!

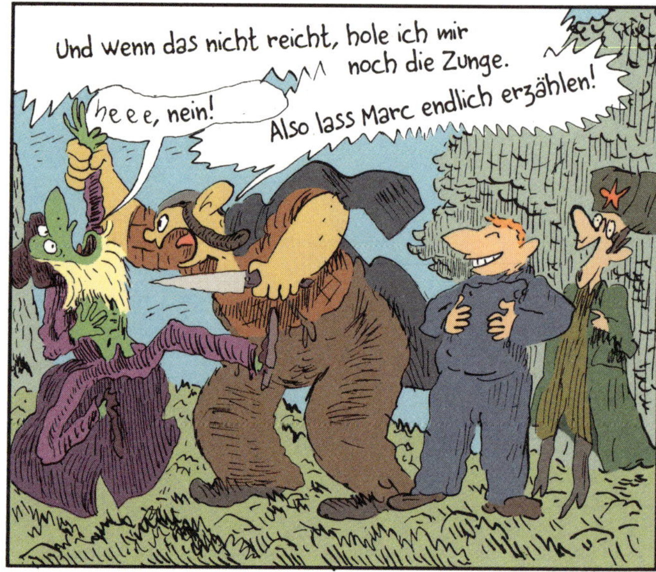
Und wenn das nicht reicht, hole ich mir noch die Zunge.
heee, nein!
Also lass Marc endlich erzählen!

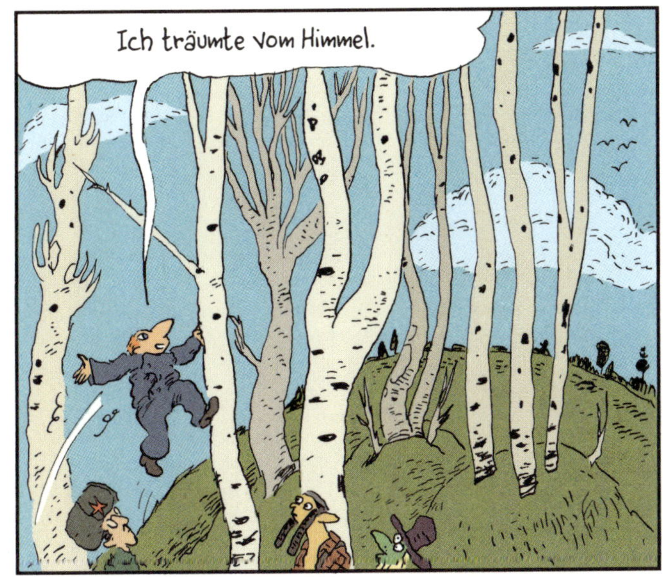
Ich träumte vom Himmel.

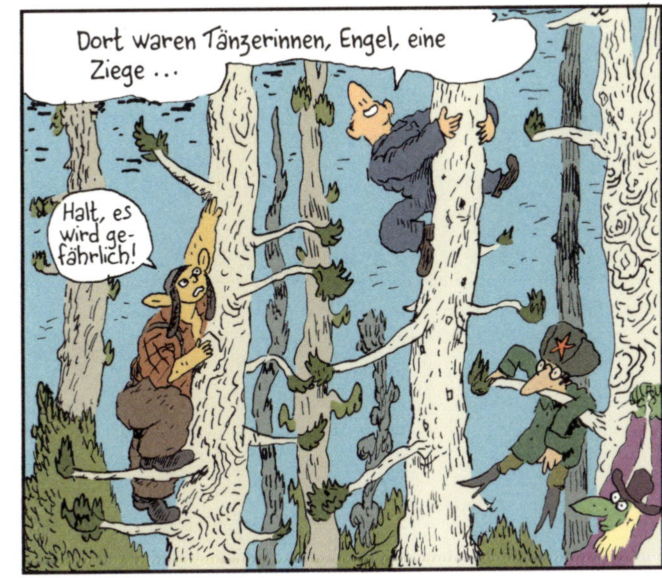
Dort waren Tänzerinnen, Engel, eine Ziege …
Halt, es wird gefährlich!

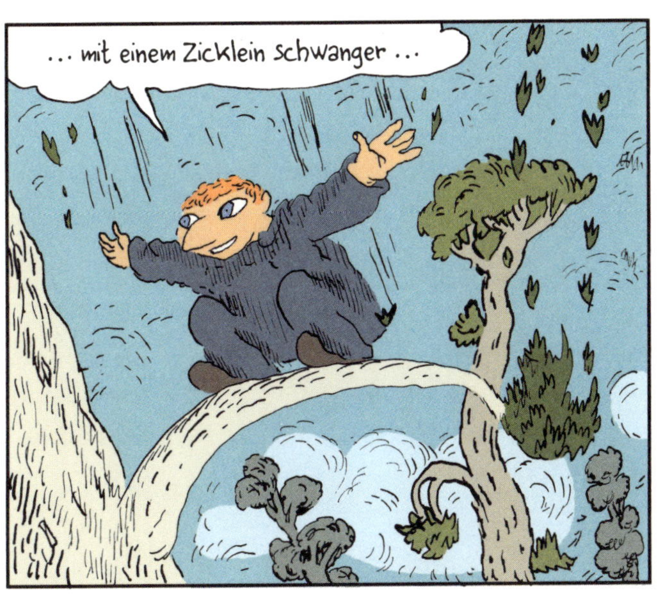
… mit einem Zicklein schwanger …

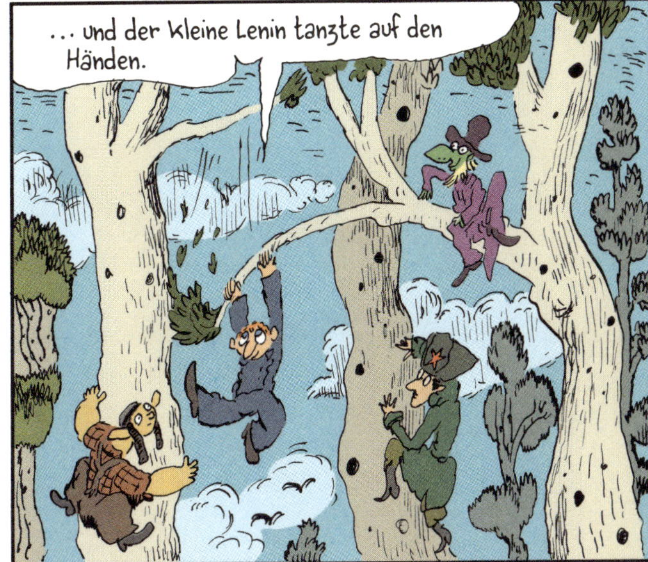
… und der kleine Lenin tanzte auf den Händen.

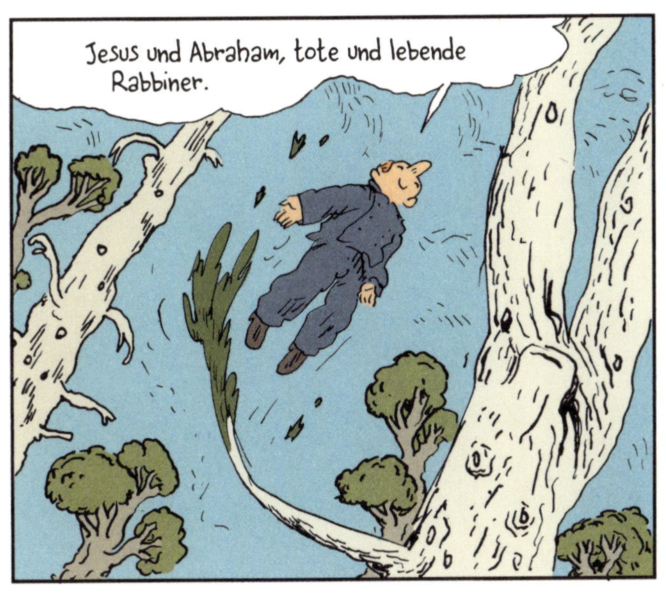
Jesus und Abraham, tote und lebende Rabbiner.

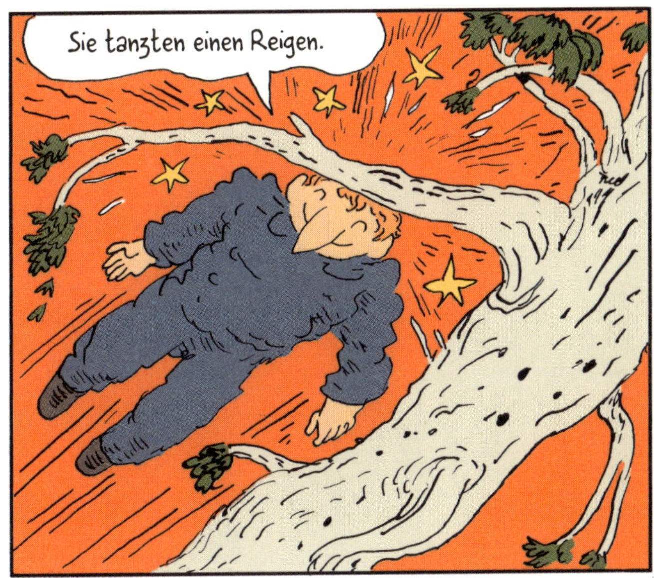
Sie tanzten einen Reigen.

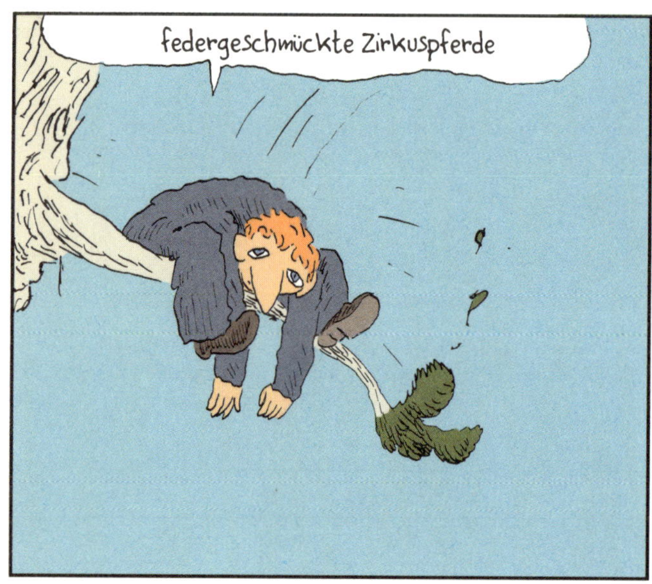
federgeschmückte Zirkuspferde

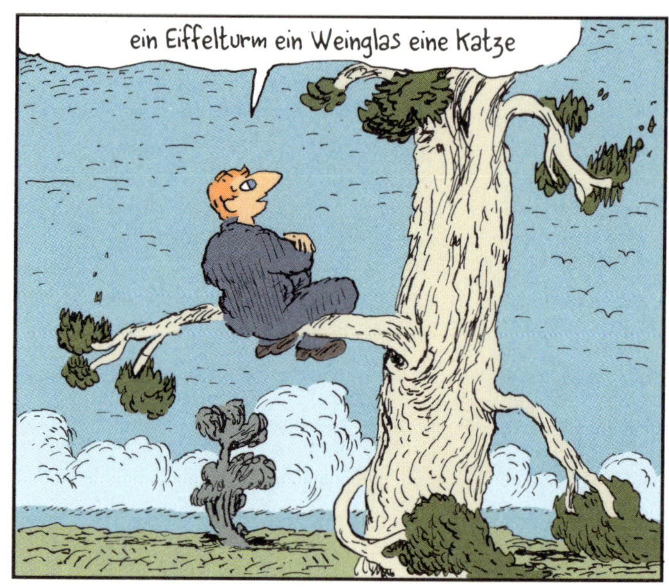
ein Eiffelturm ein Weinglas eine Katze

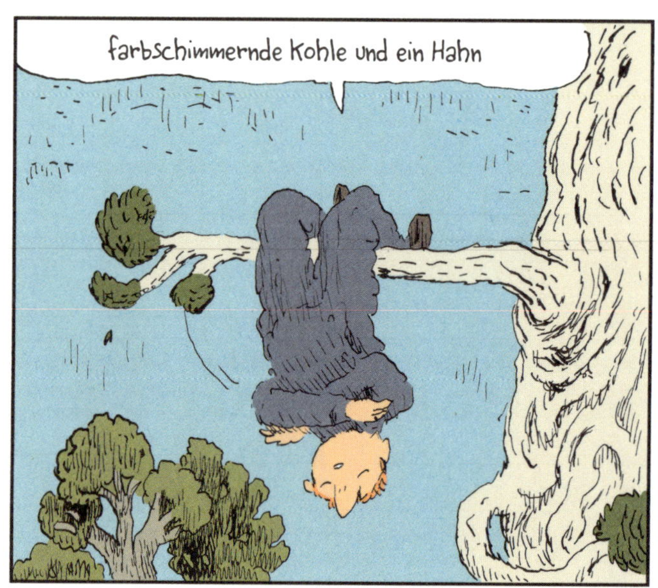
farbschimmernde Kohle und ein Hahn

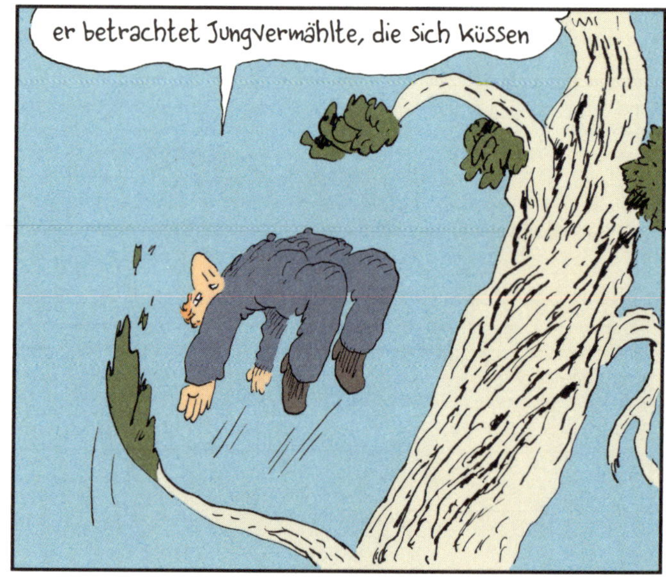
er betrachtet Jungvermählte, die sich küssen

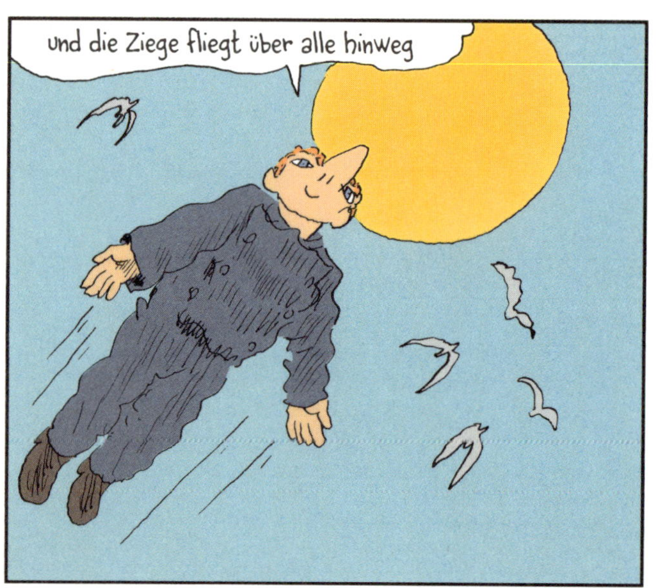
und die Ziege fliegt über alle hinweg

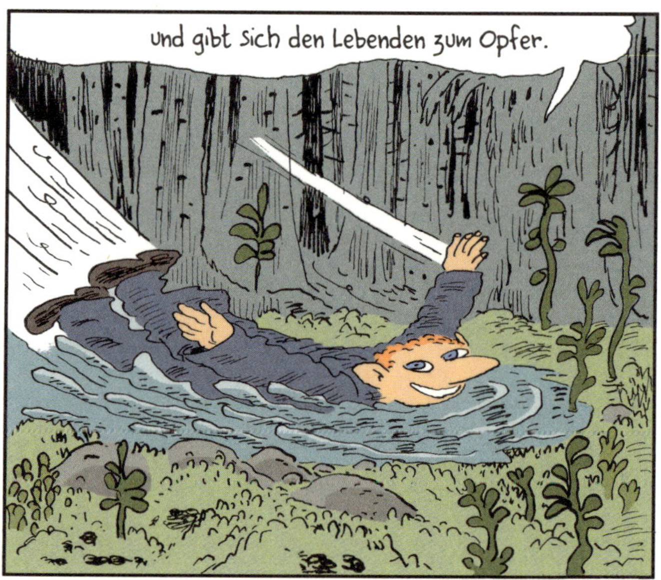
und gibt sich den Lebenden zum Opfer.

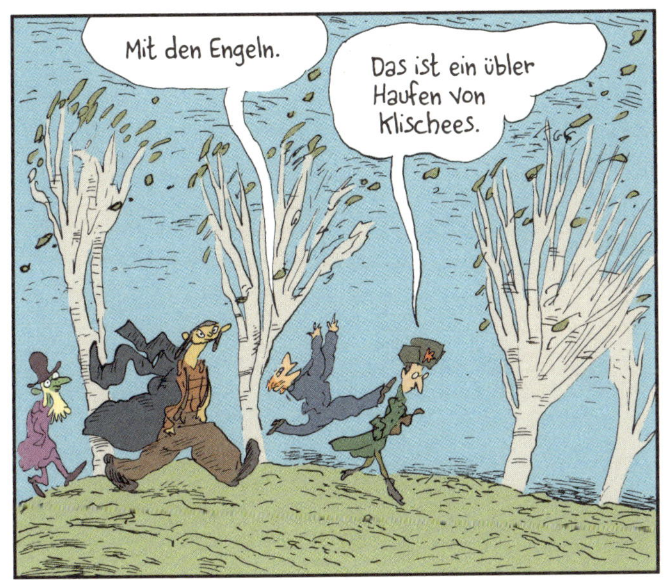
Mit den Engeln.
Das ist ein übler Haufen von Klischees.

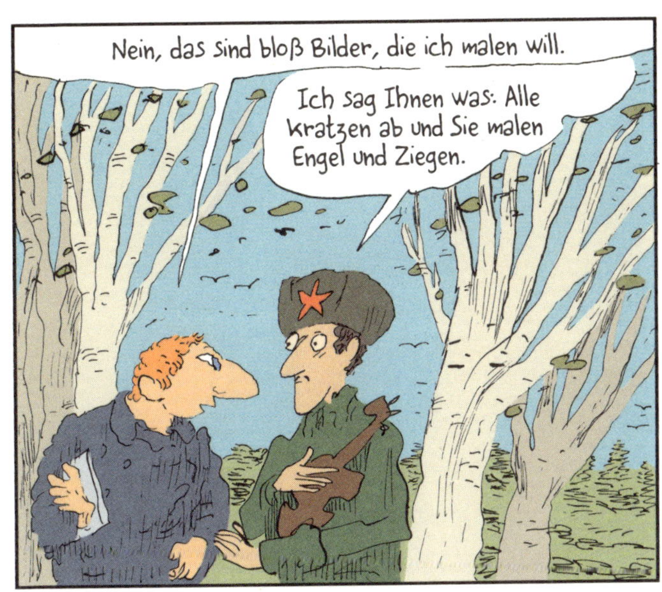
Nein, das sind bloß Bilder, die ich malen will.
Ich sag Ihnen was: Alle kratzen ab und Sie malen Engel und Ziegen.

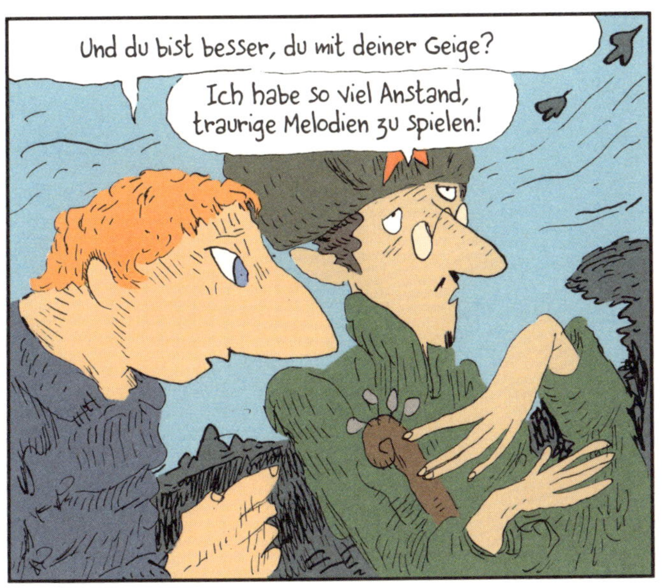
Und du bist besser, du mit deiner Geige?
Ich habe so viel Anstand, traurige Melodien zu spielen!

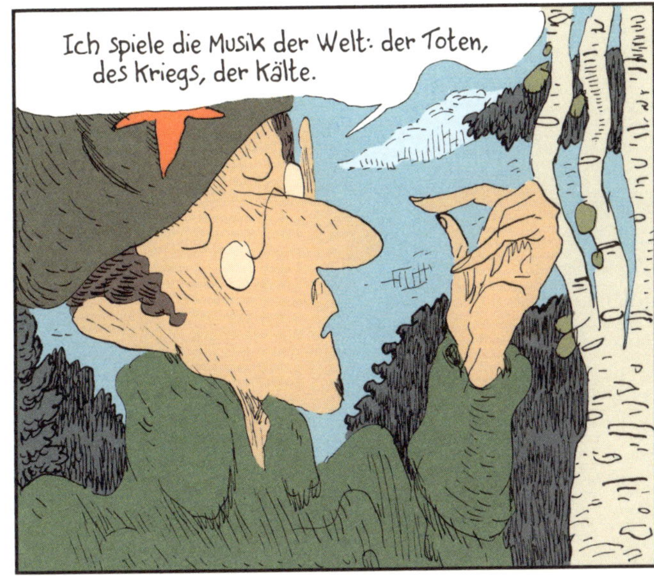
Ich spiele die Musik der Welt: der Toten, des Kriegs, der Kälte.

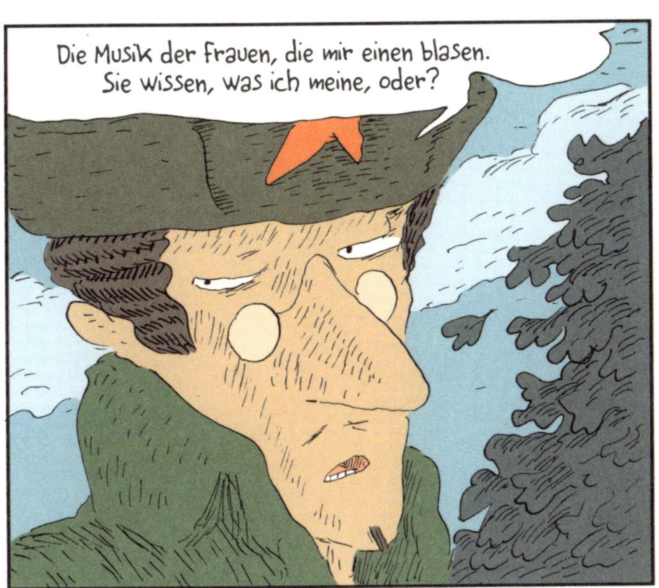
Die Musik der Frauen, die mir einen blasen. Sie wissen, was ich meine, oder?

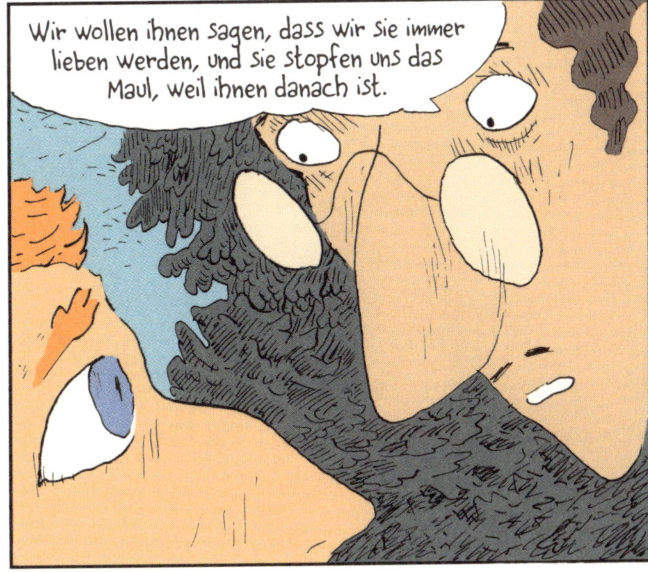
Wir wollen ihnen sagen, dass wir sie immer lieben werden, und sie stopfen uns das Maul, weil ihnen danach ist.

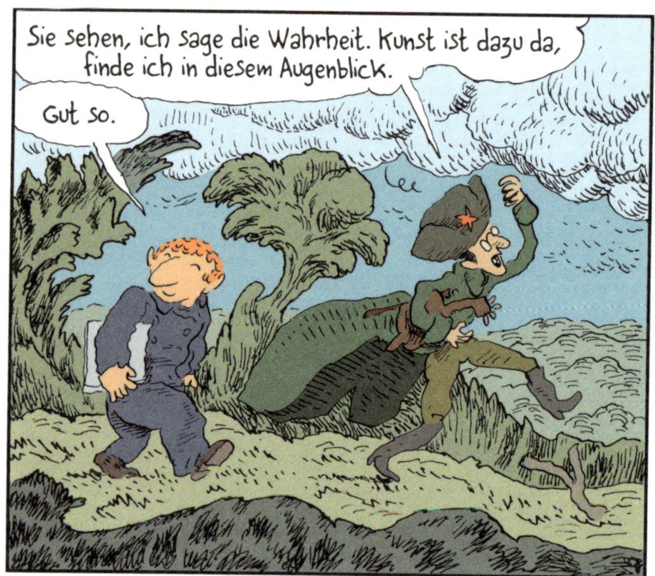
Sie sehen, ich sage die Wahrheit. Kunst ist dazu da, finde ich in diesem Augenblick.
Gut so.

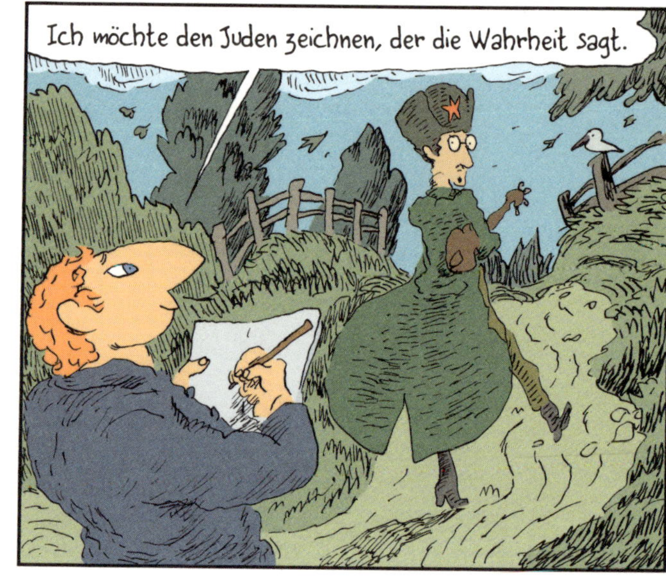
Ich möchte den Juden zeichnen, der die Wahrheit sagt.

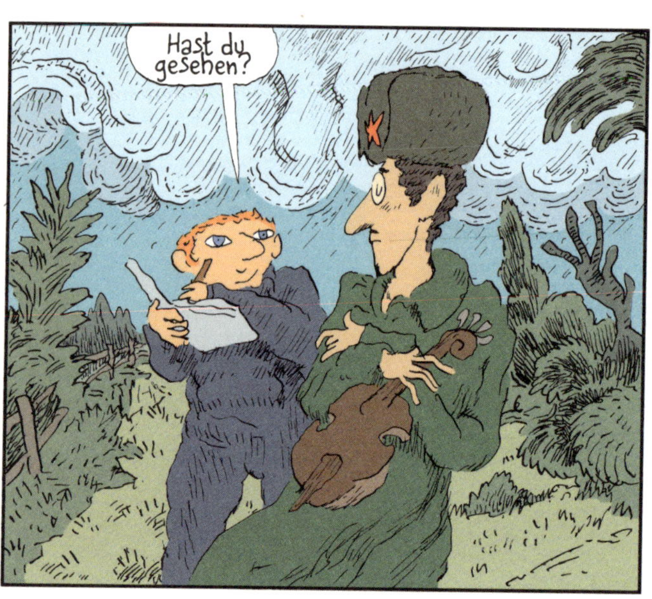
Hast du gesehen?

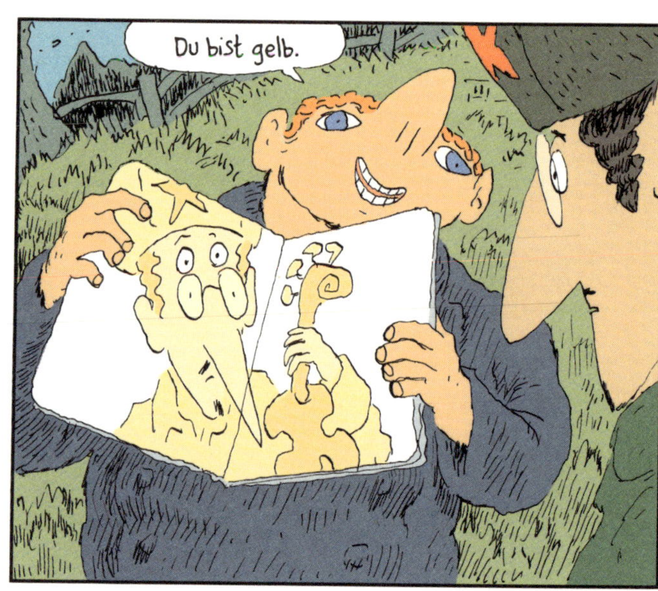
Du bist gelb.

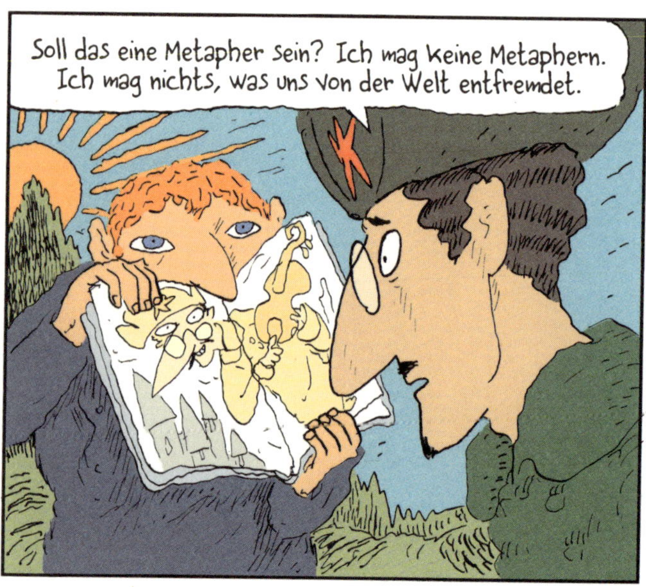
Soll das eine Metapher sein? Ich mag keine Metaphern. Ich mag nichts, was uns von der Welt entfremdet.

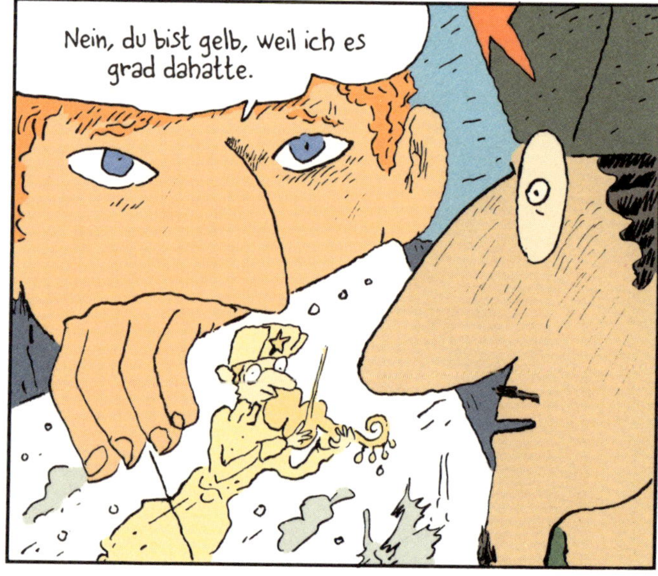
Nein, du bist gelb, weil ich es grad dahatte.

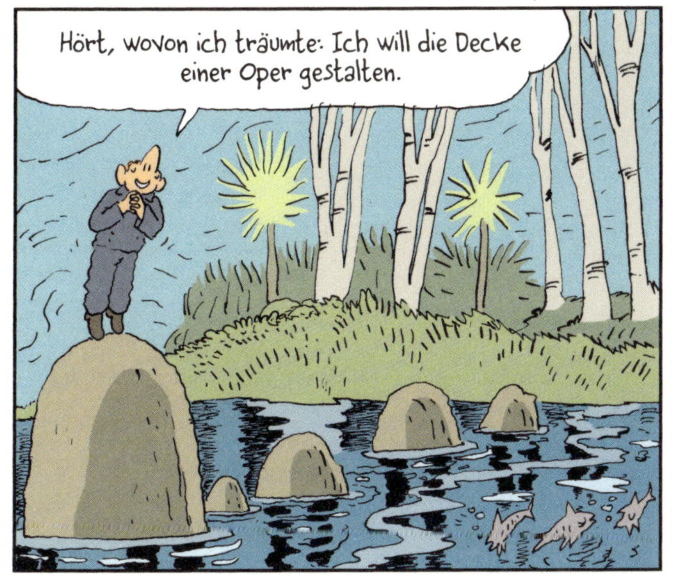
Hört, wovon ich träumte: Ich will die Decke einer Oper gestalten.

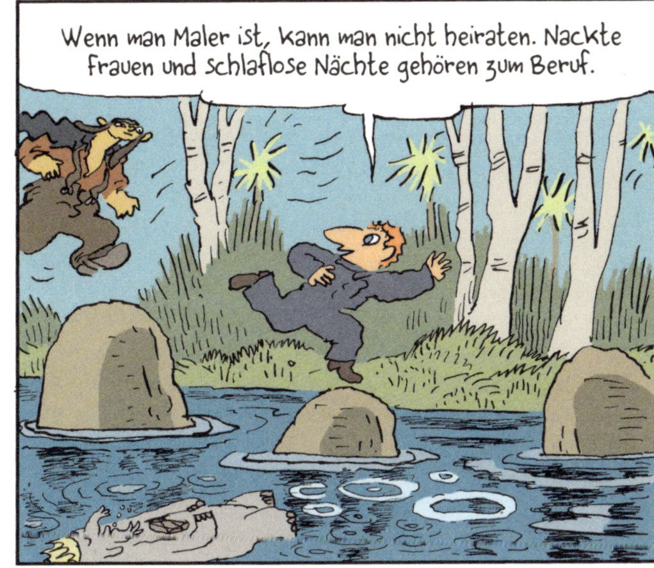
Wenn man Maler ist, kann man nicht heiraten. Nackte Frauen und schlaflose Nächte gehören zum Beruf.

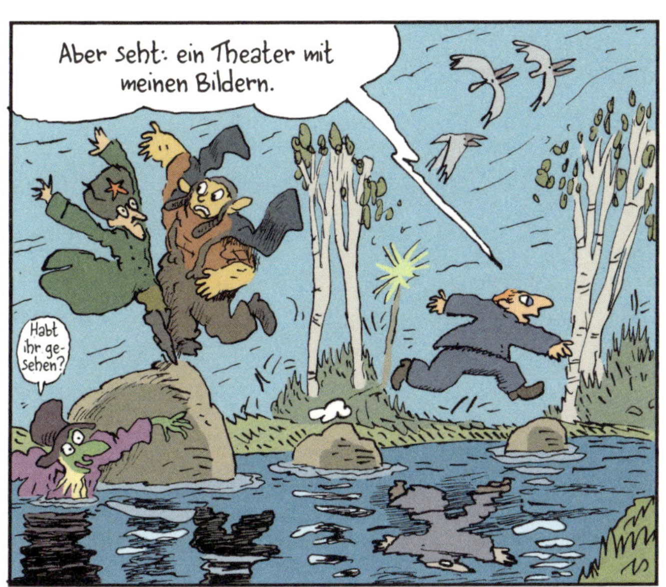
Aber seht: ein Theater mit meinen Bildern.
Habt ihr gesehen?

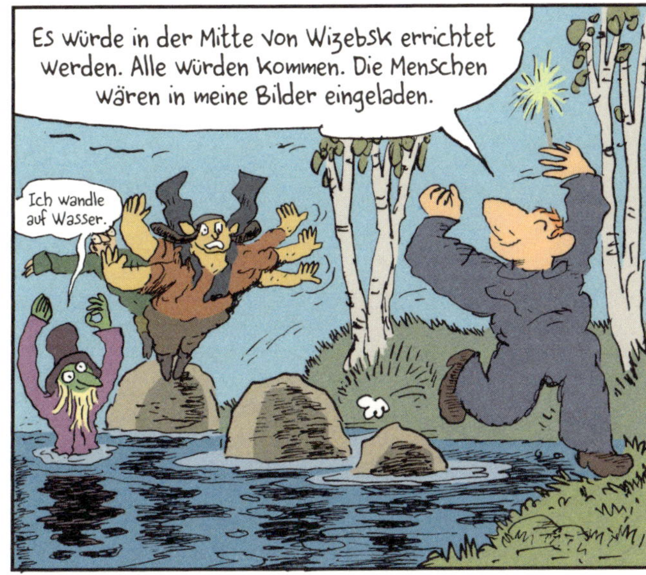
Es würde in der Mitte von Wizebsk errichtet werden. Alle würden kommen. Die Menschen wären in meine Bilder eingeladen.
Ich wandle auf Wasser.

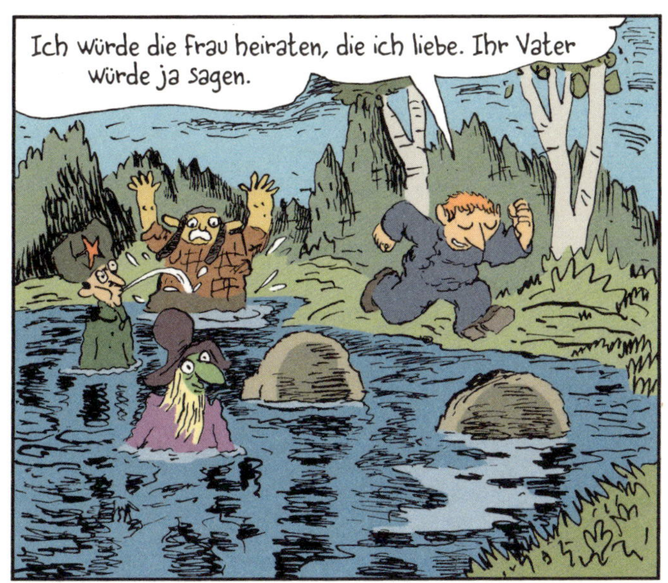
Ich würde die Frau heiraten, die ich liebe. Ihr Vater würde ja sagen.

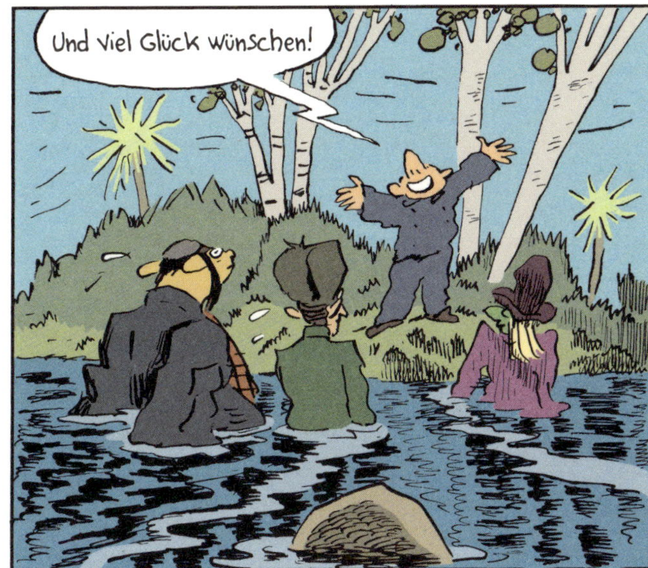
Und viel Glück wünschen!

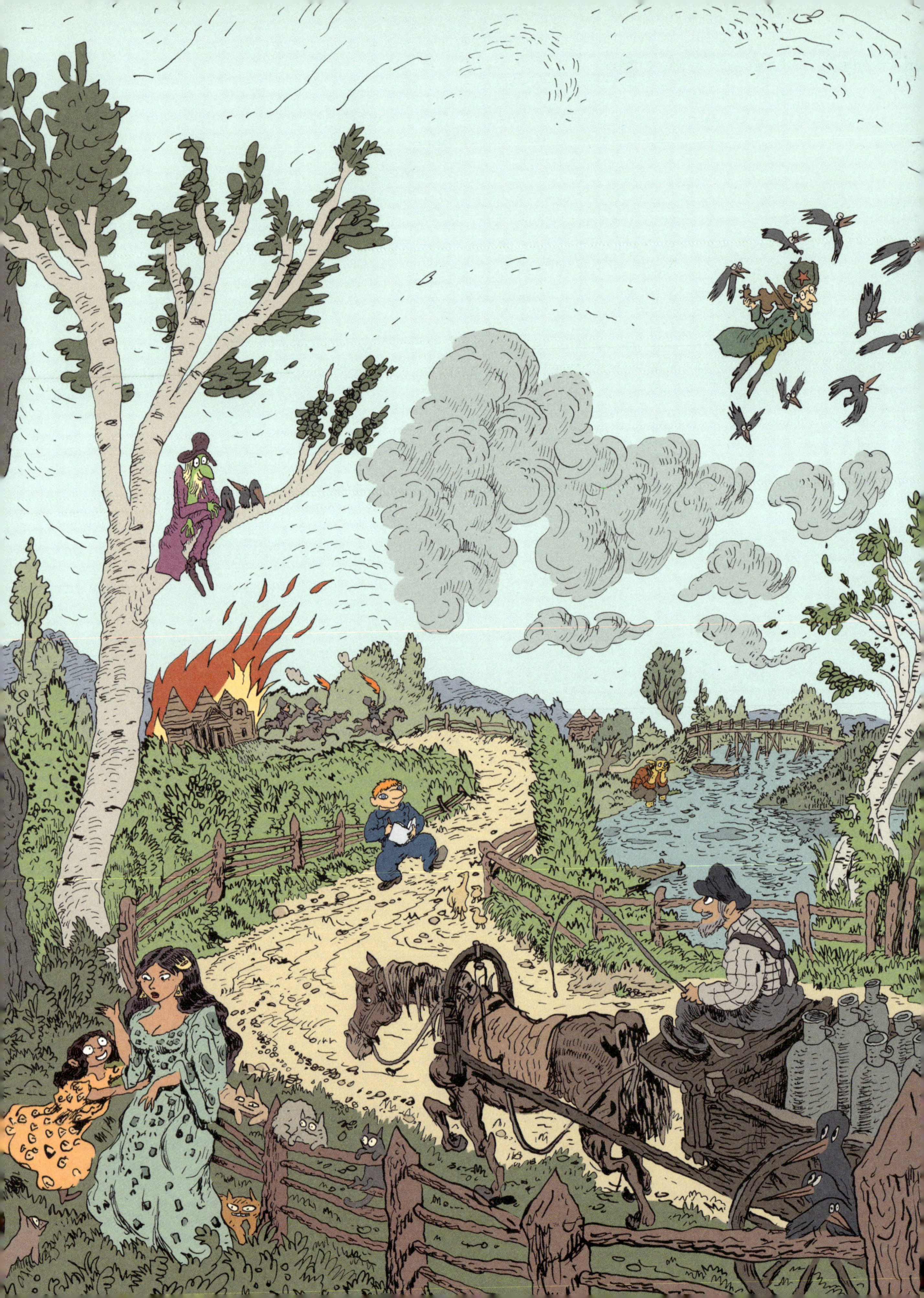

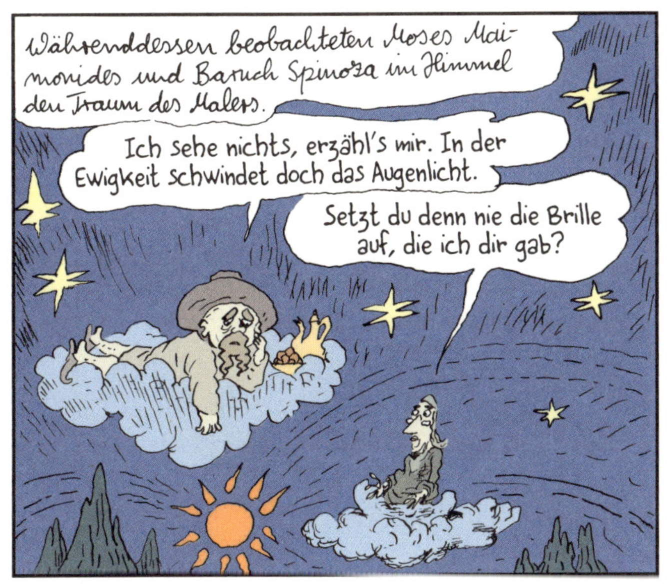
Währenddessen beobachteten Moses Maimonides und Baruch Spinoza im Himmel den Traum des Malers.
Ich sehe nichts, erzähl's mir. In der Ewigkeit schwindet doch das Augenlicht.
Setzt du denn nie die Brille auf, die ich dir gab?

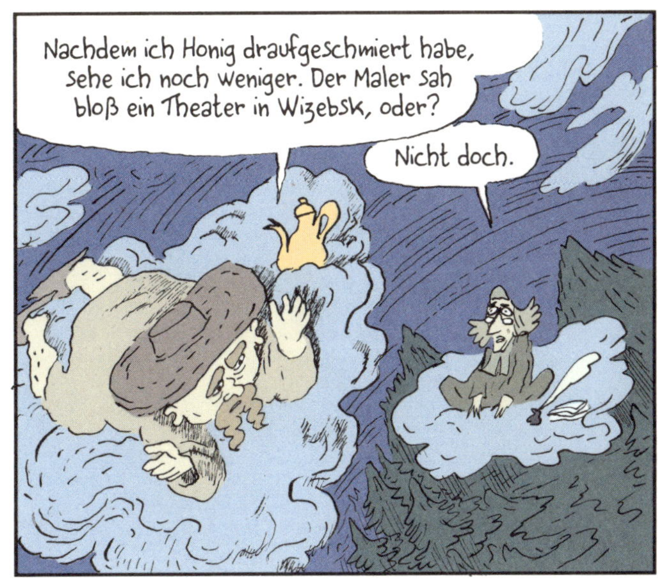
Nachdem ich Honig draufgeschmiert habe, sehe ich noch weniger. Der Maler sah bloß ein Theater in Wizebsk, oder?
Nicht doch.

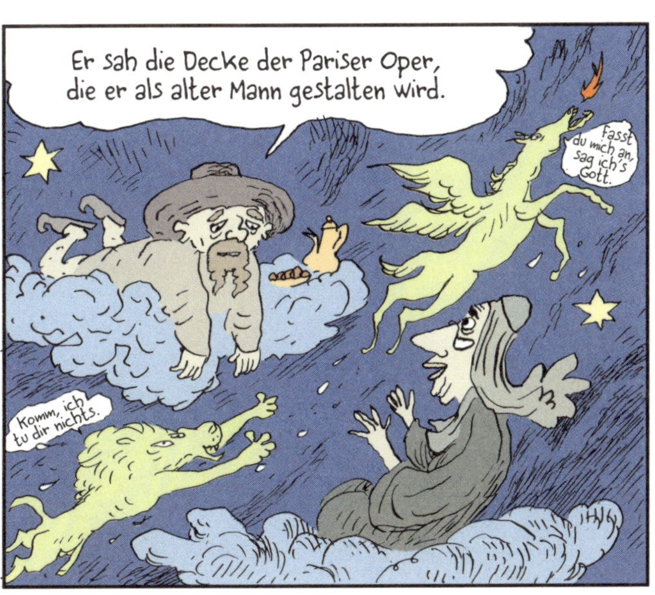
Er sah die Decke der Pariser Oper, die er als alter Mann gestalten wird.
Fasst du mich an, sag ich's Gott.
Komm, ich tu dir nichts.

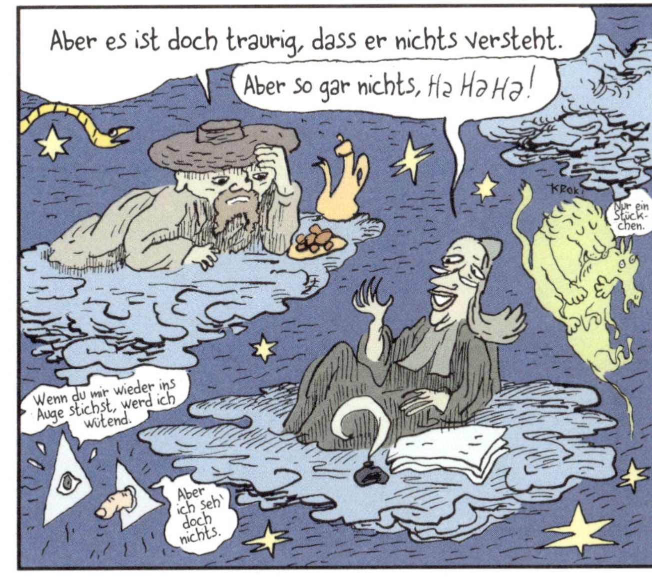
Aber es ist doch traurig, dass er nichts versteht.
Aber so gar nichts, Ha Ha Ha!
KROK
Nur ein Stückchen.
Wenn du mir wieder ins Auge stichst, werd ich wütend.
Aber ich seh' doch nichts.

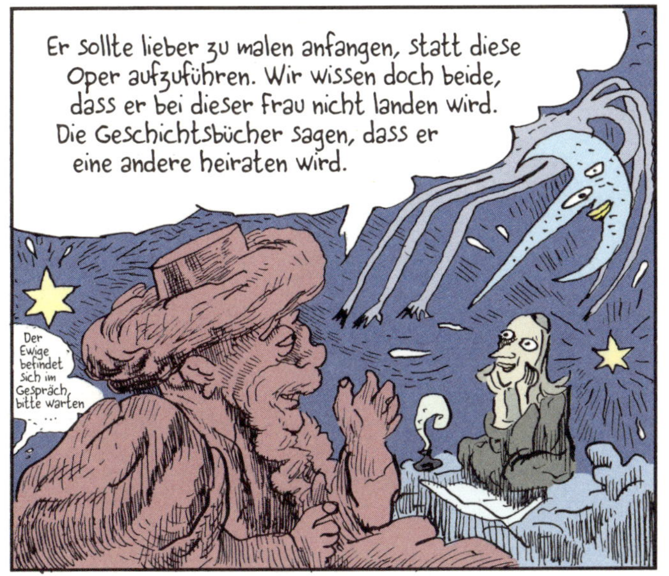
Er sollte lieber zu malen anfangen, statt diese Oper aufzuführen. Wir wissen doch beide, dass er bei dieser Frau nicht landen wird. Die Geschichtsbücher sagen, dass er eine andere heiraten wird.
Der Ewige befindet sich im Gespräch, bitte warten ...

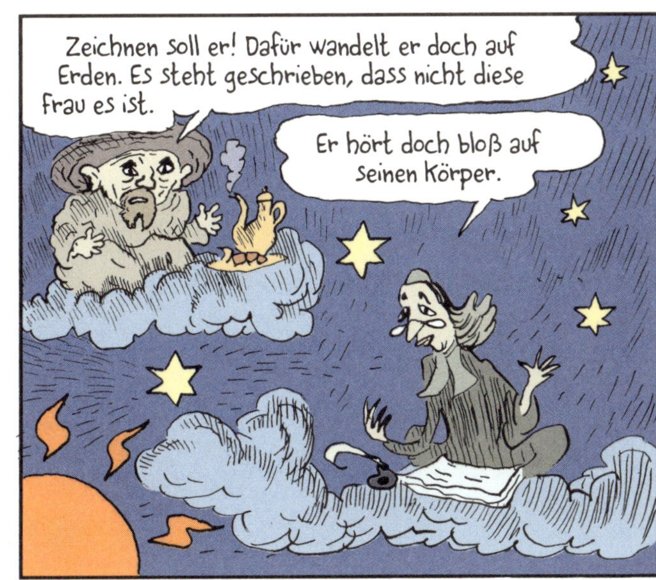
Zeichnen soll er! Dafür wandelt er doch auf Erden. Es steht geschrieben, dass nicht diese Frau es ist.
Er hört doch bloß auf seinen Körper.

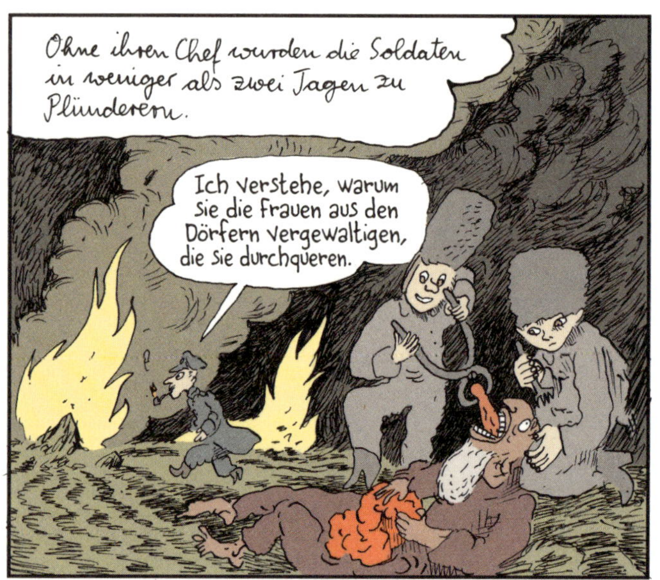
Ohne ihren Chef wurden die Soldaten in weniger als zwei Tagen zu Plünderern.
Ich verstehe, warum sie die Frauen aus den Dörfern vergewaltigen, die sie durchqueren.

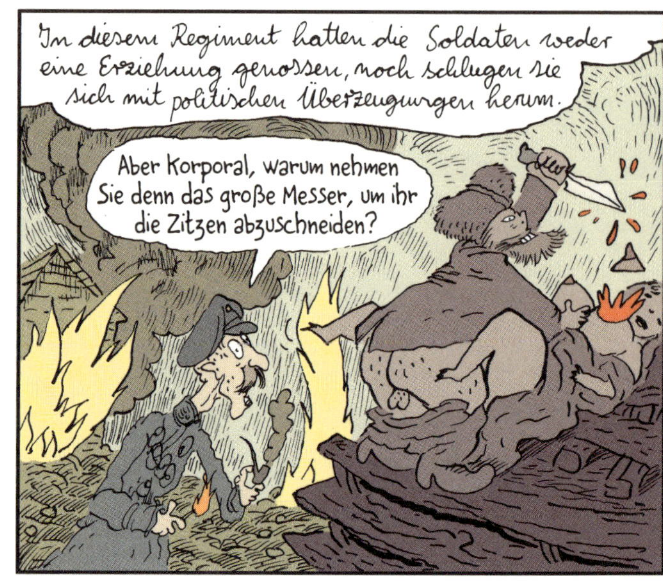
In diesem Regiment hatten die Soldaten weder eine Erziehung genossen, noch schlugen sie sich mit politischen Überzeugungen herum.
Aber Korporal, warum nehmen Sie denn das große Messer, um ihr die Zitzen abzuschneiden?

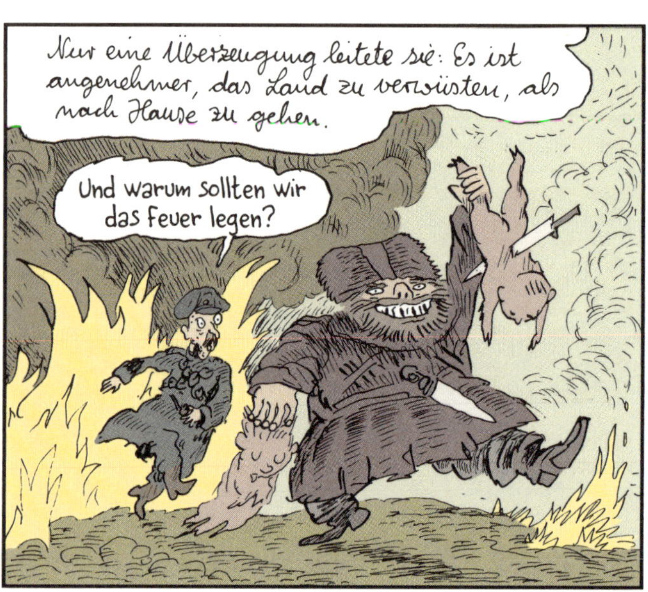
Nur eine Überzeugung leitete sie: Es ist angenehmer, das Land zu verwüsten, als nach Hause zu gehen.
Und warum sollten wir das Feuer legen?

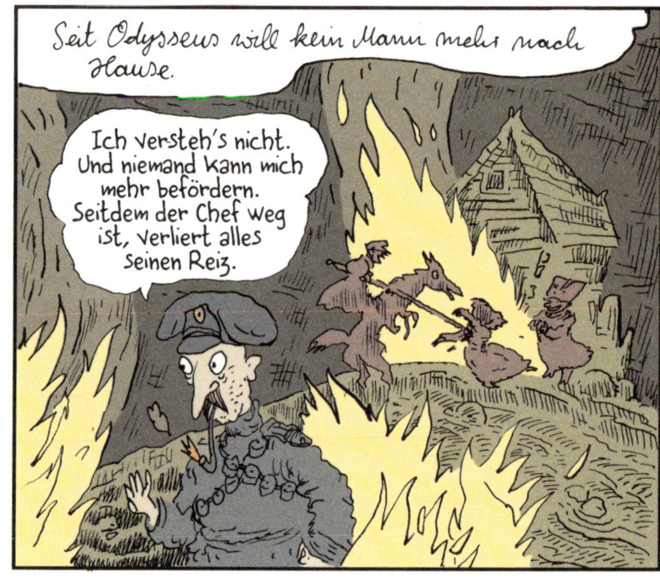
Seit Odysseus will kein Mann mehr nach Hause.
Ich versteh's nicht. Und niemand kann mich mehr befördern. Seitdem der Chef weg ist, verliert alles seinen Reiz.

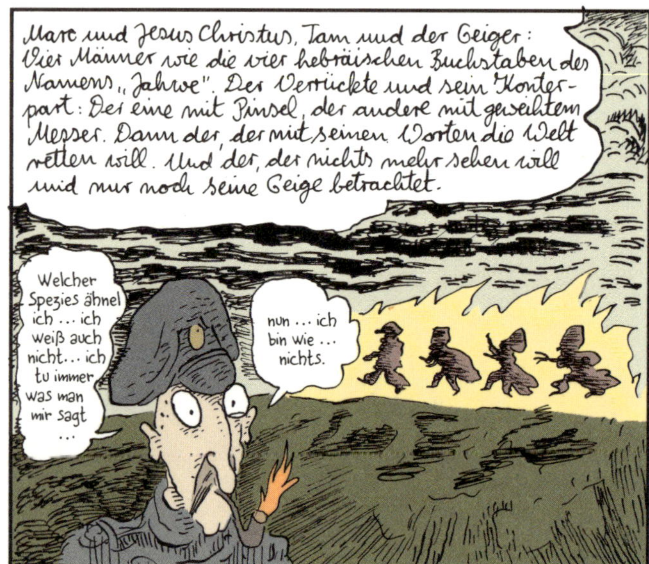
Marc und Jesus Christus, Tam und der Geiger: Vier Männer wie die vier hebräischen Buchstaben des Namens „Jahwe". Der Verrückte und sein Konterpart: Der eine mit Pinsel, der andere mit geweihtem Messer. Dann der, der mit seinen Worten die Welt retten will. Und der, der nichts mehr sehen will und nur noch seine Geige betrachtet.
Welcher Spezies ähnel ich ... ich weiß auch nicht ... ich tu immer was man mir sagt ...
nun ... ich bin wie ... nichts.

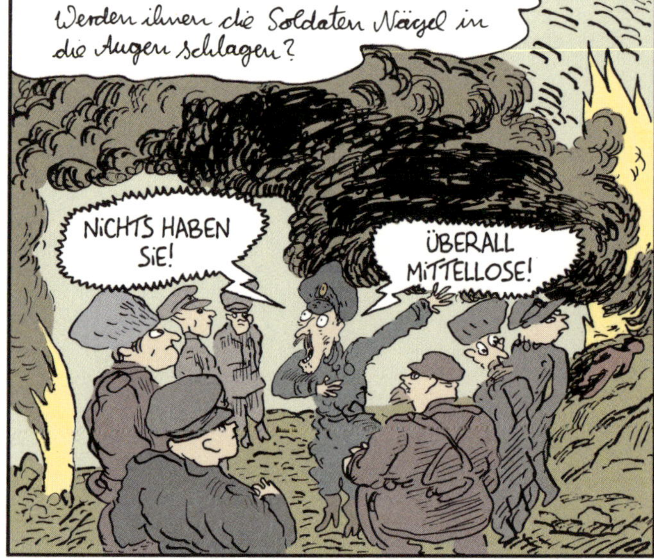
Werden ihnen die Soldaten Nägel in die Augen schlagen?
NICHTS HABEN SIE!
ÜBERALL MITTELLOSE!

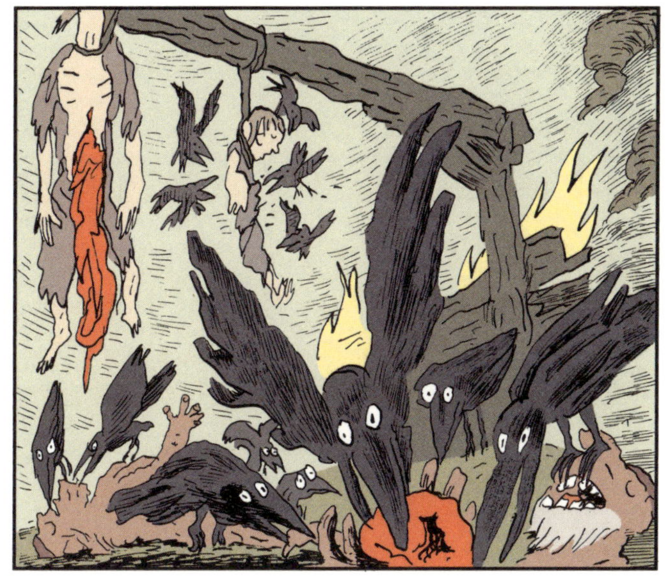

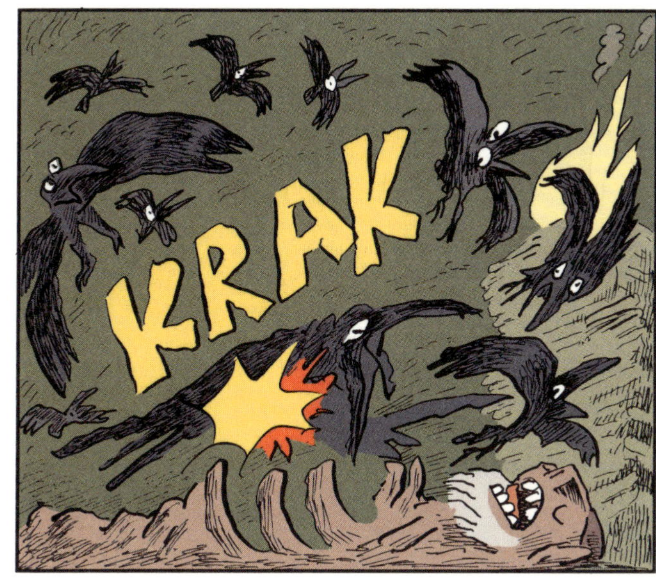
KRAK

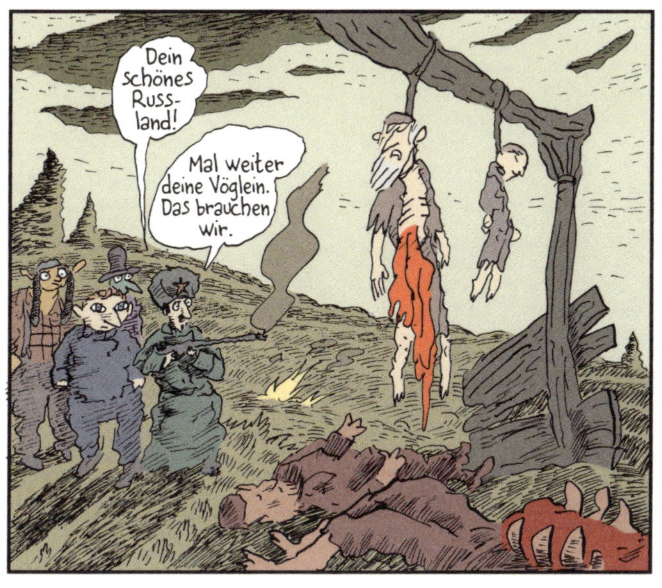
Dein schönes Russland!
Mal weiter deine Vöglein. Das brauchen wir.

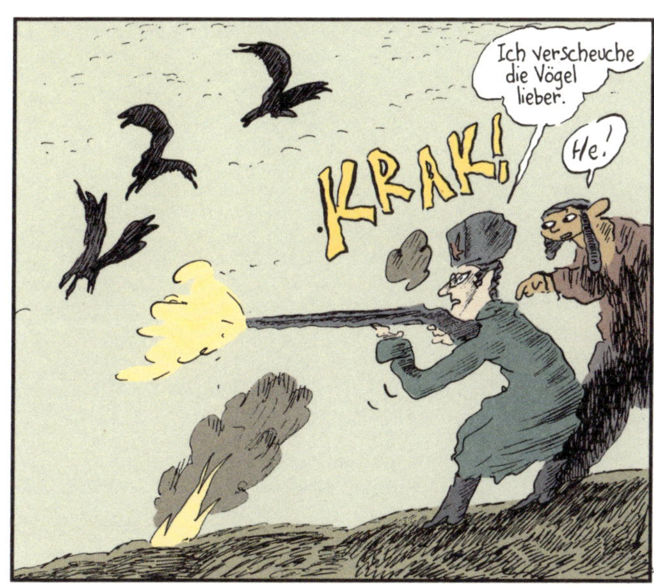
Ich verscheuche die Vögel lieber.
KRAK!
He!

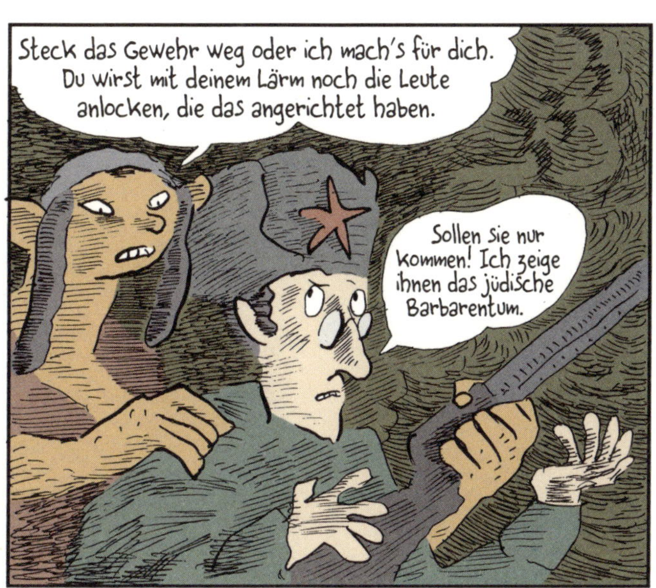
Steck das Gewehr weg oder ich mach's für dich. Du wirst mit deinem Lärm noch die Leute anlocken, die das angerichtet haben.
Sollen sie nur kommen! Ich zeige ihnen das jüdische Barbarentum.

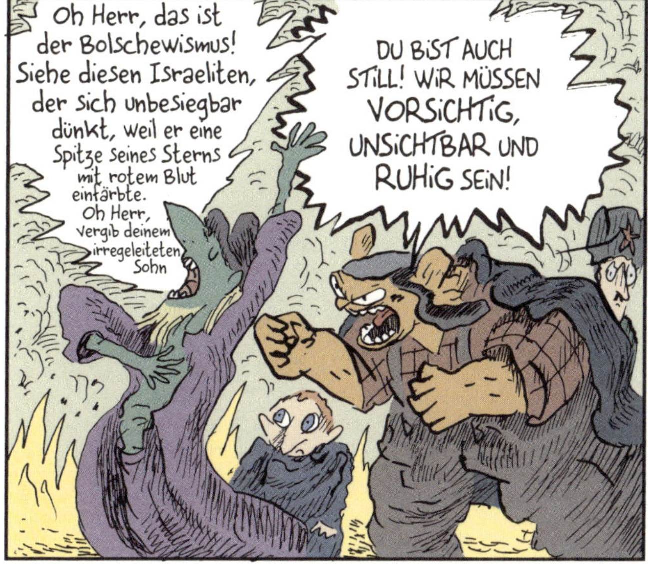
Oh Herr, das ist der Bolschewismus! Siehe diesen Israeliten, der sich unbesiegbar dünkt, weil er eine Spitze seines Sterns mit rotem Blut einfärbte. Oh Herr, vergib deinem irregeleiteten Sohn
DU BIST AUCH STILL! WIR MÜSSEN VORSICHTIG, UNSICHTBAR UND RUHIG SEIN!

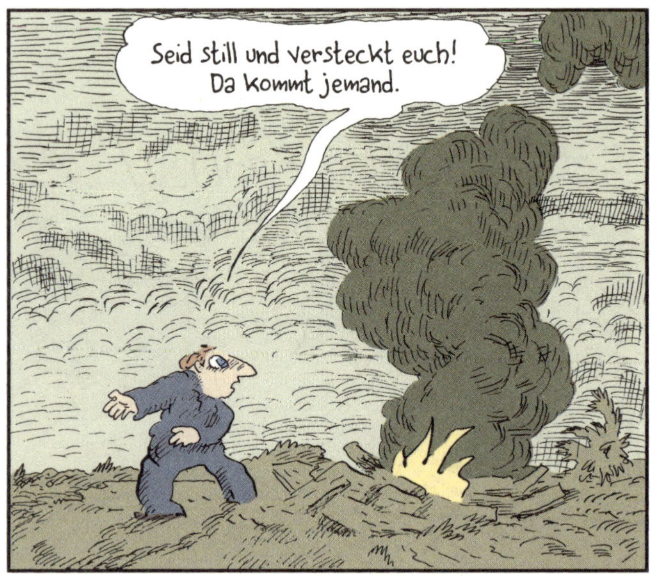
Seid still und versteckt euch! Da kommt jemand.

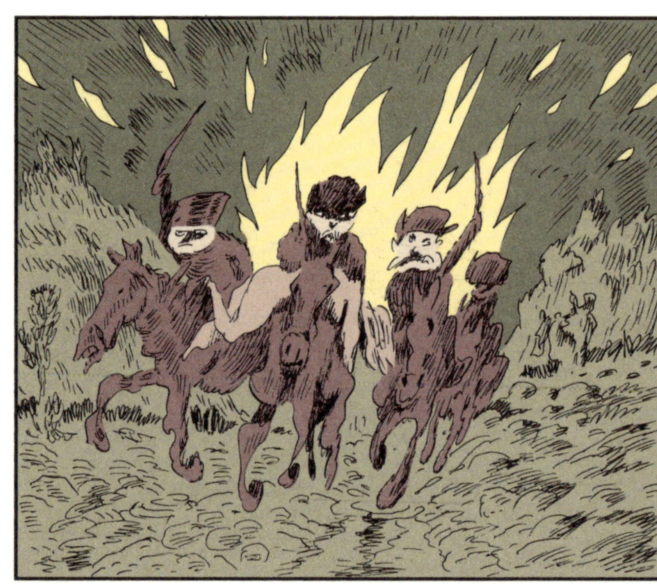

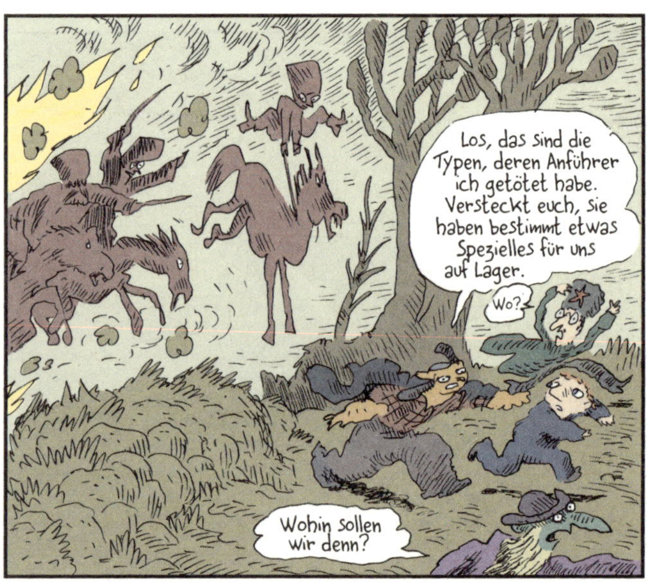
Los, das sind die Typen, deren Anführer ich getötet habe. Versteckt euch, sie haben bestimmt etwas Spezielles für uns auf Lager.
Wo?
Wohin sollen wir denn?

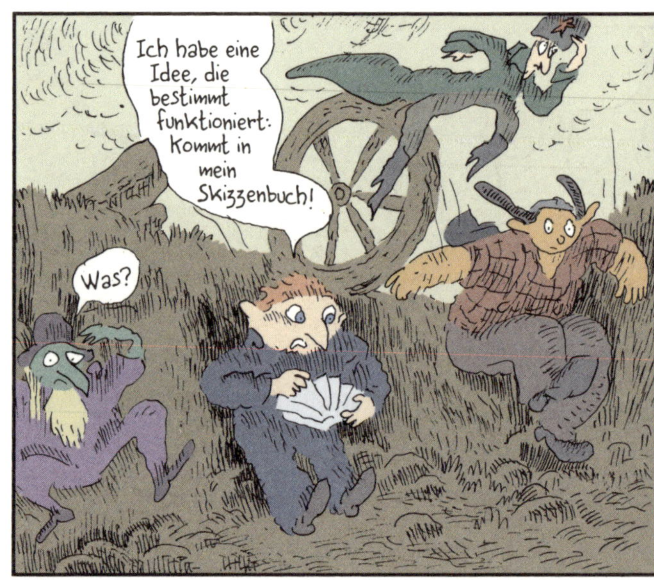
Ich habe eine Idee, die bestimmt funktioniert: Kommt in mein Skizzenbuch!
Was?

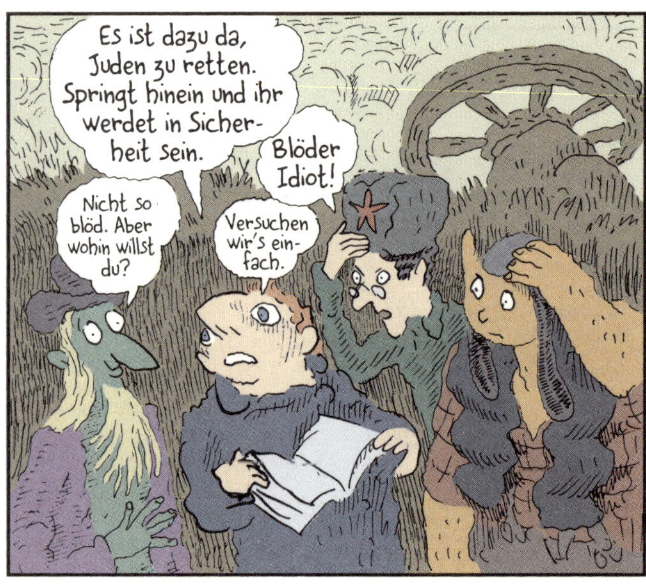
Es ist dazu da, Juden zu retten. Springt hinein und ihr werdet in Sicherheit sein.
Blöder Idiot!
Nicht so blöd. Aber wohin willst du?
Versuchen wir's einfach.

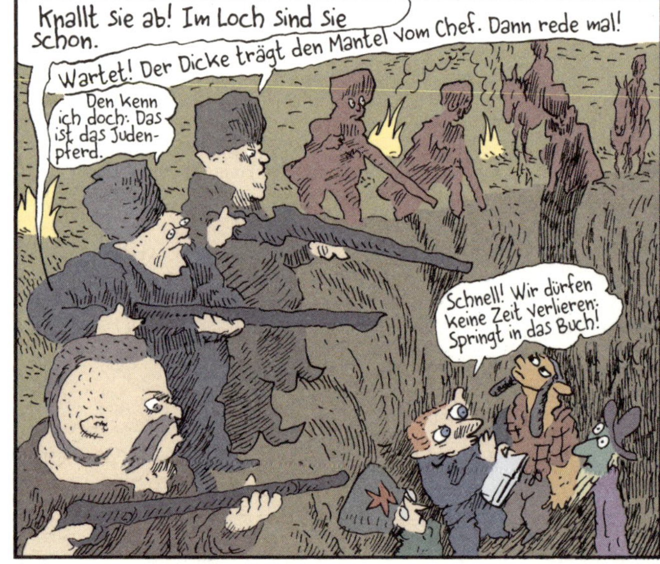
Knallt sie ab! Im Loch sind sie schon.
Dann rede mal!
Wartet! Der Dicke trägt den Mantel vom Chef.
Den kenn ich doch: Das ist das Judenpferd.
Schnell! Wir dürfen keine Zeit verlieren: Springt in das Buch!

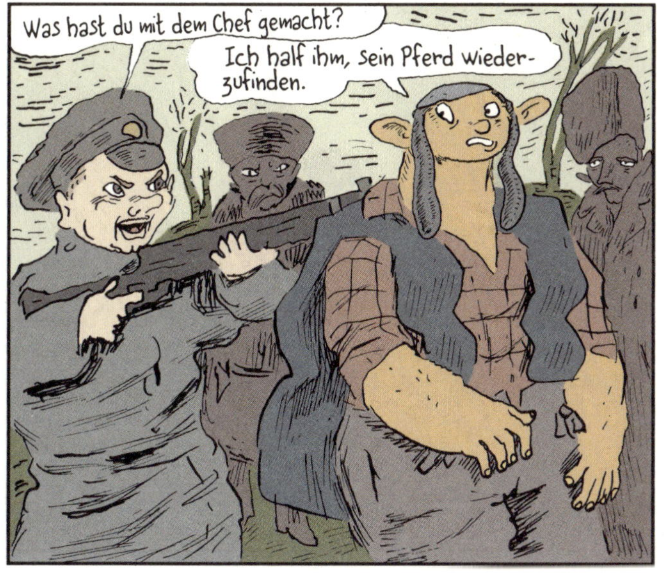
Was hast du mit dem Chef gemacht?
Ich half ihm, sein Pferd wieder-zufinden.

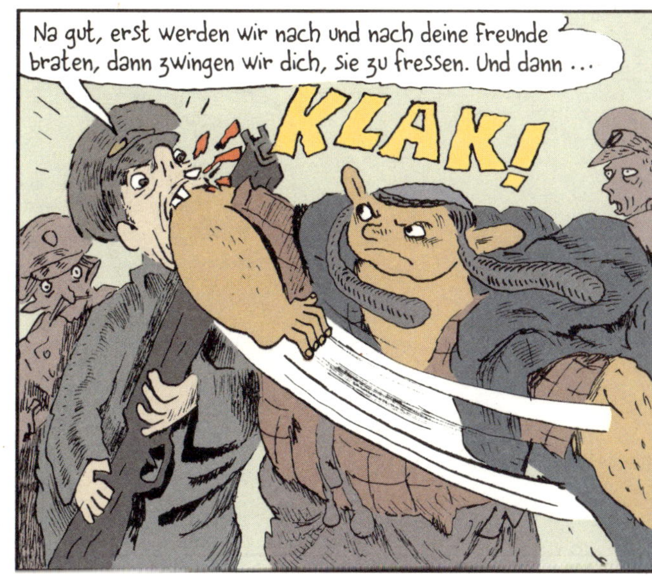
Na gut, erst werden wir nach und nach deine Freunde braten, dann zwingen wir dich, sie zu fressen. Und dann ...
KLAK!

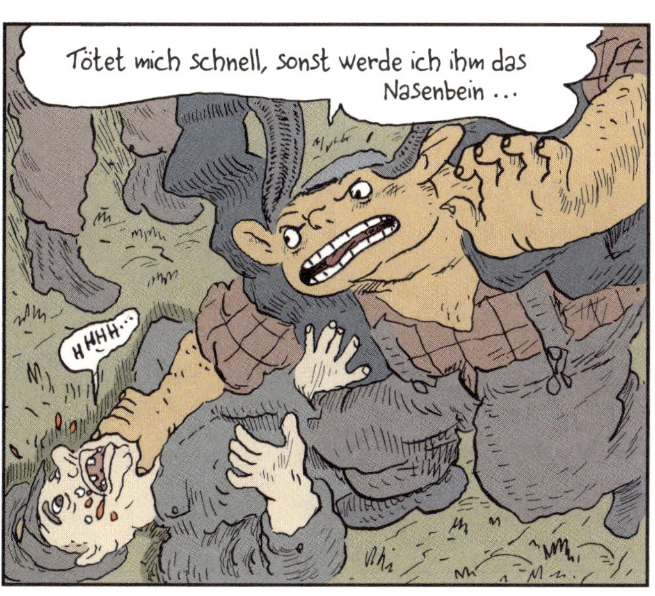
Tötet mich schnell, sonst werde ich ihm das Nasenbein ...
HHHH...

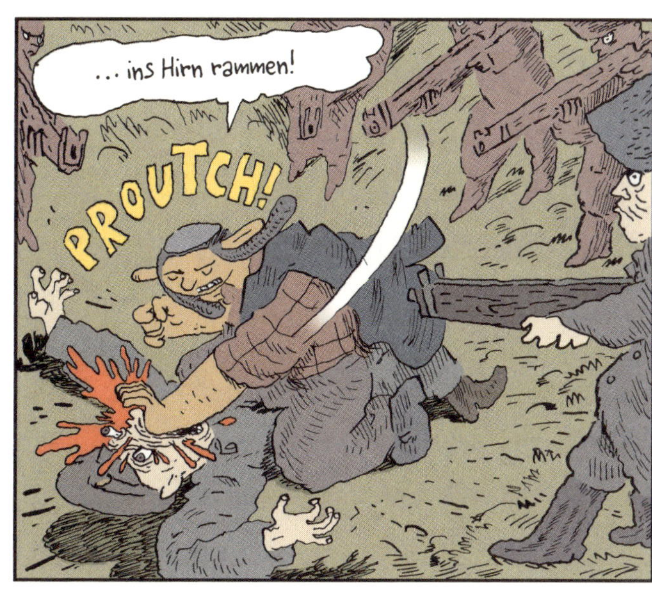
... ins Hirn rammen!
PROUTCH!

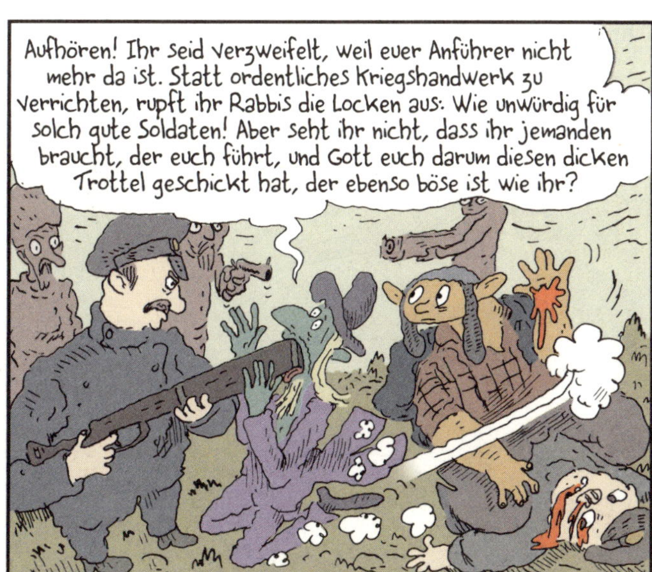
Aufhören! Ihr seid verzweifelt, weil euer Anführer nicht mehr da ist. Statt ordentliches Kriegshandwerk zu verrichten, rupft ihr Rabbis die Locken aus: Wie unwürdig für solch gute Soldaten! Aber seht ihr nicht, dass ihr jemanden braucht, der euch führt, und Gott euch darum diesen dicken Trottel geschickt hat, der ebenso böse ist wie ihr?

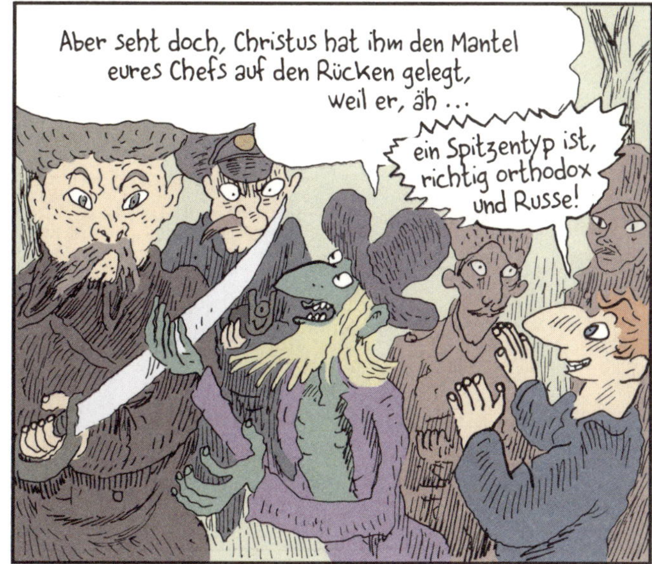
Aber seht doch, Christus hat ihm den Mantel eures Chefs auf den Rücken gelegt, weil er, äh ...
ein Spitzentyp ist, richtig orthodox und Russe!

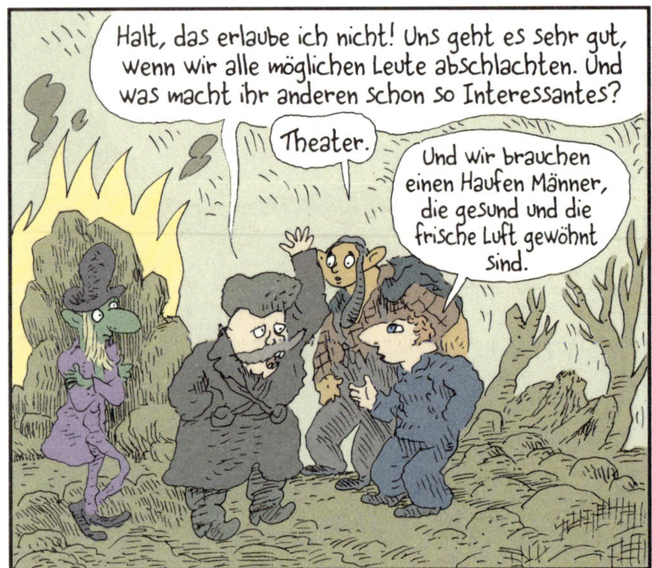
Halt, das erlaube ich nicht! Uns geht es sehr gut, wenn wir alle möglichen Leute abschlachten. Und was macht ihr anderen schon so Interessantes?
Theater.
Und wir brauchen einen Haufen Männer, die gesund und die frische Luft gewöhnt sind.

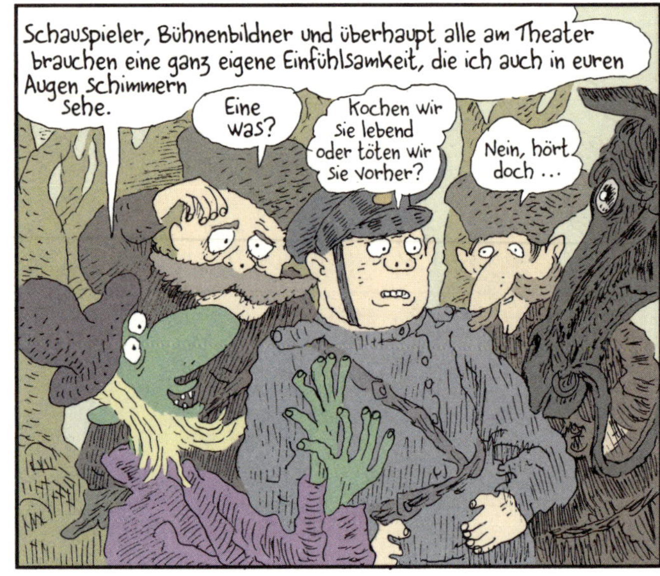
Schauspieler, Bühnenbildner und überhaupt alle am Theater brauchen eine ganz eigene Einfühlsamkeit, die ich auch in euren Augen schimmern sehe.
Eine was?
Kochen wir sie lebend oder töten wir sie vorher?
Nein, hört doch …

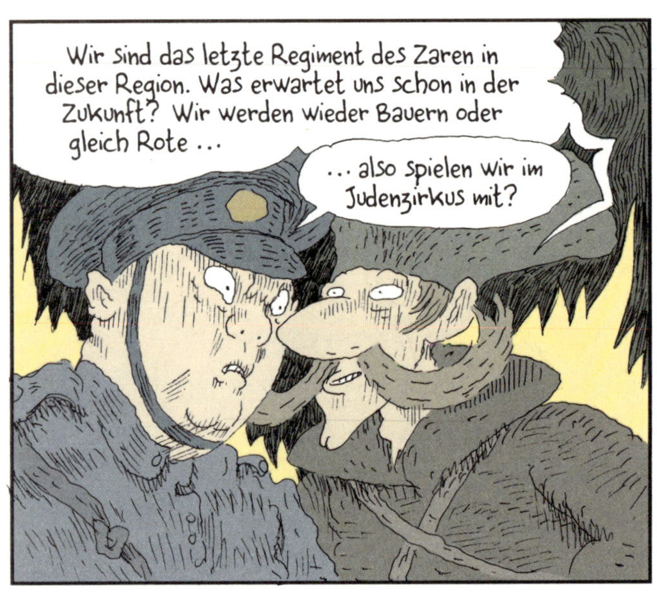
Wir sind das letzte Regiment des Zaren in dieser Region. Was erwartet uns schon in der Zukunft? Wir werden wieder Bauern oder gleich Rote …
… also spielen wir im Judenzirkus mit?

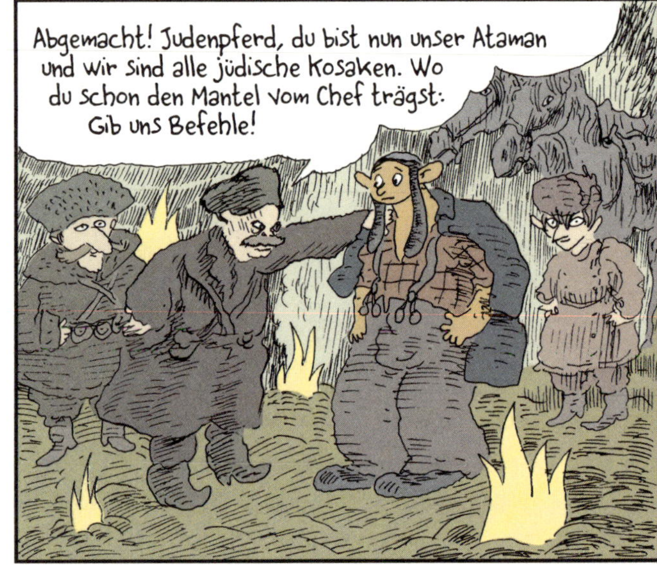
Abgemacht! Judenpferd, du bist nun unser Ataman und wir sind alle jüdische Kosaken. Wo du schon den Mantel vom Chef trägst: Gib uns Befehle!

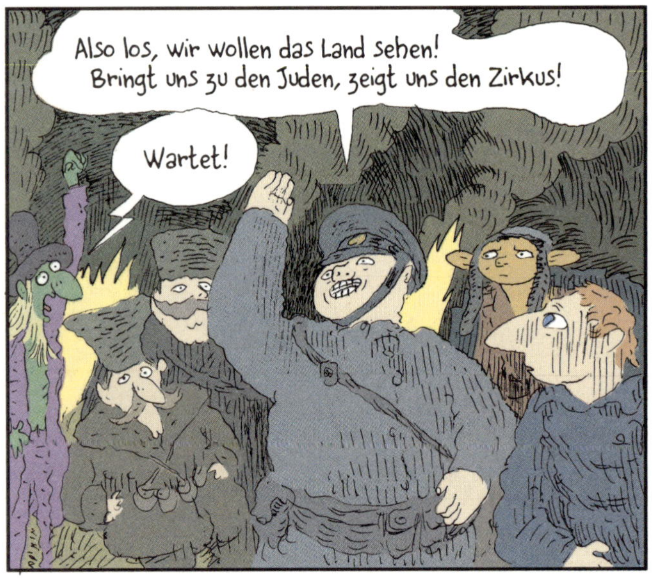
Also los, wir wollen das Land sehen! Bringt uns zu den Juden, zeigt uns den Zirkus!
Wartet!

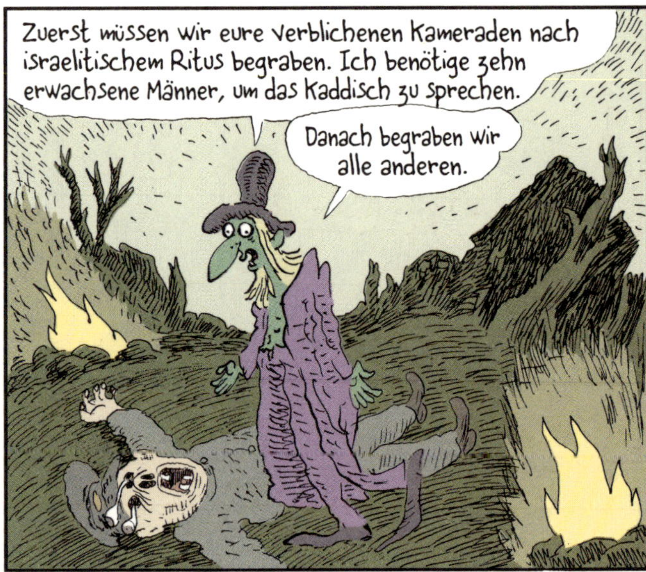
Zuerst müssen wir eure verblichenen Kameraden nach israelitischem Ritus begraben. Ich benötige zehn erwachsene Männer, um das Kaddisch zu sprechen.
Danach begraben wir alle anderen.

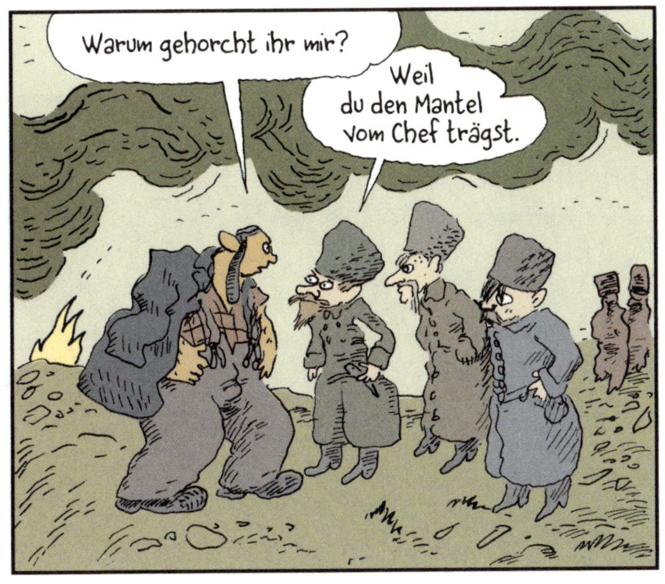
Warum gehorcht ihr mir?
Weil du den Mantel vom Chef trägst.

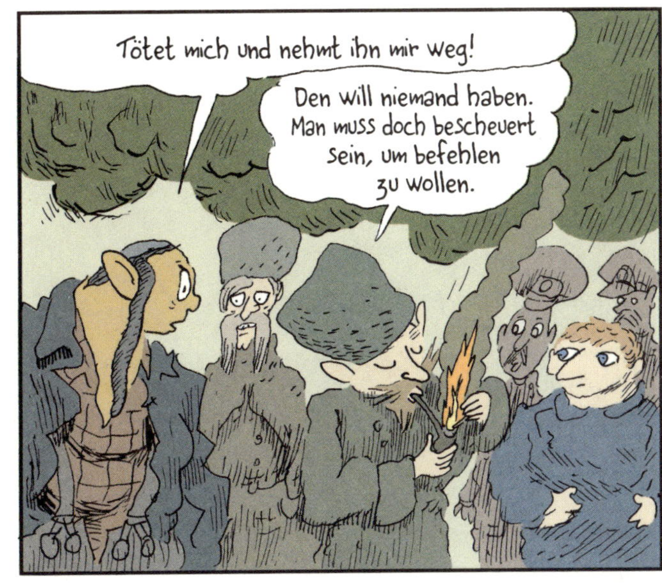
Tötet mich und nehmt ihn mir weg!
Den will niemand haben. Man muss doch bescheuert sein, um befehlen zu wollen.

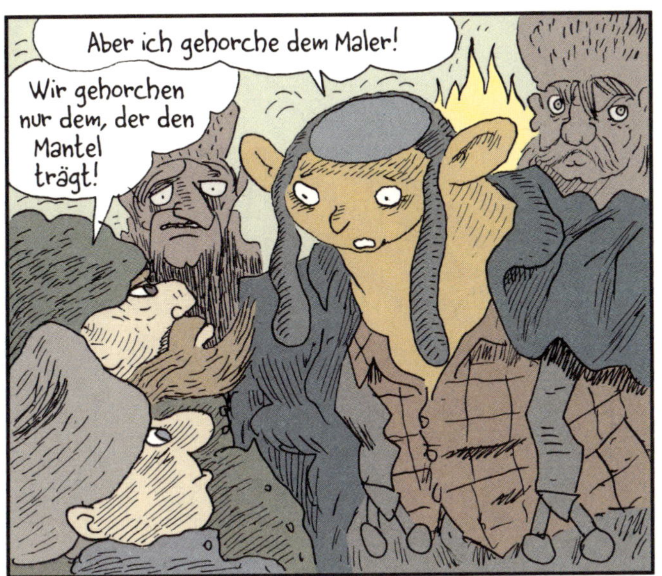
Aber ich gehorche dem Maler!
Wir gehorchen nur dem, der den Mantel trägt!

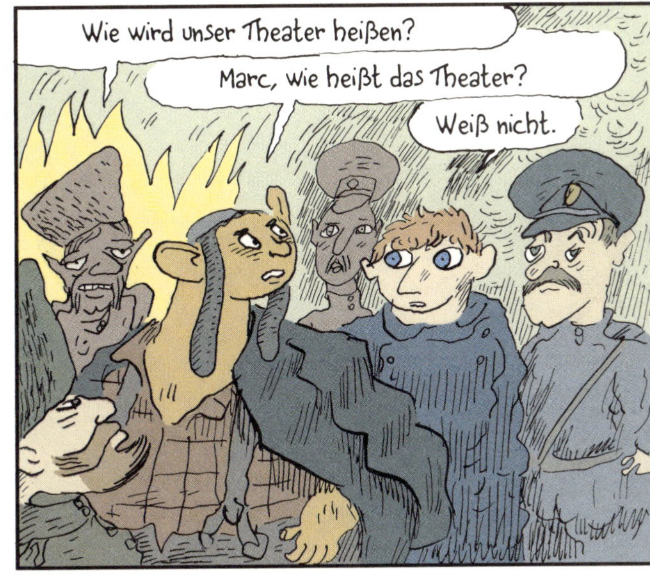
Wie wird unser Theater heißen?
Marc, wie heißt das Theater?
Weiß nicht.

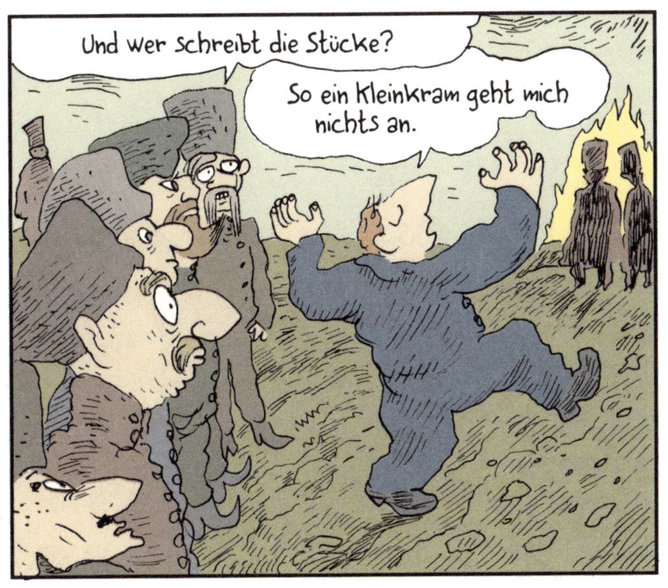
Und wer schreibt die Stücke?
So ein Kleinkram geht mich nichts an.

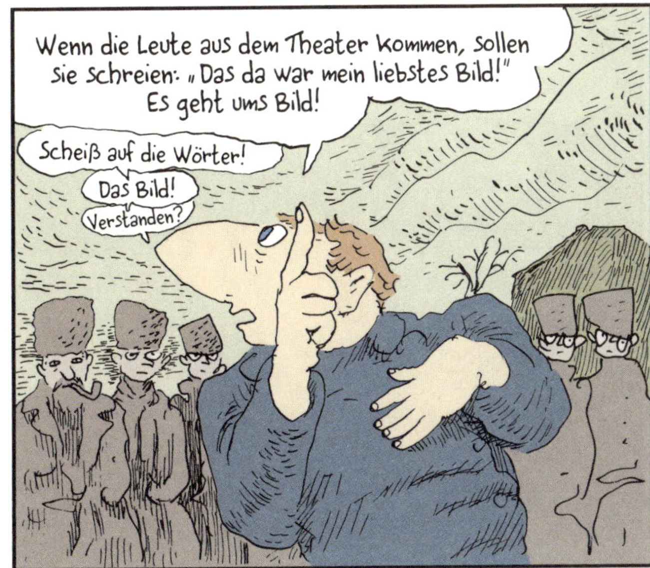
Wenn die Leute aus dem Theater kommen, sollen sie schreien: „Das da war mein liebstes Bild!" Es geht ums Bild!
Scheiß auf die Wörter!
Das Bild!
Verstanden?

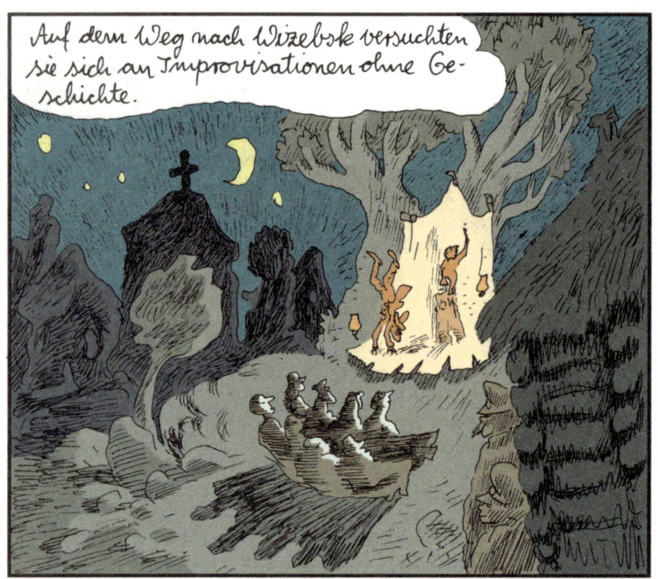
Auf dem Weg nach Wizebsk versuchten sie sich an Improvisationen ohne Geschichte.
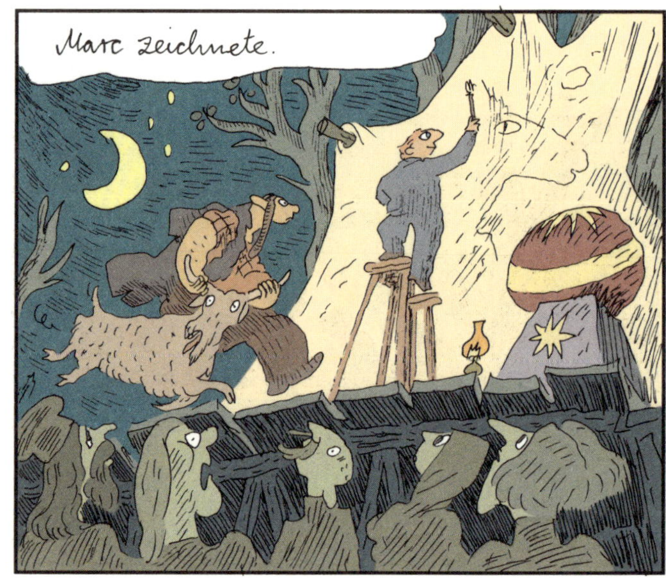
Marc zeichnete.
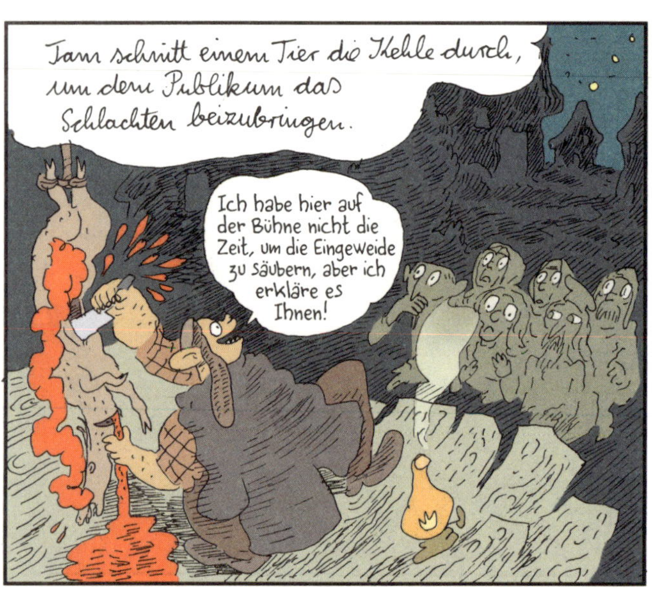
Jan schnitt einem Tier die Kehle durch, um dem Publikum das Schlachten beizubringen.
Ich habe hier auf der Bühne nicht die Zeit, um die Eingeweide zu säubern, aber ich erkläre es Ihnen!
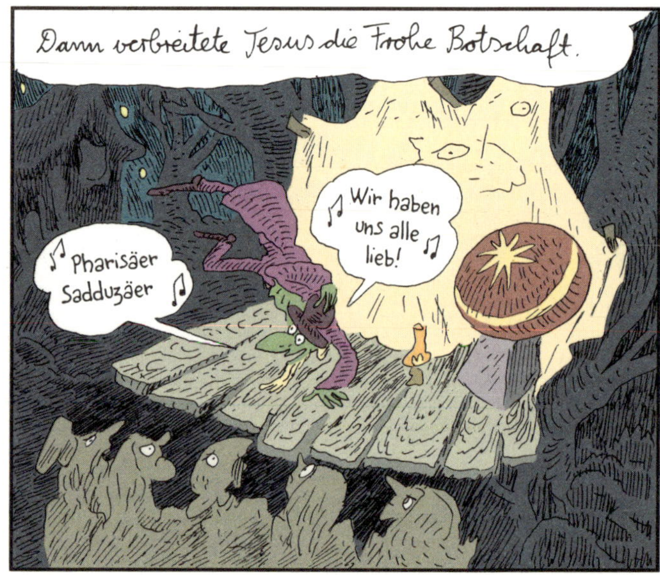
Dann verbreitete Jesus die Frohe Botschaft.
Pharisäer Sadduzäer
Wir haben uns alle lieb!
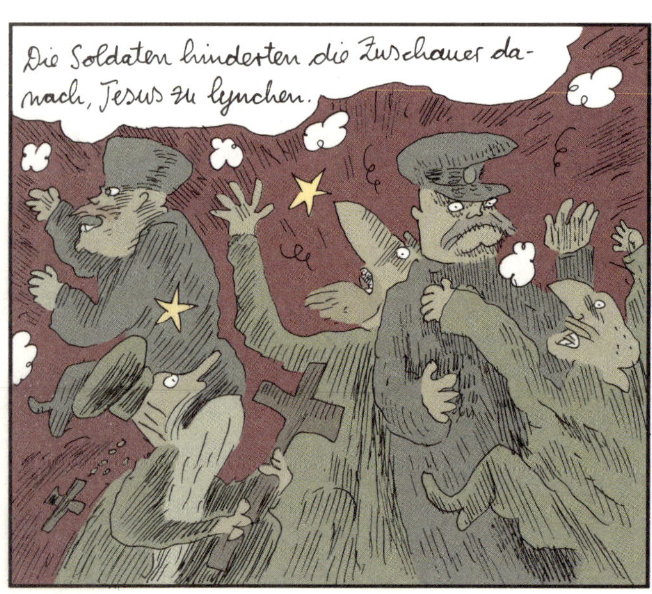
Die Soldaten hinderten die Zuschauer danach, Jesus zu lynchen.
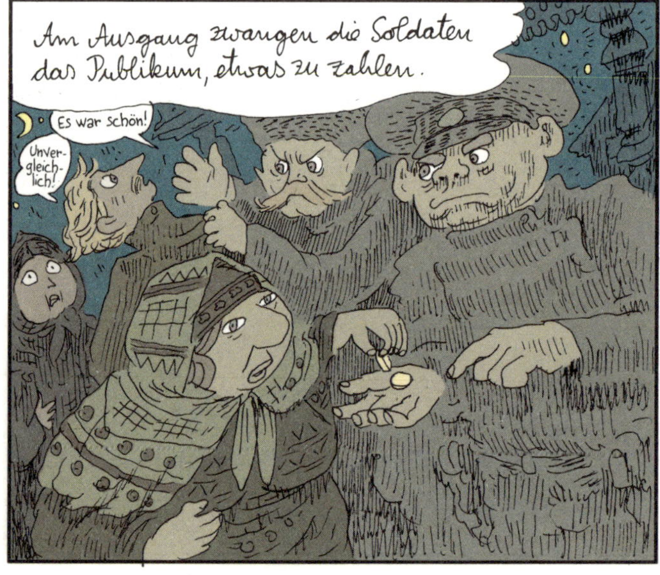
Am Ausgang zwangen die Soldaten das Publikum, etwas zu zahlen.
Es war schön!
Unvergleichlich!

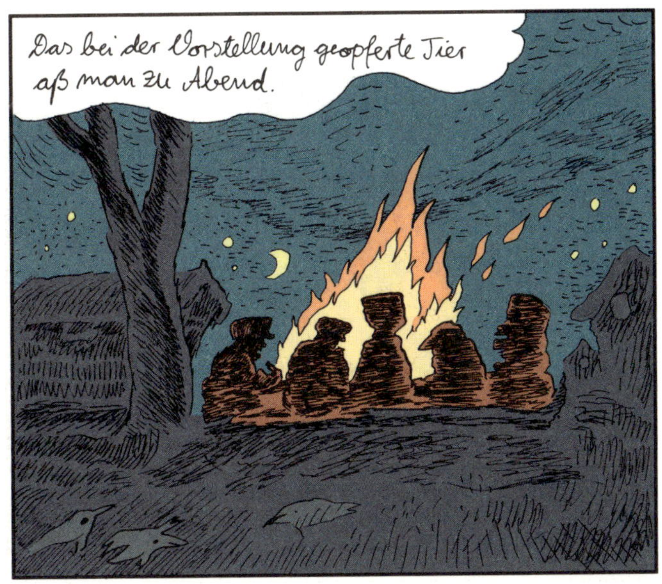
Das bei der Vorstellung geopferte Tier aß man zu Abend.

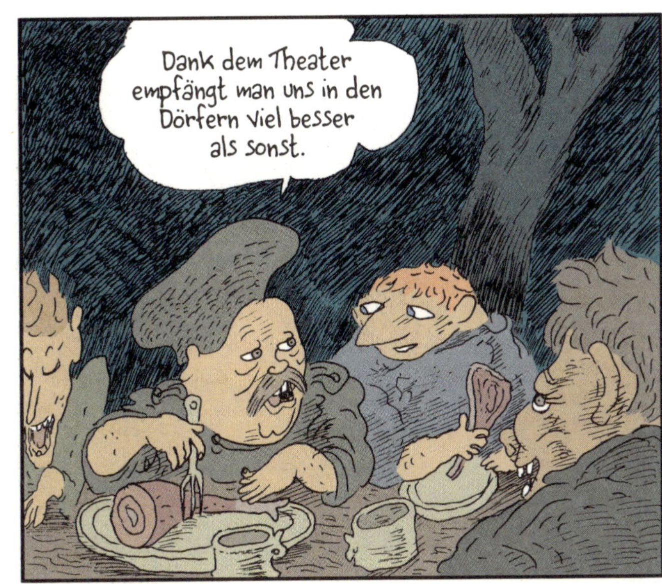
Dank dem Theater empfängt man uns in den Dörfern viel besser als sonst.

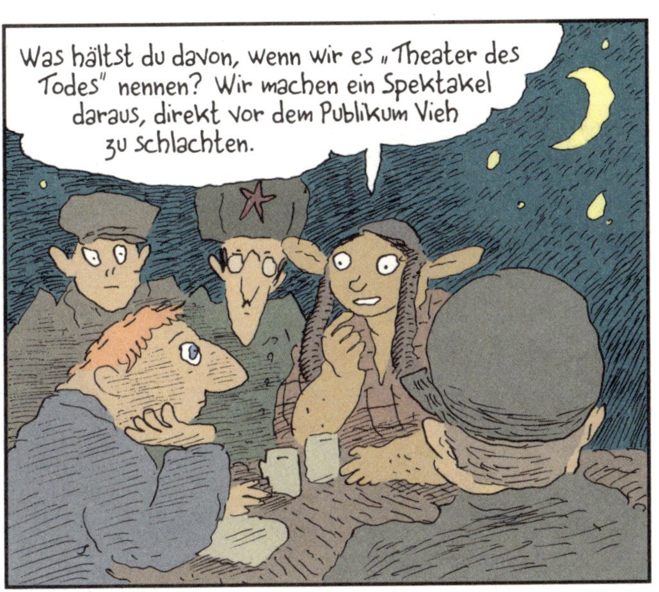
Was hältst du davon, wenn wir es „Theater des Todes" nennen? Wir machen ein Spektakel daraus, direkt vor dem Publikum Vieh zu schlachten.

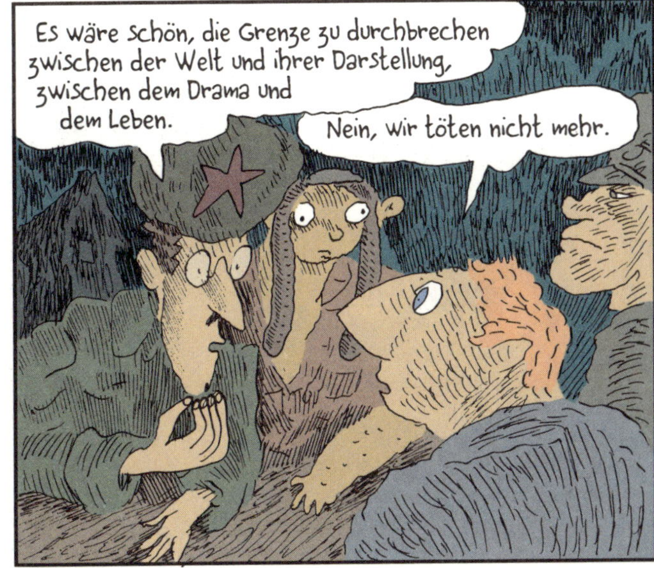
Es wäre schön, die Grenze zu durchbrechen zwischen der Welt und ihrer Darstellung, zwischen dem Drama und dem Leben.
Nein, wir töten nicht mehr.

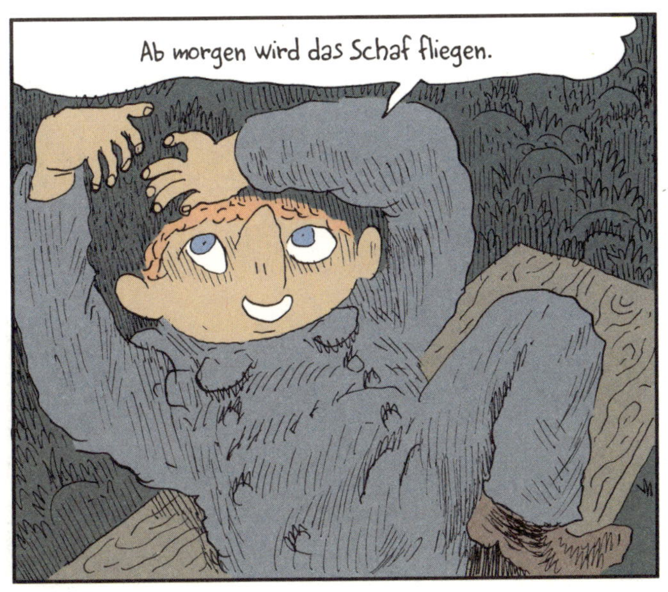
Ab morgen wird das Schaf fliegen.

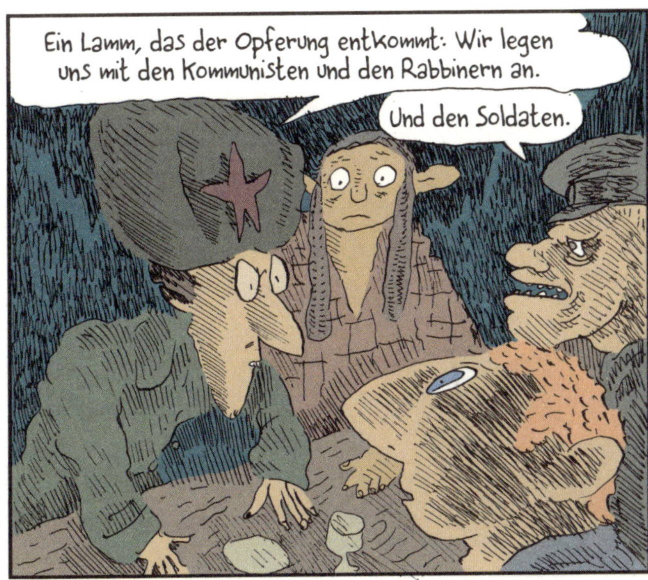
Ein Lamm, das der Opferung entkommt: Wir legen uns mit den Kommunisten und den Rabbinern an.
Und den Soldaten.

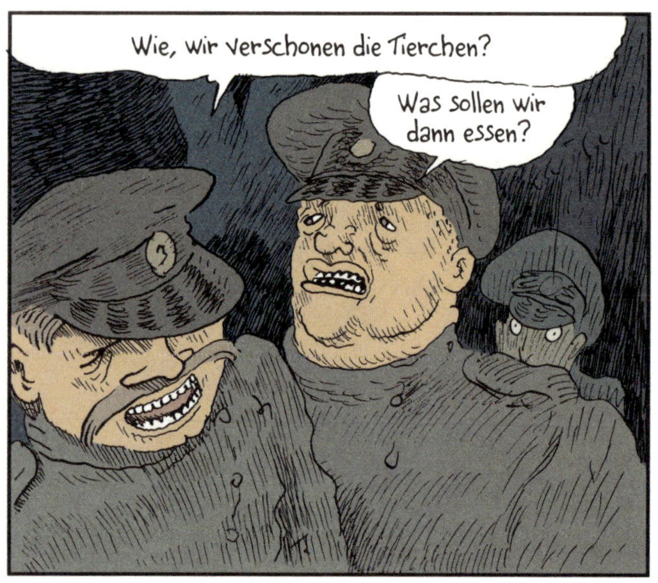
Wie, wir verschonen die Tierchen?
Was sollen wir dann essen?

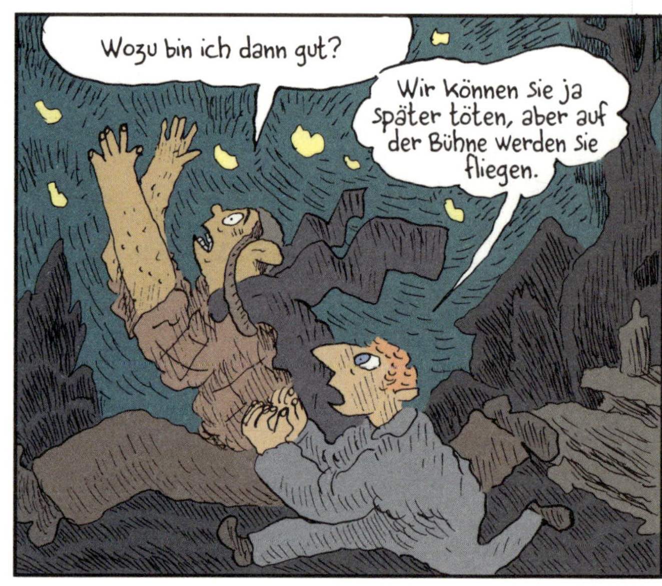
Wozu bin ich dann gut?
Wir können sie ja später töten, aber auf der Bühne werden sie fliegen.

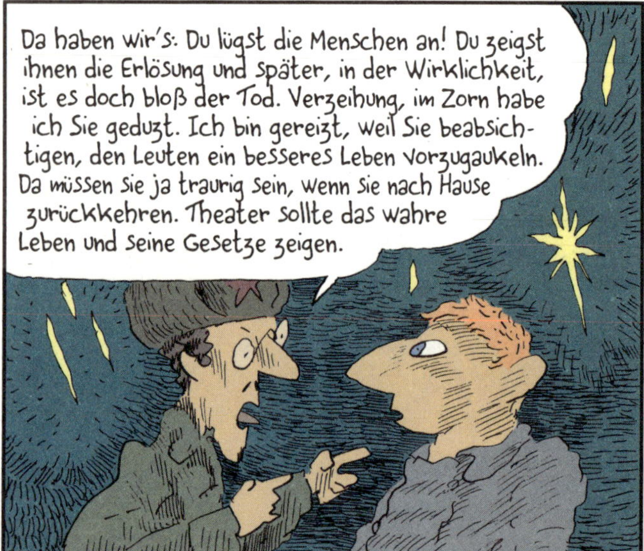
Da haben wir's: Du lügst die Menschen an! Du zeigst ihnen die Erlösung und später, in der Wirklichkeit, ist es doch bloß der Tod. Verzeihung, im Zorn habe ich Sie geduzt. Ich bin gereizt, weil Sie beabsichtigen, den Leuten ein besseres Leben vorzugaukeln. Da müssen sie ja traurig sein, wenn sie nach Hause zurückkehren. Theater sollte das wahre Leben und seine Gesetze zeigen.

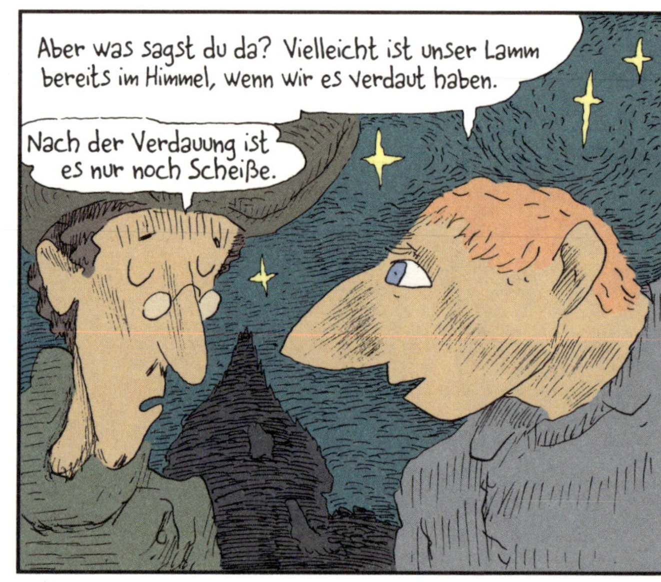
Aber was sagst du da? Vielleicht ist unser Lamm bereits im Himmel, wenn wir es verdaut haben.
Nach der Verdauung ist es nur noch Scheiße.

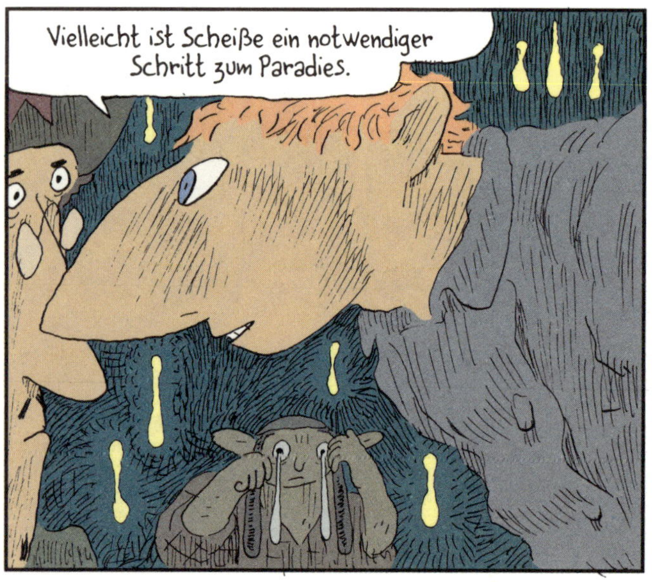
Vielleicht ist Scheiße ein notwendiger Schritt zum Paradies.

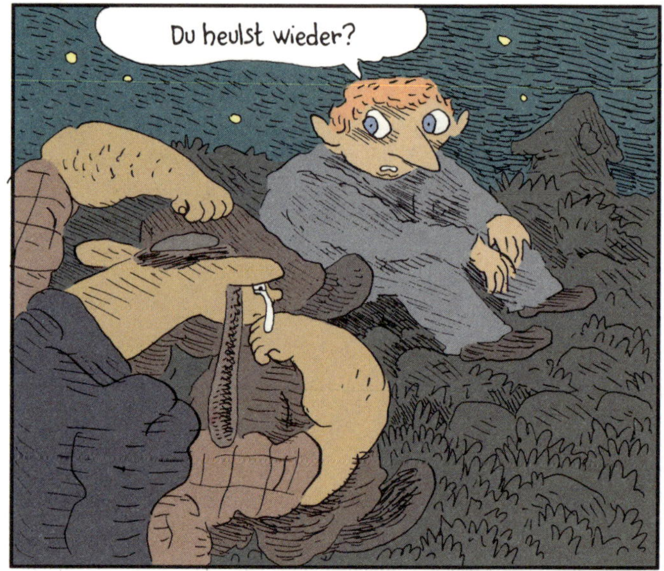
Du heulst wieder?

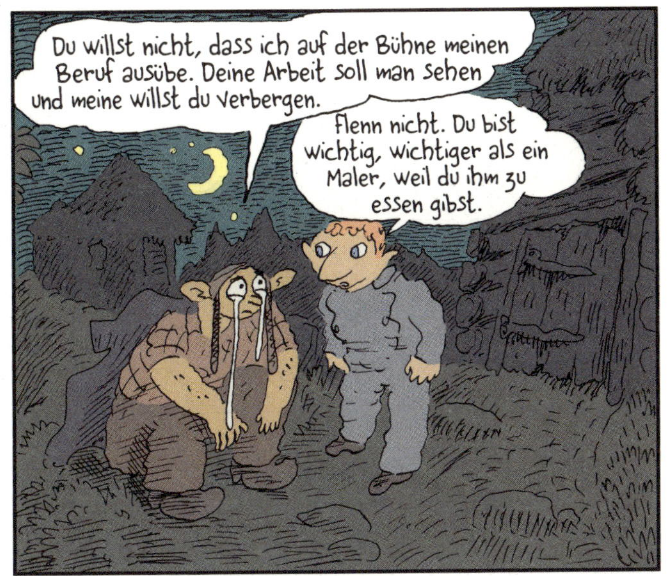
Du willst nicht, dass ich auf der Bühne meinen Beruf ausübe. Deine Arbeit soll man sehen und meine willst du verbergen.
Flenn nicht. Du bist wichtig, wichtiger als ein Maler, weil du ihm zu essen gibst.

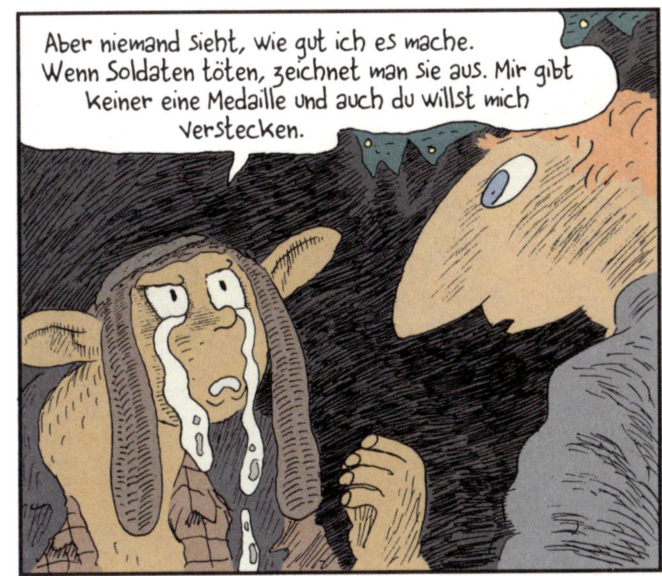
Aber niemand sieht, wie gut ich es mache. Wenn Soldaten töten, zeichnet man sie aus. Mir gibt keiner eine Medaille und auch du willst mich verstecken.

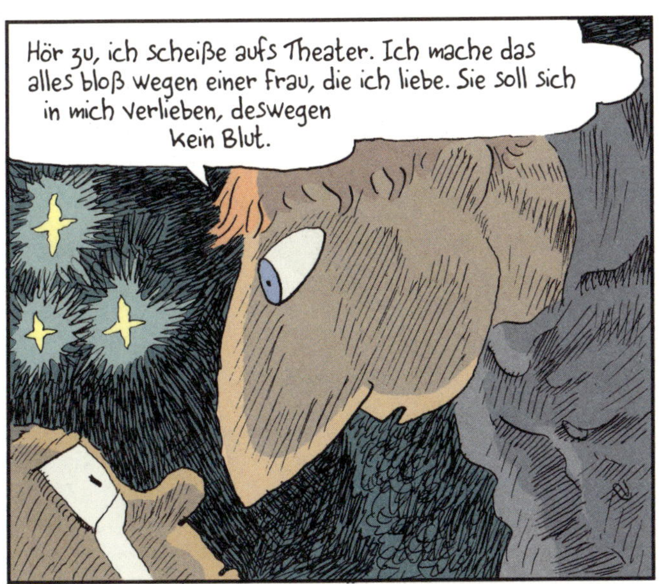
Hör zu, ich scheiße aufs Theater. Ich mache das alles bloß wegen einer Frau, die ich liebe. Sie soll sich in mich verlieben, deswegen kein Blut.

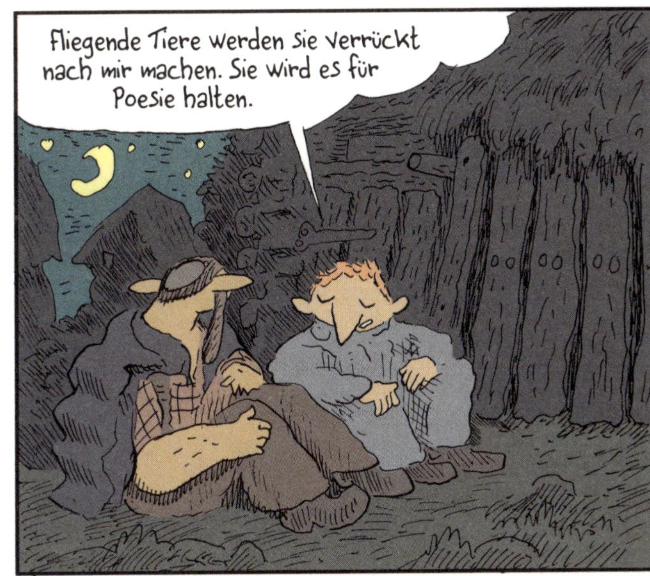
Fliegende Tiere werden sie verrückt nach mir machen. Sie wird es für Poesie halten.

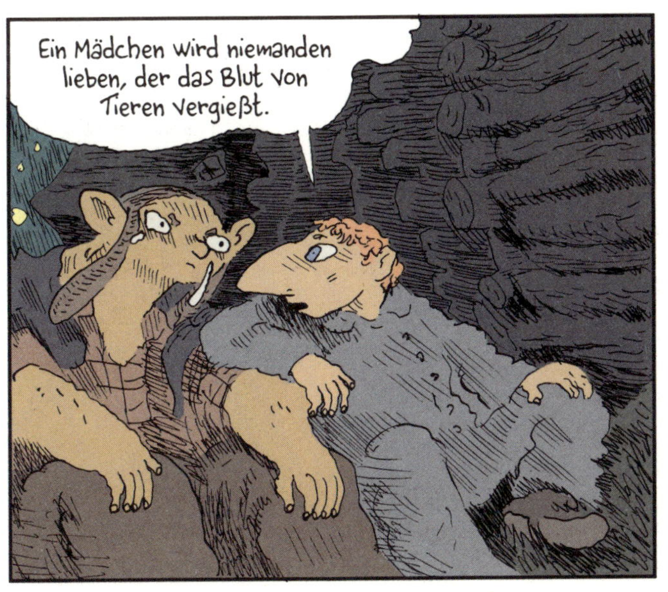
Ein Mädchen wird niemanden lieben, der das Blut von Tieren vergießt.

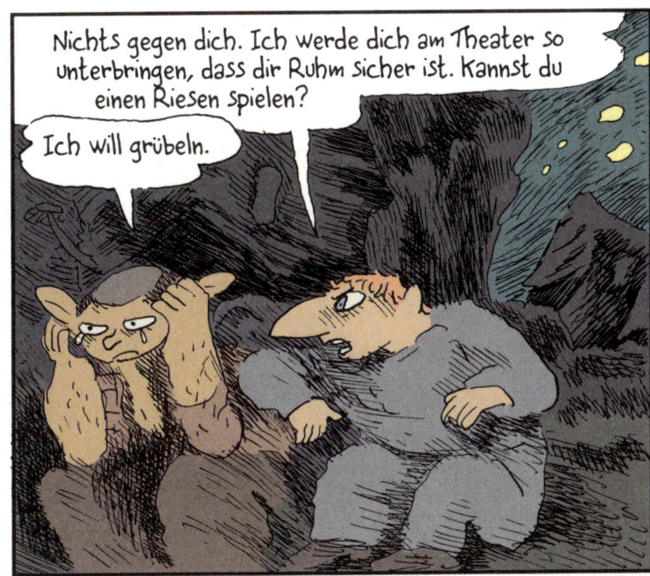
Nichts gegen dich. Ich werde dich am Theater so unterbringen, dass dir Ruhm sicher ist. Kannst du einen Riesen spielen?
Ich will grübeln.

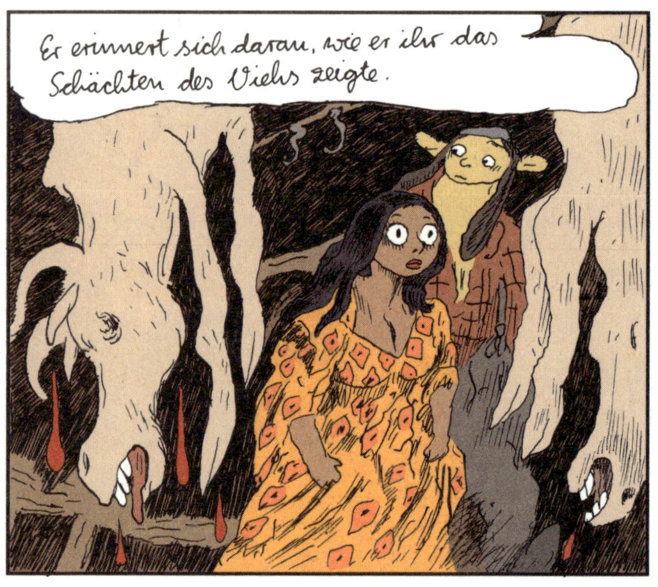
Er erinnert sich daran, wie er ihr das Schächten des Viehs zeigte.

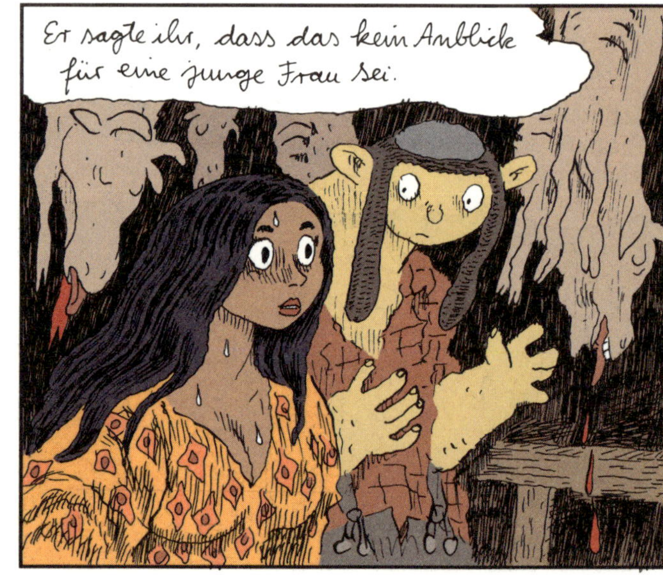
Er sagte ihr, dass das kein Anblick für eine junge Frau sei.

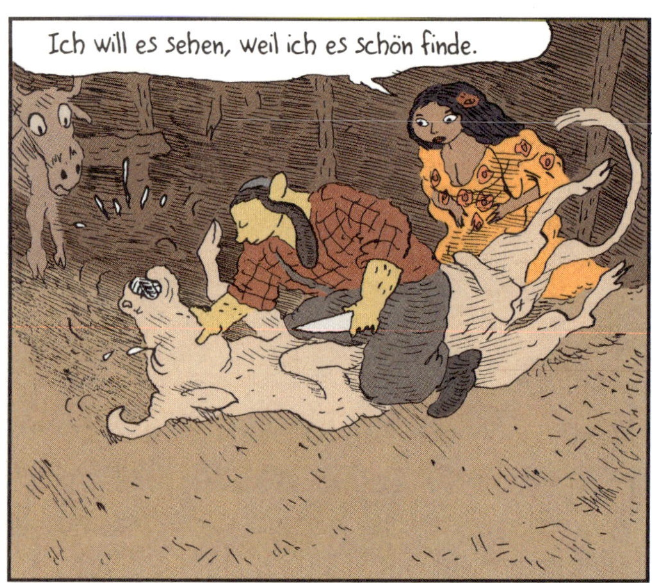
Ich will es sehen, weil ich es schön finde.

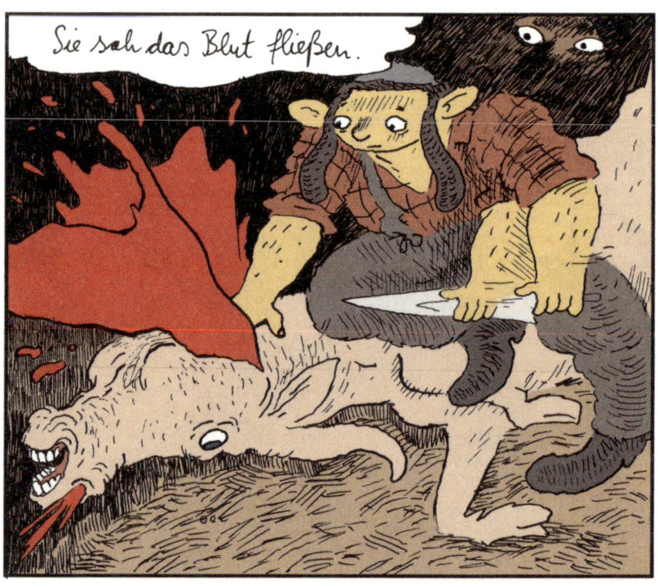
Sie sah das Blut fließen.

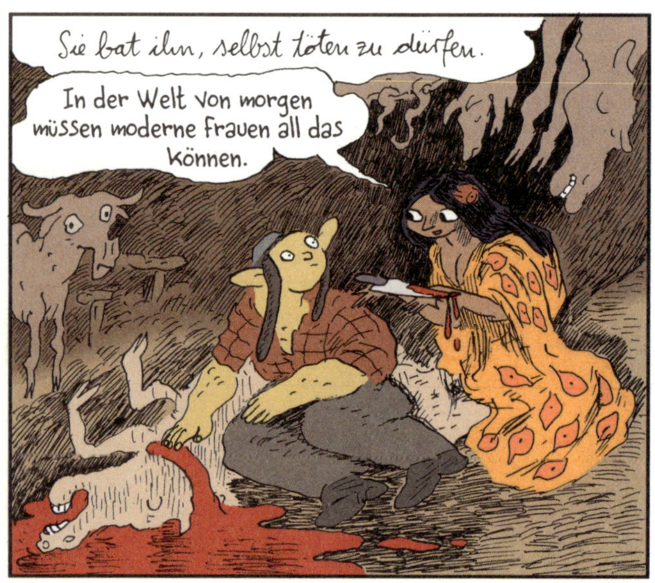
Sie bat ihn, selbst töten zu dürfen.
In der Welt von morgen müssen moderne Frauen all das können.

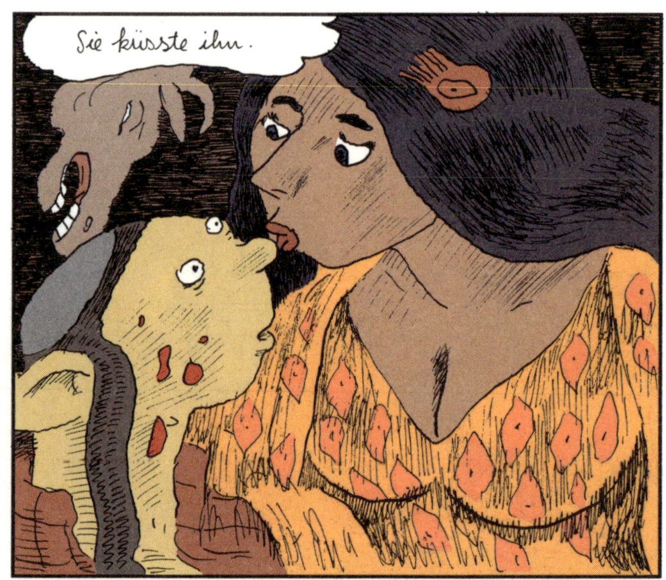
Sie küsste ihn.

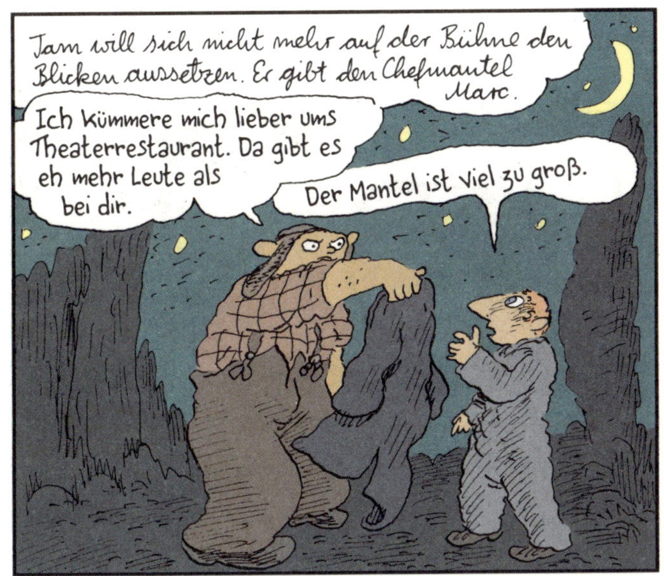
Jam will sich nicht mehr auf der Bühne den Blicken aussetzen. Er gibt den Chefmantel Marc.
Ich kümmere mich lieber ums Theaterrestaurant. Da gibt es eh mehr Leute als bei dir.
Der Mantel ist viel zu groß.

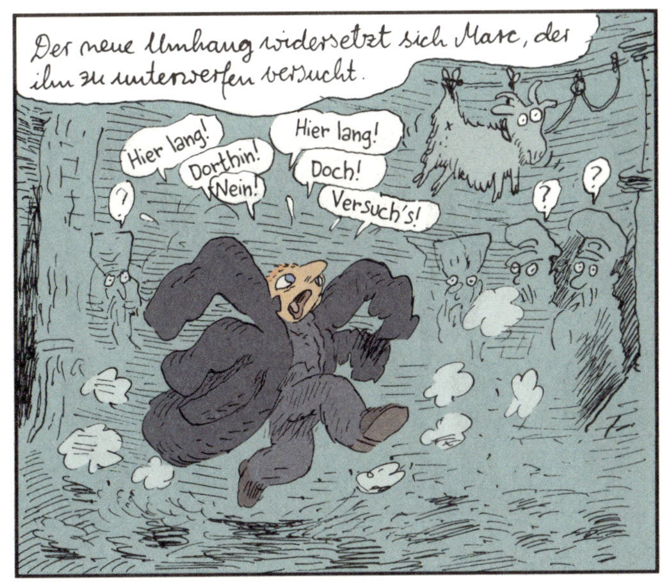
Der neue Umhang widersetzt sich Marc, der ihn zu unterwerfen versucht.
Hier lang!
Dorthin!
Nein!
Hier lang!
Doch!
Versuch's!
?
?
?

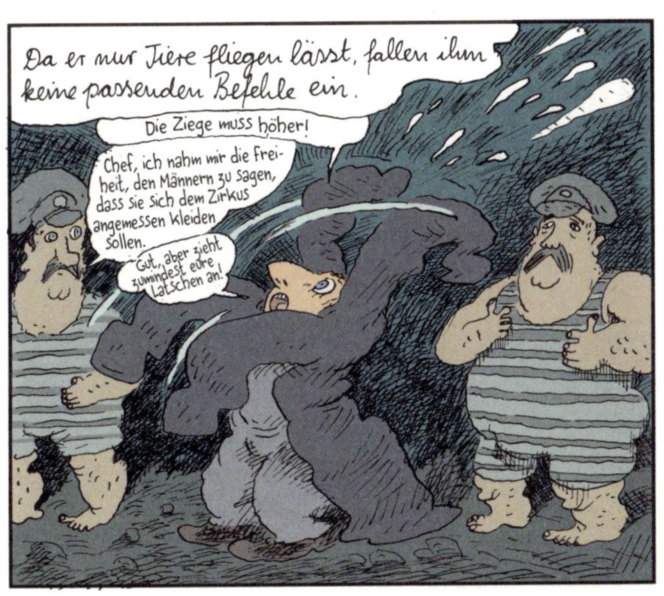
Da er nur Tiere fliegen lässt, fallen ihm keine passenden Befehle ein.
Die Ziege muss höher!
Chef, ich nahm mir die Freiheit, den Männern zu sagen, dass sie sich dem Zirkus angemessen kleiden sollen.
Gut, aber zieht zumindest eure Latschen an!

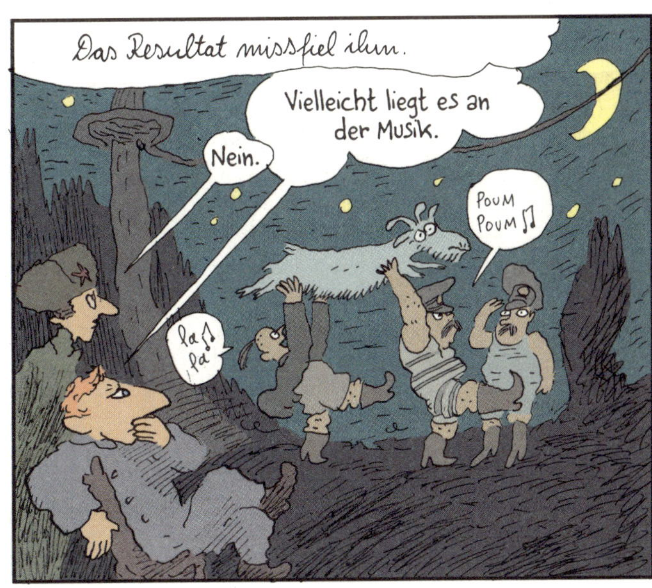
Das Resultat missfiel ihm.
Vielleicht liegt es an der Musik.
Nein.
POUM POUM ♫
la ♫ la

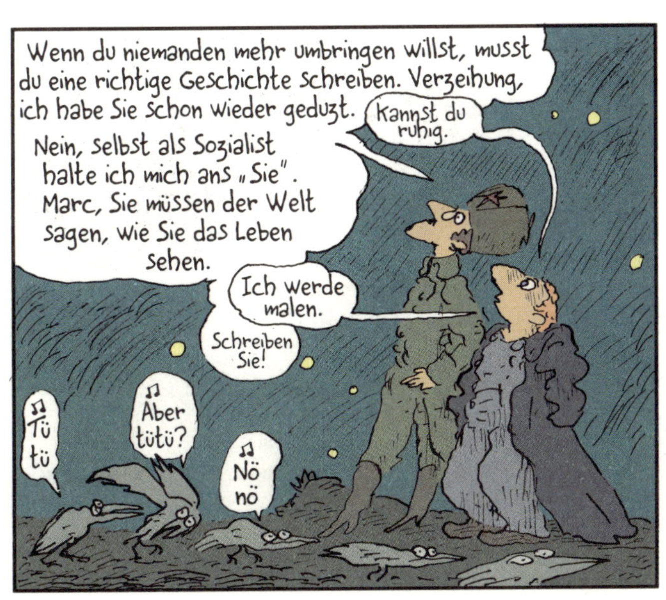
Wenn du niemanden mehr umbringen willst, musst du eine richtige Geschichte schreiben. Verzeihung, ich habe Sie schon wieder geduzt.
Kannst du ruhig.
Nein, selbst als Sozialist halte ich mich ans „Sie". Marc, Sie müssen der Welt sagen, wie Sie das Leben sehen.
Ich werde malen.
Schreiben Sie!
♫ Tü tü
♫ Aber tütü?
♫ Nö nö

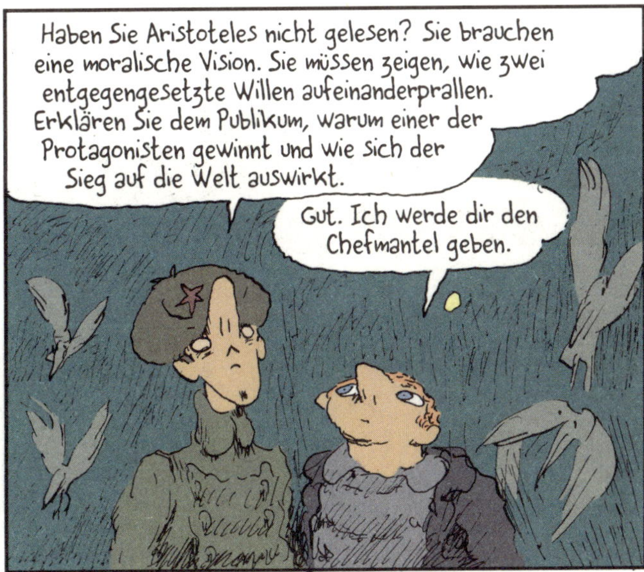
Haben Sie Aristoteles nicht gelesen? Sie brauchen eine moralische Vision. Sie müssen zeigen, wie zwei entgegengesetzte Willen aufeinanderprallen. Erklären Sie dem Publikum, warum einer der Protagonisten gewinnt und wie sich der Sieg auf die Welt auswirkt.
Gut. Ich werde dir den Chefmantel geben.

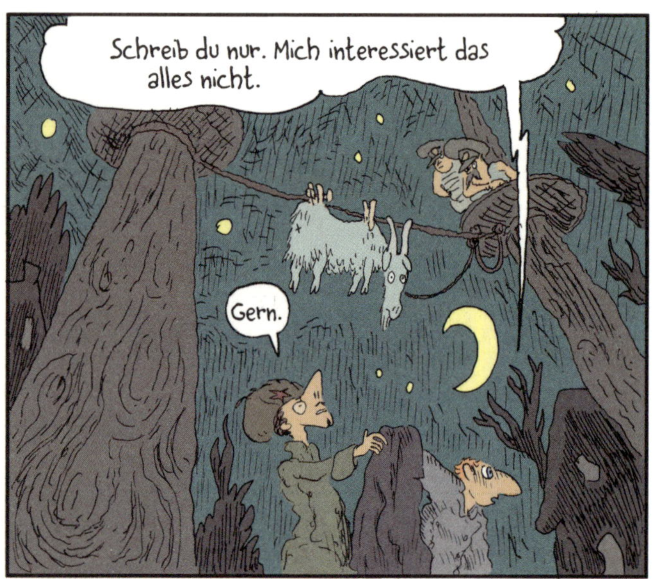
Schreib du nur. Mich interessiert das alles nicht.
Gern.

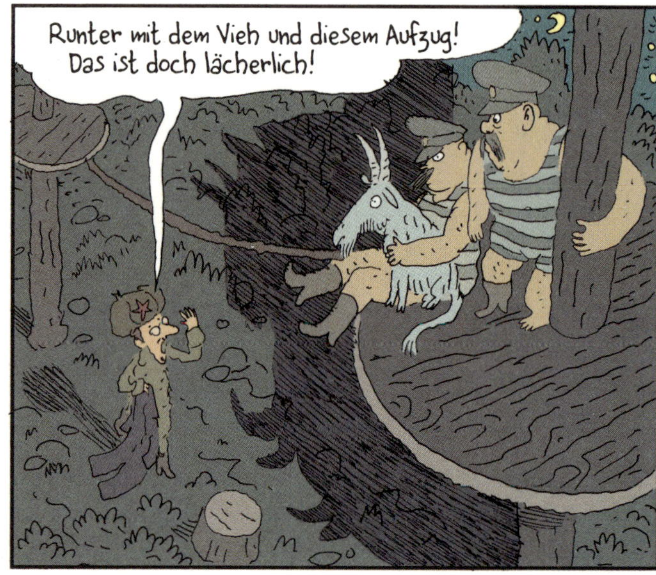
Runter mit dem Vieh und diesem Aufzug! Das ist doch lächerlich!

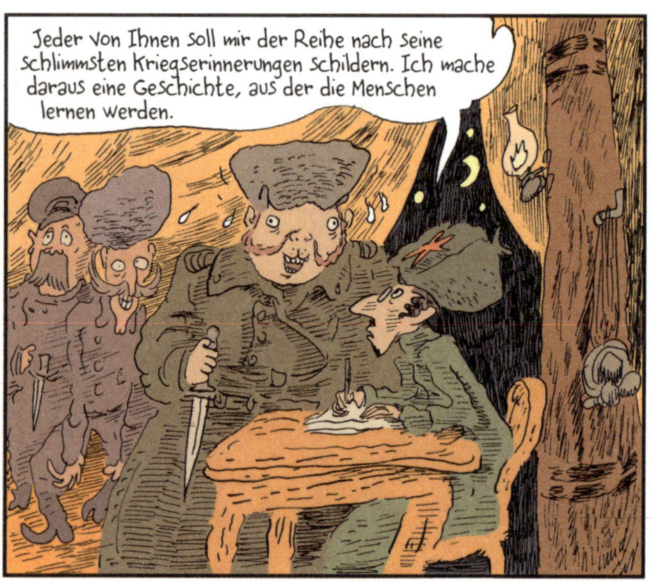
Jeder von Ihnen soll mir der Reihe nach seine schlimmsten Kriegserinnerungen schildern. Ich mache daraus eine Geschichte, aus der die Menschen lernen werden.

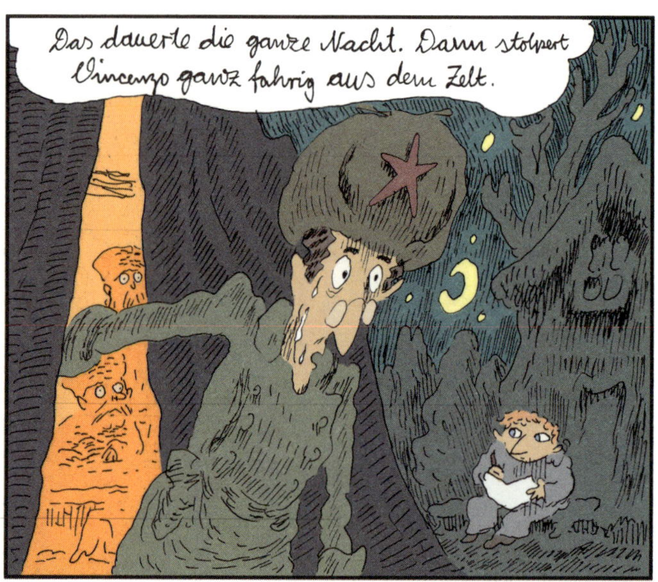
Das dauerte die ganze Nacht. Dann stolpert Vincenzo ganz fahrig aus dem Zelt.

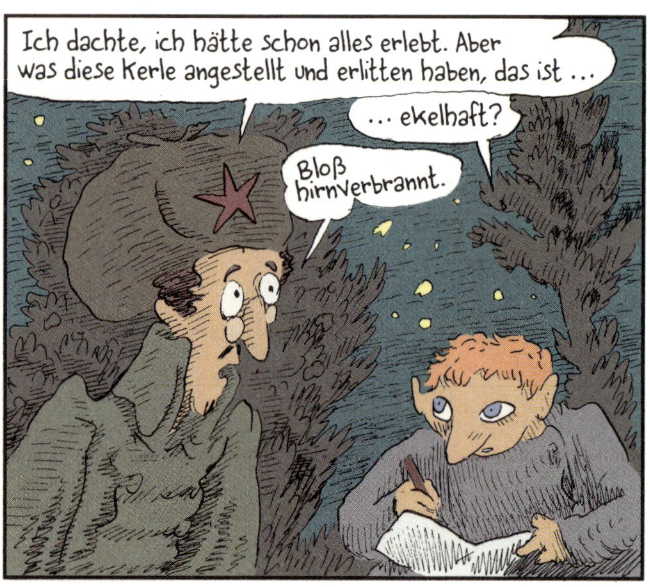
Ich dachte, ich hätte schon alles erlebt. Aber was diese Kerle angestellt und erlitten haben, das ist …
… ekelhaft?
Bloß hirnverbrannt.

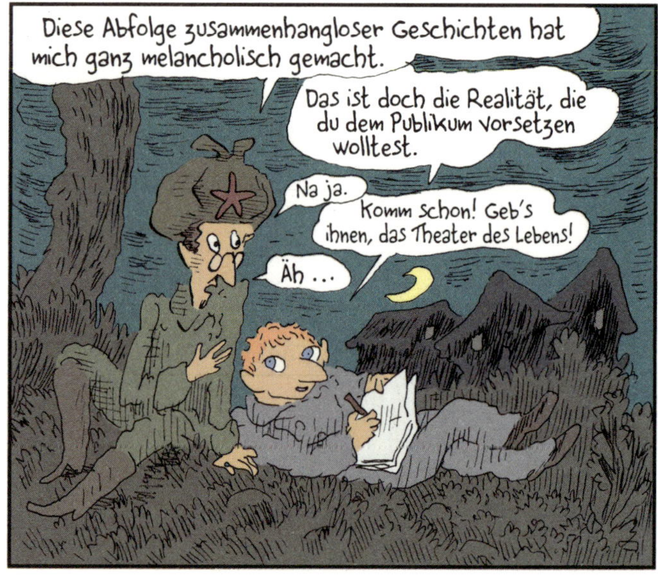
Diese Abfolge zusammenhangloser Geschichten hat mich ganz melancholisch gemacht.
Das ist doch die Realität, die du dem Publikum vorsetzen wolltest.
Na ja.
Komm schon! Geb's ihnen, das Theater des Lebens!
Äh …

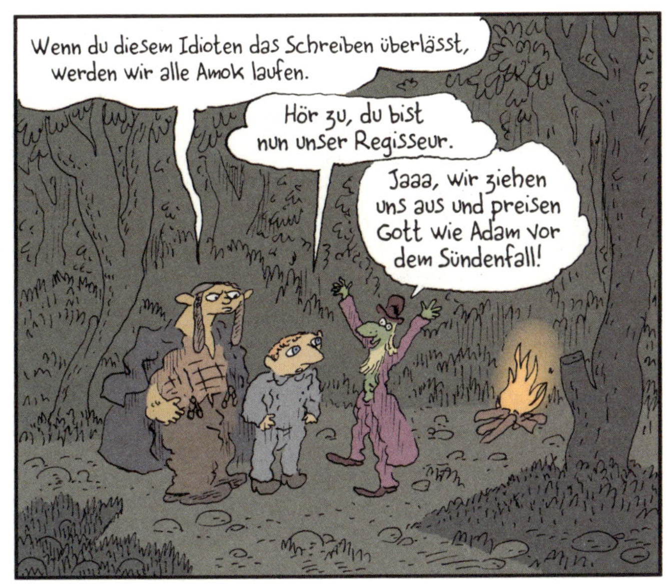
Wenn du diesem Idioten das Schreiben überlässt, werden wir alle Amok laufen.
Hör zu, du bist nun unser Regisseur.
Jaaa, wir ziehen uns aus und preisen Gott wie Adam vor dem Sündenfall!

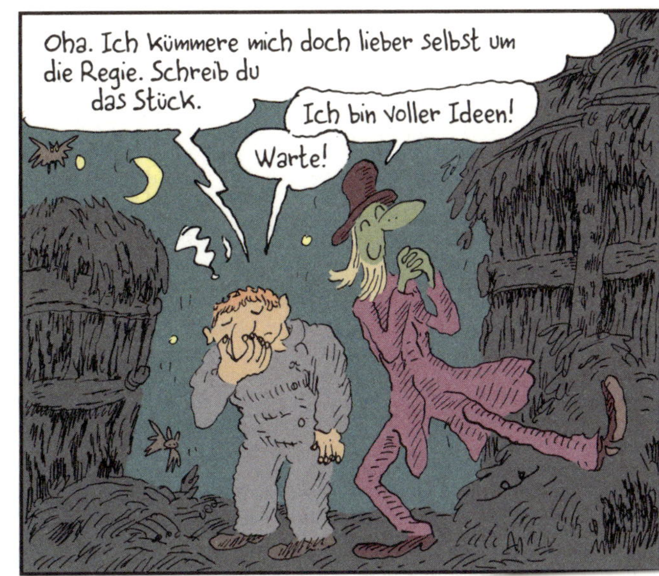
Oha. Ich kümmere mich doch lieber selbst um die Regie. Schreib du das Stück.
Ich bin voller Ideen!
Warte!

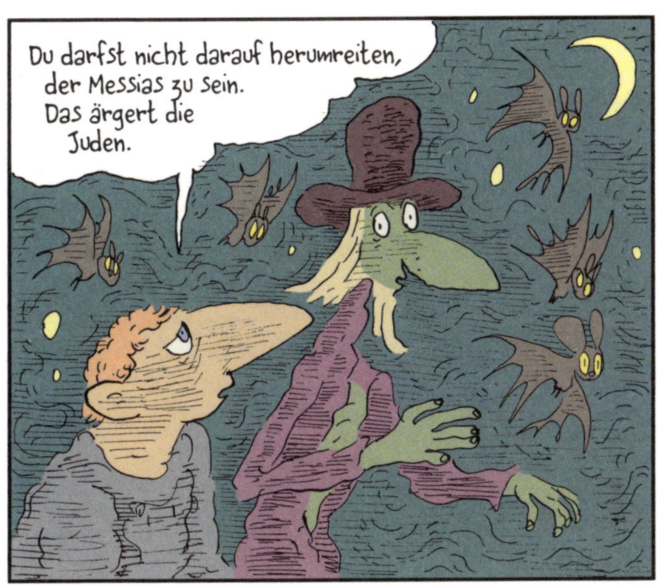
Du darfst nicht darauf herumreiten, der Messias zu sein. Das ärgert die Juden.

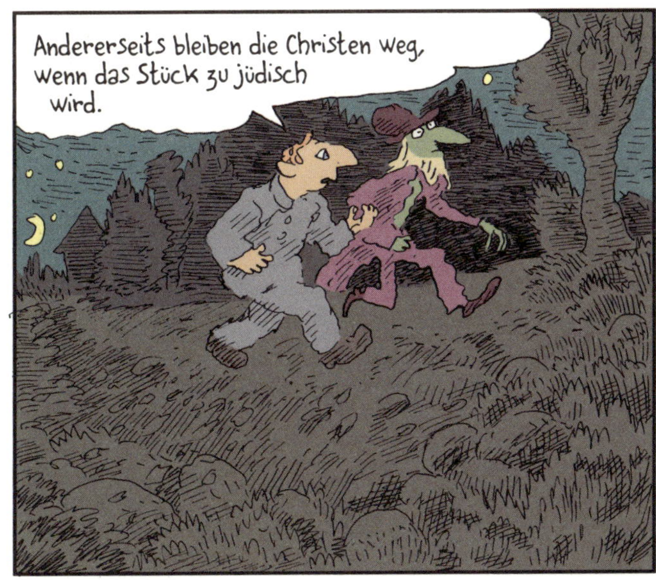
Andererseits bleiben die Christen weg, wenn das Stück zu jüdisch wird.

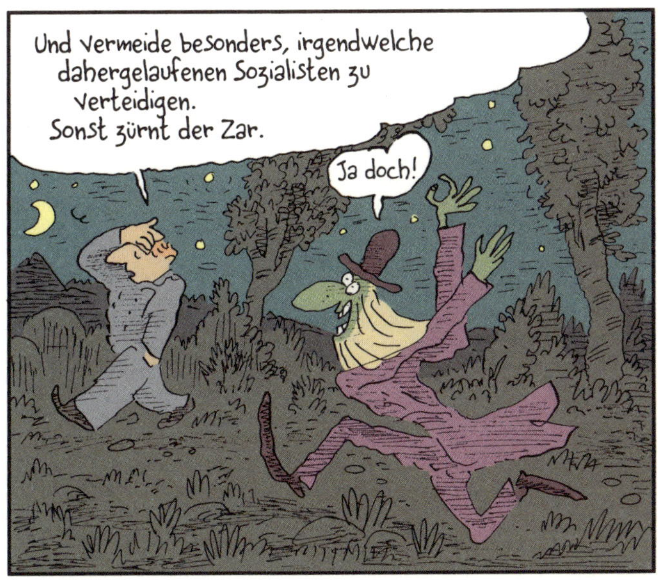
Und vermeide besonders, irgendwelche dahergelaufenen Sozialisten zu verteidigen. Sonst zürnt der Zar.
Ja doch!

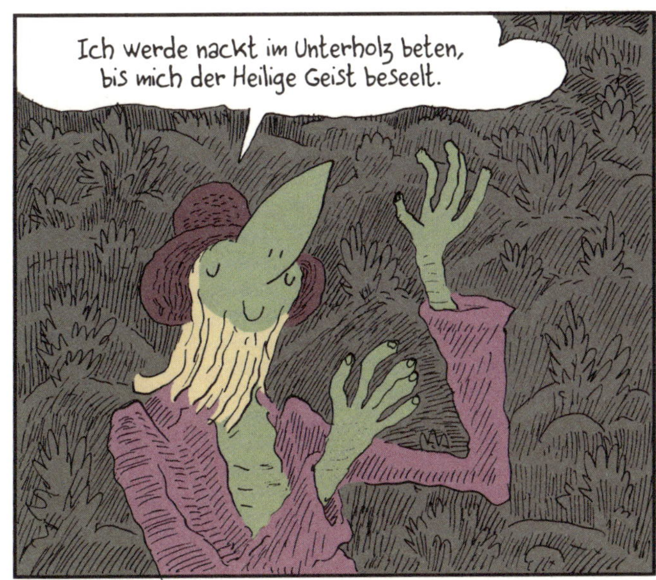
Ich werde nackt im Unterholz beten, bis mich der Heilige Geist beseelt.

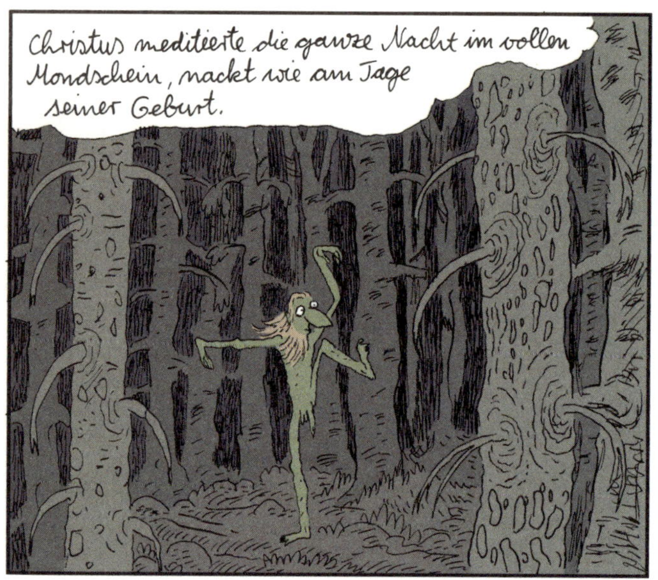
Christus meditierte die ganze Nacht im vollen Mondschein, nackt wie am Tage seiner Geburt.

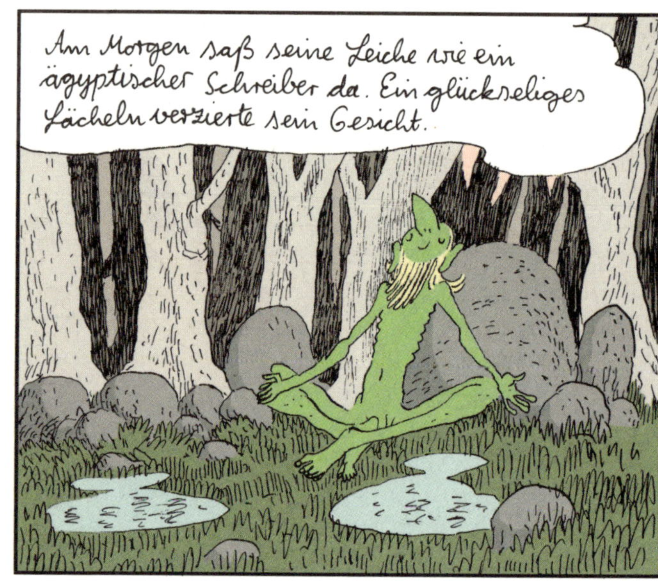
Am Morgen saß seine Leiche wie ein ägyptischer Schreiber da. Ein glückseliges Lächeln verzierte sein Gesicht.

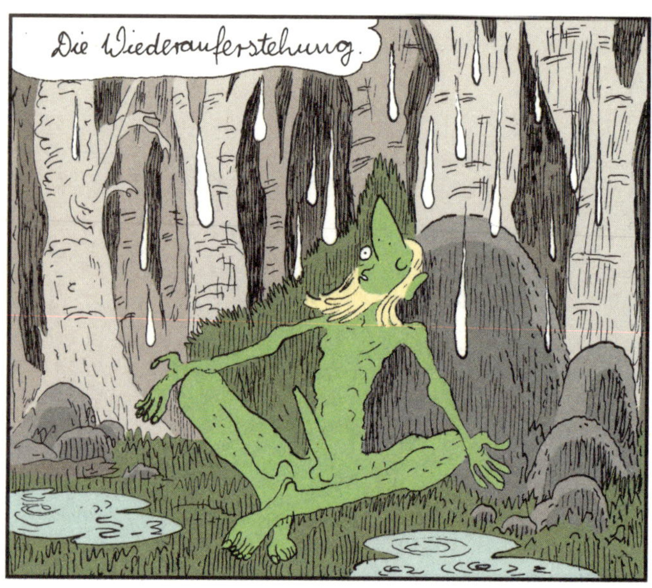
Die Wiederauferstehung.

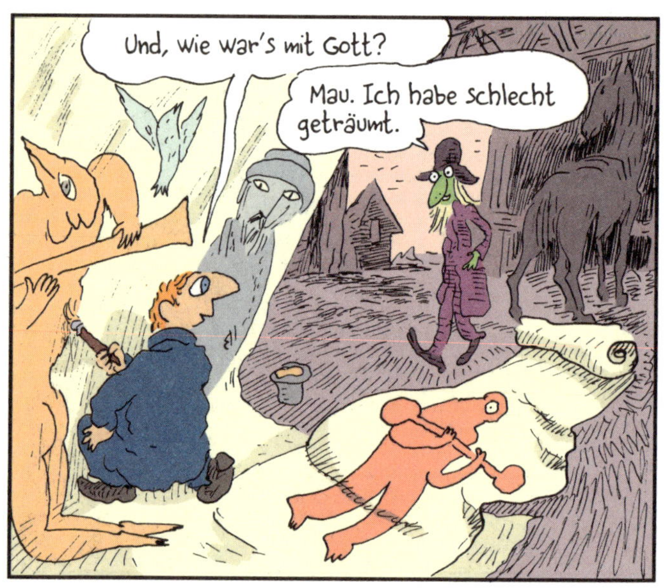
Und, wie war's mit Gott?
Mau. Ich habe schlecht geträumt.

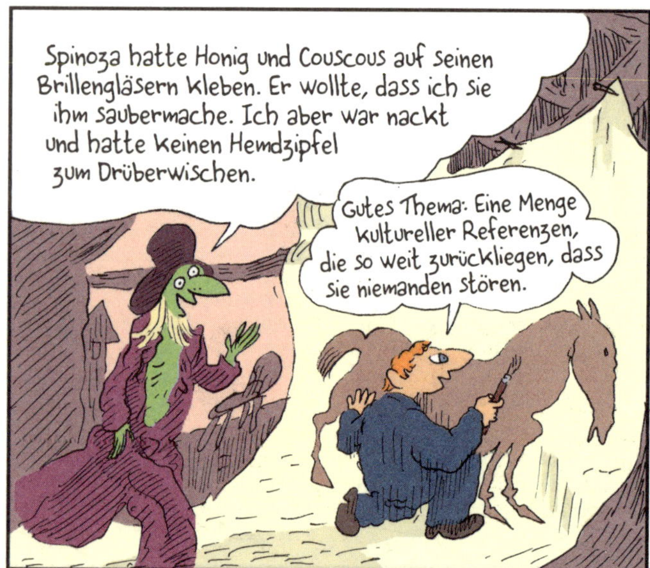
Spinoza hatte Honig und Couscous auf seinen Brillengläsern kleben. Er wollte, dass ich sie ihm saubermache. Ich aber war nackt und hatte keinen Hemdzipfel zum Drüberwischen.
Gutes Thema: Eine Menge kultureller Referenzen, die so weit zurückliegen, dass sie niemanden stören.

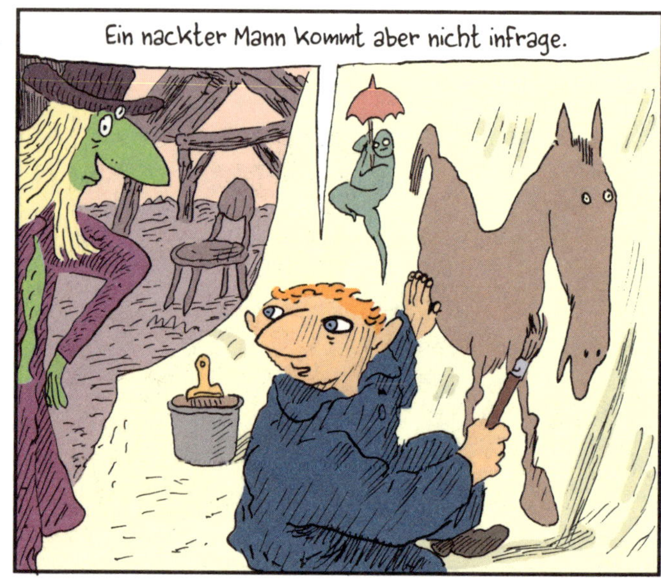
Ein nackter Mann kommt aber nicht infrage.

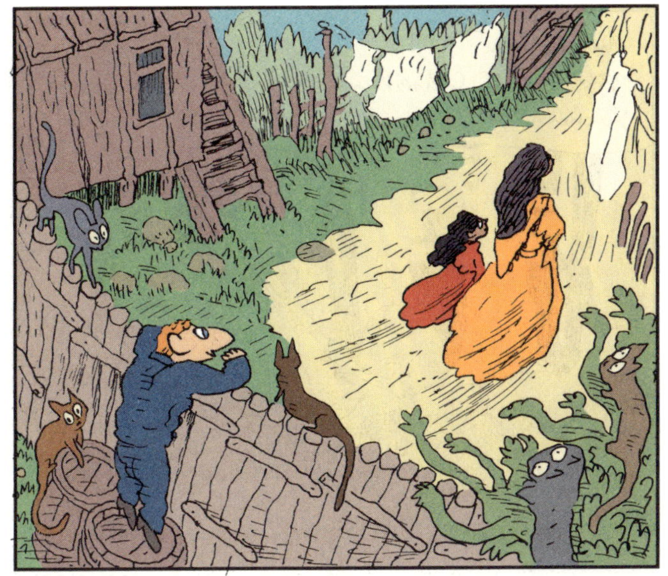

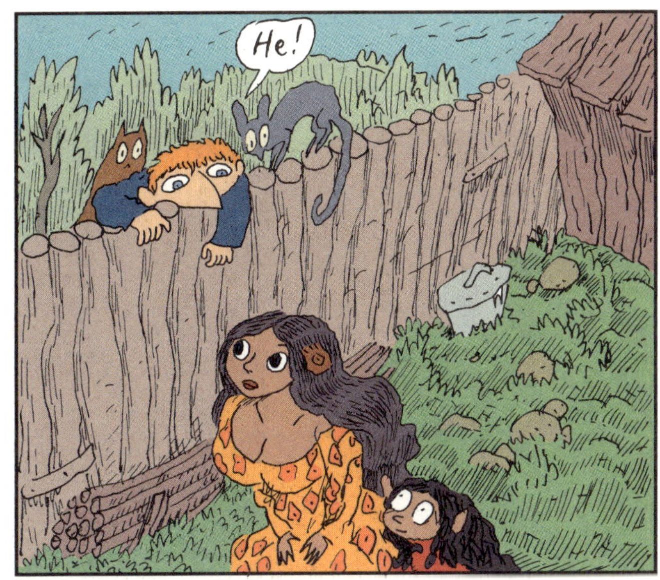
He!

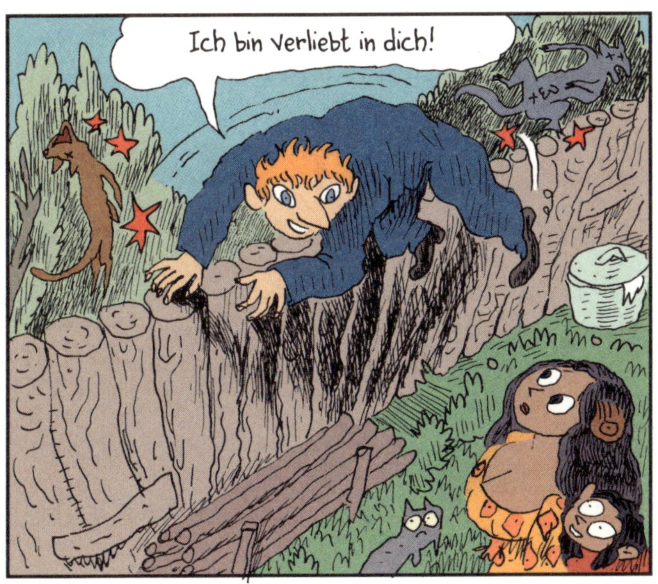
Ich bin verliebt in dich!

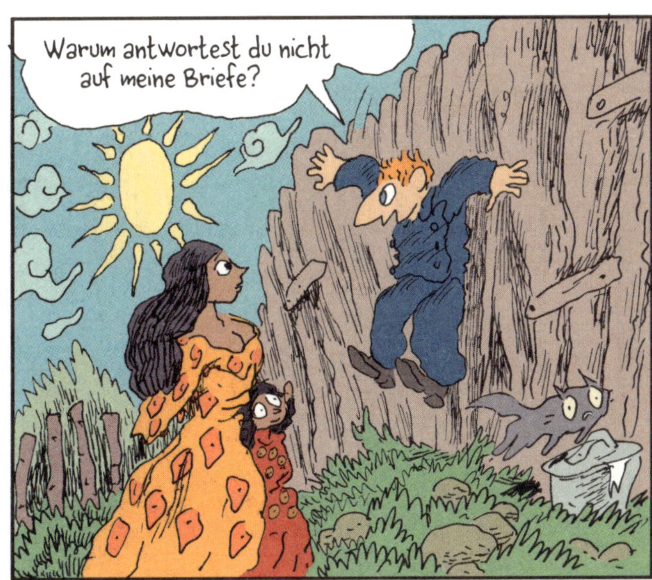
Warum antwortest du nicht auf meine Briefe?

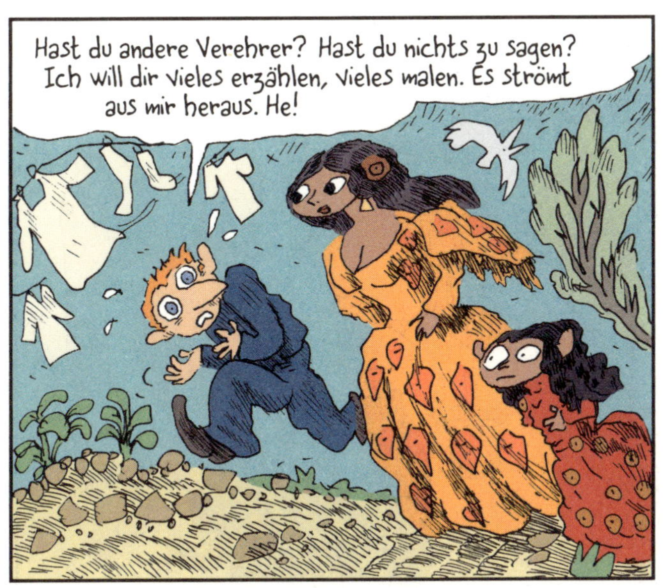
Hast du andere Verehrer? Hast du nichts zu sagen? Ich will dir vieles erzählen, vieles malen. Es strömt aus mir heraus. He!

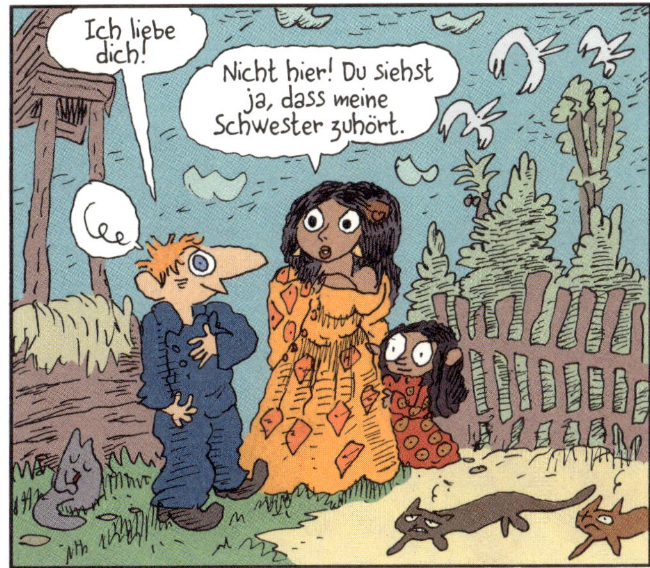
Ich liebe dich!
Nicht hier! Du siehst ja, dass meine Schwester zuhört.

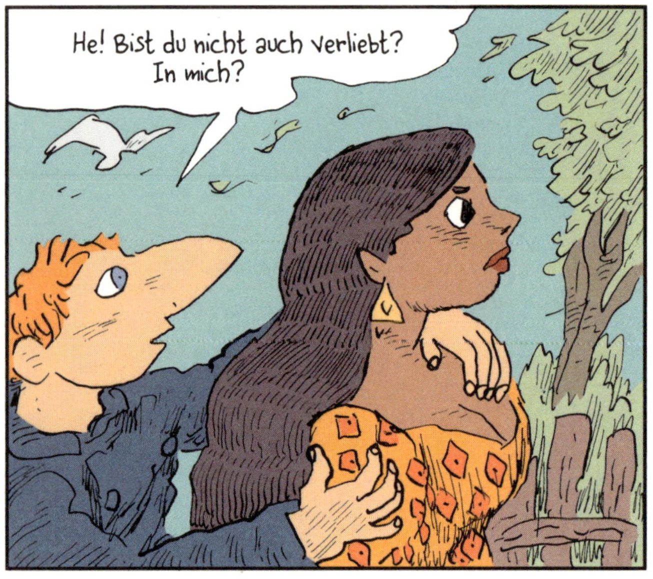
He! Bist du nicht auch verliebt? In mich?

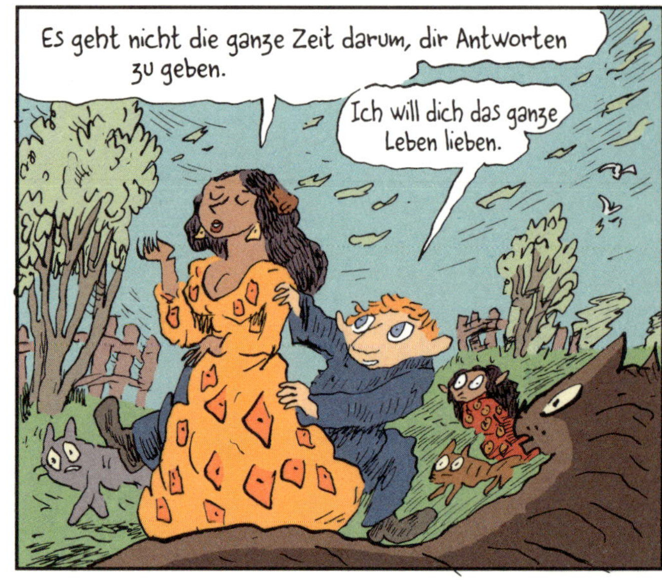
Es geht nicht die ganze Zeit darum, dir Antworten zu geben.
Ich will dich das ganze Leben lieben.

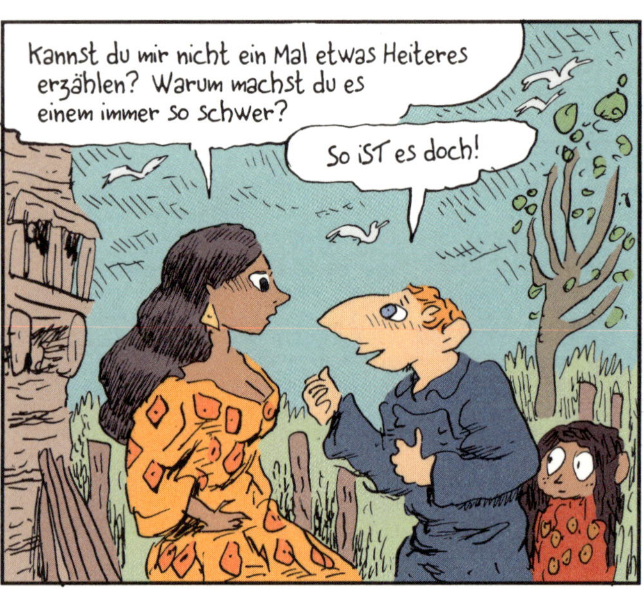
Kannst du mir nicht ein Mal etwas Heiteres erzählen? Warum machst du es einem immer so schwer?
So iST es doch!

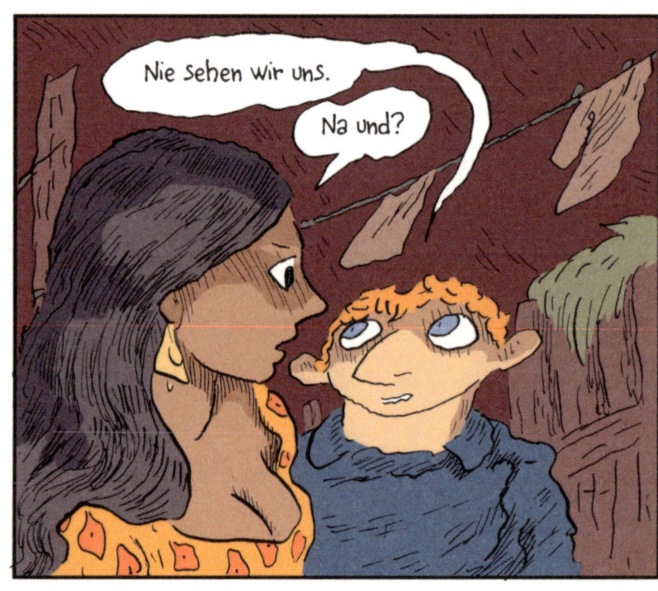
Nie sehen wir uns.
Na und?

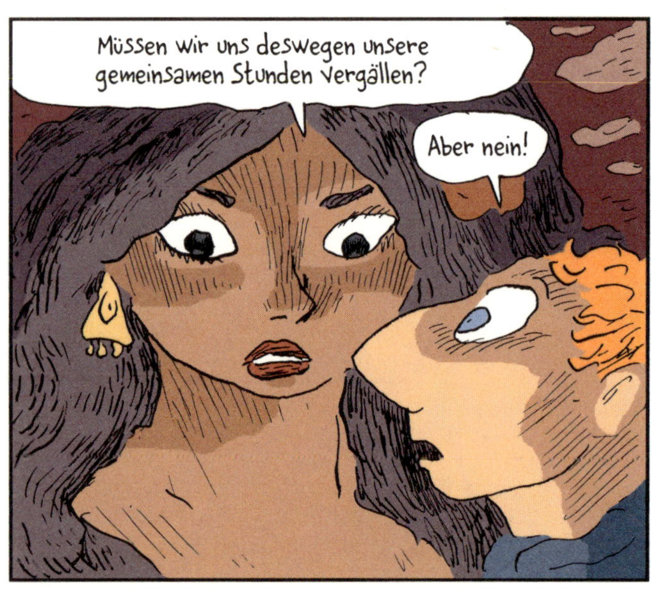
Müssen wir uns deswegen unsere gemeinsamen Stunden vergällen?
Aber nein!

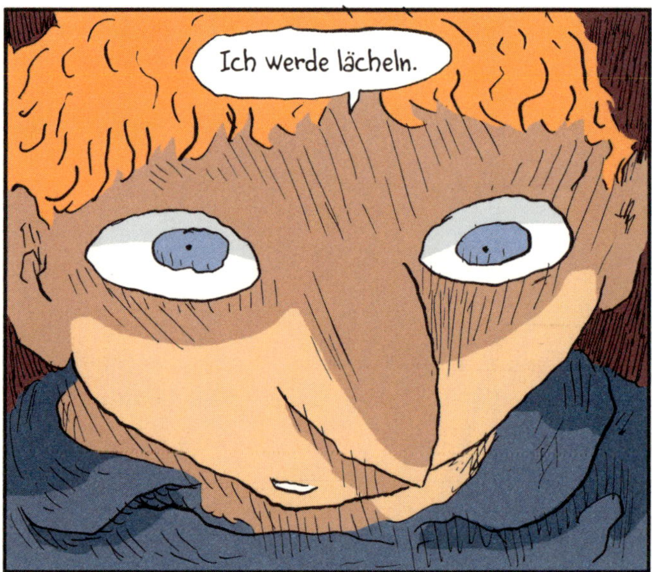
Ich werde lächeln.

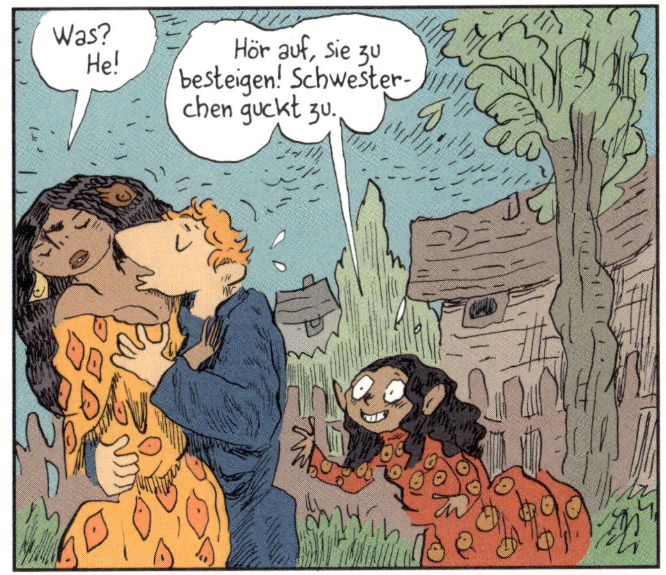
Was? He!
Hör auf, sie zu besteigen! Schwesterchen guckt zu.
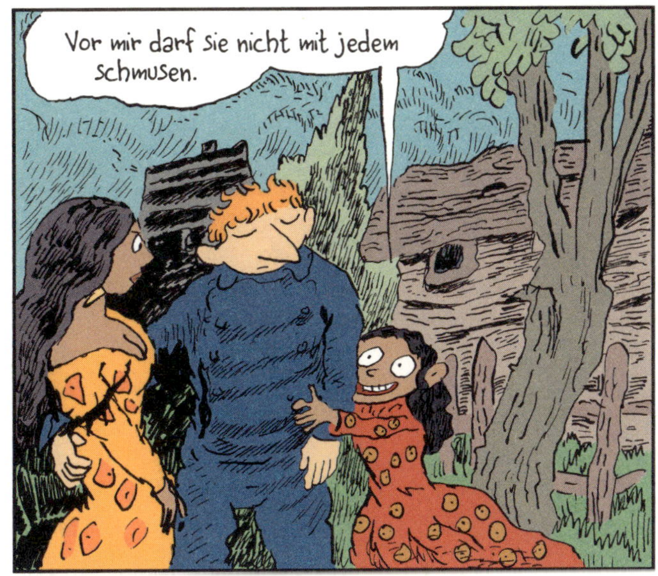
Vor mir darf sie nicht mit jedem schmusen.
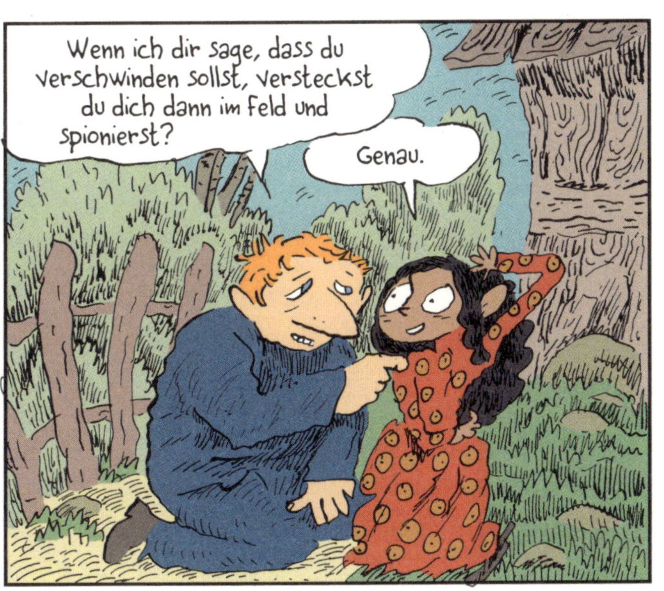
Wenn ich dir sage, dass du verschwinden sollst, versteckst du dich dann im Feld und spionierst?
Genau.
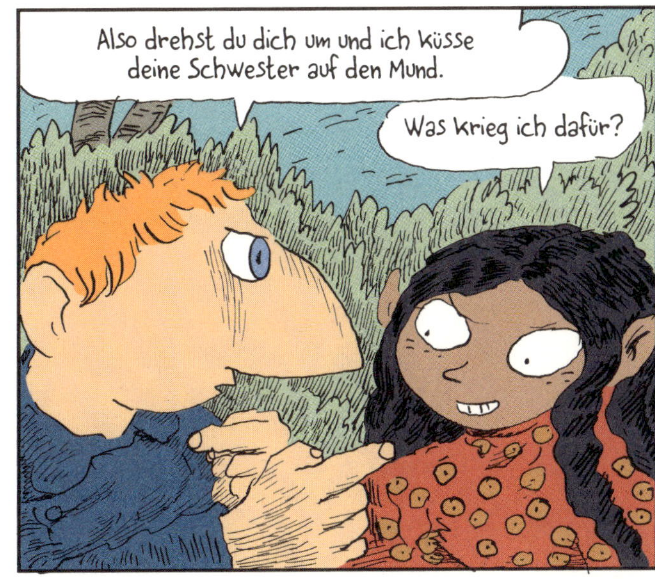
Also drehst du dich um und ich küsse deine Schwester auf den Mund.
Was krieg ich dafür?
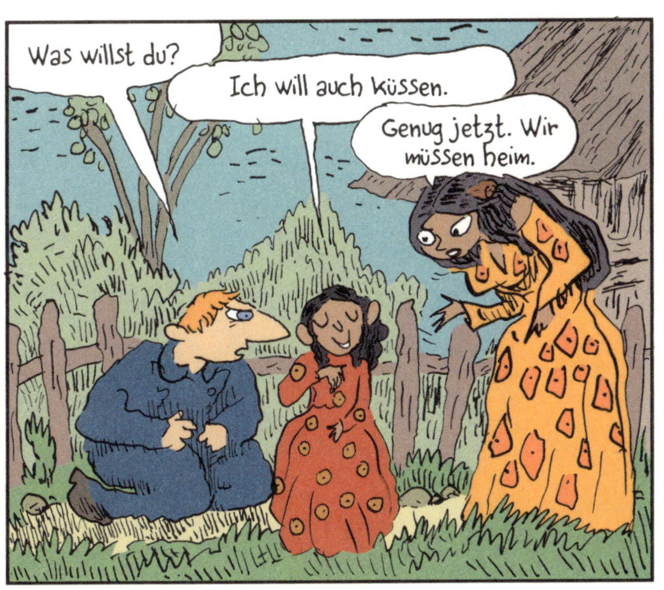
Was willst du?
Ich will auch küssen.
Genug jetzt. Wir müssen heim.
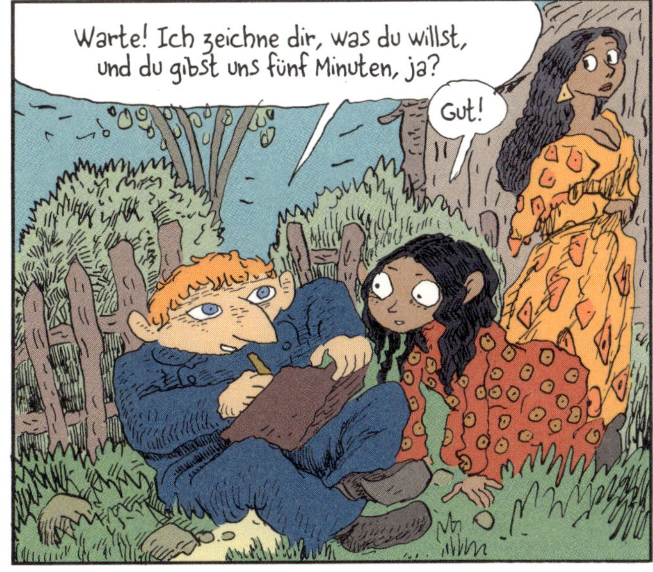
Warte! Ich zeichne dir, was du willst, und du gibst uns fünf Minuten, ja?
Gut!

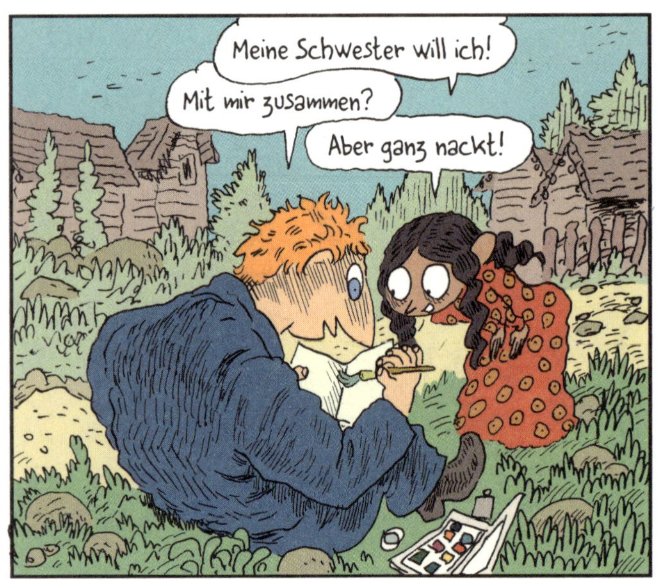
Meine Schwester will ich!
Mit mir zusammen?
Aber ganz nackt!

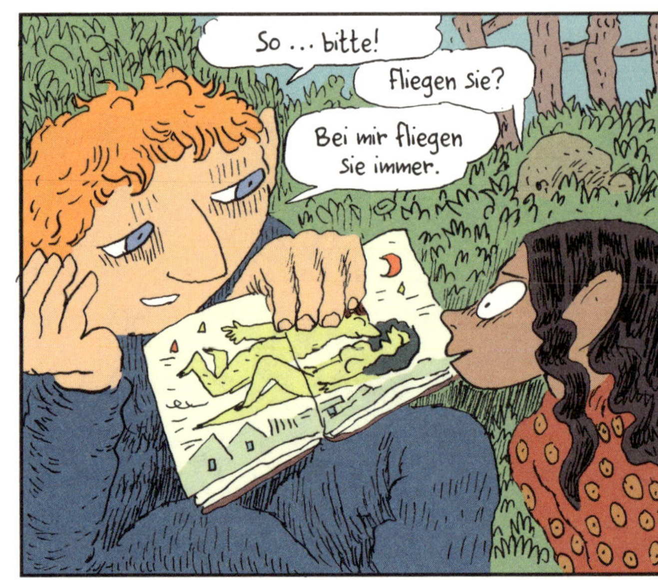
So ... bitte!
Fliegen sie?
Bei mir fliegen sie immer.

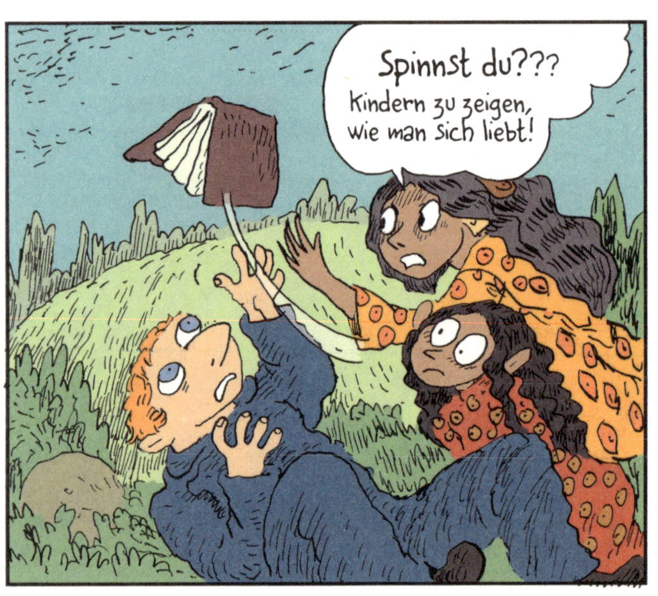
Spinnst du???
Kindern zu zeigen, wie man sich liebt!

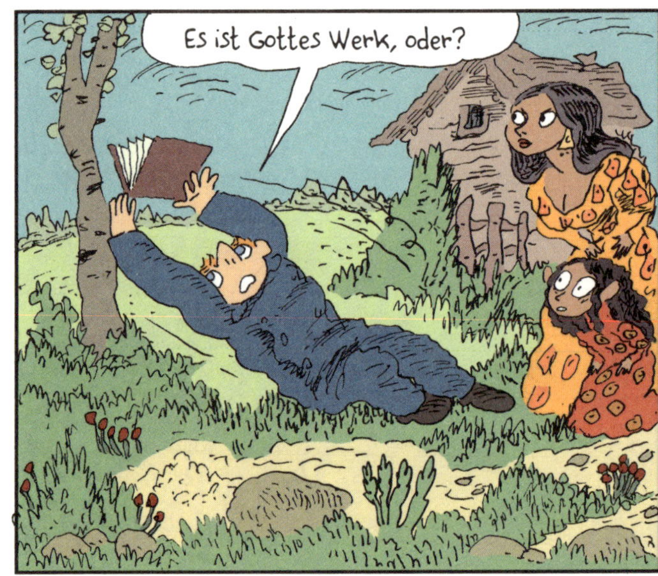
Es ist Gottes Werk, oder?

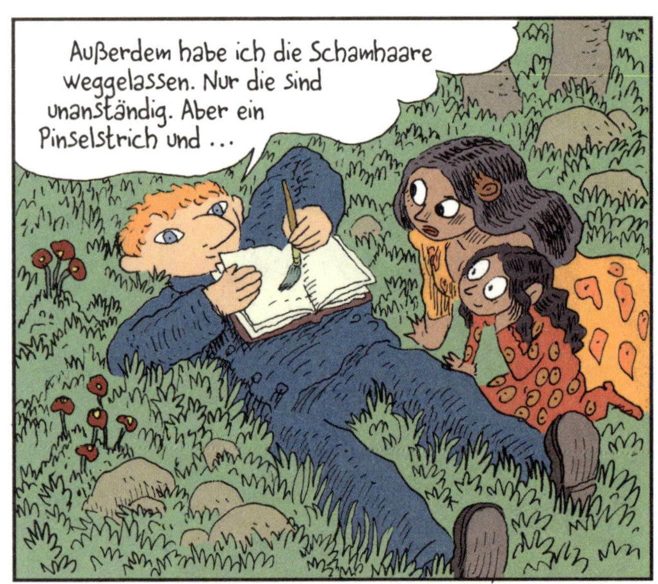
Außerdem habe ich die Schamhaare weggelassen. Nur die sind unanständig. Aber ein Pinselstrich und ...

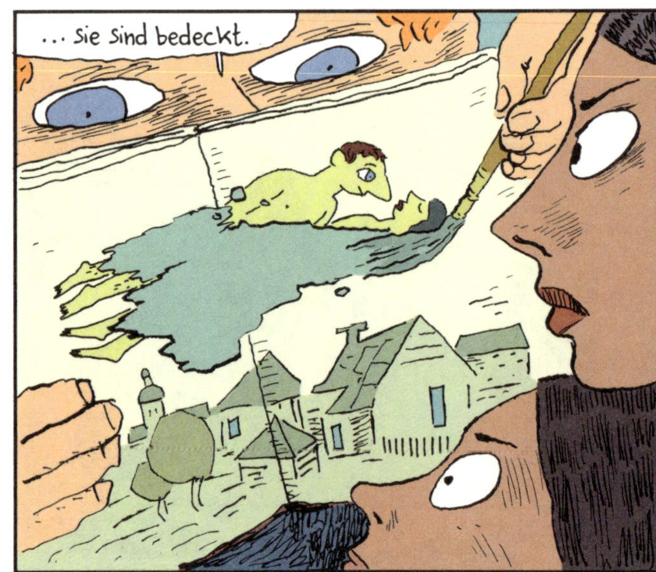
... sie sind bedeckt.

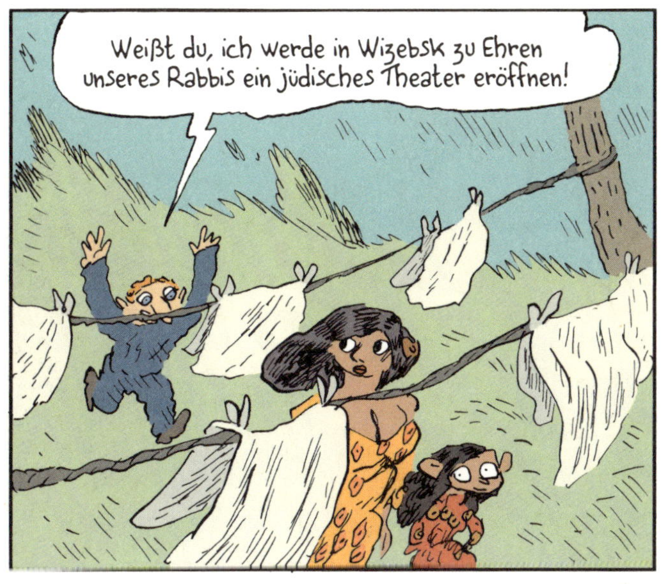
Weißt du, ich werde in Wizebsk zu Ehren unseres Rabbis ein jüdisches Theater eröffnen!

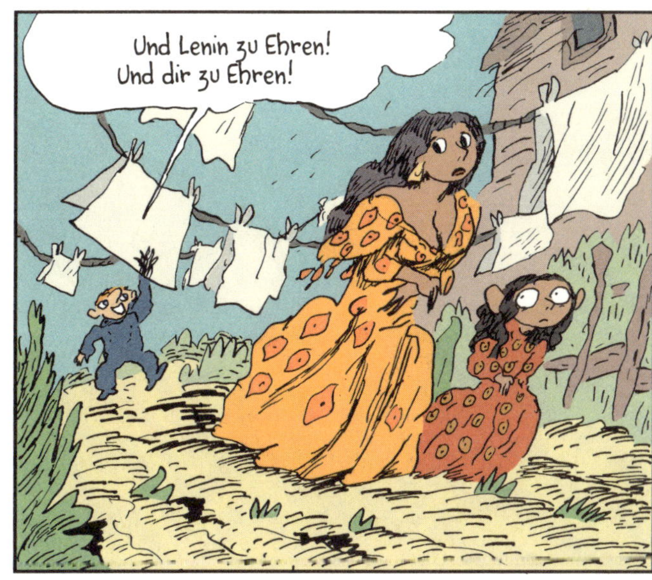
Und Lenin zu Ehren!
Und dir zu Ehren!

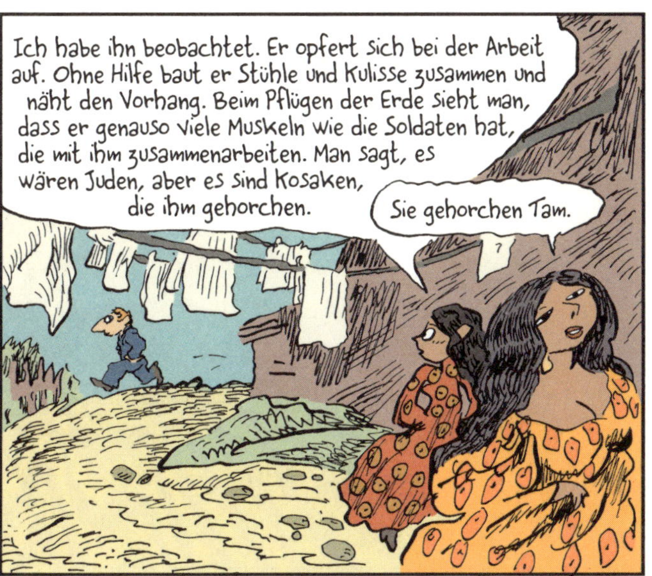
Ich habe ihn beobachtet. Er opfert sich bei der Arbeit auf. Ohne Hilfe baut er Stühle und Kulisse zusammen und näht den Vorhang. Beim Pflügen der Erde sieht man, dass er genauso viele Muskeln wie die Soldaten hat, die mit ihm zusammenarbeiten. Man sagt, es wären Juden, aber es sind Kosaken, die ihm gehorchen.
Sie gehorchen Tam.

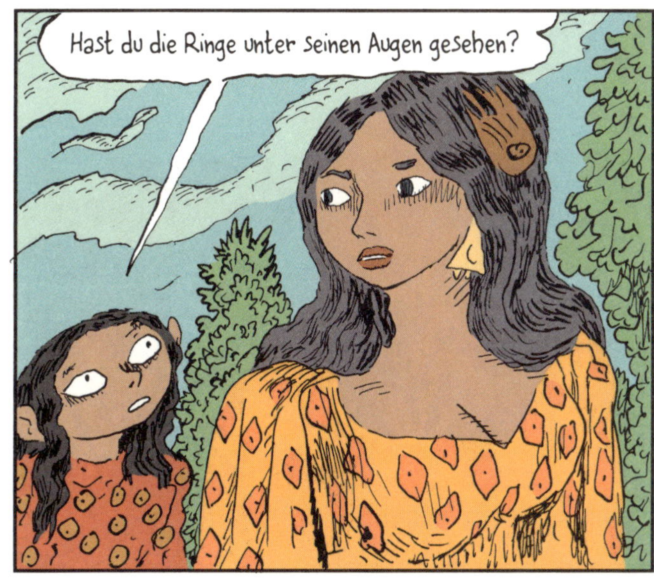
Hast du die Ringe unter seinen Augen gesehen?

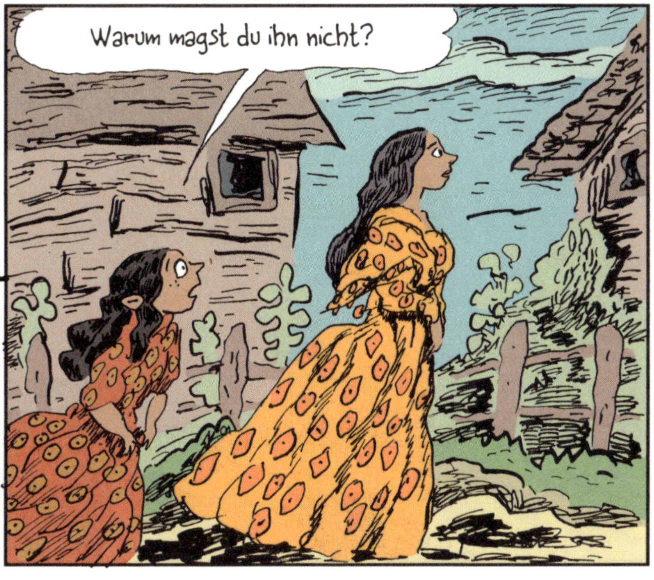
Warum magst du ihn nicht?

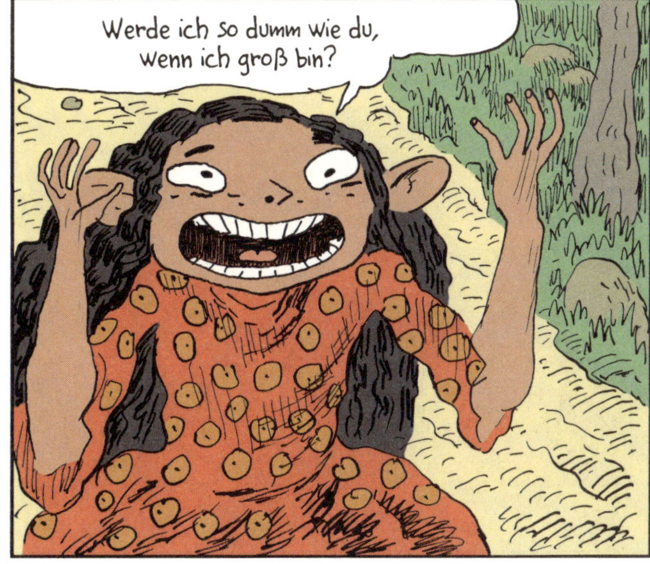
Werde ich so dumm wie du, wenn ich groß bin?

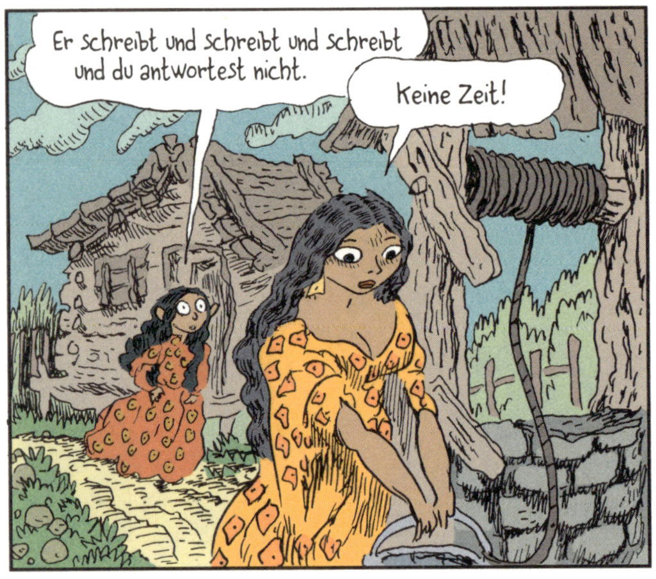
Er schreibt und schreibt und schreibt und du antwortest nicht.
Keine Zeit!

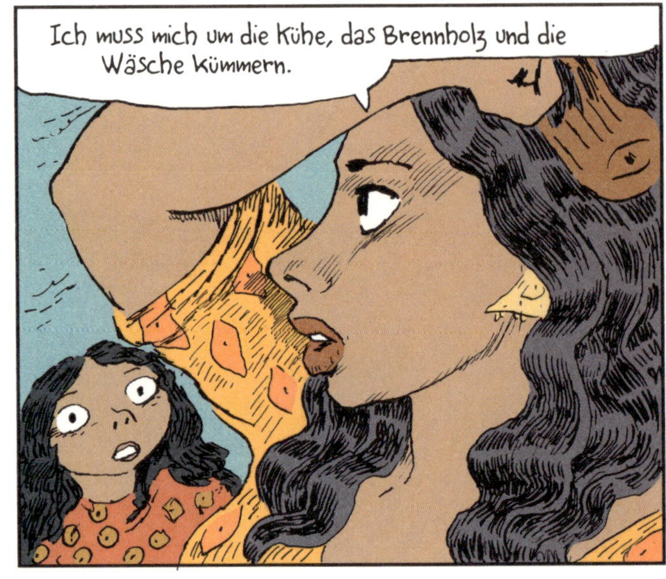
Ich muss mich um die Kühe, das Brennholz und die Wäsche kümmern.

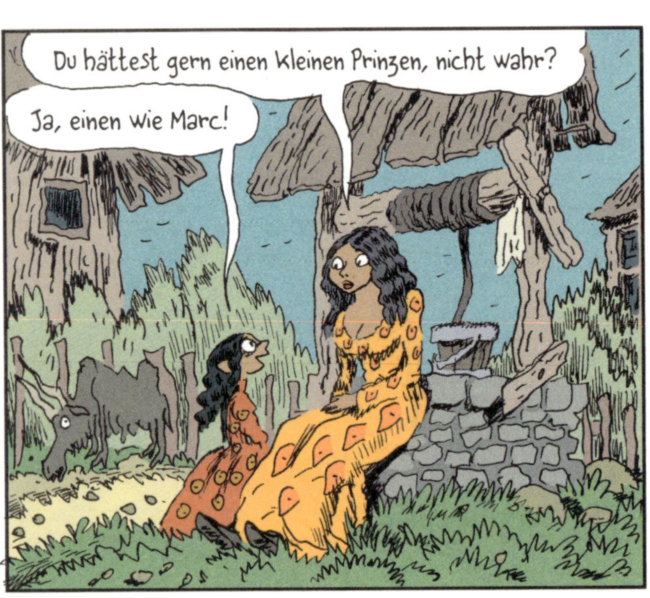
Du hättest gern einen kleinen Prinzen, nicht wahr?
Ja, einen wie Marc!

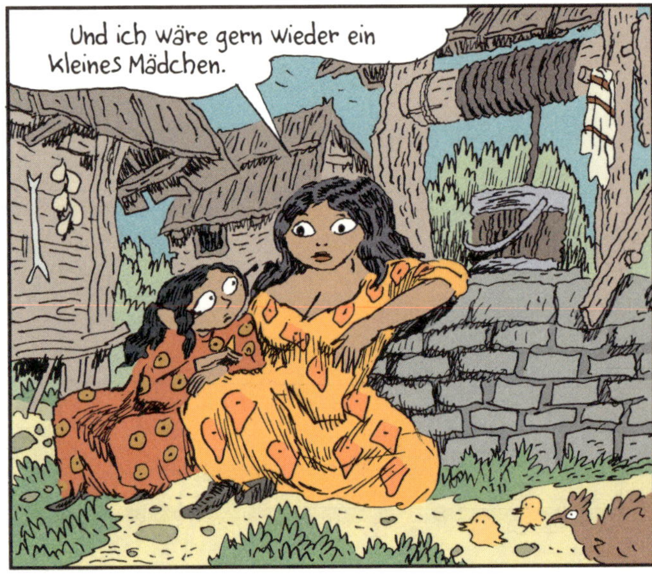
Und ich wäre gern wieder ein kleines Mädchen.

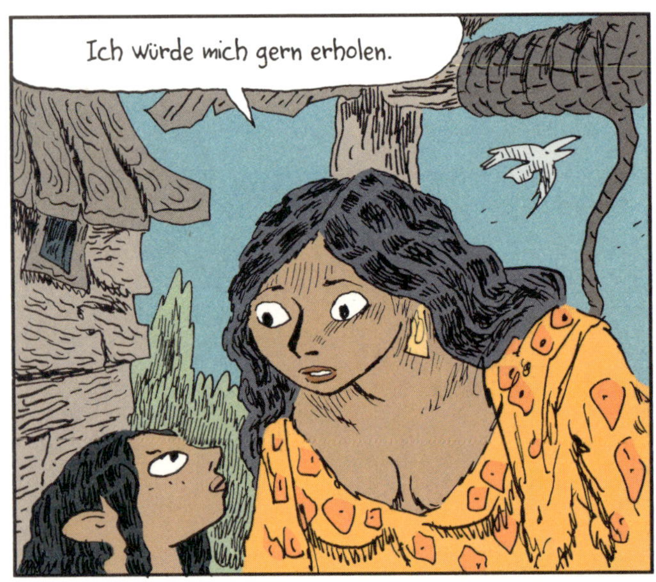
Ich würde mich gern erholen.

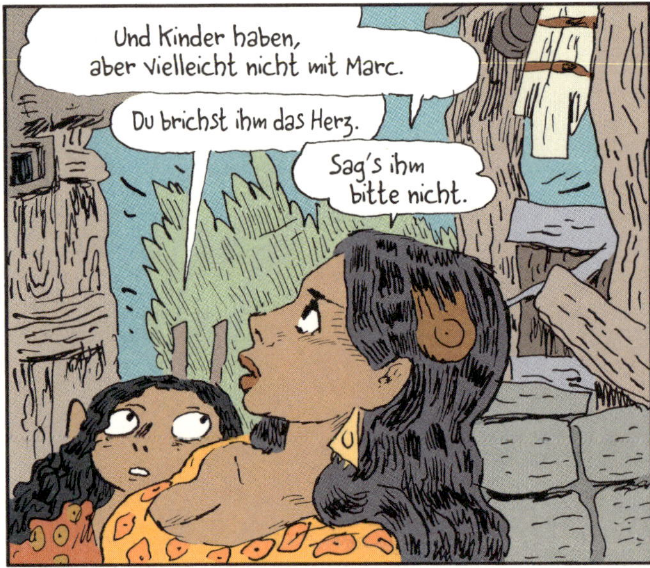
Und Kinder haben, aber vielleicht nicht mit Marc.
Du brichst ihm das Herz.
Sag's ihm bitte nicht.

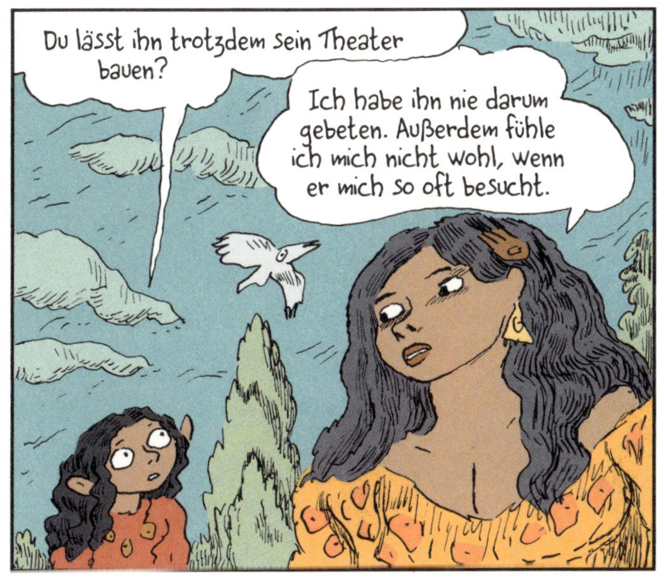
Du lässt ihn trotzdem sein Theater bauen?
Ich habe ihn nie darum gebeten. Außerdem fühle ich mich nicht wohl, wenn er mich so oft besucht.

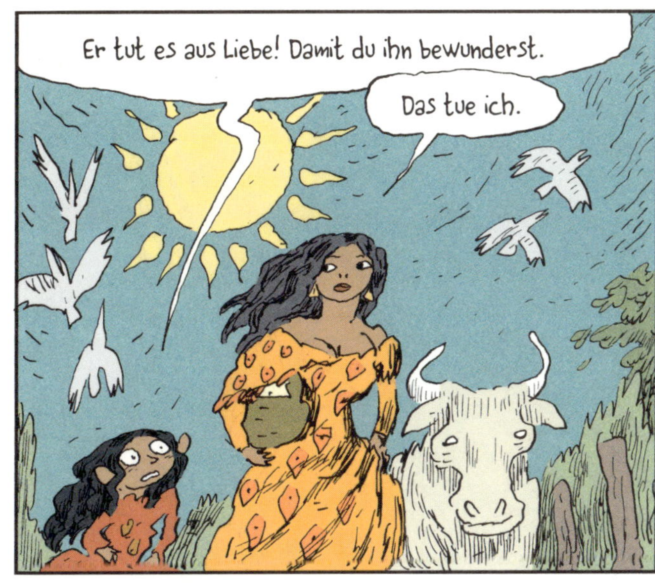
Er tut es aus Liebe! Damit du ihn bewunderst.
Das tue ich.

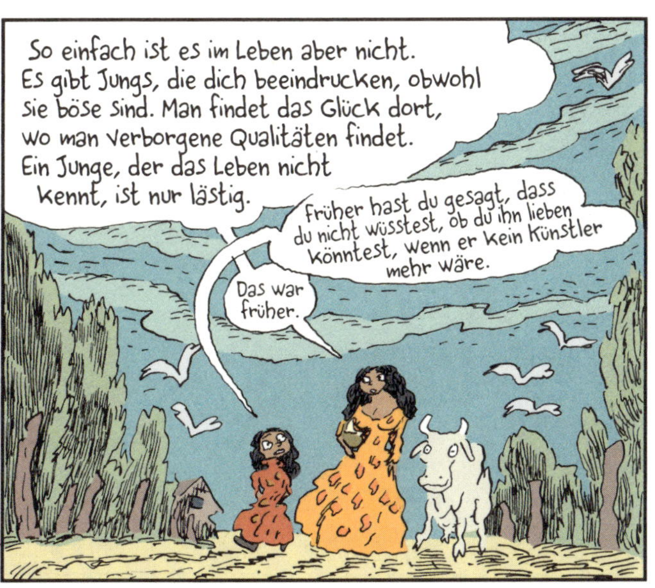
So einfach ist es im Leben aber nicht. Es gibt Jungs, die dich beeindrucken, obwohl sie böse sind. Man findet das Glück dort, wo man verborgene Qualitäten findet. Ein Junge, der das Leben nicht kennt, ist nur lästig.
Früher hast du gesagt, dass du nicht wüsstest, ob du ihn lieben könntest, wenn er kein Künstler mehr wäre.
Das war früher.

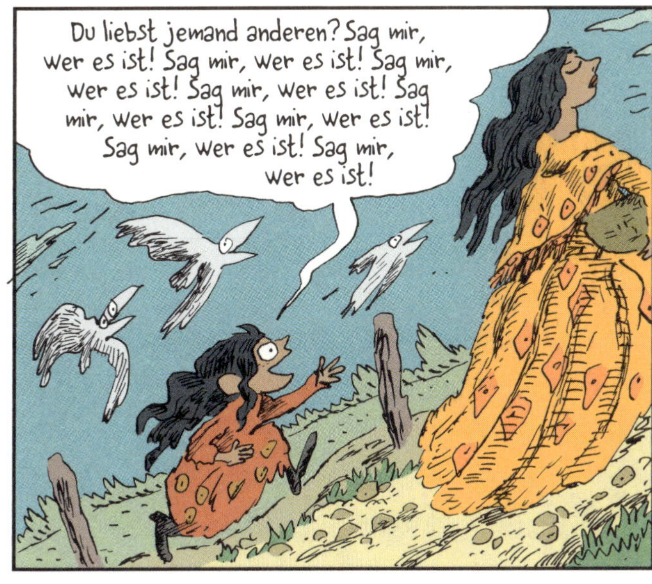
Du liebst jemand anderen? Sag mir, wer es ist! Sag mir, wer es ist! Sag mir, wer es ist! Sag mir, wer es ist! Sag mir, wer es ist! Sag mir, wer es ist! Sag mir, wer es ist! Sag mir, wer es ist!

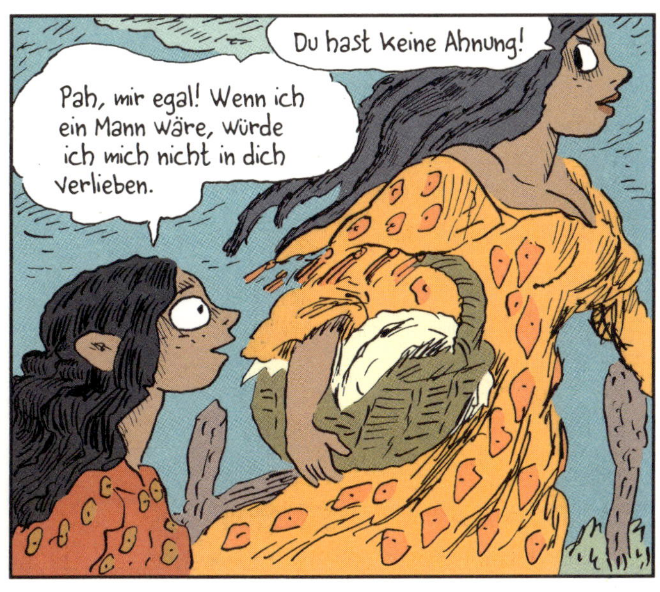
Pah, mir egal! Wenn ich ein Mann wäre, würde ich mich nicht in dich verlieben.
Du hast keine Ahnung!

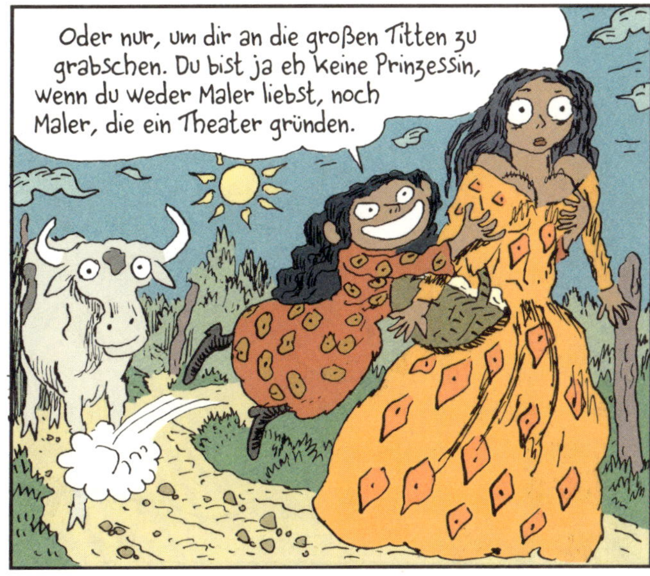
Oder nur, um dir an die großen Titten zu grabschen. Du bist ja eh keine Prinzessin, wenn du weder Maler liebst, noch Maler, die ein Theater gründen.

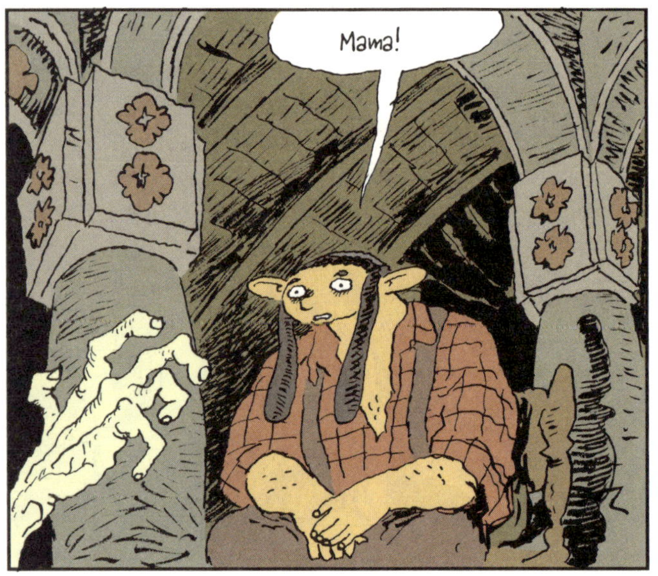
Mama!

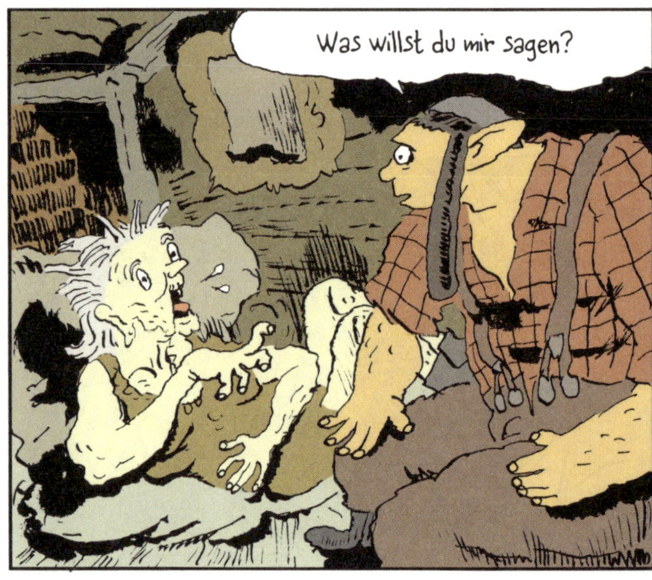
Was willst du mir sagen?

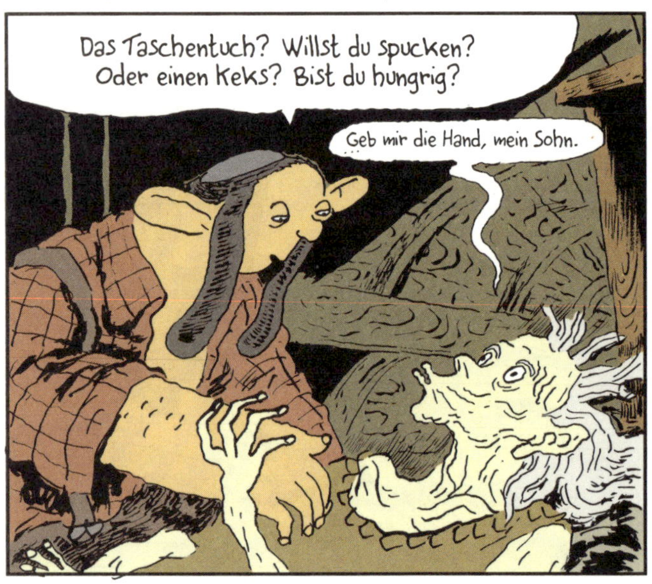
Das Taschentuch? Willst du spucken? Oder einen Keks? Bist du hungrig?
Geb mir die Hand, mein Sohn.

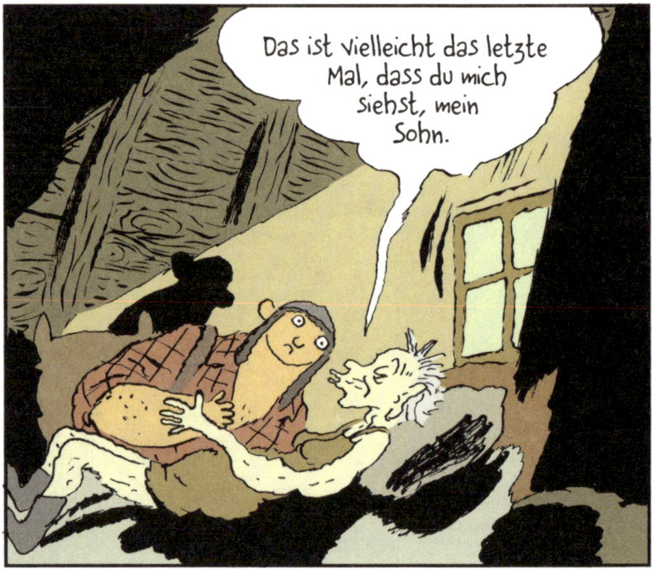
Das ist vielleicht das letzte Mal, dass du mich siehst, mein Sohn.

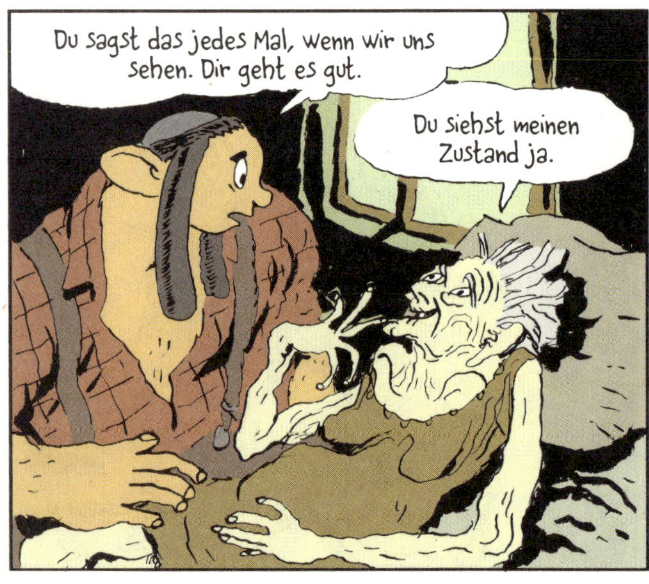
Du sagst das jedes Mal, wenn wir uns sehen. Dir geht es gut.
Du siehst meinen Zustand ja.

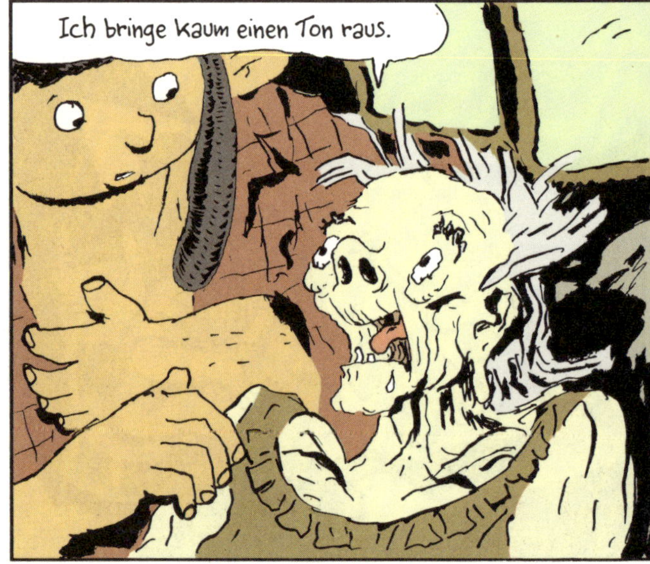
Ich bringe kaum einen Ton raus.

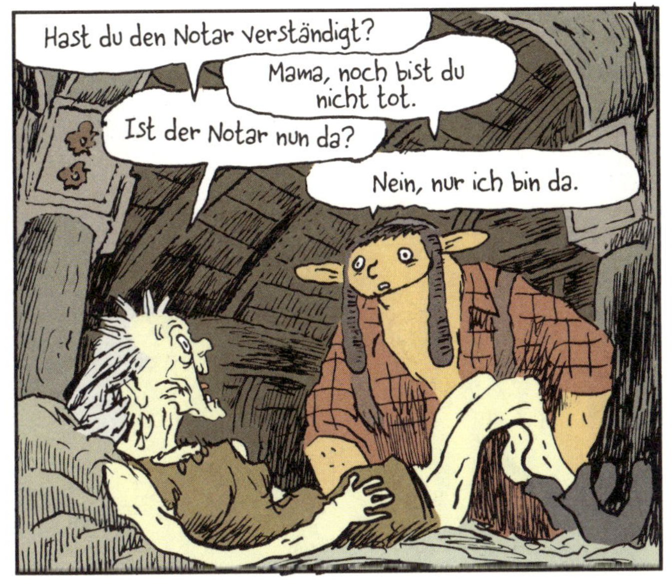

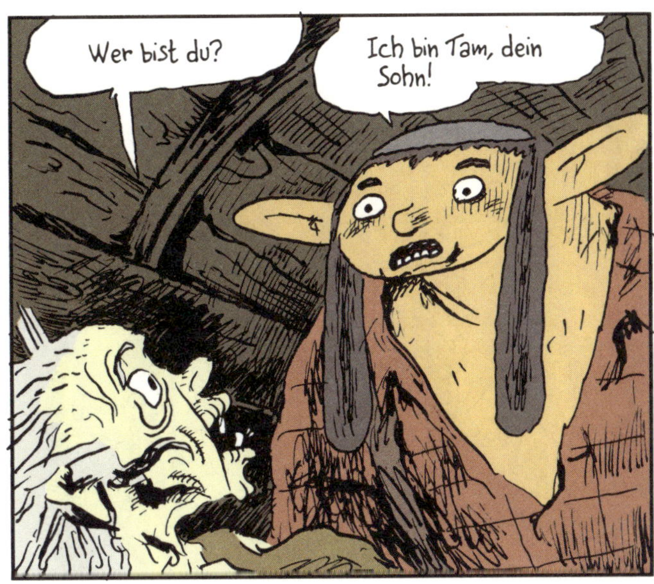

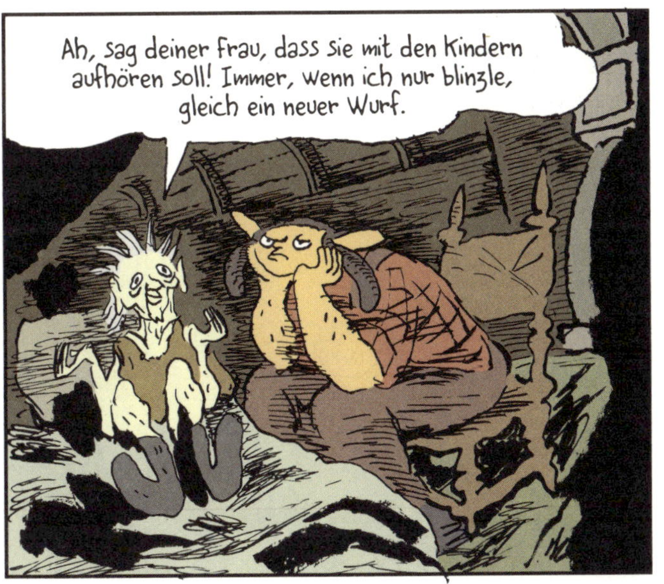

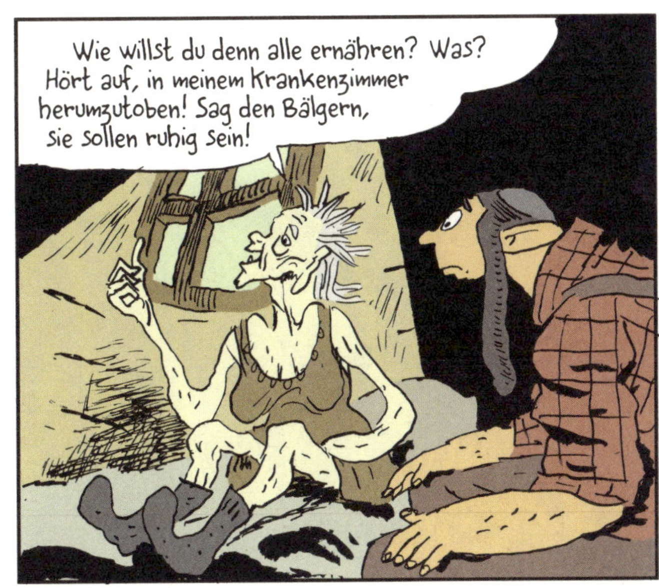

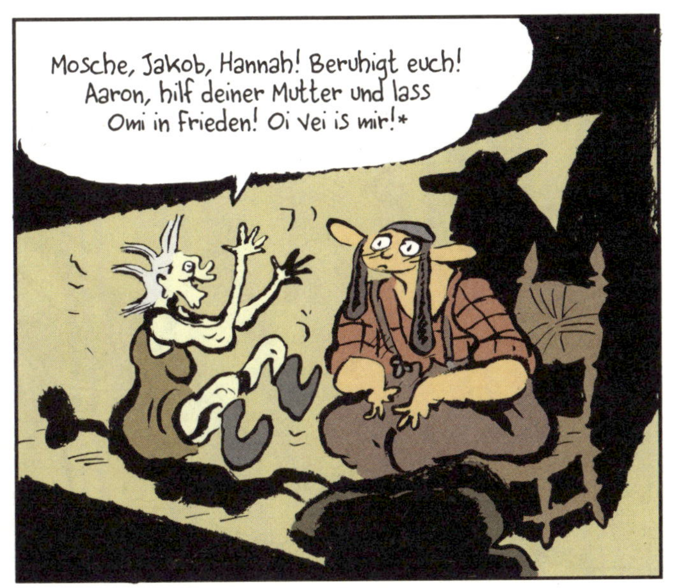

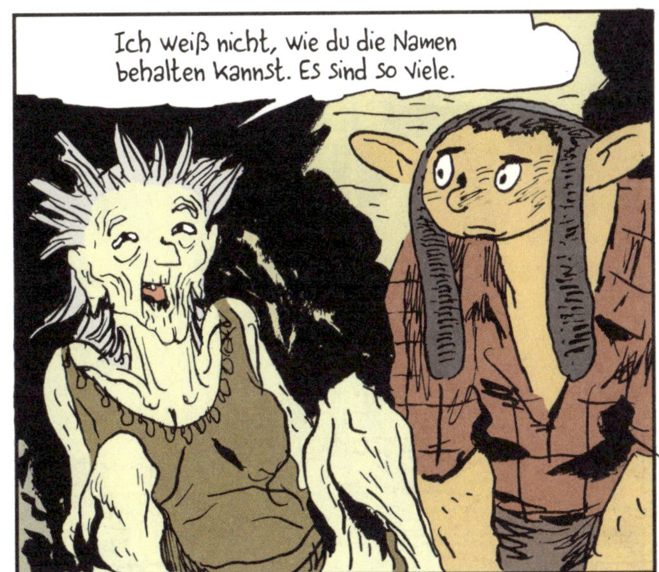

* Oh, wie ich leide!

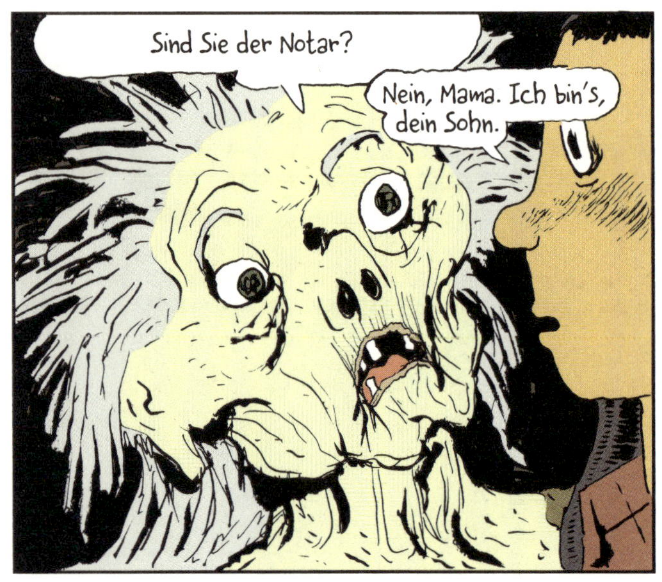
Sind Sie der Notar?
Nein, Mama. Ich bin's, dein Sohn.

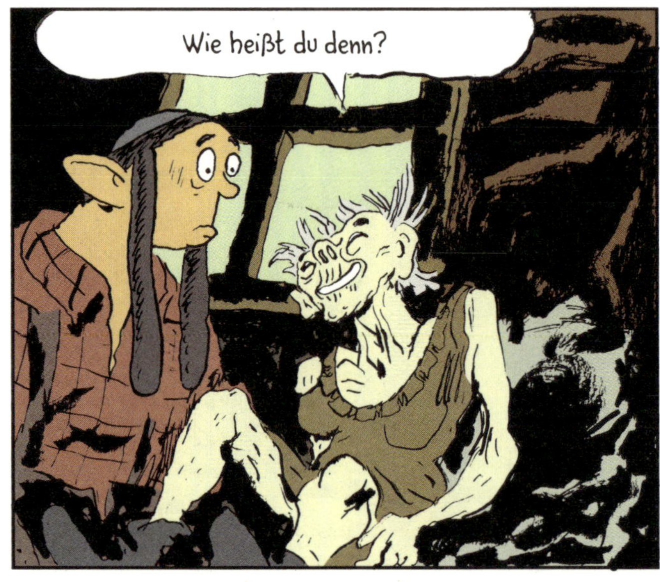
Wie heißt du denn?

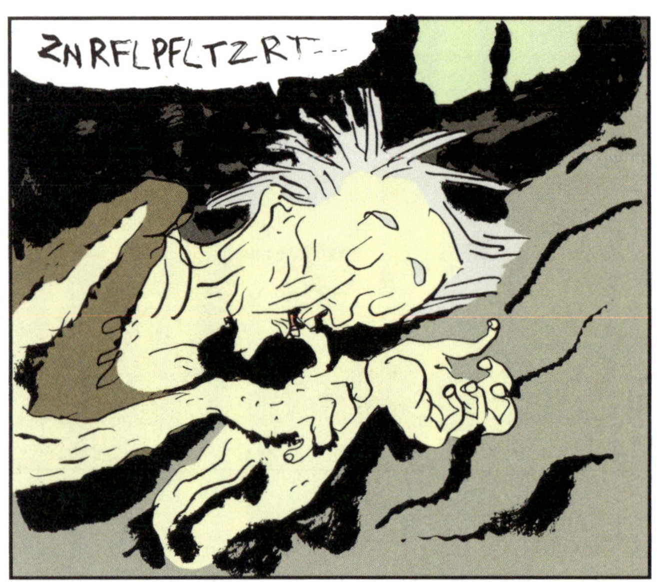
ZNRFLPFLTZRT...

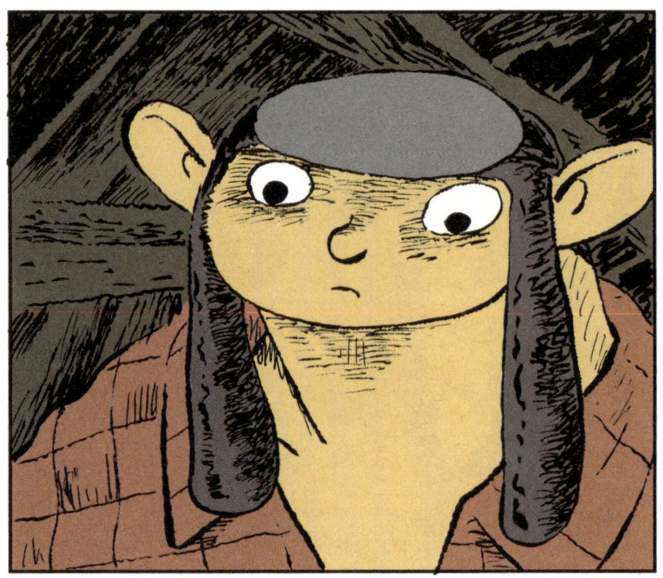

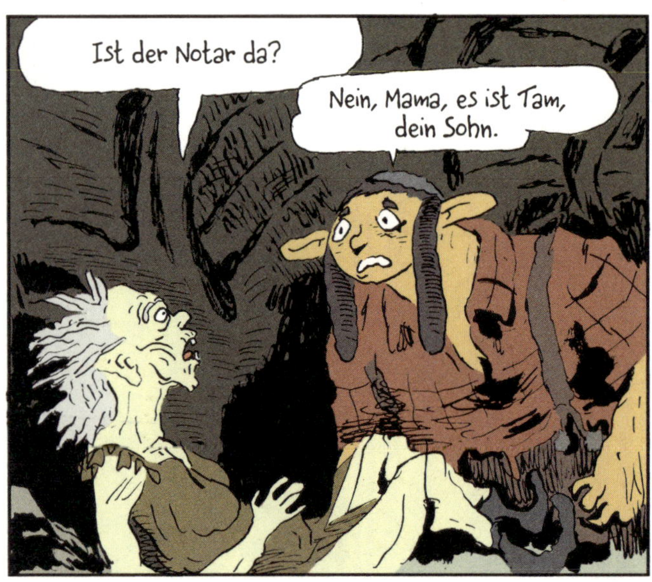
Ist der Notar da?
Nein, Mama, es ist Tam, dein Sohn.

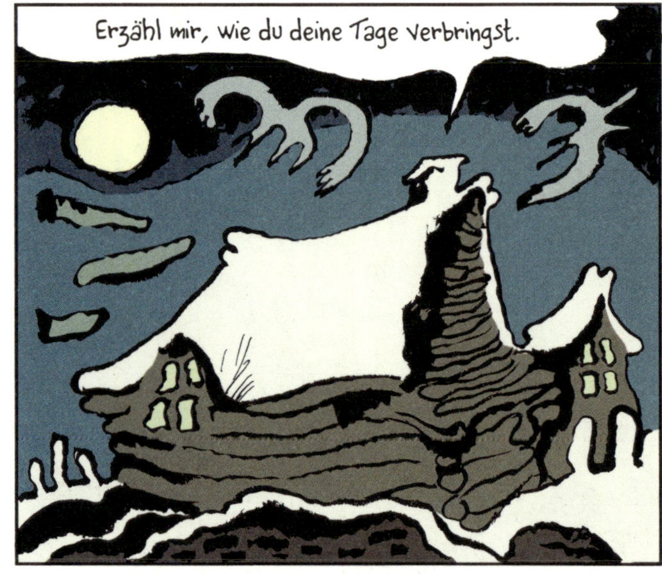
Erzähl mir, wie du deine Tage verbringst.

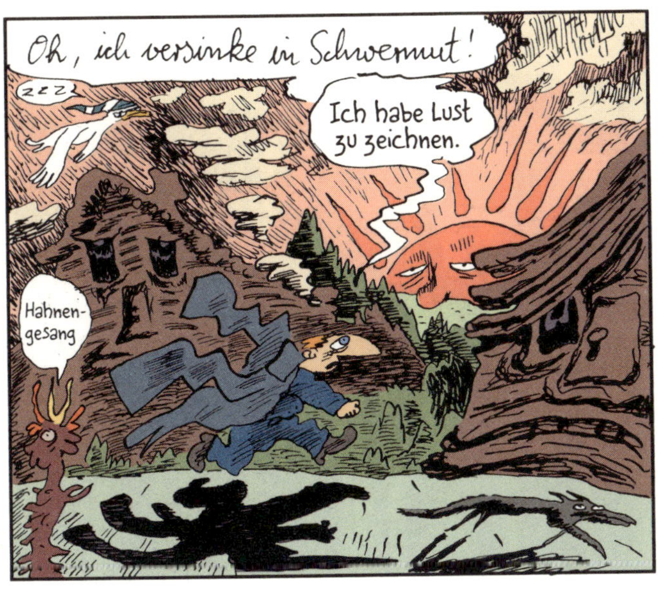
Oh, ich versinke in Schwermut!
Ich habe Lust zu zeichnen.
ZZZ
Hahnen-gesang

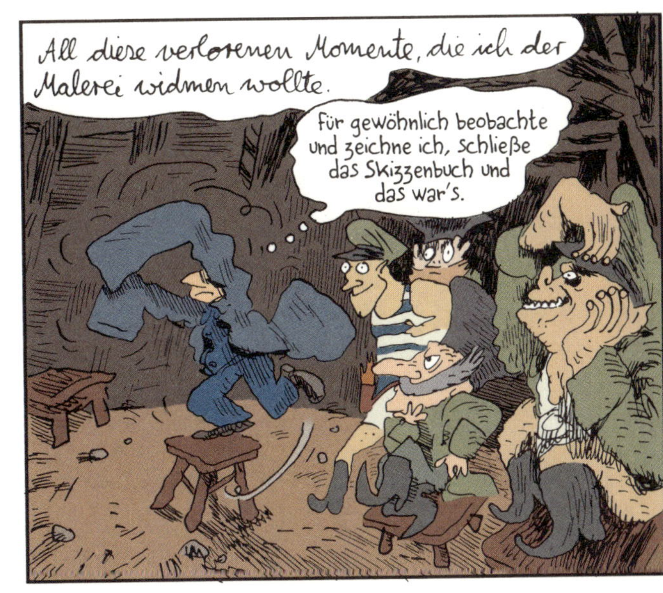
All diese verlorenen Momente, die ich der Malerei widmen wollte.
Für gewöhnlich beobachte und zeichne ich, schließe das Skizzenbuch und das war's.

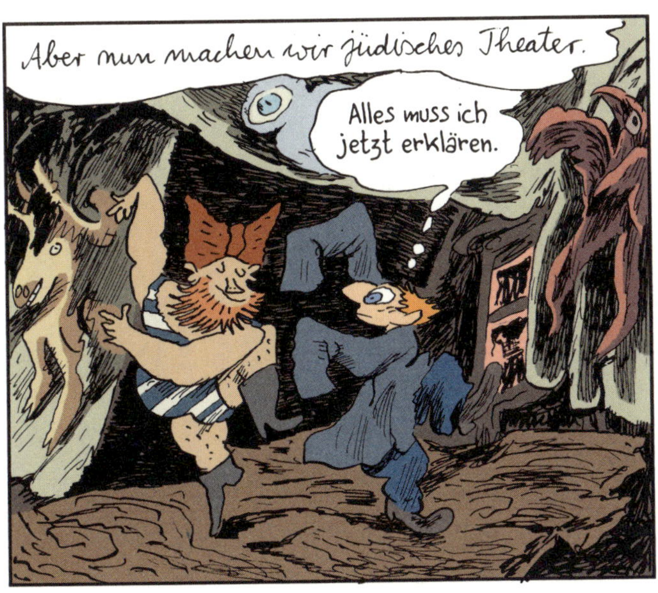
Aber nun machen wir jüdisches Theater.
Alles muss ich jetzt erklären.

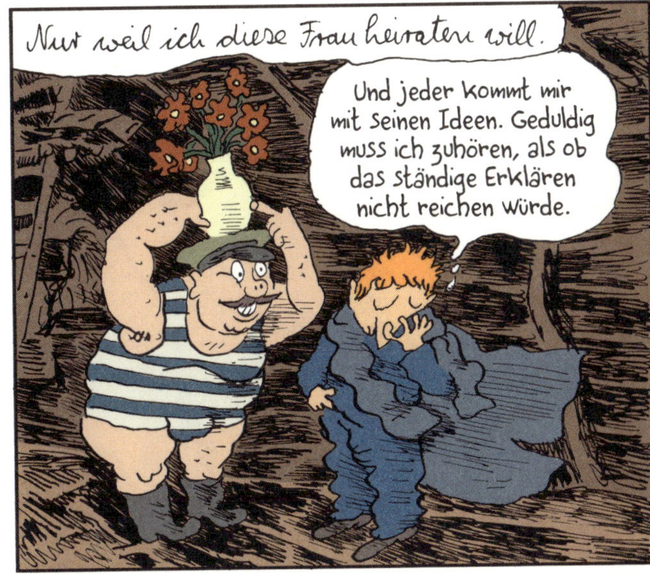
Nur weil ich diese Frau heiraten will.
Und jeder kommt mir mit seinen Ideen. Geduldig muss ich zuhören, als ob das ständige Erklären nicht reichen würde.

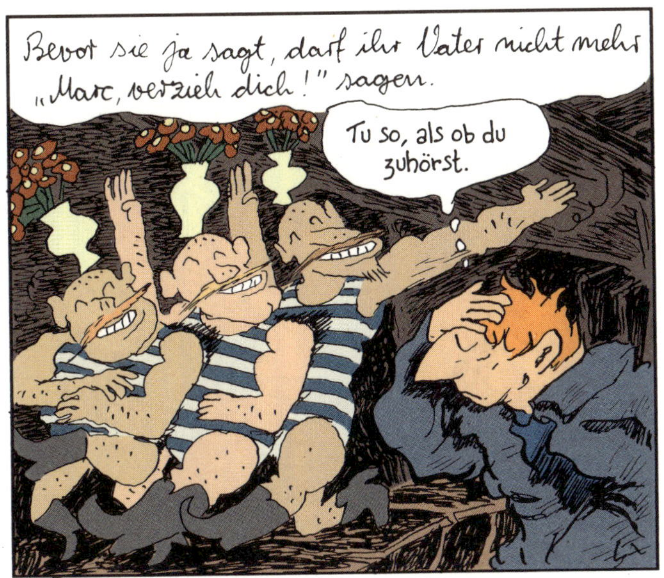
Bevor sie ja sagt, darf ihr Vater nicht mehr „Marc, verzieh dich!" sagen.
Tu so, als ob du zuhörst.

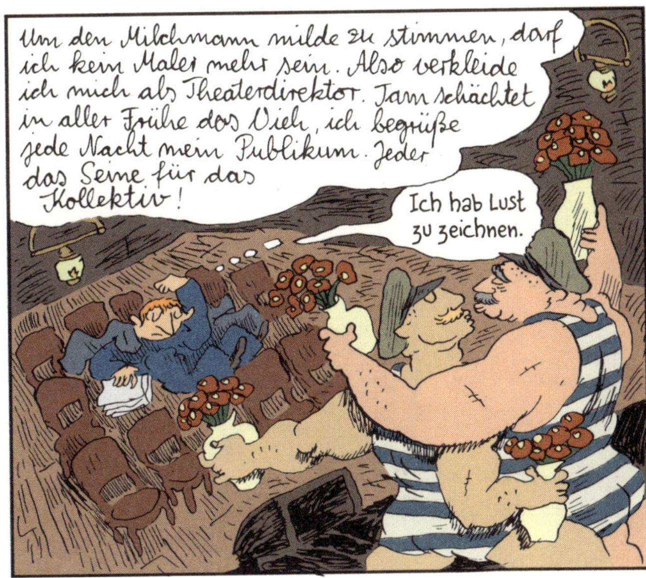
Um den Milchmann milde zu stimmen, darf ich kein Maler mehr sein. Also verkleide ich mich als Theaterdirektor. Jam schächtet in aller Frühe das Vieh, ich begrüße jede Nacht mein Publikum. Jeder das Seine für das Kollektiv!
Ich hab Lust zu zeichnen.

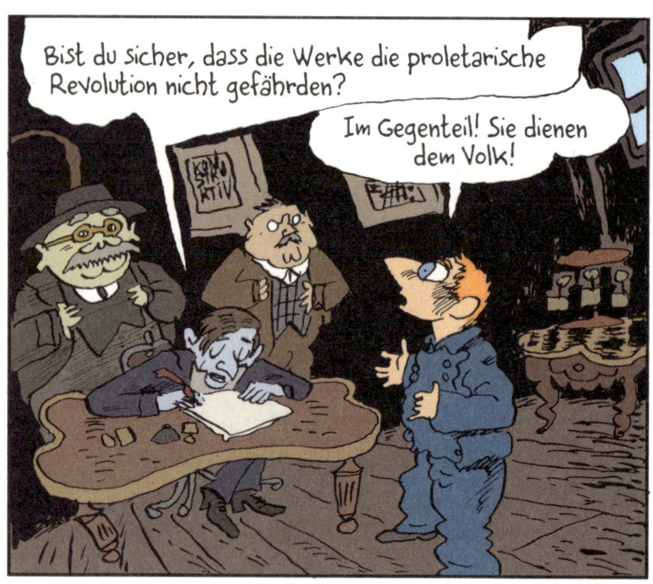
Bist du sicher, dass die Werke die proletarische Revolution nicht gefährden?
Im Gegenteil! Sie dienen dem Volk!

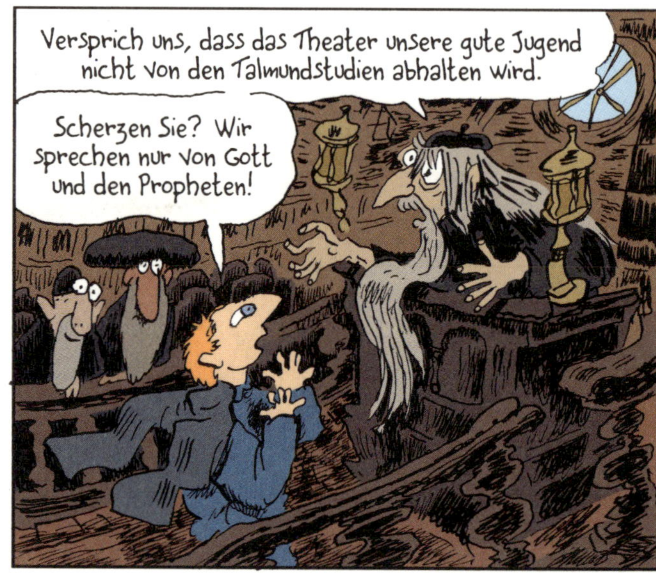
Versprich uns, dass das Theater unsere gute Jugend nicht von den Talmundstudien abhalten wird.
Scherzen Sie? Wir sprechen nur von Gott und den Propheten!

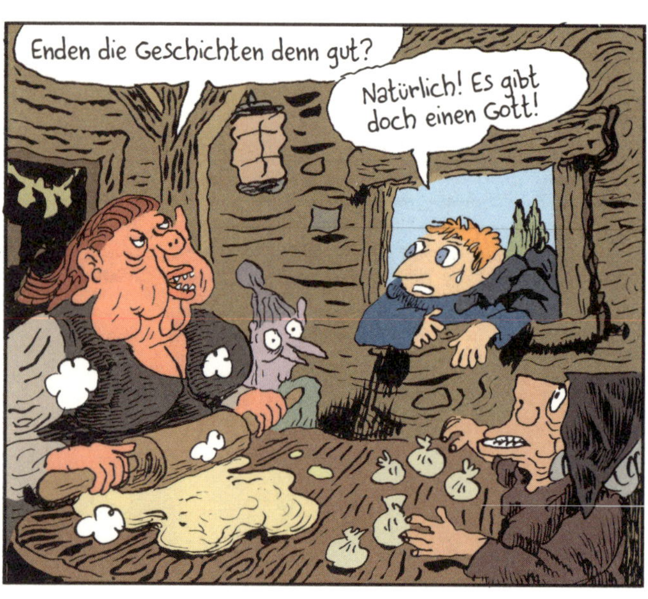
Enden die Geschichten denn gut?
Natürlich! Es gibt doch einen Gott!

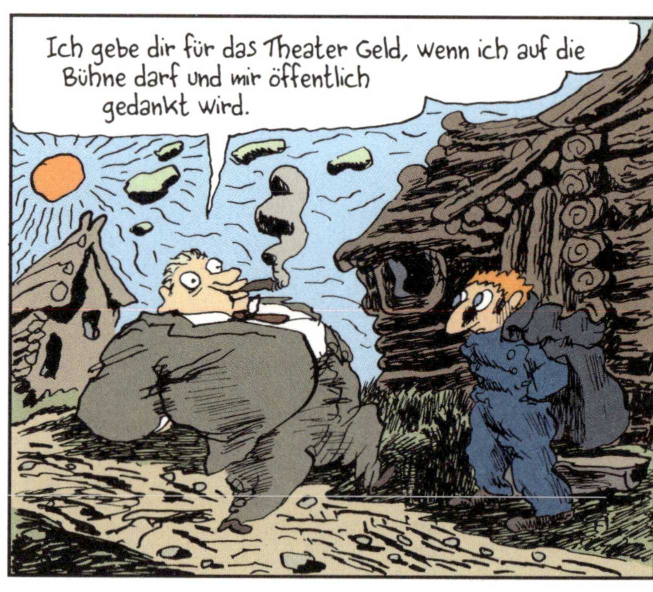
Ich gebe dir für das Theater Geld, wenn ich auf die Bühne darf und mir öffentlich gedankt wird.

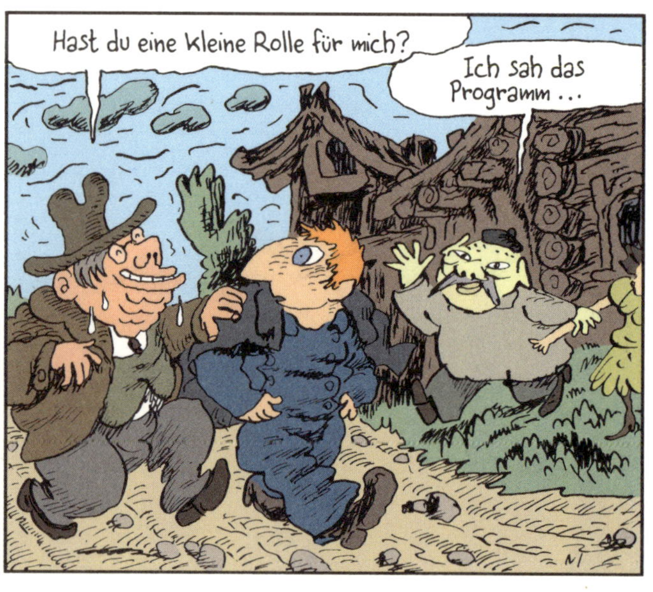
Hast du eine kleine Rolle für mich?
Ich sah das Programm …

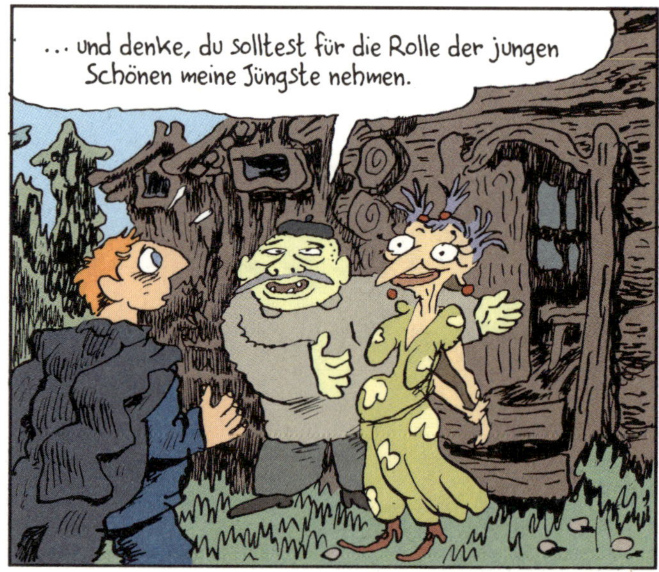
… und denke, du solltest für die Rolle der jungen Schönen meine Jüngste nehmen.

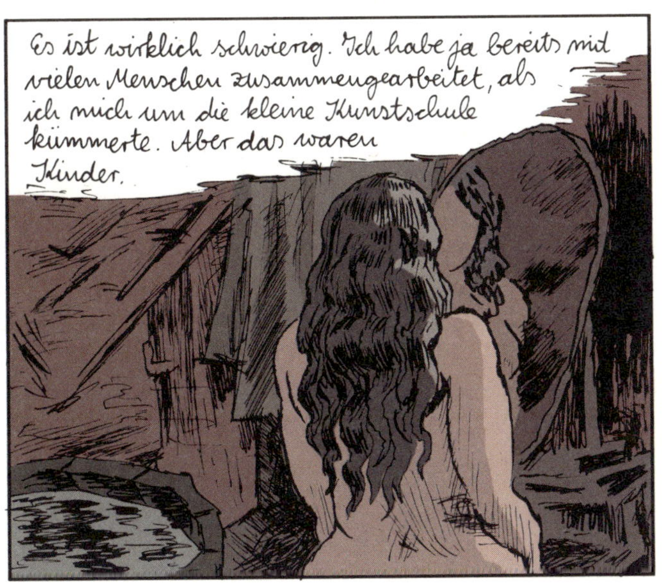
Es ist wirklich schwierig. Ich habe ja bereits mit vielen Menschen zusammengearbeitet, als ich mich um die kleine Kunstschule kümmerte. Aber das waren Kinder.

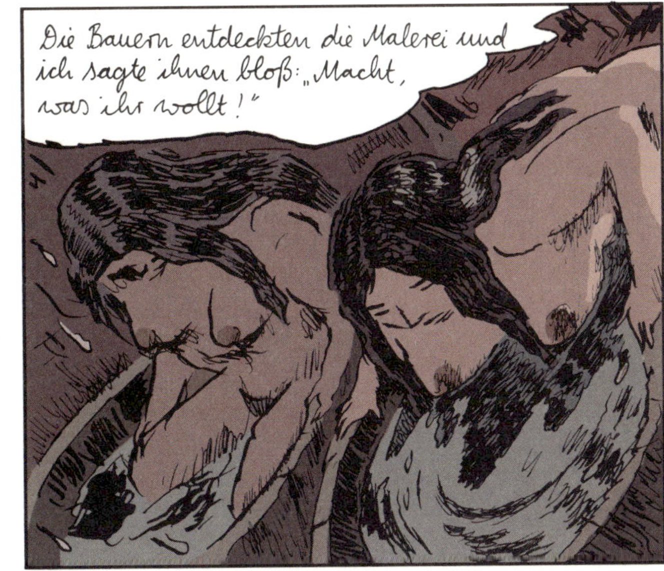
Die Bauern entdeckten die Malerei und ich sagte ihnen bloß: „Macht, was ihr wollt!"

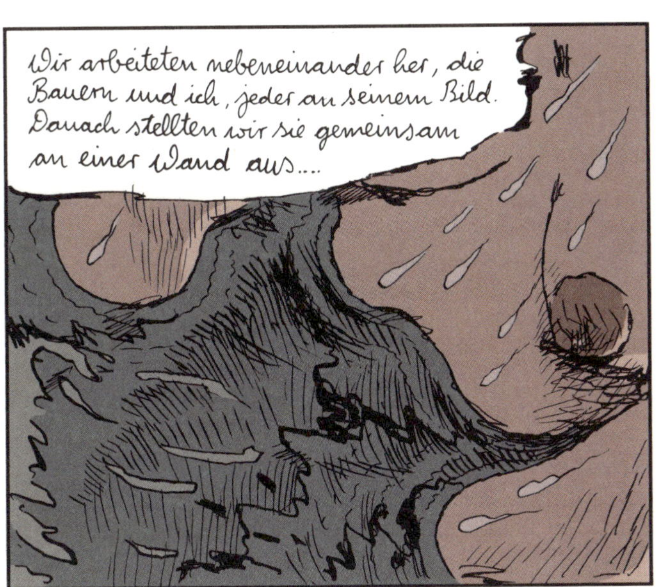
Wir arbeiteten nebeneinander her, die Bauern und ich, jeder an seinem Bild. Danach stellten wir sie gemeinsam an einer Wand aus...

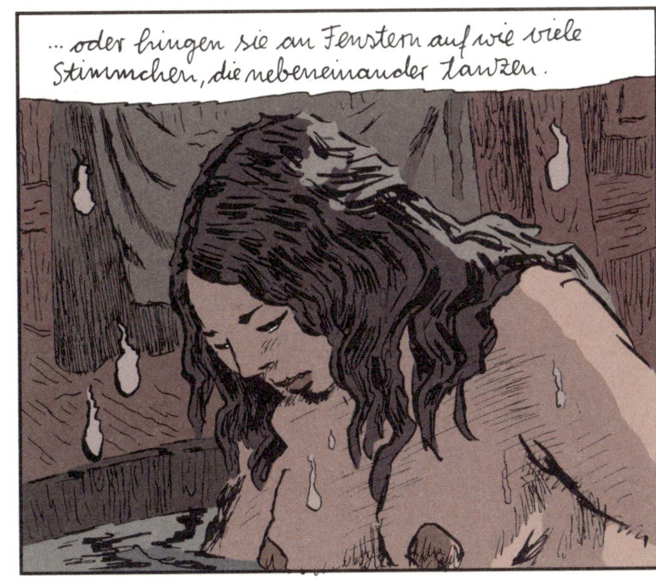
... oder hingen sie an Fenstern auf wie viele Stimmchen, die nebeneinander tanzen.

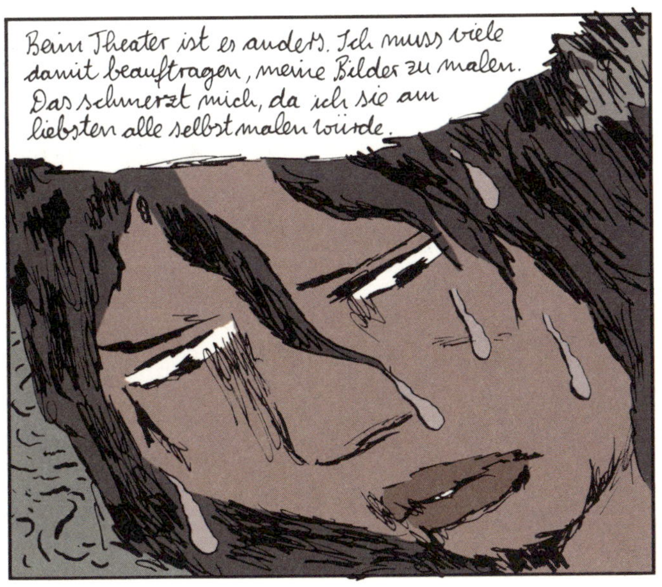
Beim Theater ist es anders. Ich muss viele damit beauftragen, meine Bilder zu malen. Das schmerzt mich, da ich sie am liebsten alle selbst malen würde.

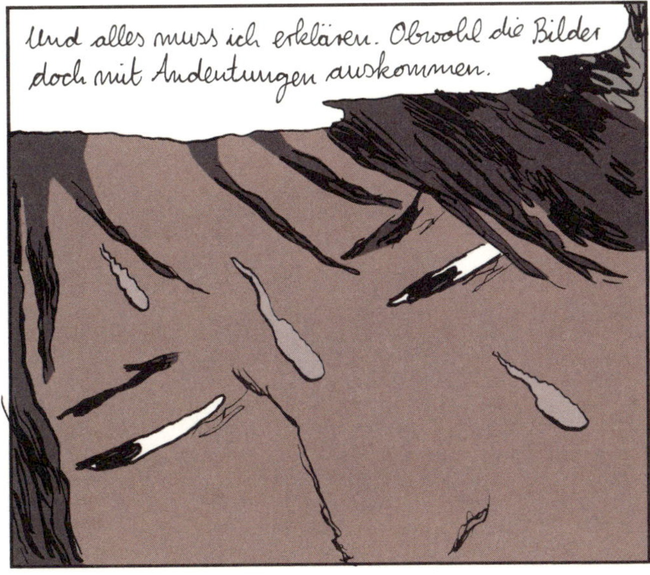
Und alles muss ich erklären. Obwohl die Bilder doch mit Andeutungen auskommen.

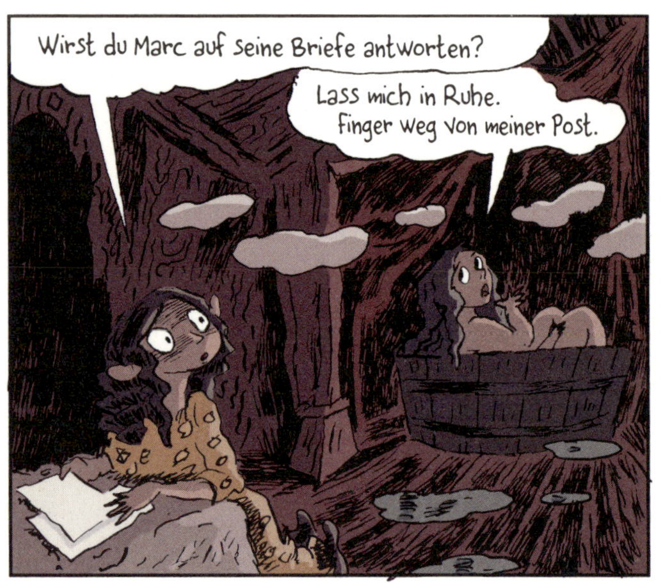
Wirst du Marc auf seine Briefe antworten?
Lass mich in Ruhe. Finger weg von meiner Post.

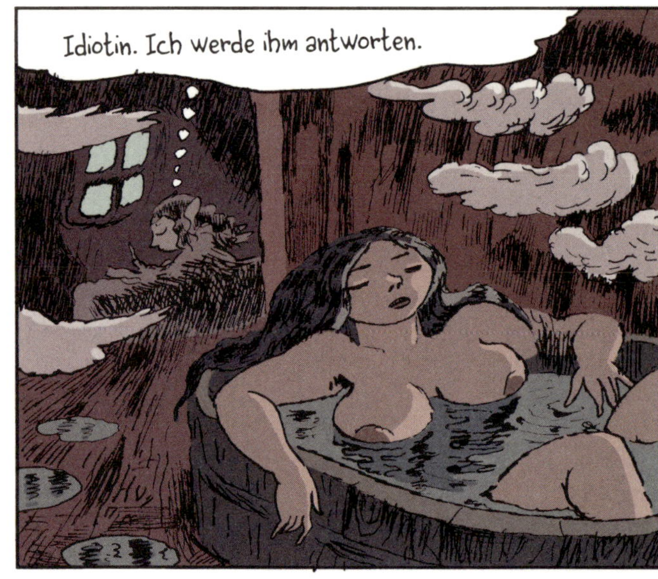
Idiotin. Ich werde ihm antworten.

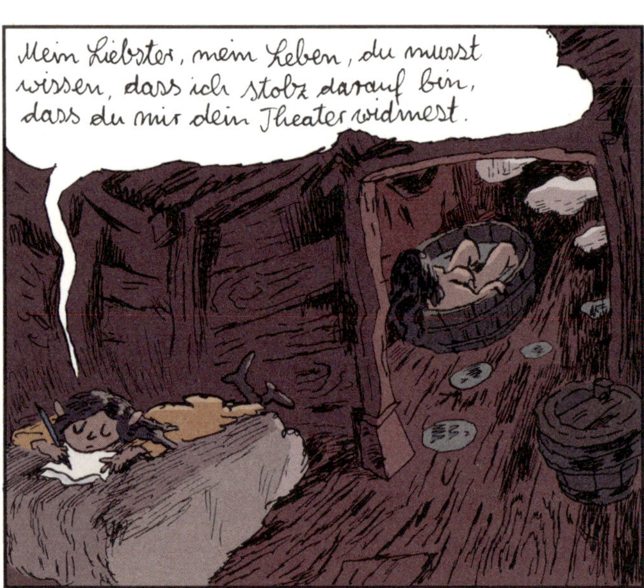
Mein Liebster, mein Leben, du musst wissen, dass ich stolz darauf bin, dass du mir dein Theater widmest.

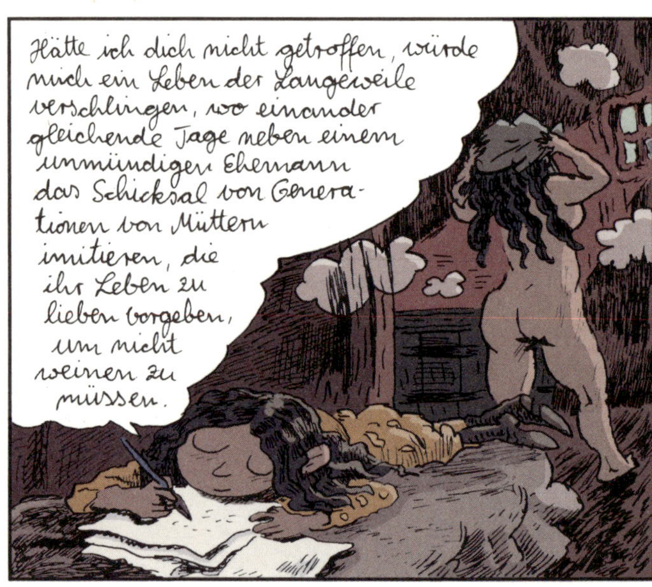
Hätte ich dich nicht getroffen, würde mich ein Leben der Langeweile verschlingen, wo einander gleichende Tage neben einem unmündigen Ehemann das Schicksal von Generationen von Müttern imitieren, die ihr Leben zu lieben vorgeben, um nicht weinen zu müssen.

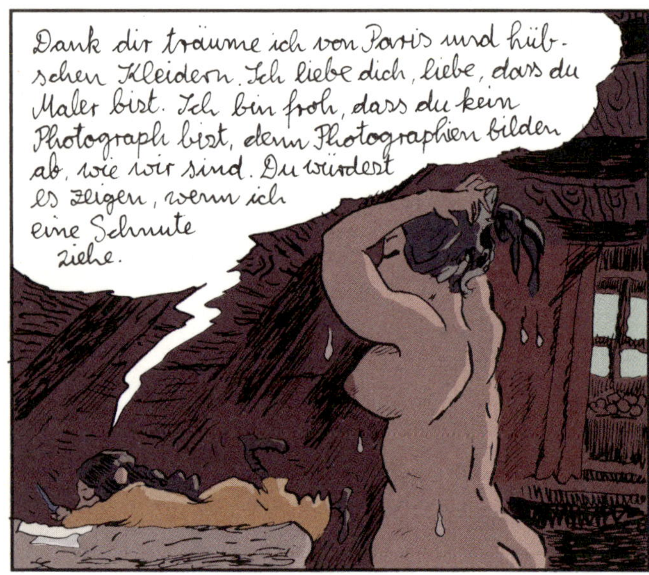
Dank dir träume ich von Paris und hübschen Kleidern. Ich liebe dich, liebe, dass du Maler bist. Ich bin froh, dass du kein Photograph bist, denn Photographien bilden ab, wie wir sind. Du würdest es zeigen, wenn ich eine Schnute ziehe.

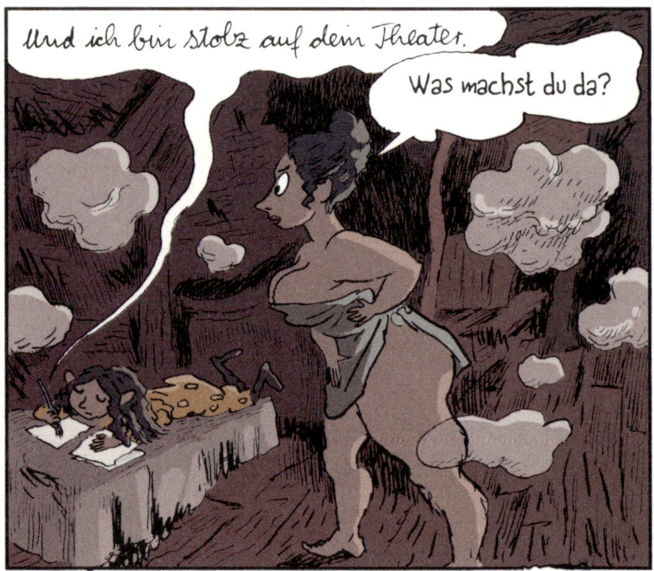
Und ich bin stolz auf dein Theater.
Was machst du da?

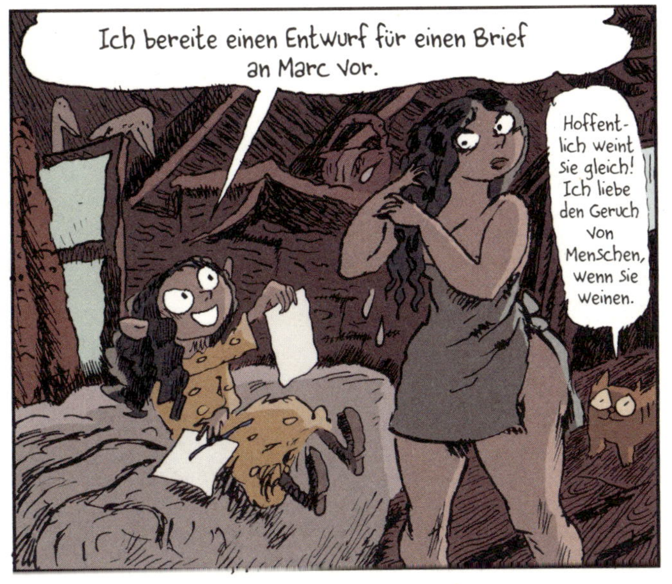
Ich bereite einen Entwurf für einen Brief an Marc vor.
Hoffentlich weint sie gleich! Ich liebe den Geruch von Menschen, wenn sie weinen.

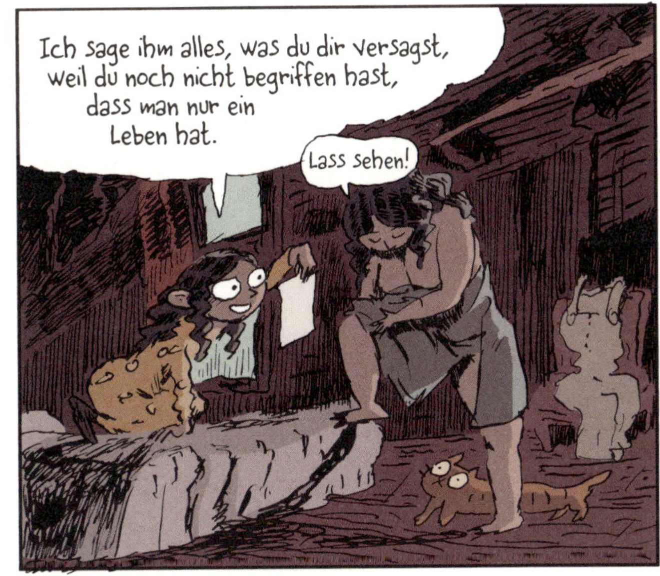
Ich sage ihm alles, was du dir versagst, weil du noch nicht begriffen hast, dass man nur ein Leben hat.
Lass sehen!

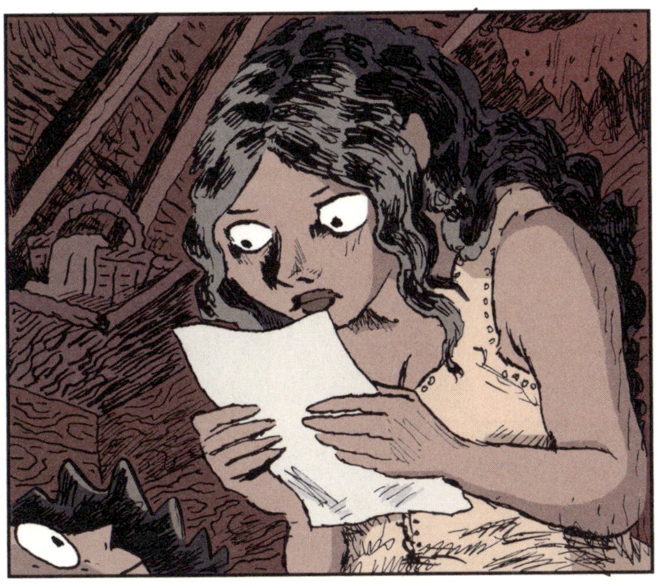

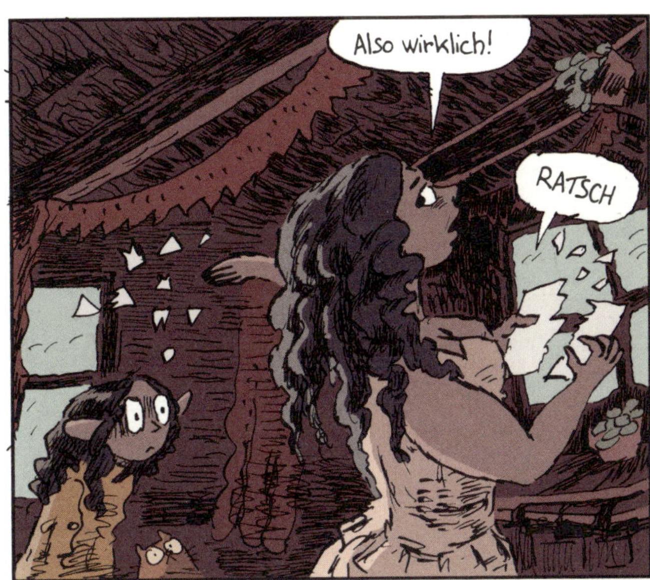
Also wirklich!
RATSCH

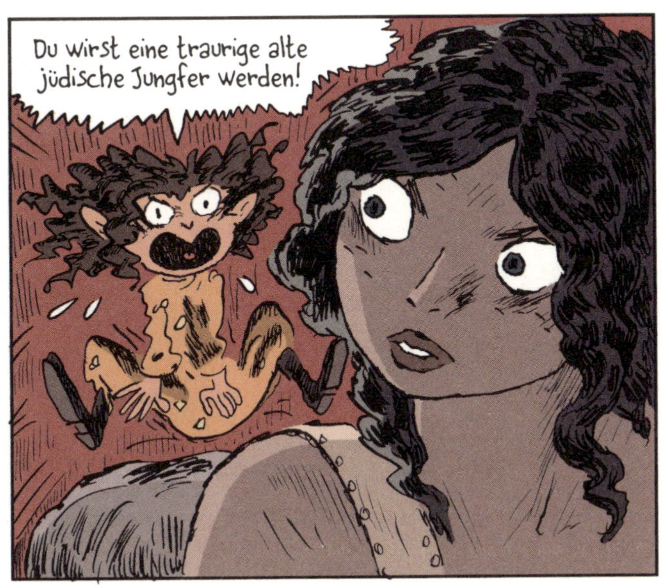
Du wirst eine traurige alte jüdische Jungfer werden!

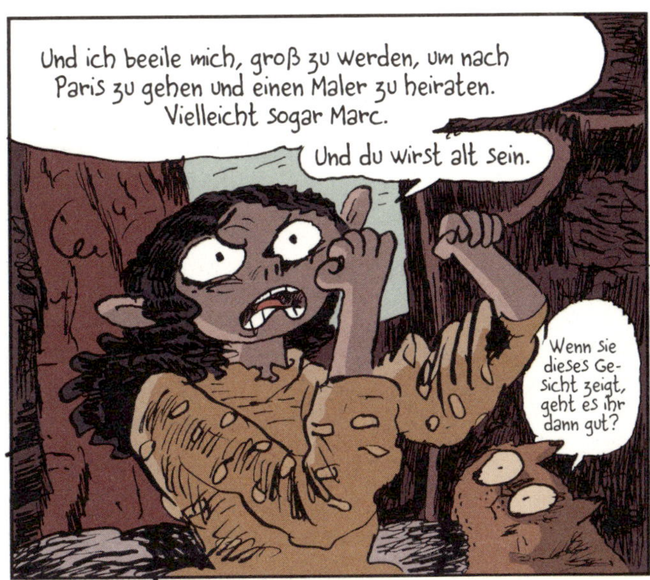
Und ich beeile mich, groß zu werden, um nach Paris zu gehen und einen Maler zu heiraten. Vielleicht sogar Marc.
Und du wirst alt sein.
Wenn sie dieses Gesicht zeigt, geht es ihr dann gut?

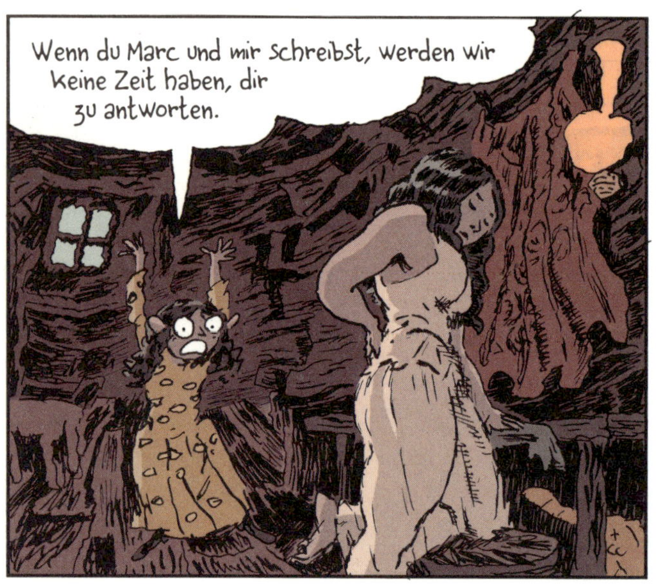
Wenn du Marc und mir schreibst, werden wir keine Zeit haben, dir zu antworten.

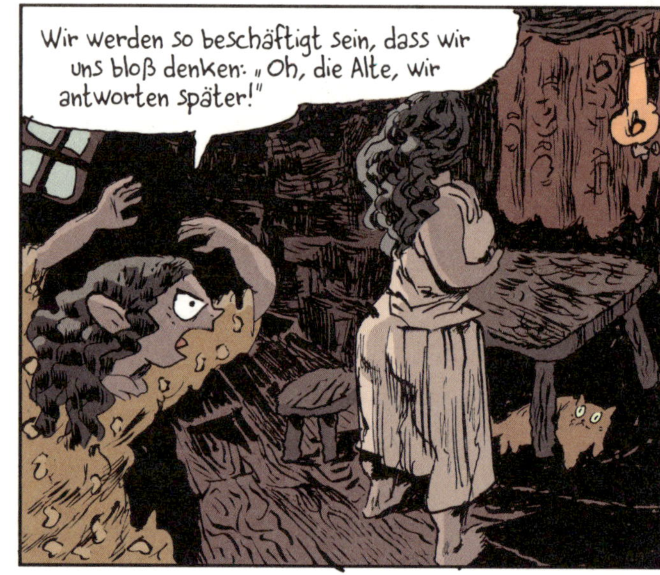
Wir werden so beschäftigt sein, dass wir uns bloß denken: „Oh, die Alte, wir antworten später!"

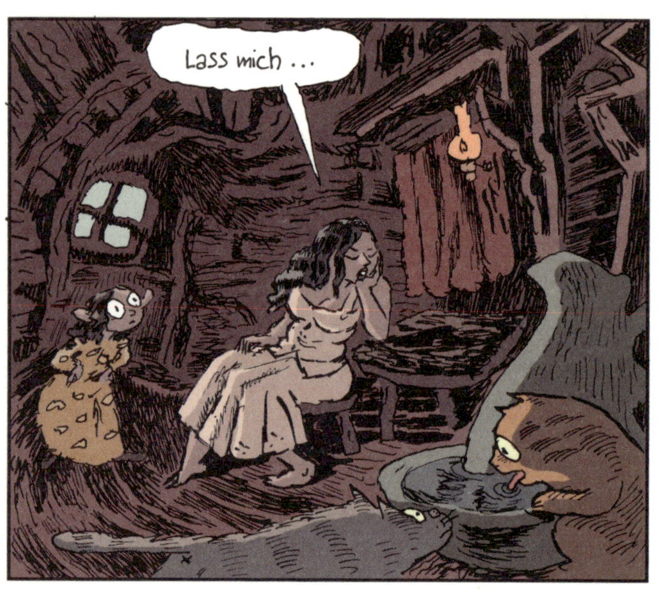
Lass mich …

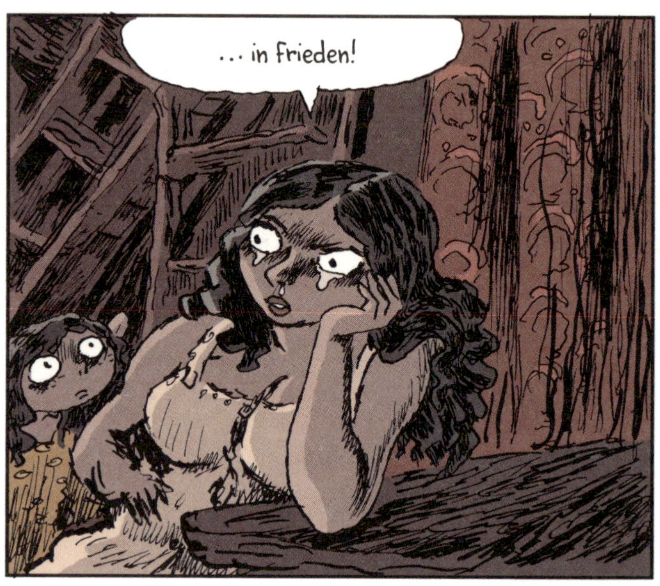
… in Frieden!

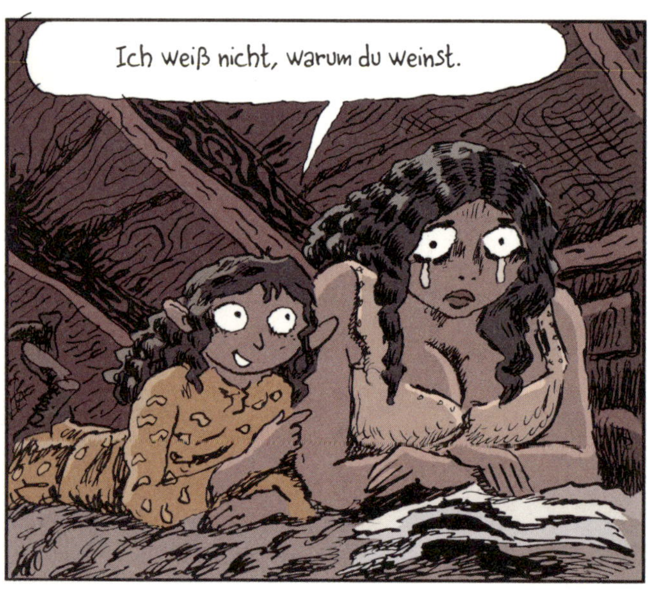
Ich weiß nicht, warum du weinst.

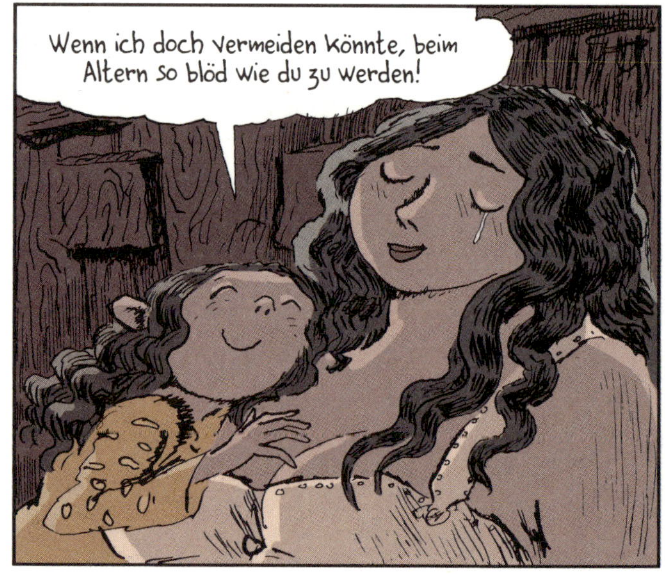
Wenn ich doch vermeiden könnte, beim Altern so blöd wie du zu werden!

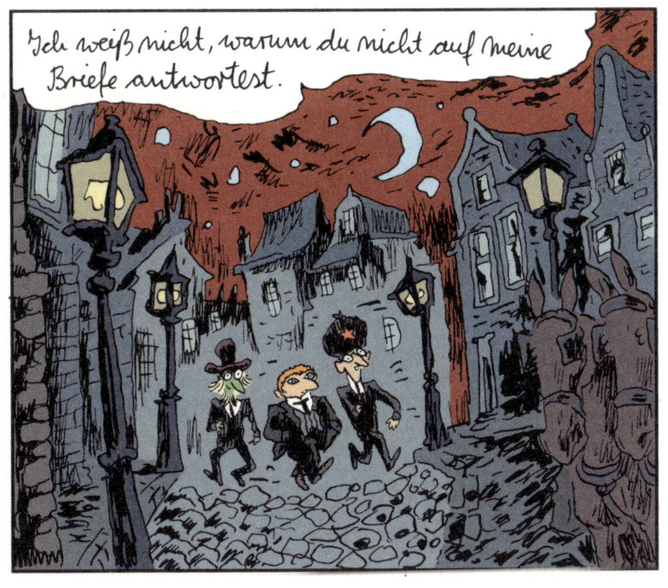
Ich weiß nicht, warum du nicht auf meine Briefe antwortest.

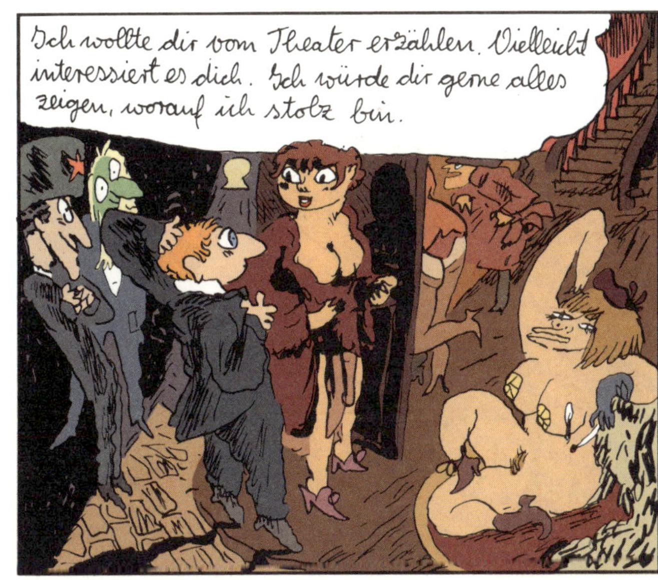
Ich wollte dir vom Theater erzählen. Vielleicht interessiert es dich. Ich würde dir gerne alles zeigen, worauf ich stolz bin.

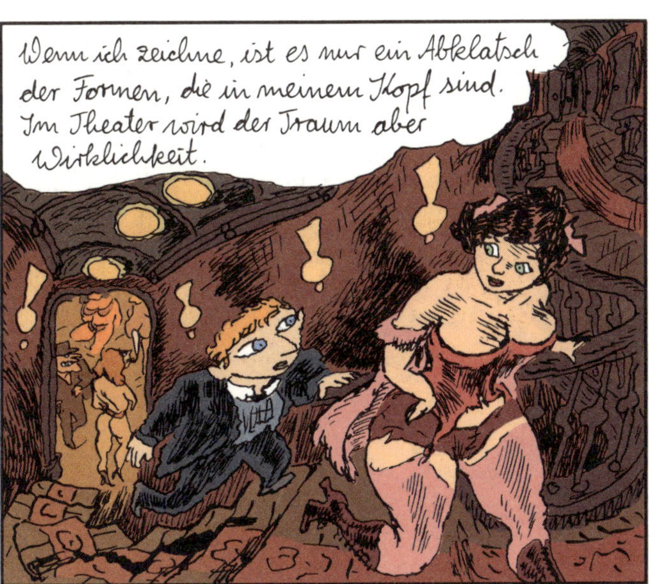
Wenn ich zeichne, ist es nur ein Abklatsch der Formen, die in meinem Kopf sind. Im Theater wird der Traum aber Wirklichkeit.

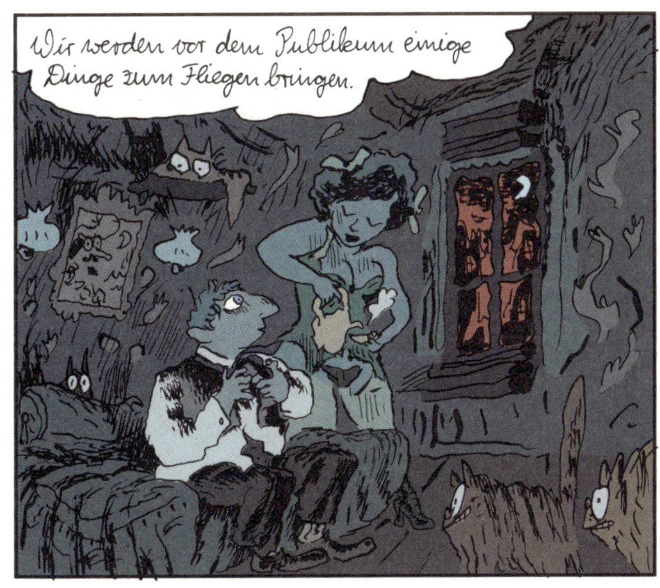
Wir werden vor dem Publikum einige Dinge zum Fliegen bringen.

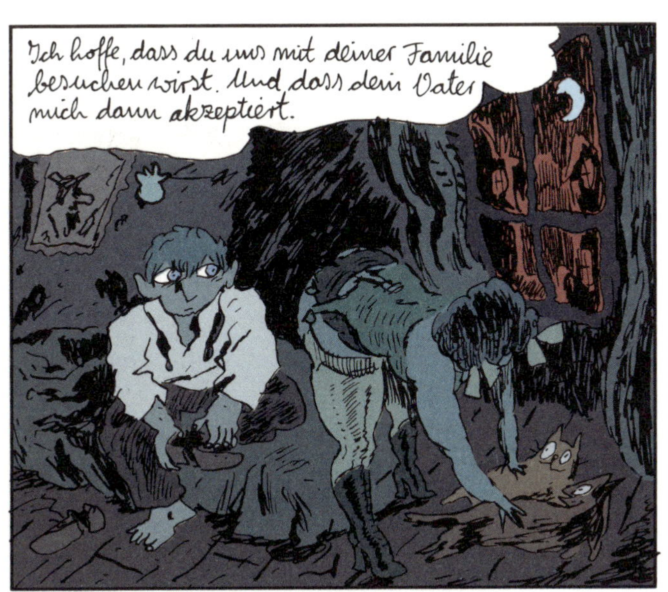
Ich hoffe, dass du uns mit deiner Familie besuchen wirst. Und dass dein Vater mich dann akzeptiert.

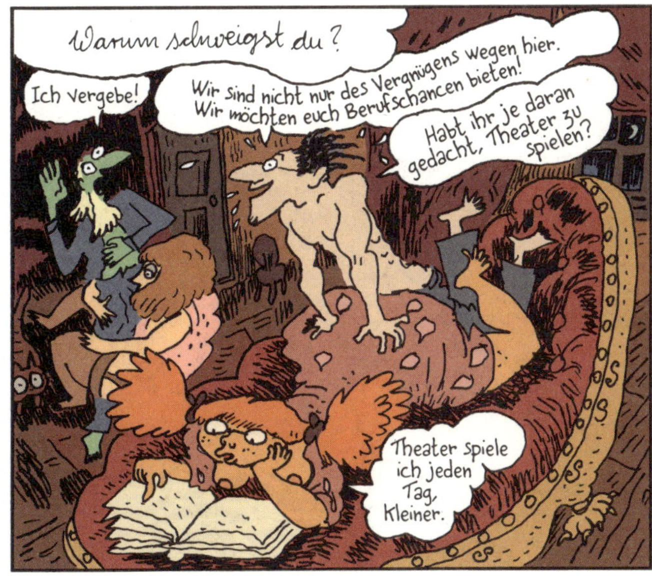
Warum schweigst du?
Ich vergebe!
Wir sind nicht nur des Vergnügens wegen hier. Wir möchten euch Berufschancen bieten!
Habt ihr je daran gedacht, Theater zu spielen?
Theater spiele ich jeden Tag, Kleiner.

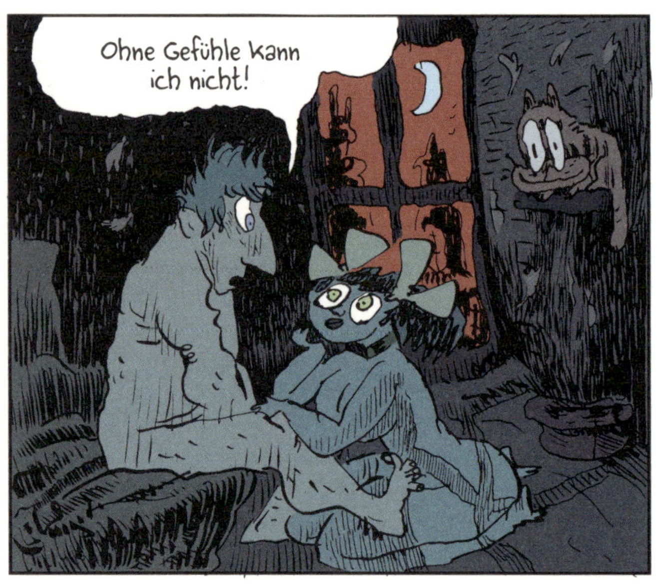
Ohne Gefühle kann ich nicht!

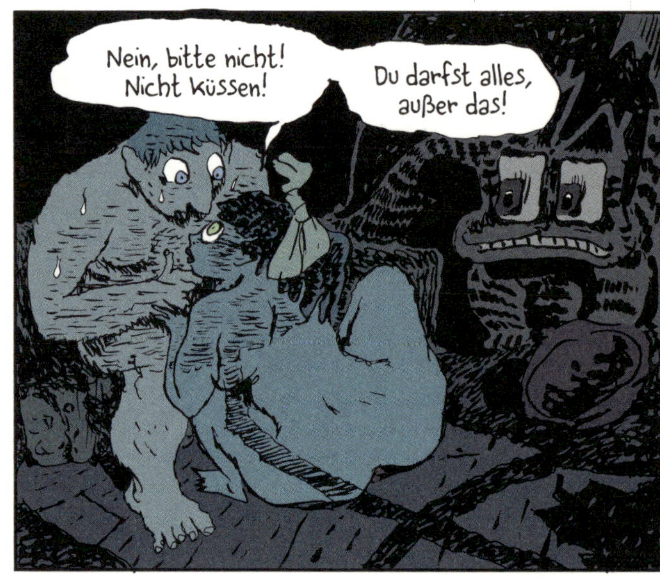
Nein, bitte nicht! Nicht küssen!
Du darfst alles, außer das!

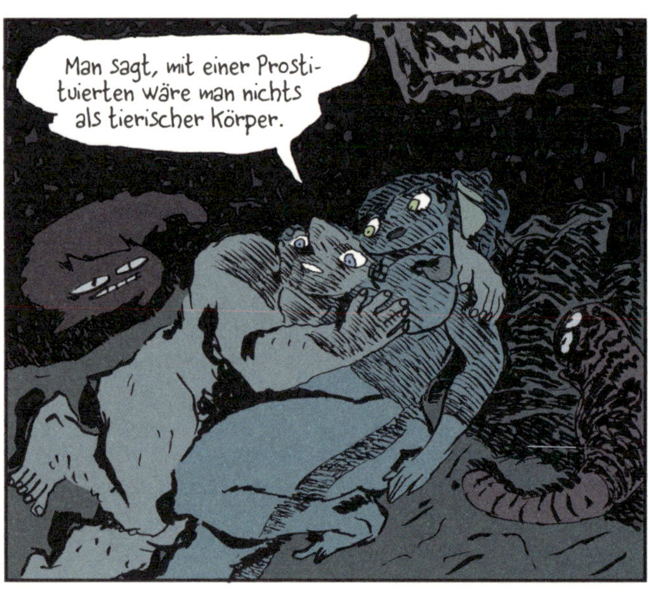
Man sagt, mit einer Prostituierten wäre man nichts als tierischer Körper.

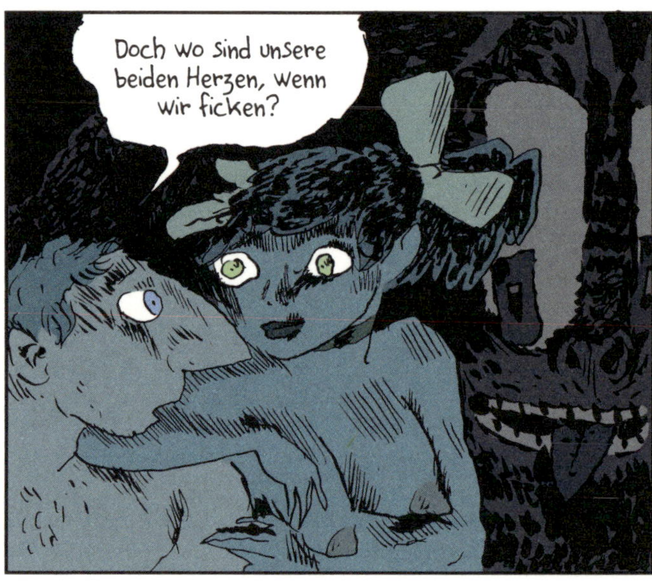
Doch wo sind unsere beiden Herzen, wenn wir ficken?

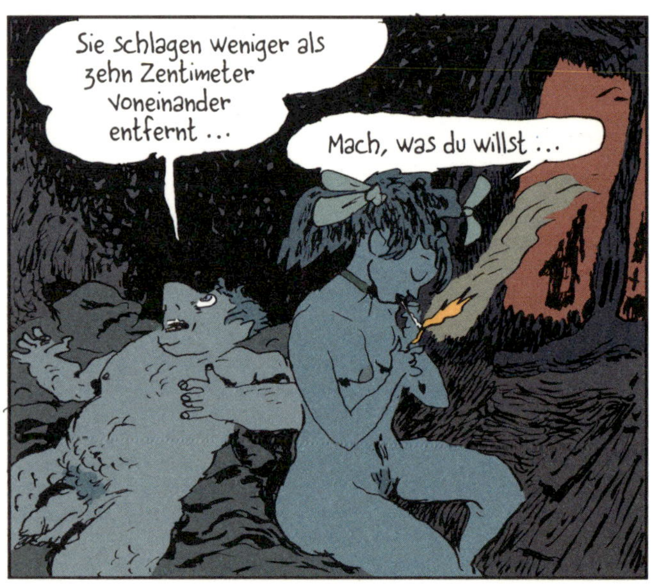
Sie schlagen weniger als zehn Zentimeter voneinander entfernt ...
Mach, was du willst ...

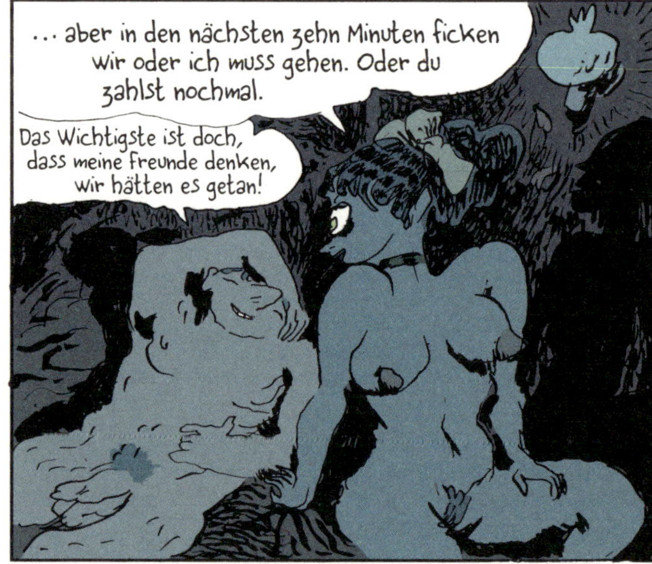
... aber in den nächsten zehn Minuten ficken wir oder ich muss gehen. Oder du zahlst nochmal.
Das Wichtigste ist doch, dass meine Freunde denken, wir hätten es getan!

Die Einladung ins Theater

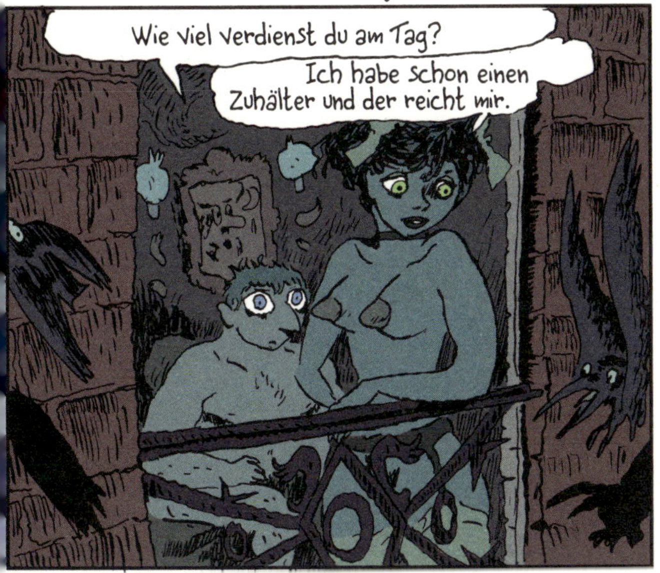

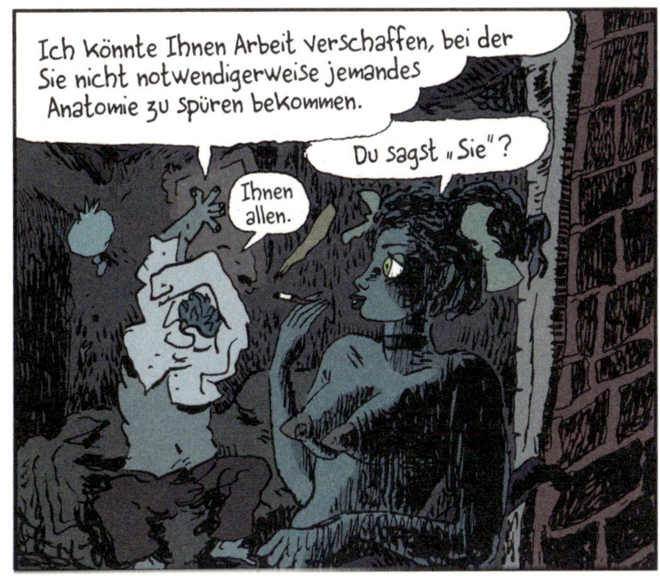

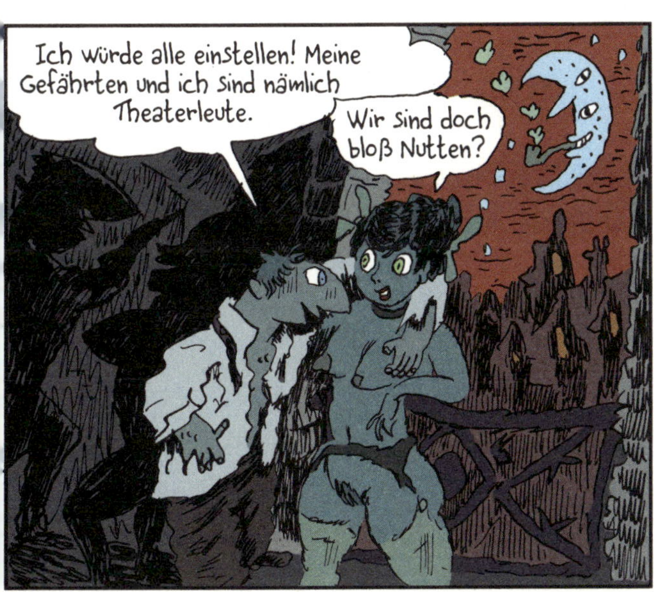

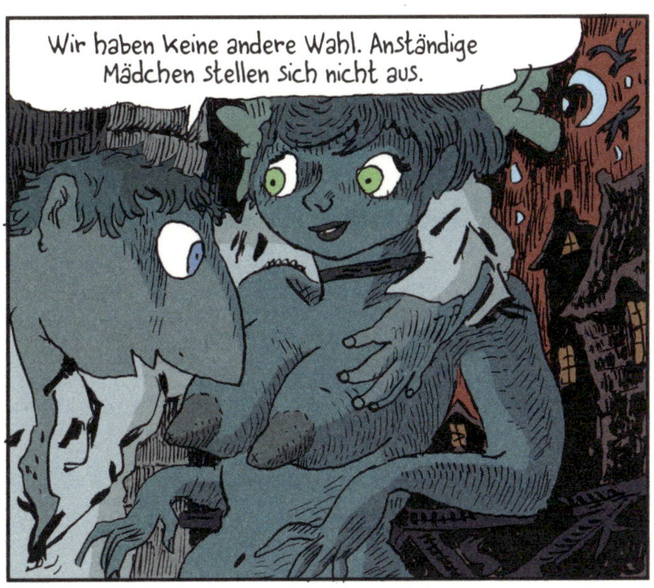

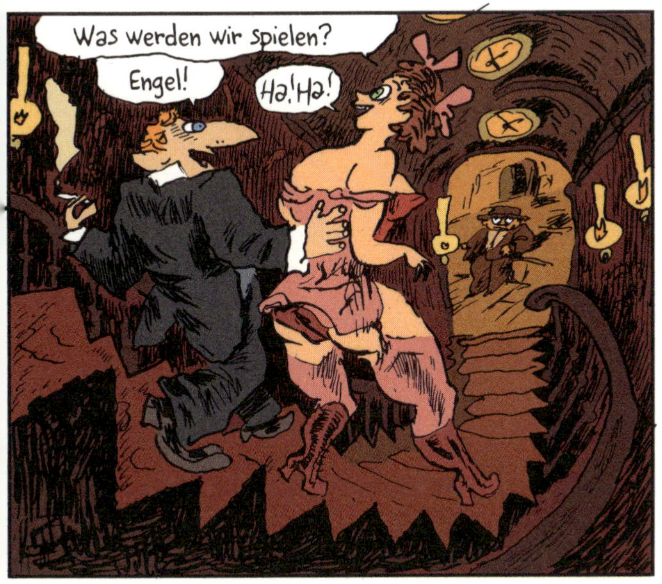

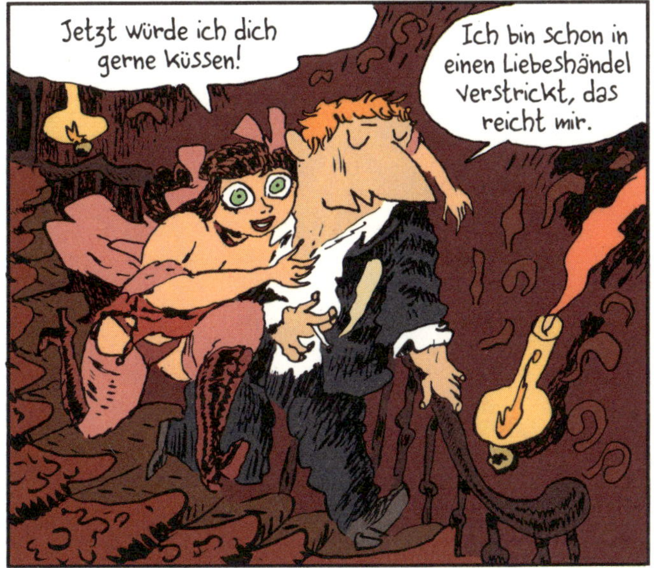

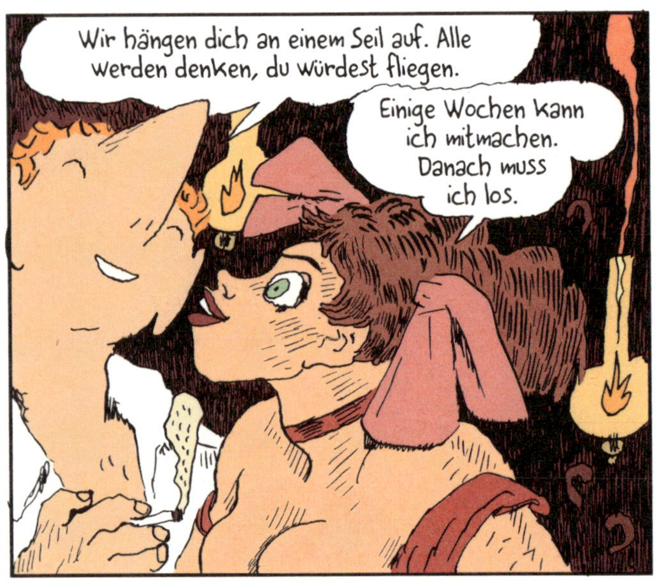

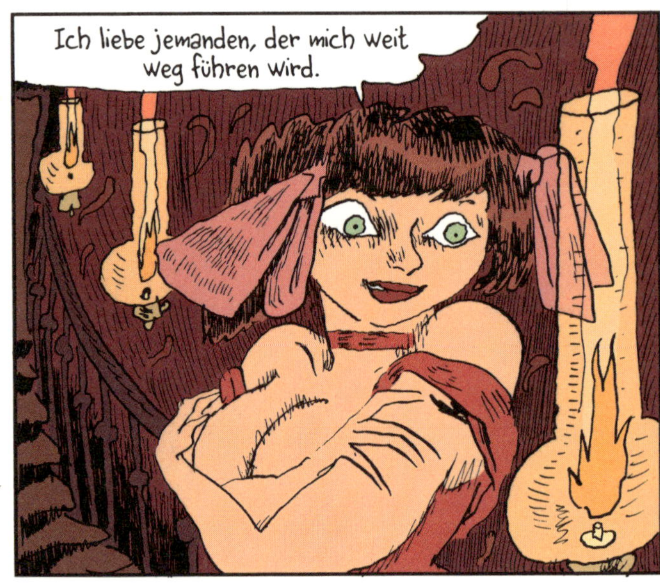

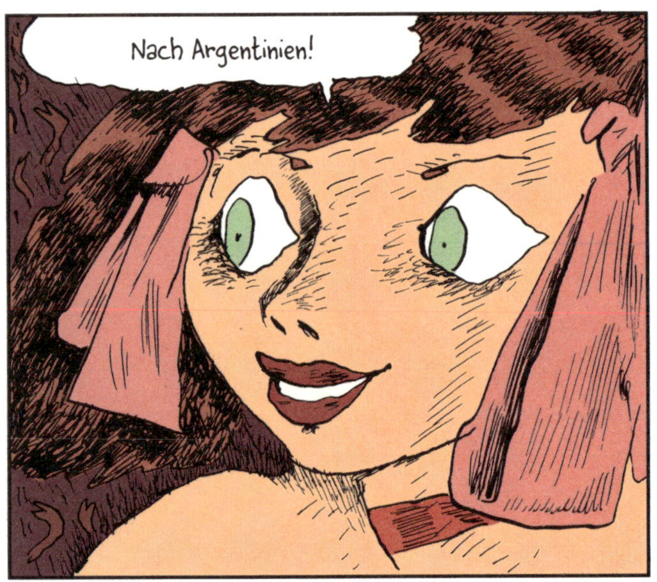

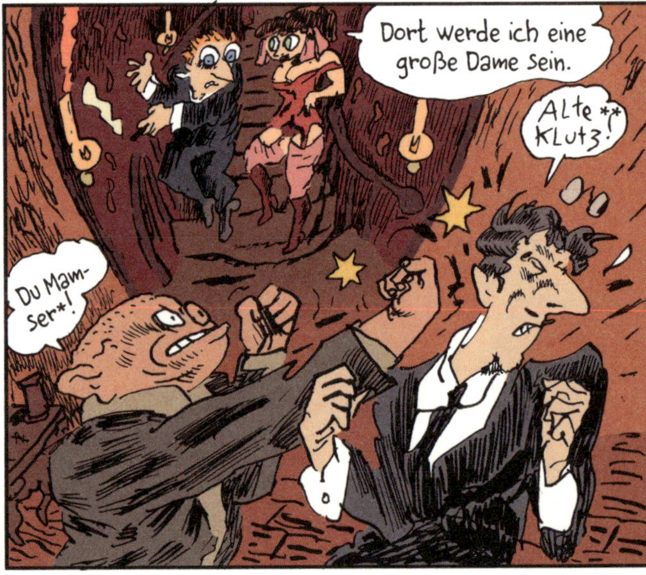

*„Hurensohn" **„Holzklotz"

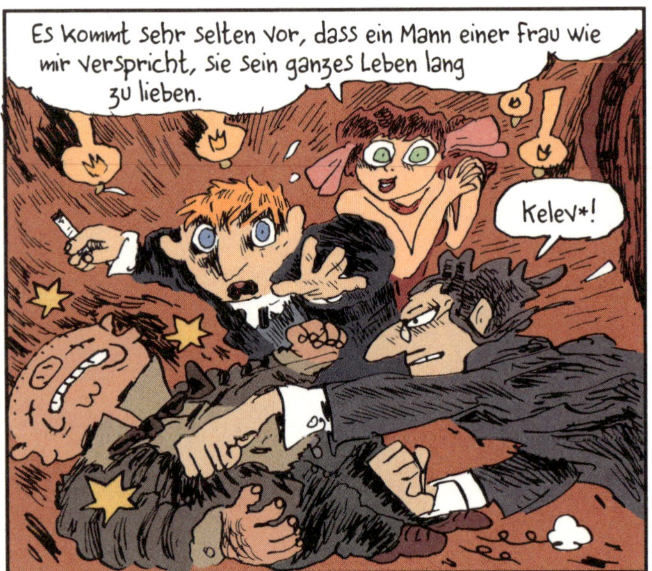

*„Hund"

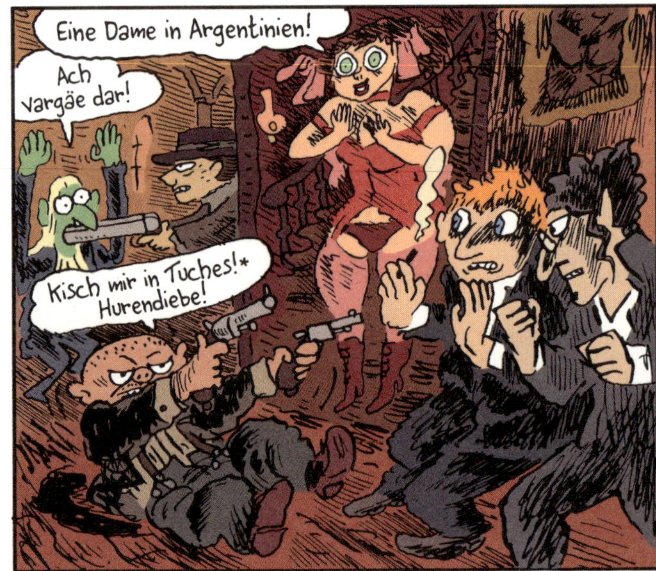

*„Küsst meinen Arsch"

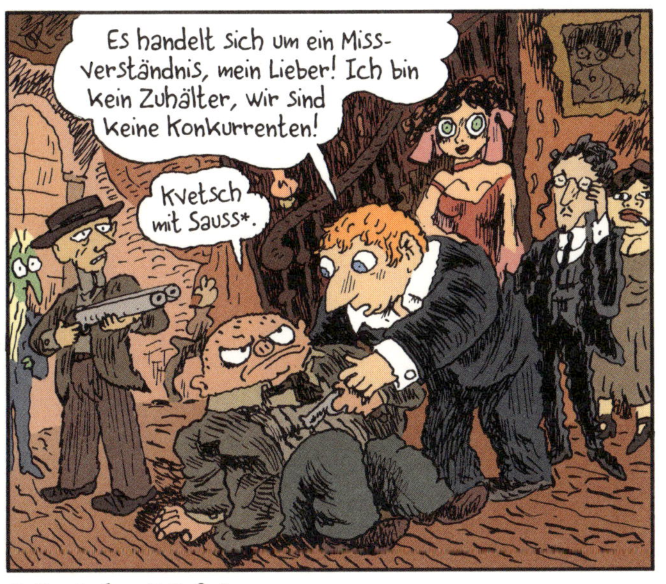

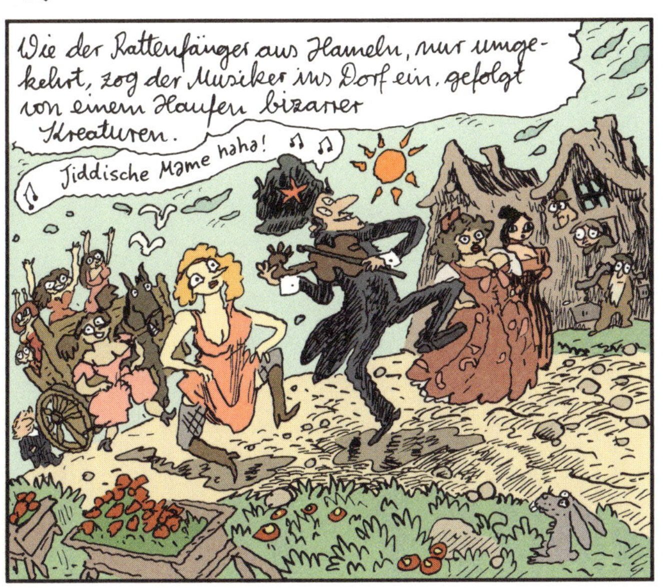

*„Quatsch mit Soße"

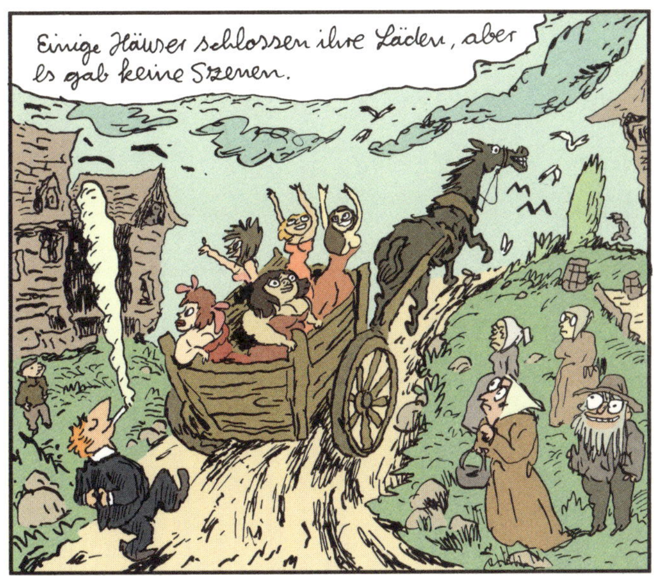

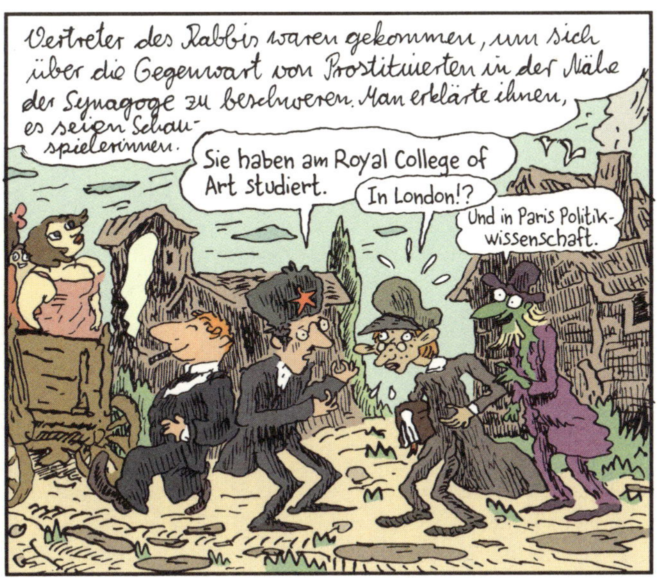

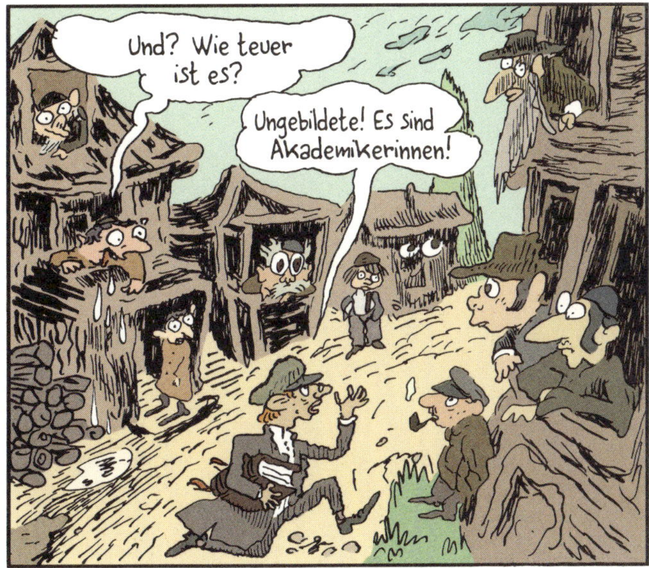

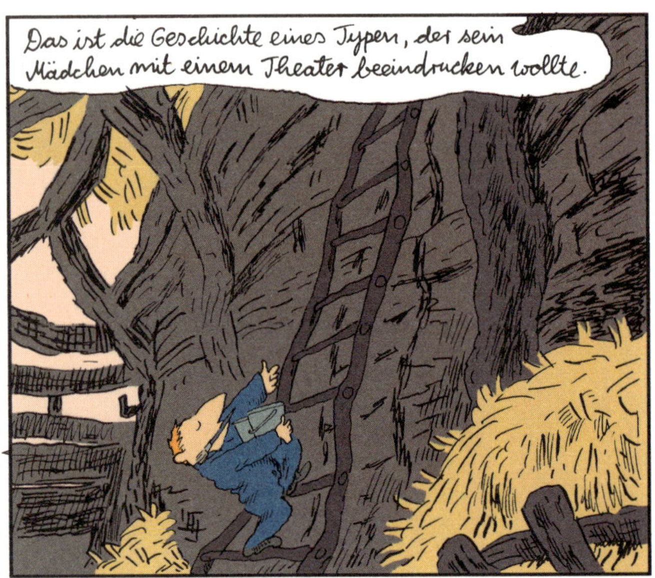
Das ist die Geschichte eines Typen, der sein Mädchen mit einem Theater beeindrucken wollte.

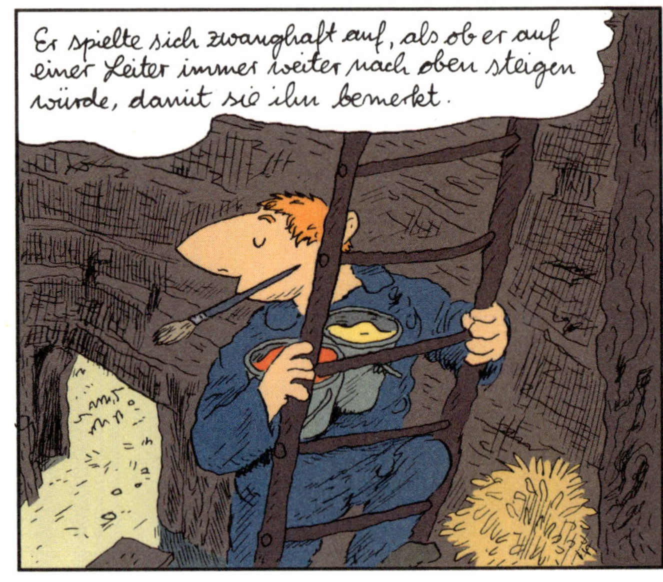
Er spielte sich zwanghaft auf, als ob er auf einer Leiter immer weiter nach oben steigen würde, damit sie ihn bemerkt.

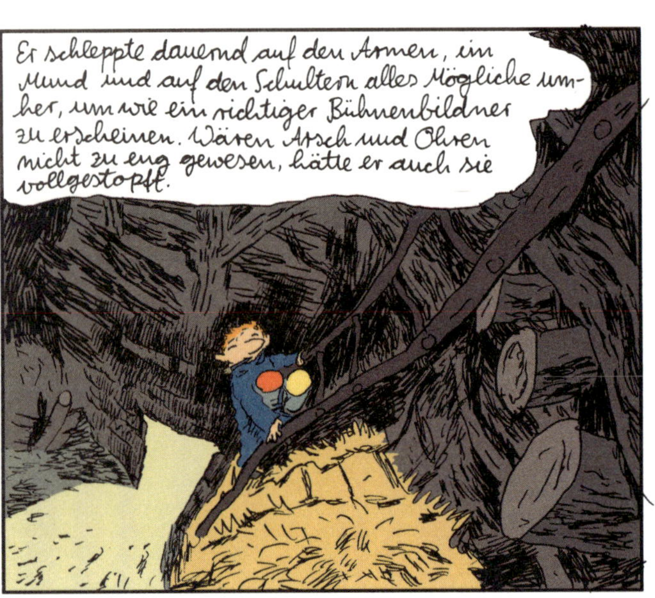
Er schleppte dauernd auf den Armen, im Mund und auf den Schultern alles Mögliche umher, um wie ein richtiger Bühnenbildner zu erscheinen. Wären Arsch und Ohren nicht zu eng gewesen, hätte er auch sie vollgestopft.

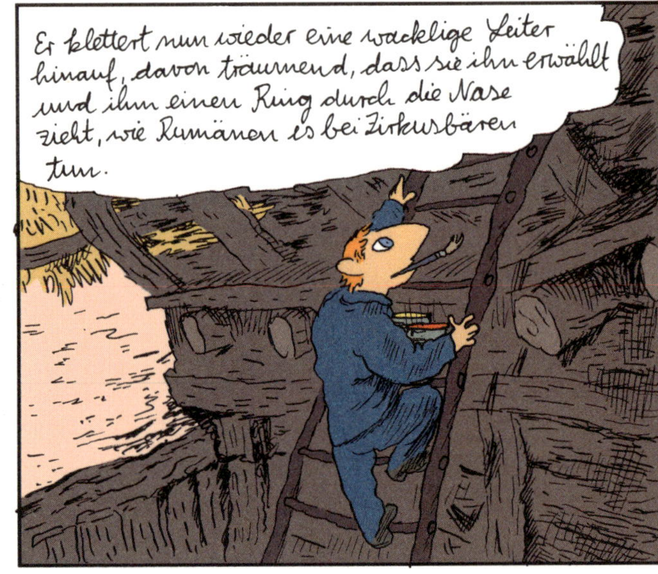
Er klettert nun wieder eine wacklige Leiter hinauf, davon träumend, dass sie ihn erwählt und ihm einen Ring durch die Nase zieht, wie Rumänen es bei Zirkusbären tun.

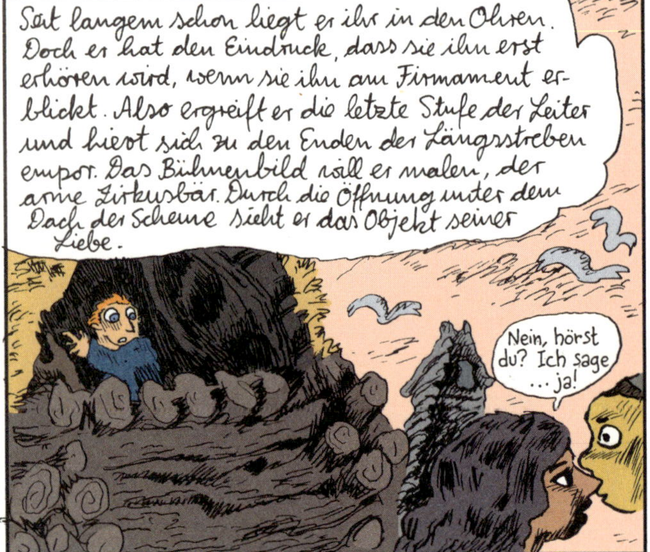
Seit langem schon liegt er ihr in den Ohren. Doch er hat den Eindruck, dass sie ihn erst erhören wird, wenn sie ihn am Firmament erblickt. Also ergreift er die letzte Stufe der Leiter und hievt sich zu den Enden der Längsstreben empor. Das Bühnenbild will er malen, der arme Zirkusbär. Durch die Öffnung unter dem Dach der Scheune sieht er das Objekt seiner Liebe.
Nein, hörst du? Ich sage ... ja!

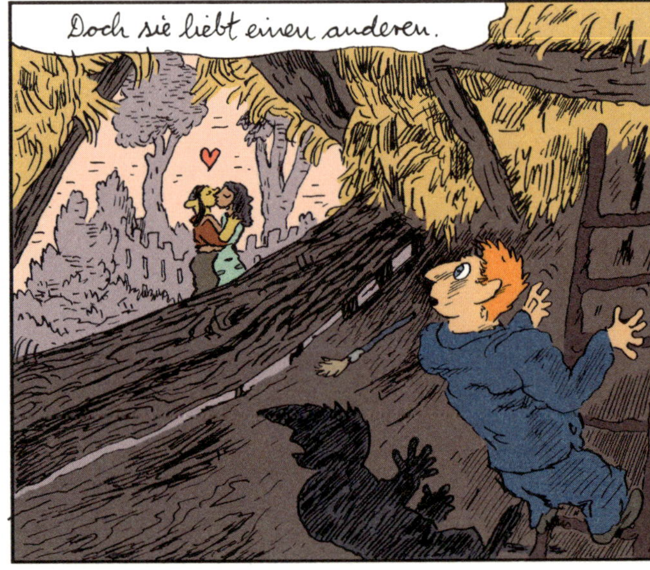
Doch sie liebt einen anderen.

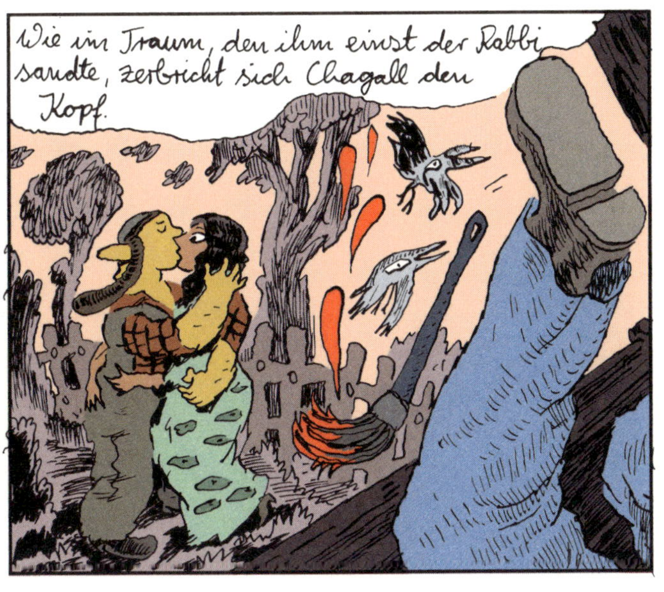
Wie im Traum, den ihm einst der Rabbi sandte, zerbricht sich Chagall den Kopf.

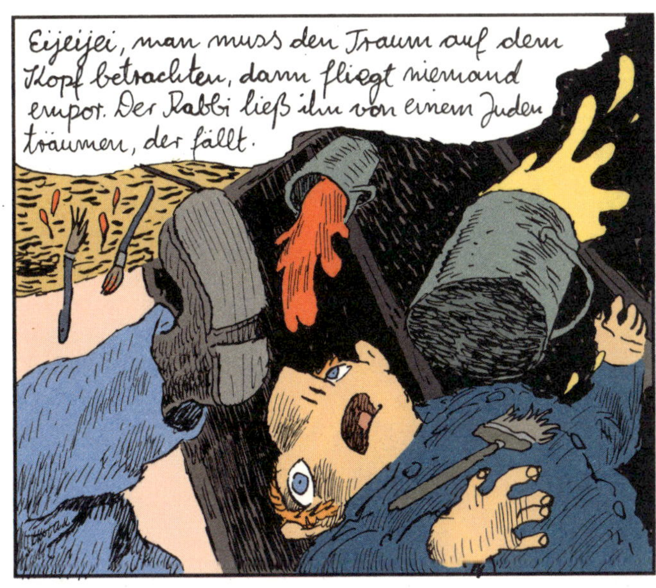
Eijeijei, man muss den Traum auf dem Kopf betrachten, dann fliegt niemand empor. Der Rabbi ließ ihn von einem Juden träumen, der fällt.

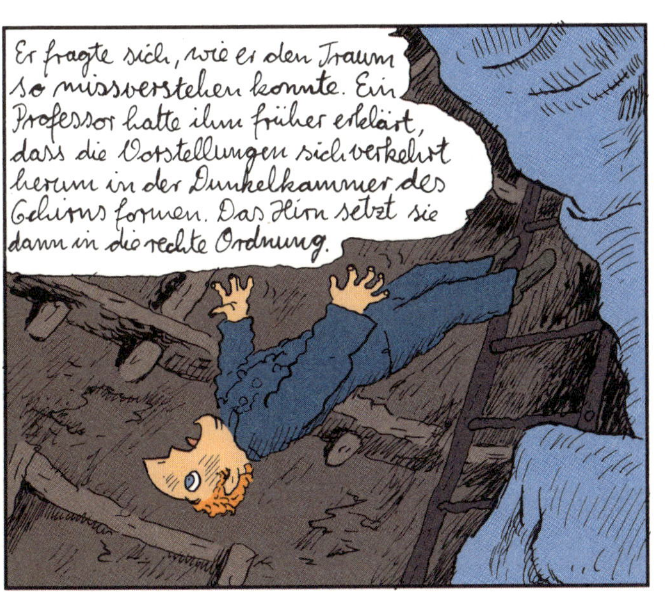
Er fragte sich, wie er den Traum so missverstehen konnte. Ein Professor hatte ihm früher erklärt, dass die Vorstellungen sich verkehrt herum in der Dunkelkammer des Gehirns formen. Das Hirn setzt sie dann in die rechte Ordnung.

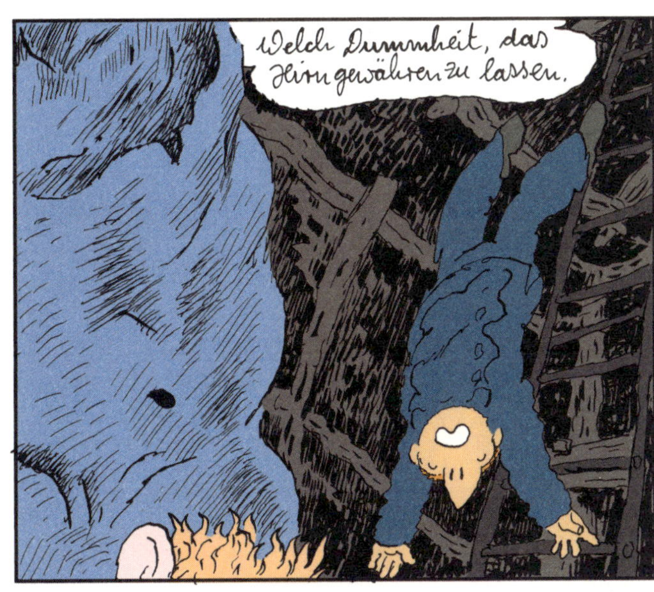
Welch Dummheit, das Hirn gewähren zu lassen.

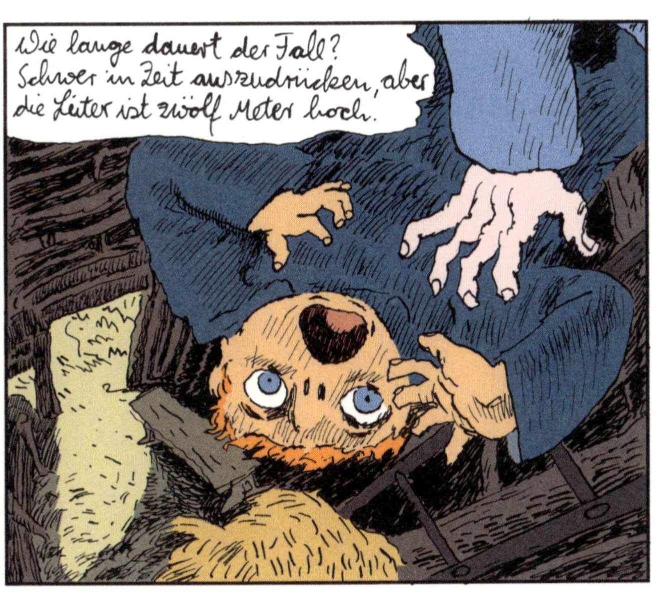
Wie lange dauert der Fall? Schwer in Zeit auszudrücken, aber die Leiter ist zwölf Meter hoch.

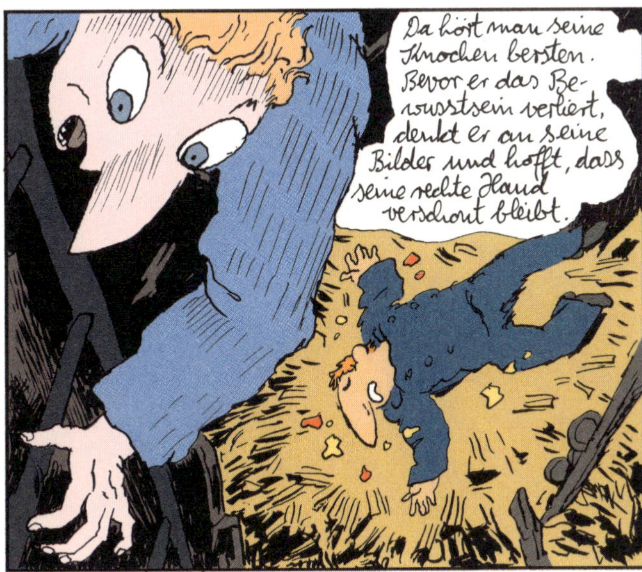
Da hört man seine Knochen bersten. Bevor er das Bewusstsein verliert, denkt er an seine Bilder und hofft, dass seine rechte Hand verschont bleibt.

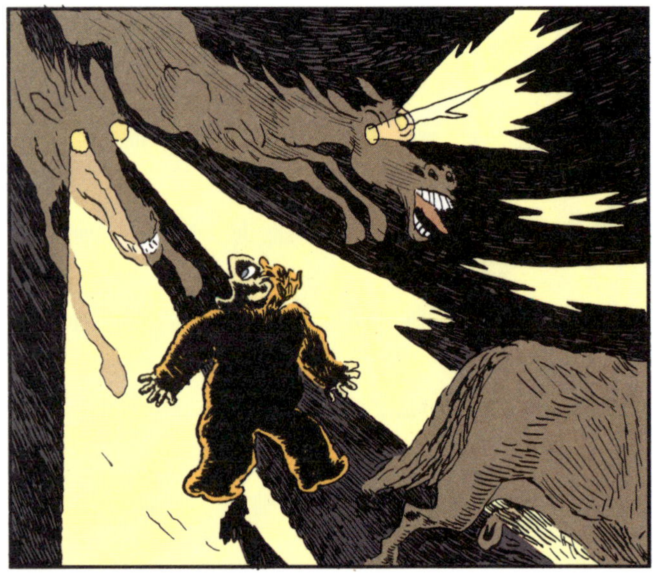
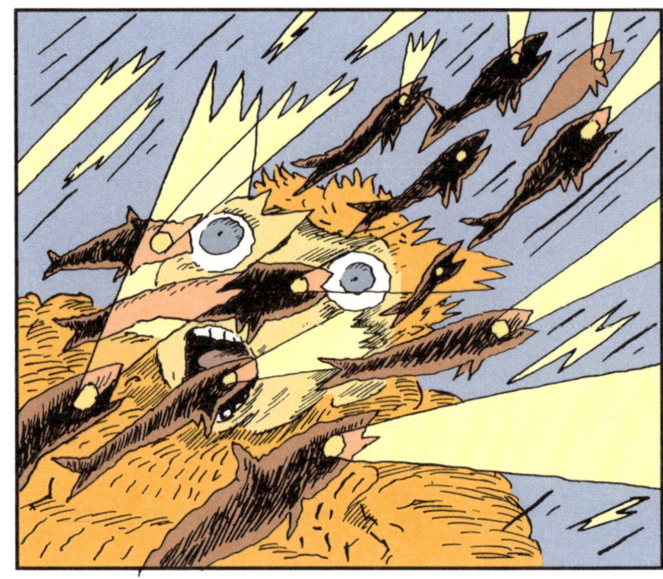
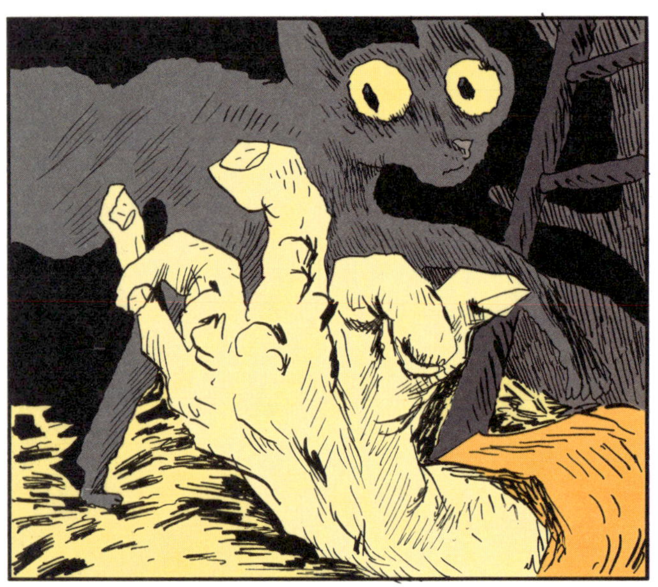
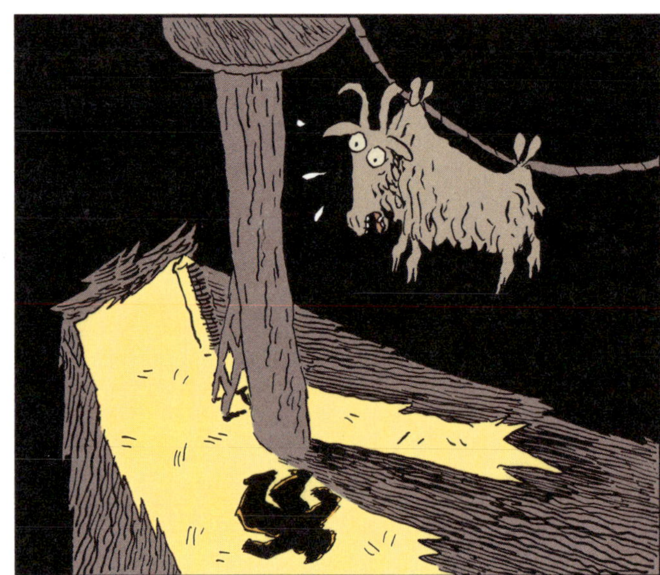
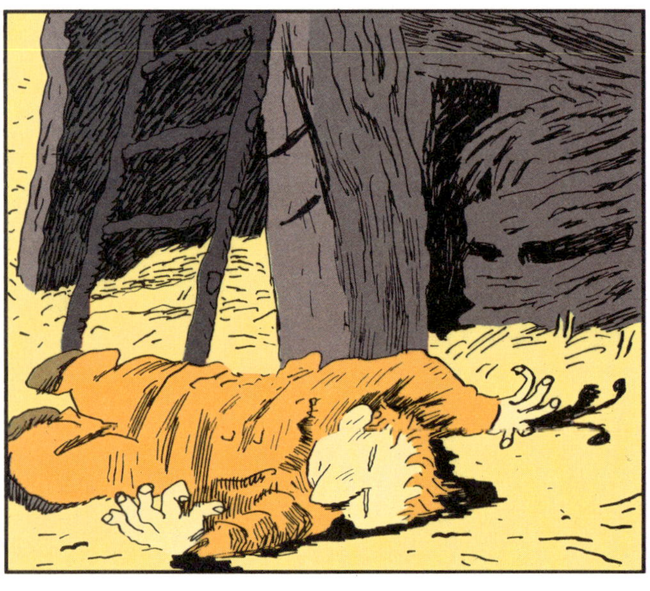
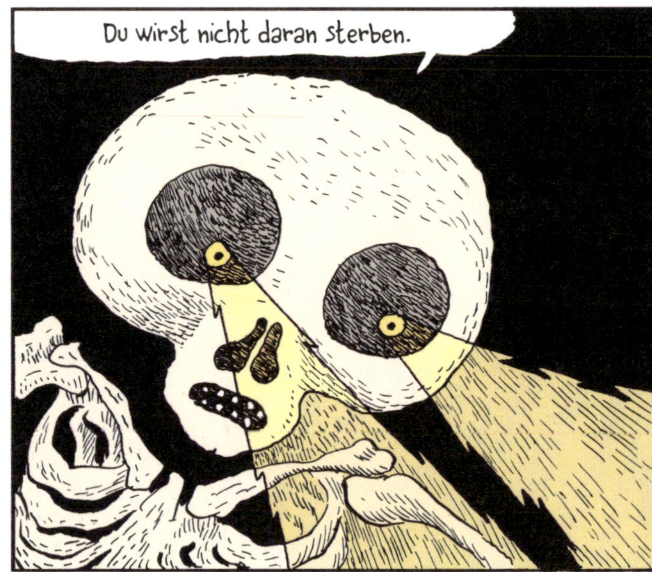
Du wirst nicht daran sterben.

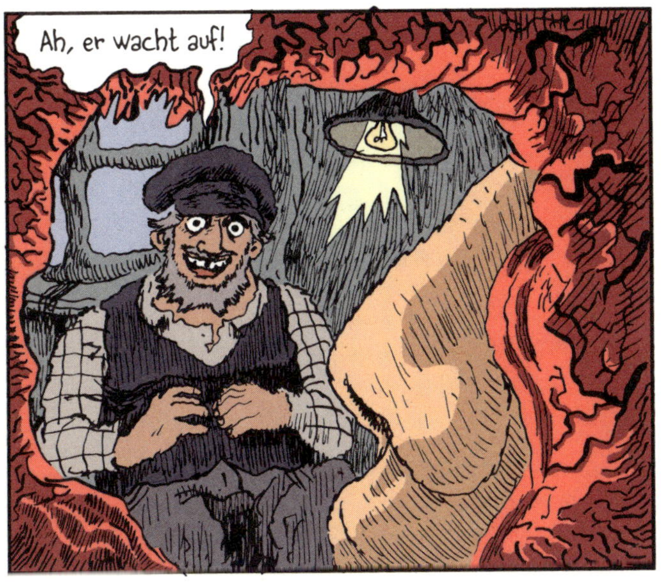
Ah, er wacht auf!

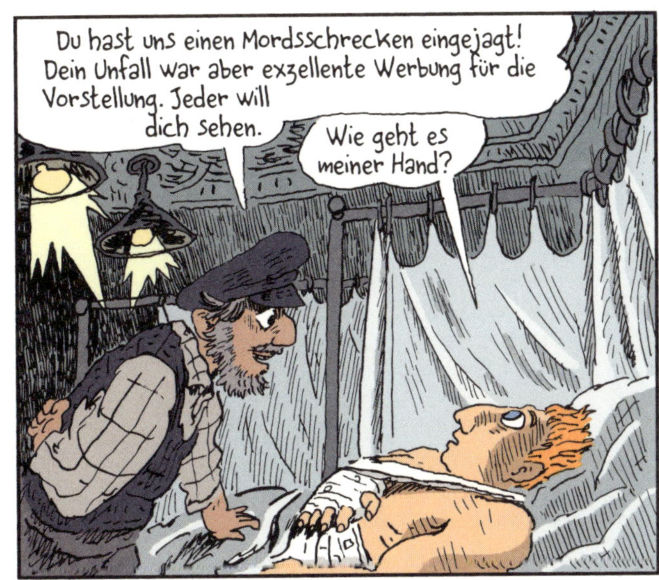
Du hast uns einen Mordsschrecken eingejagt! Dein Unfall war aber exzellente Werbung für die Vorstellung. Jeder will dich sehen.
Wie geht es meiner Hand?

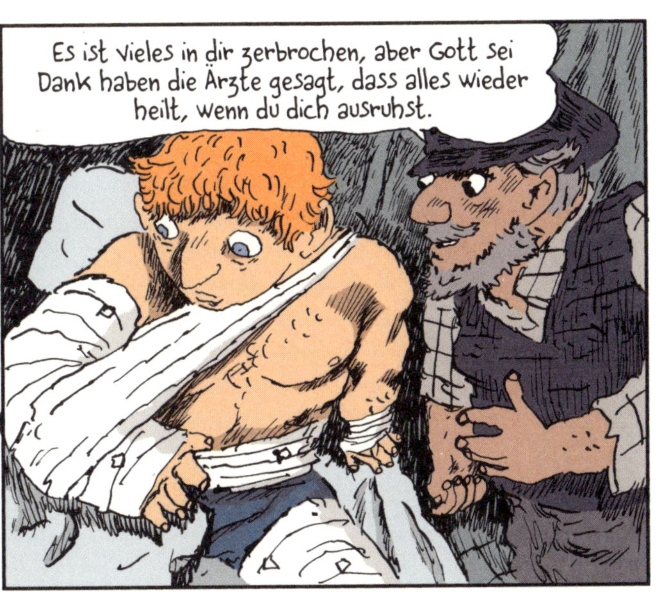
Es ist vieles in dir zerbrochen, aber Gott sei Dank haben die Ärzte gesagt, dass alles wieder heilt, wenn du dich ausruhst.

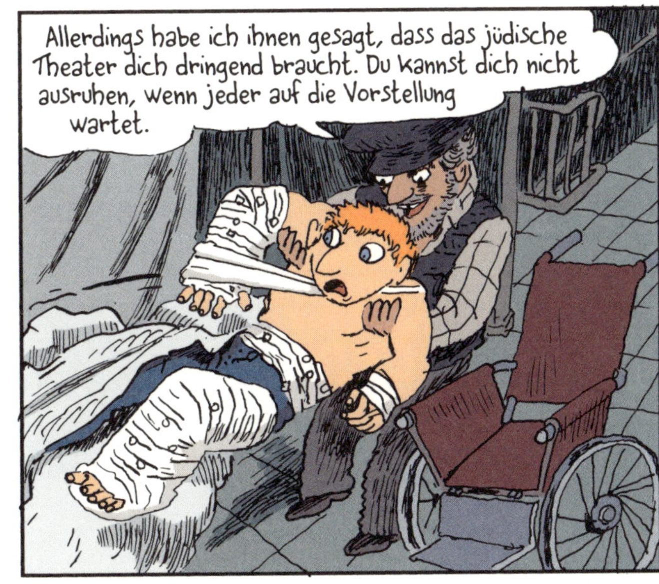
Allerdings habe ich ihnen gesagt, dass das jüdische Theater dich dringend braucht. Du kannst dich nicht ausruhen, wenn jeder auf die Vorstellung wartet.

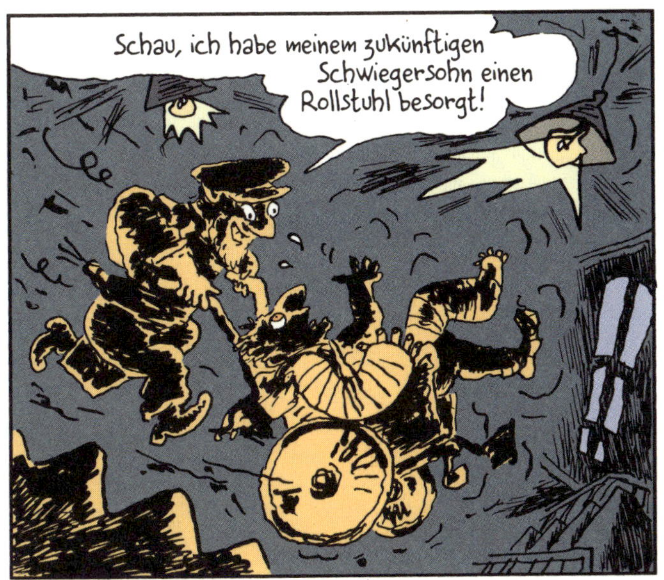
Schau, ich habe meinem zukünftigen Schwiegersohn einen Rollstuhl besorgt!

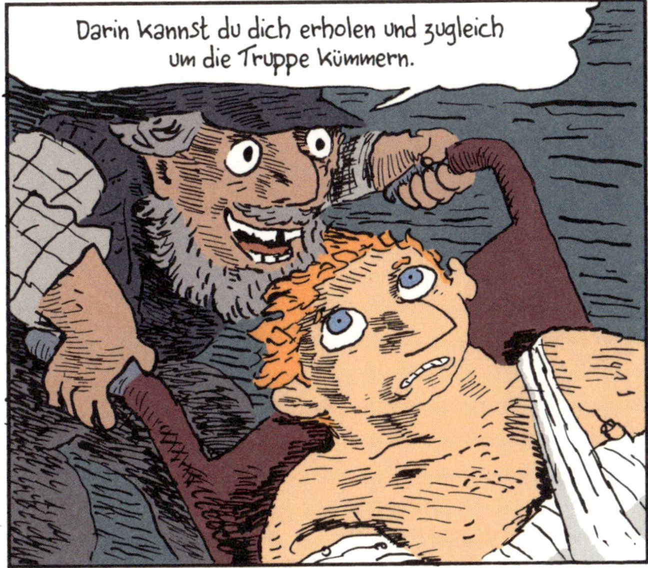
Darin kannst du dich erholen und zugleich um die Truppe kümmern.

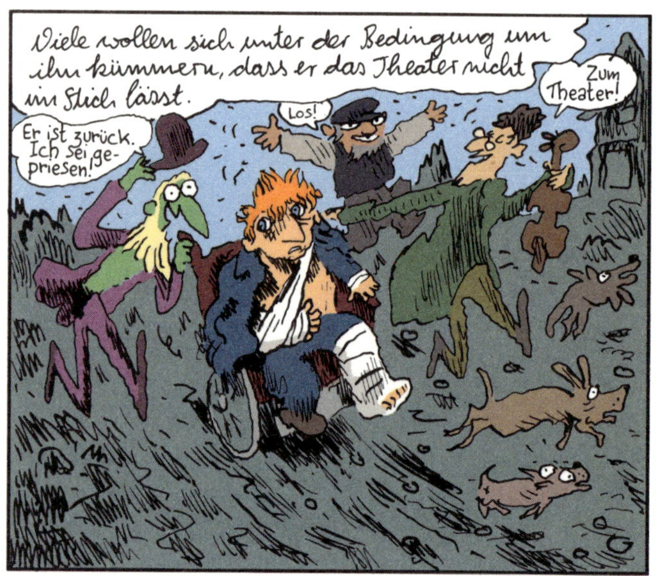
Viele wollen sich unter der Bedingung um ihn kümmern, dass er das Theater nicht im Stich lässt.
Zum Theater!
Los!
Er ist zurück. Ich sei gepriesen!

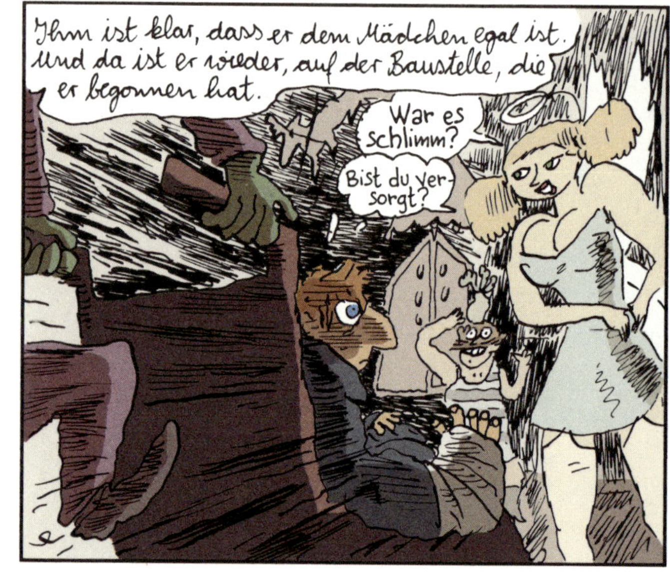
Ihm ist klar, dass er dem Mädchen egal ist. Und da ist er wieder, auf der Baustelle, die er begonnen hat.
War es schlimm?
Bist du versorgt?

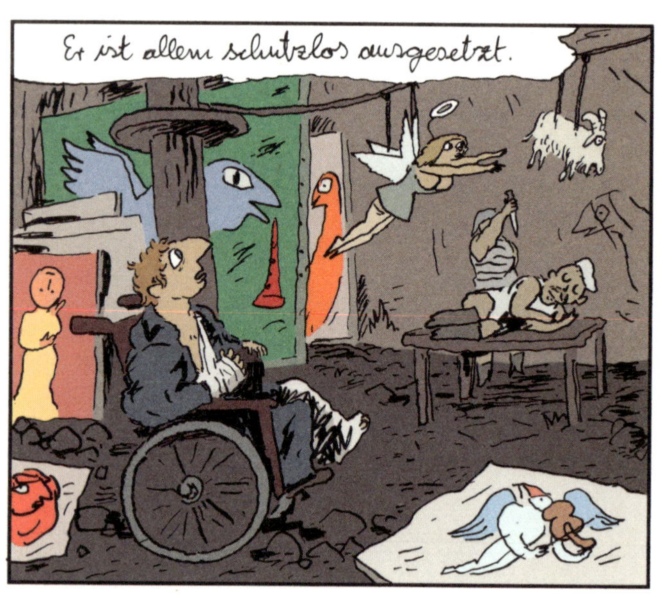
Er ist allem schutzlos ausgesetzt.

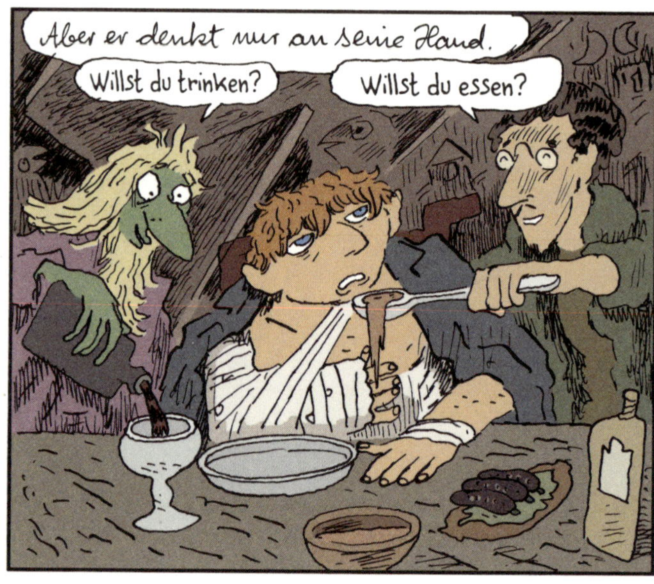
Aber er denkt nur an seine Hand.
Willst du trinken?
Willst du essen?

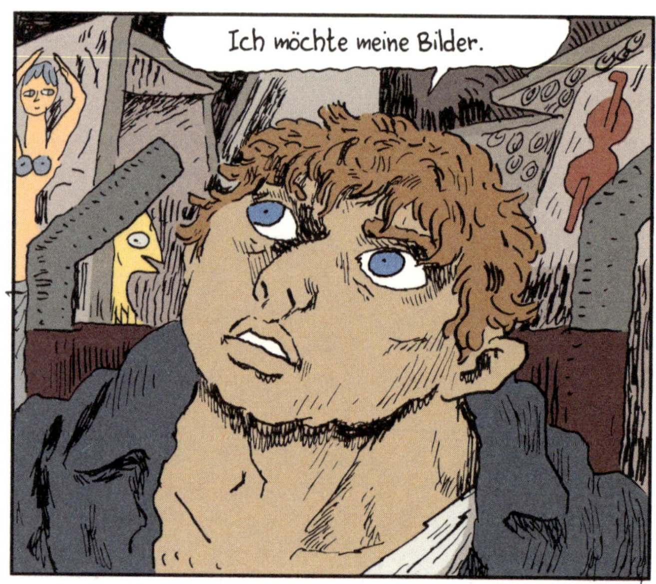
Ich möchte meine Bilder.

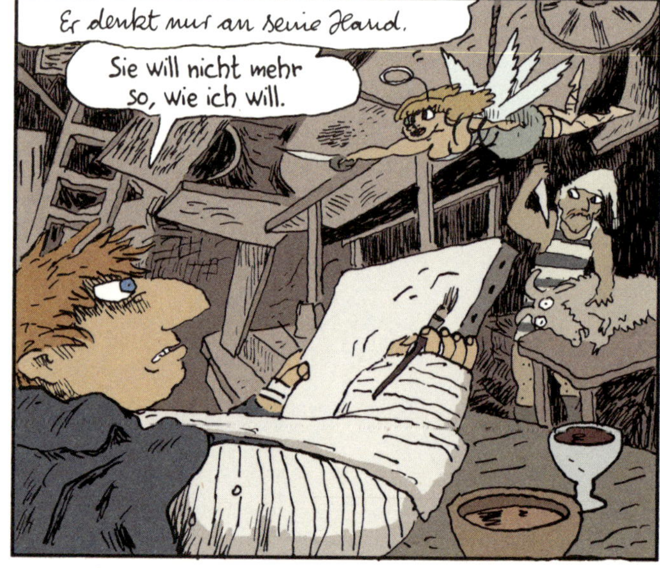
Er denkt nur an seine Hand.
Sie will nicht mehr so, wie ich will.

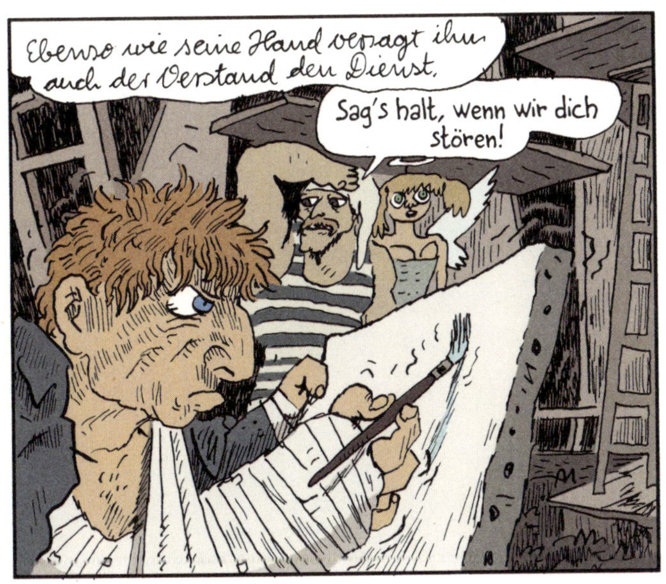
Ebenso wie seine Hand versagt ihm auch der Verstand den Dienst.
Sag's halt, wenn wir dich stören!

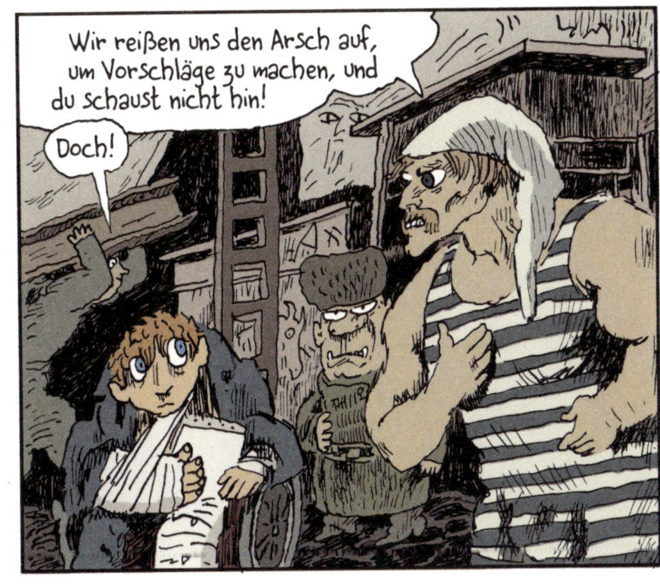
Wir reißen uns den Arsch auf, um Vorschläge zu machen, und du schaust nicht hin!
Doch!

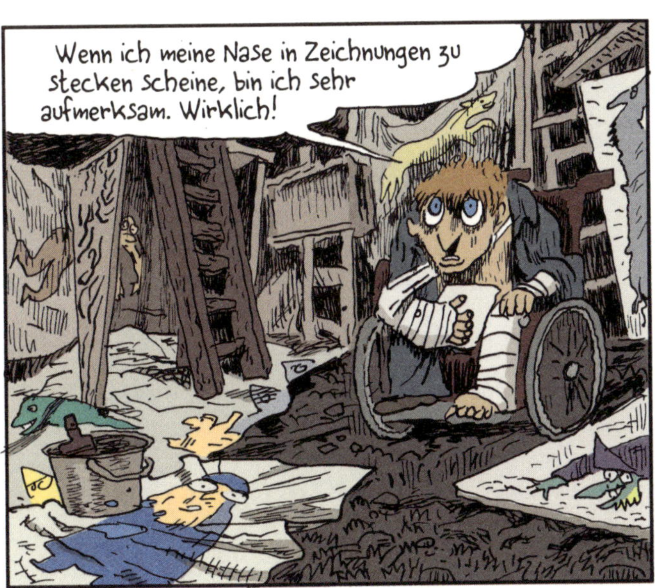
Wenn ich meine Nase in Zeichnungen zu stecken scheine, bin ich sehr aufmerksam. Wirklich!

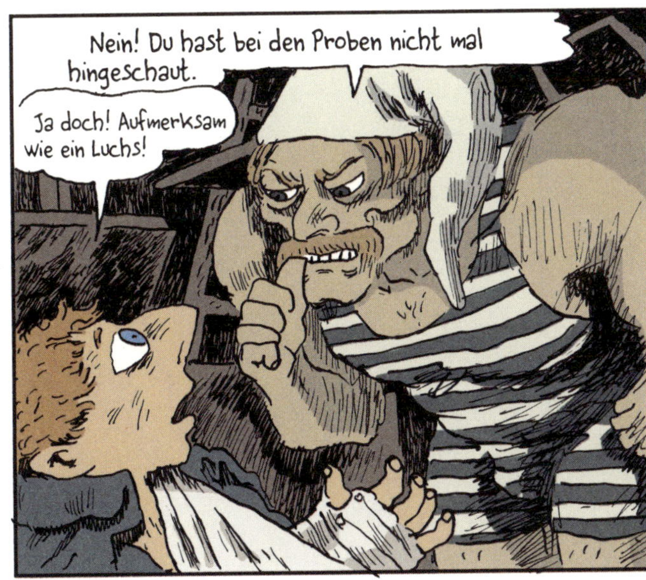
Nein! Du hast bei den Proben nicht mal hingeschaut.
Ja doch! Aufmerksam wie ein Luchs!

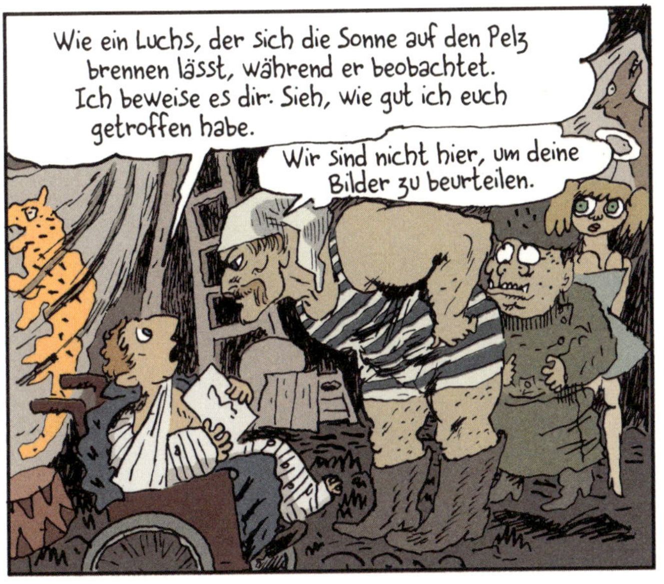
Wie ein Luchs, der sich die Sonne auf den Pelz brennen lässt, während er beobachtet. Ich beweise es dir. Sieh, wie gut ich euch getroffen habe.
Wir sind nicht hier, um deine Bilder zu beurteilen.

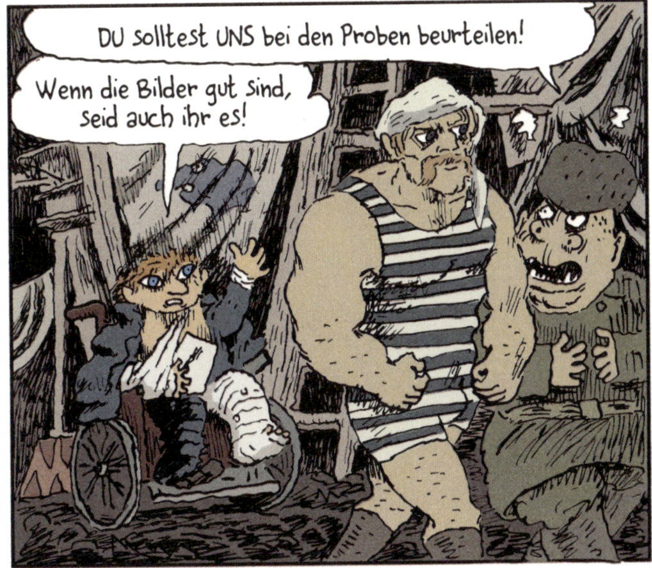
DU solltest UNS bei den Proben beurteilen!
Wenn die Bilder gut sind, seid auch ihr es!

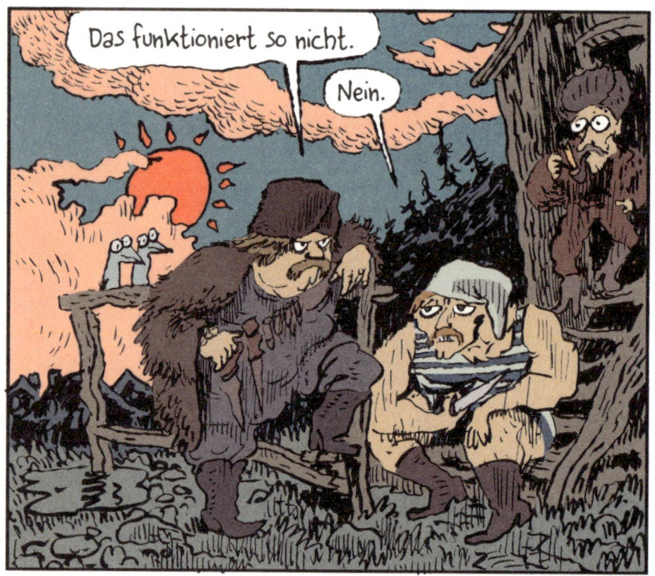
Das funktioniert so nicht.
Nein.

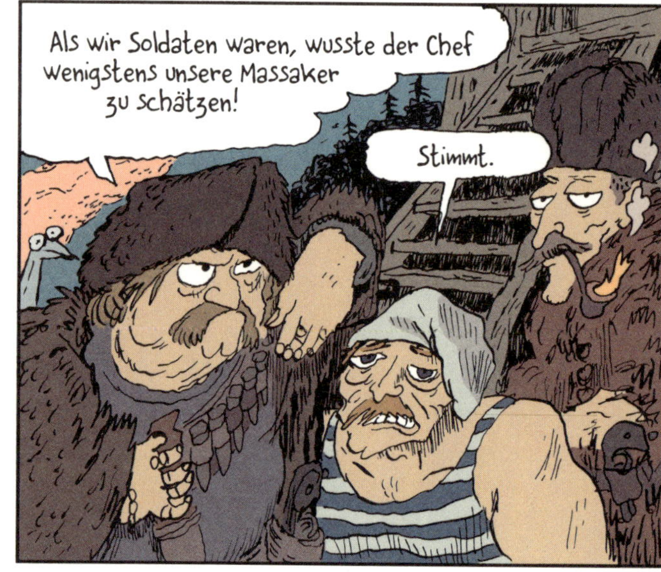
Als wir Soldaten waren, wusste der Chef wenigstens unsere Massaker zu schätzen!
Stimmt.

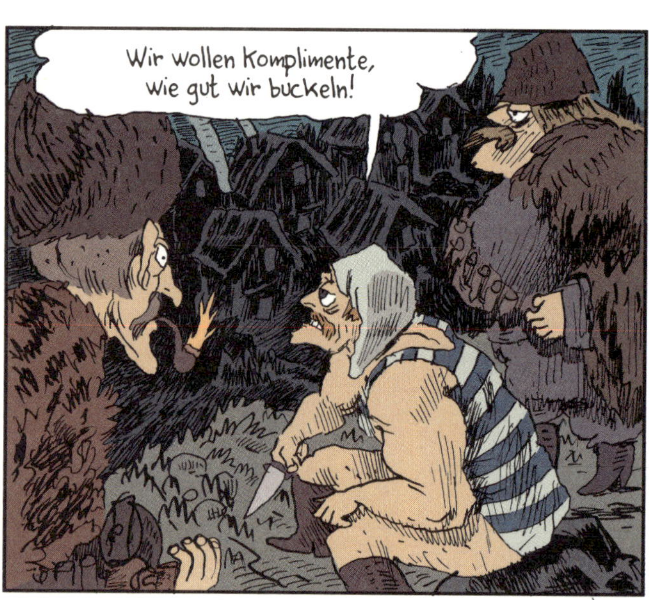
Wir wollen Komplimente, wie gut wir buckeln!

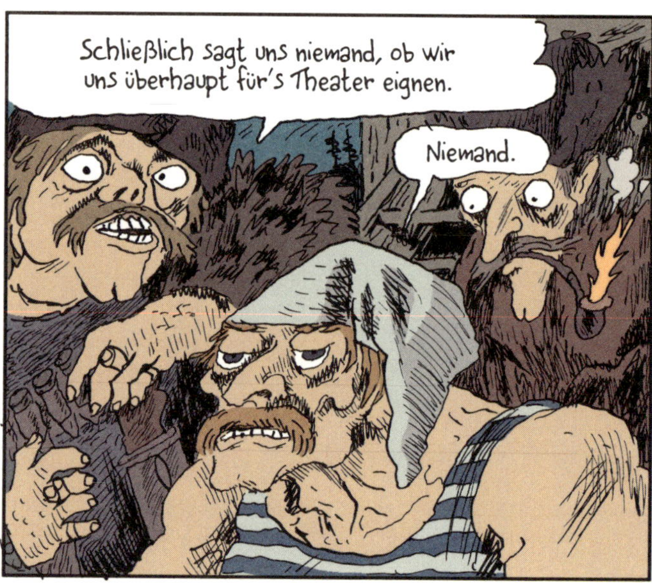
Schließlich sagt uns niemand, ob wir uns überhaupt für's Theater eignen.
Niemand.

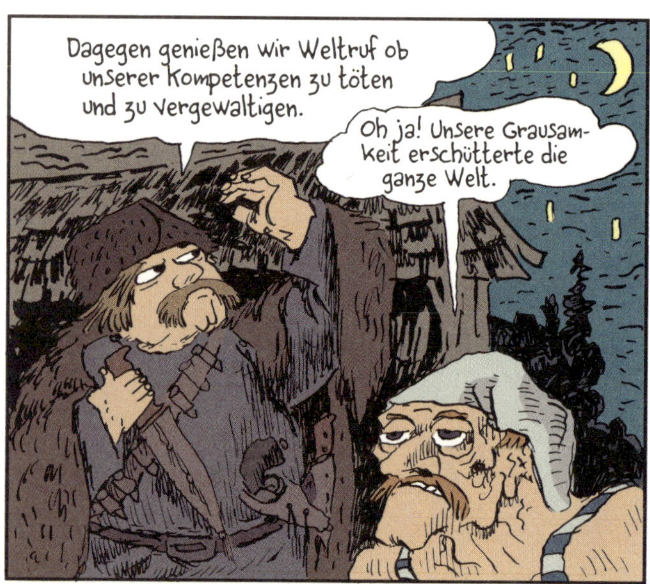
Dagegen genießen wir Weltruf ob unserer Kompetenzen zu töten und zu vergewaltigen.
Oh ja! Unsere Grausamkeit erschütterte die ganze Welt.

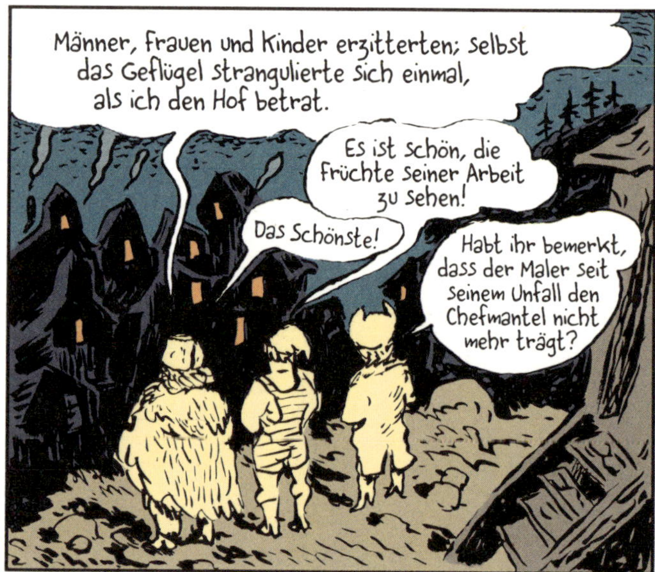
Männer, Frauen und Kinder erzitterten; selbst das Geflügel strangulierte sich einmal, als ich den Hof betrat.
Es ist schön, die Früchte seiner Arbeit zu sehen!
Das Schönste!
Habt ihr bemerkt, dass der Maler seit seinem Unfall den Chefmantel nicht mehr trägt?

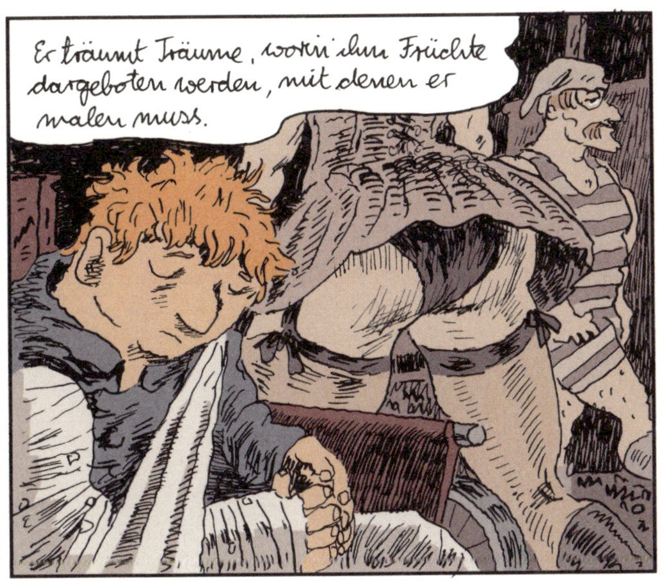
Er träumt Träume, worin ihm Früchte dargeboten werden, mit denen er malen muss.

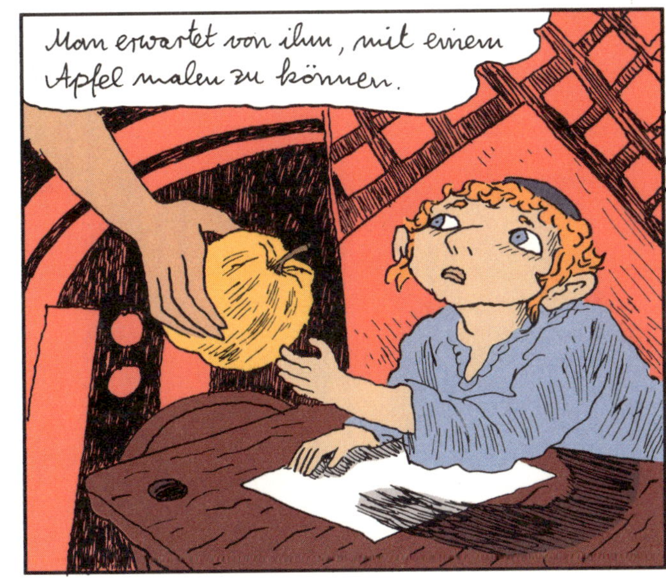
Man erwartet von ihm, mit einem Apfel malen zu können.

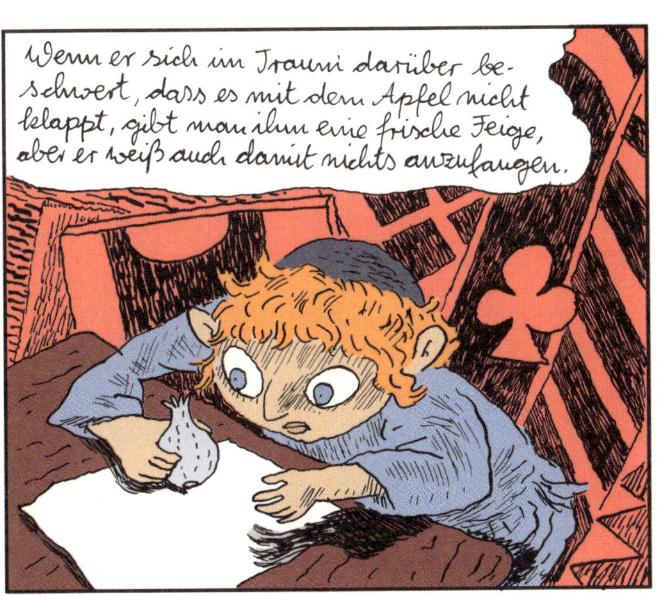
Wenn er sich im Traum darüber beschwert, dass es mit dem Apfel nicht klappt, gibt man ihm eine frische Feige, aber er weiß auch damit nichts anzufangen.

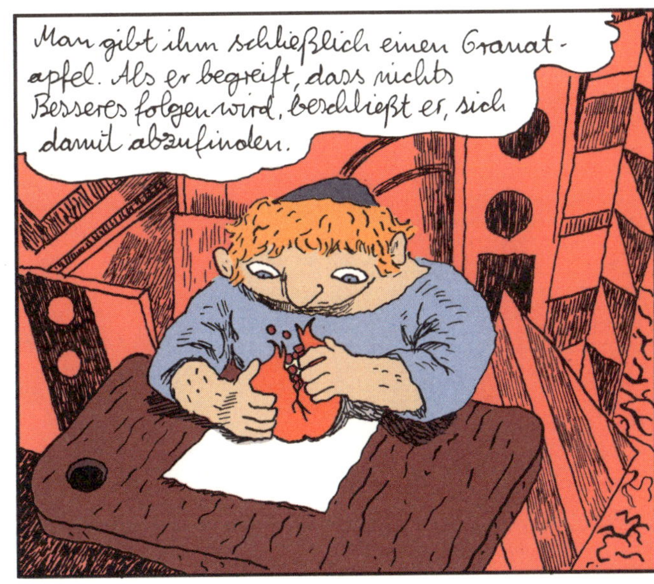
Man gibt ihm schließlich einen Granatapfel. Als er begreift, dass nichts Besseres folgen wird, beschließt er, sich damit abzufinden.

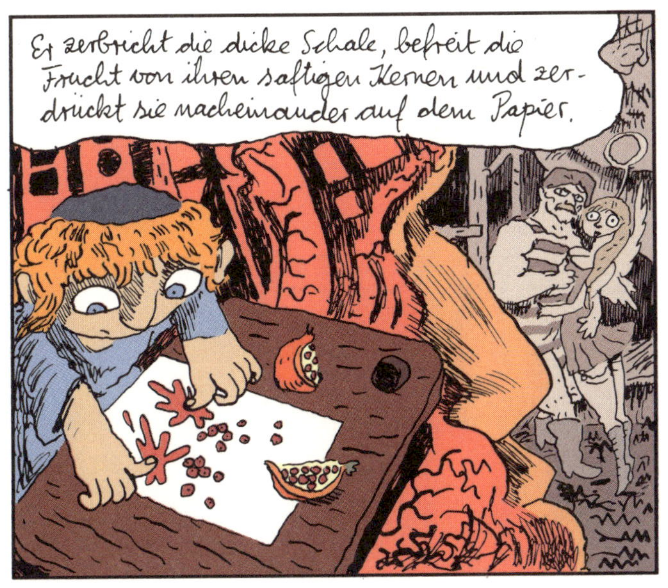
Er zerbricht die dicke Schale, befreit die Frucht von ihren saftigen Kernen und zerdrückt sie nacheinander auf dem Papier.

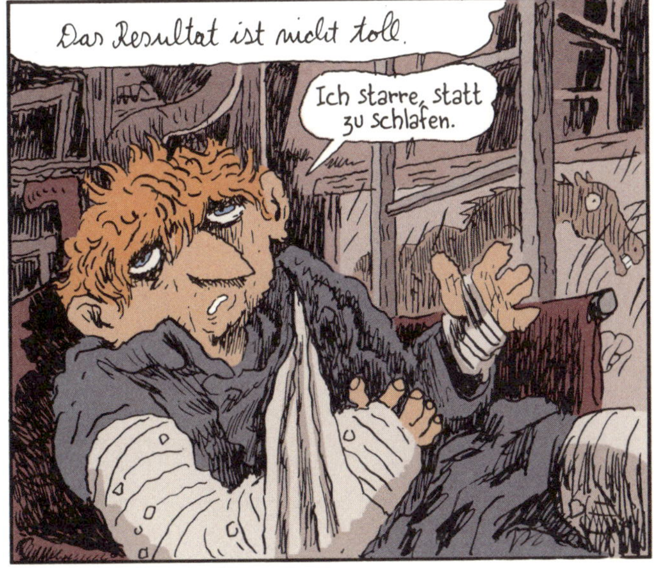
Das Resultat ist nicht toll.
Ich starre, statt zu schlafen.

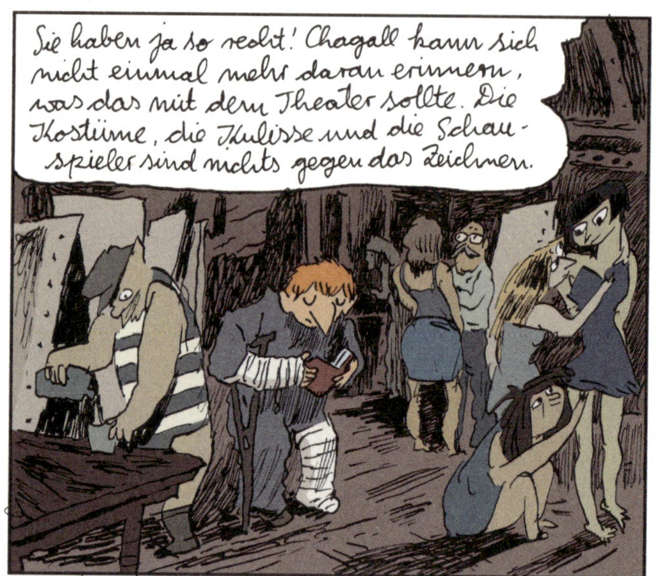
Sie haben ja so recht! Chagall kann sich nicht einmal mehr daran erinnern, was das mit dem Theater sollte. Die Kostüme, die Kulisse und die Schauspieler sind nichts gegen das Zeichnen.

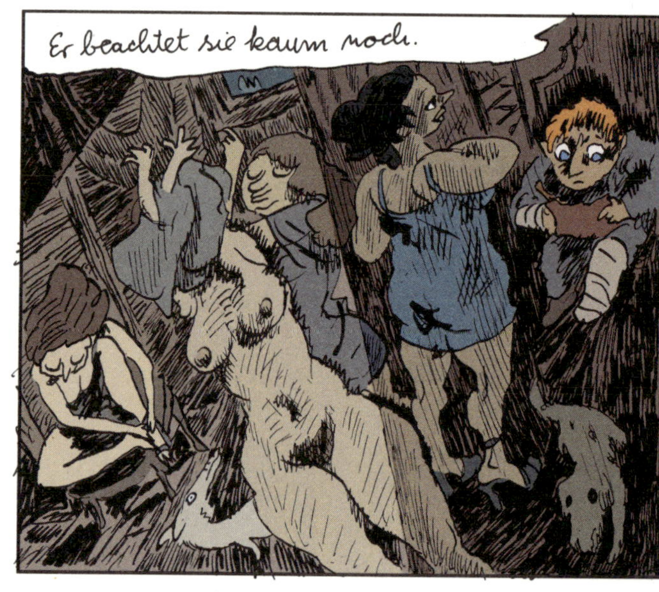
Er beachtet sie kaum noch.

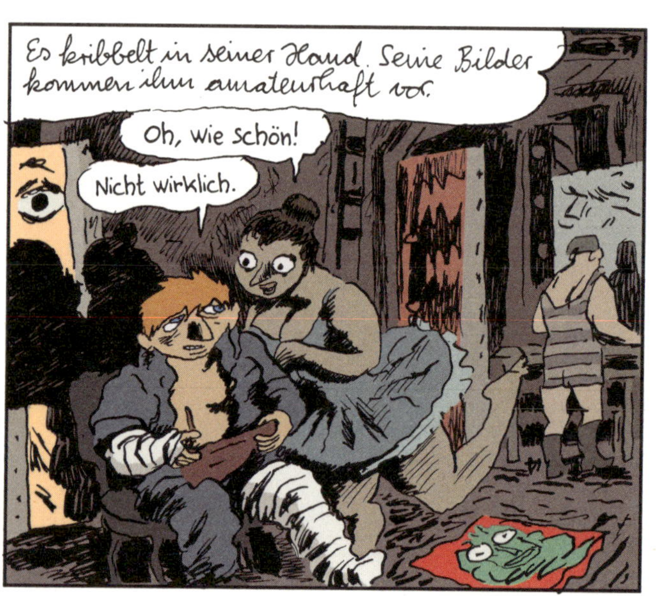
Es kribbelt in seiner Hand. Seine Bilder kommen ihm amateurhaft vor.
Oh, wie schön!
Nicht wirklich.

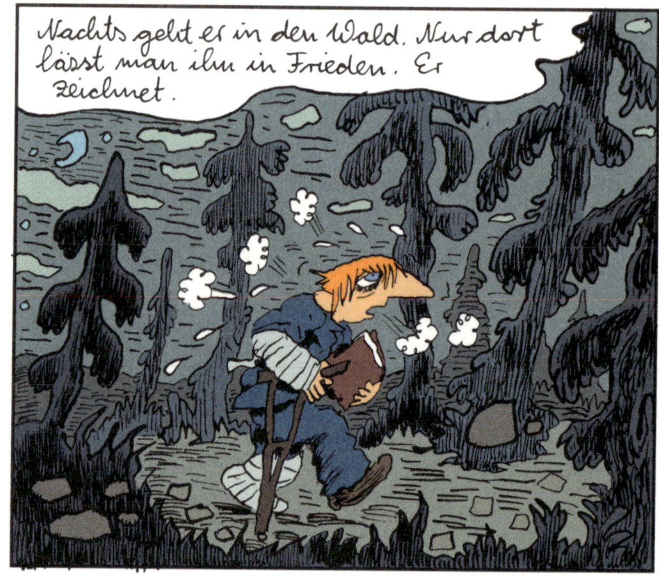
Nachts geht er in den Wald. Nur dort lässt man ihn in Frieden. Er zeichnet.

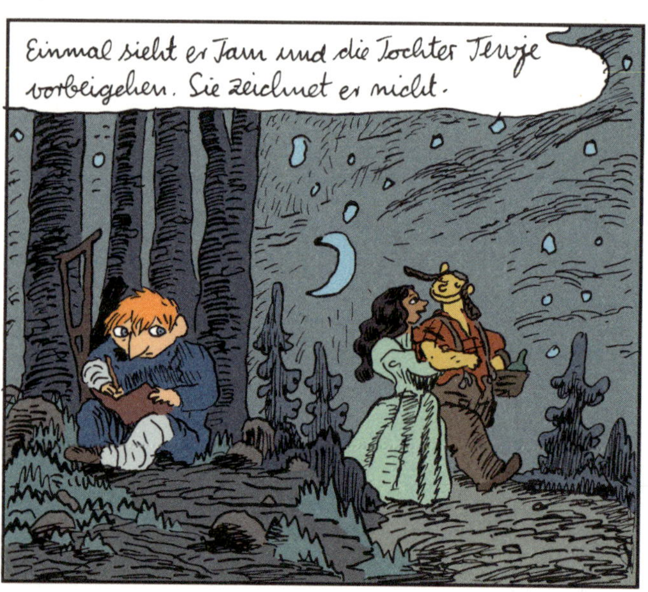
Einmal sieht er Tam und die Tochter Tewje vorbeigehen. Sie zeichnet er nicht.

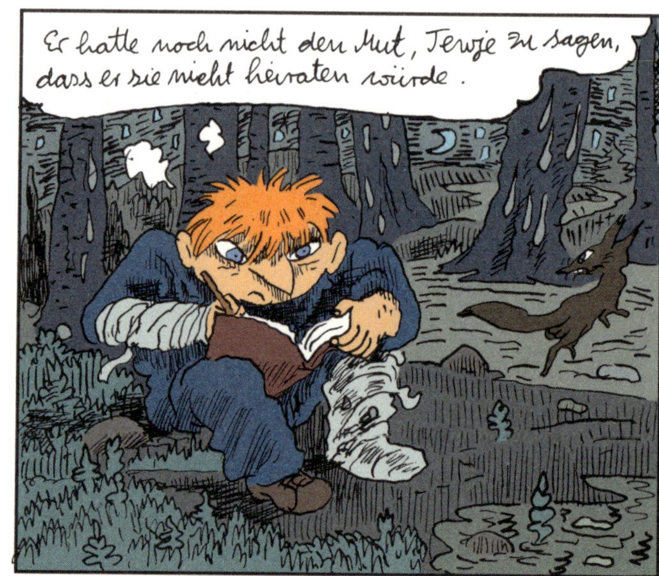
Er hatte noch nicht den Mut, Tewje zu sagen, dass er sie nicht heiraten würde.

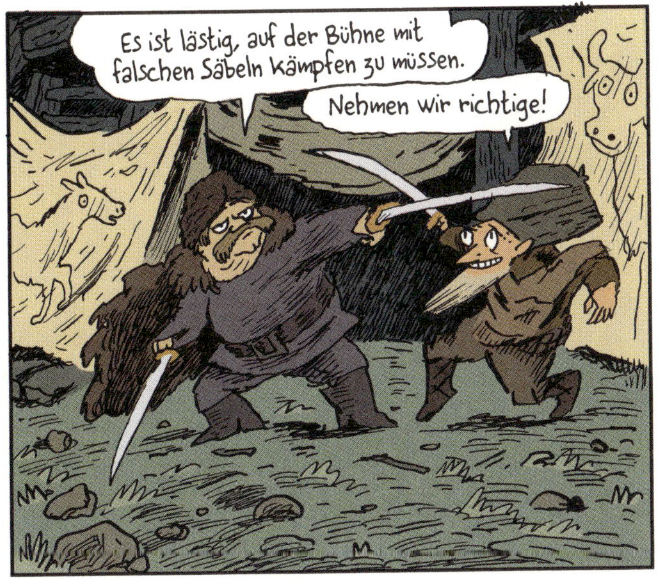
Es ist lästig, auf der Bühne mit falschen Säbeln kämpfen zu müssen.
Nehmen wir richtige!

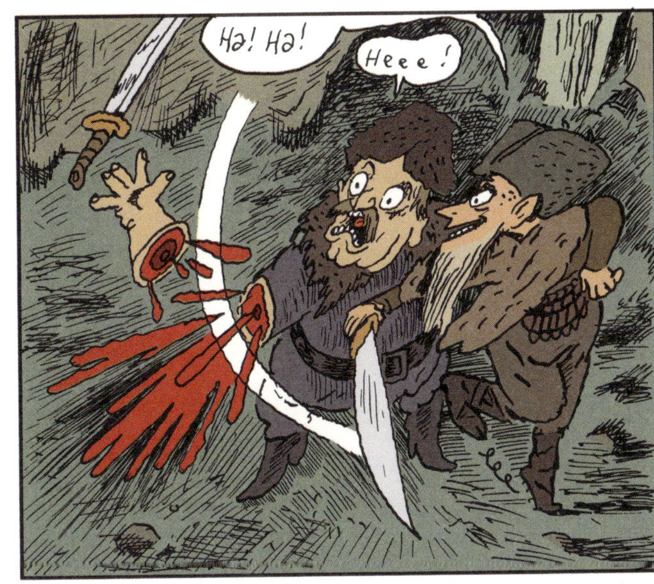
Ha! Ha!
Heee!

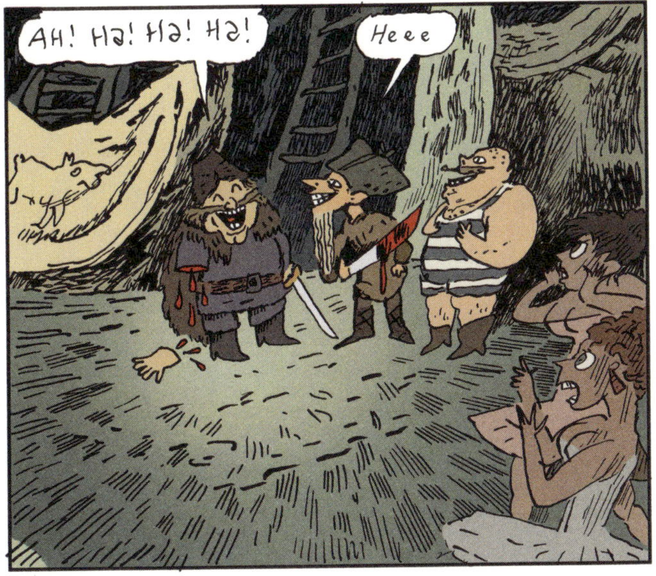
AH! Ha! Ha! Ha!
Heee

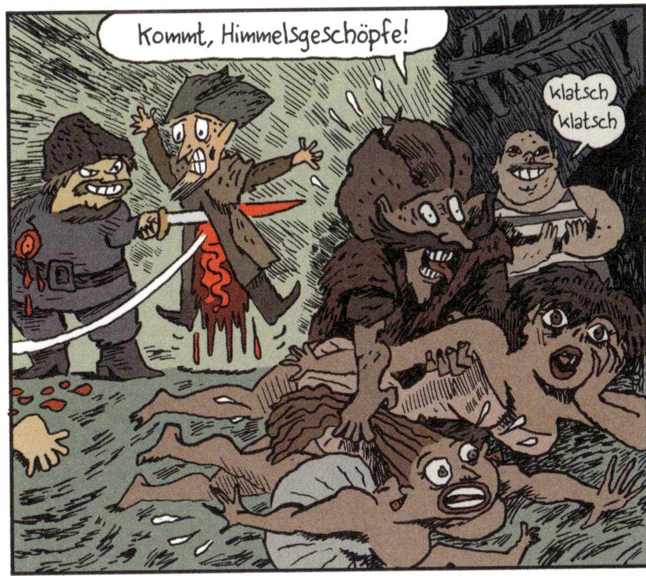
Kommt, Himmelsgeschöpfe!
klatsch klatsch

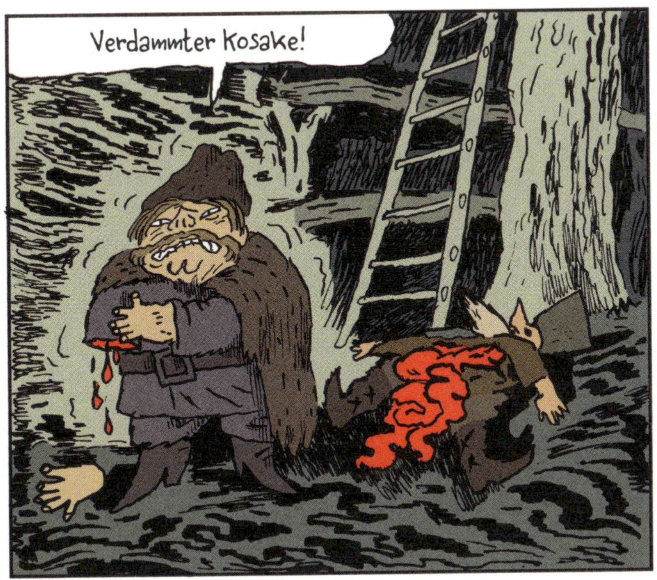
Verdammter Kosake!

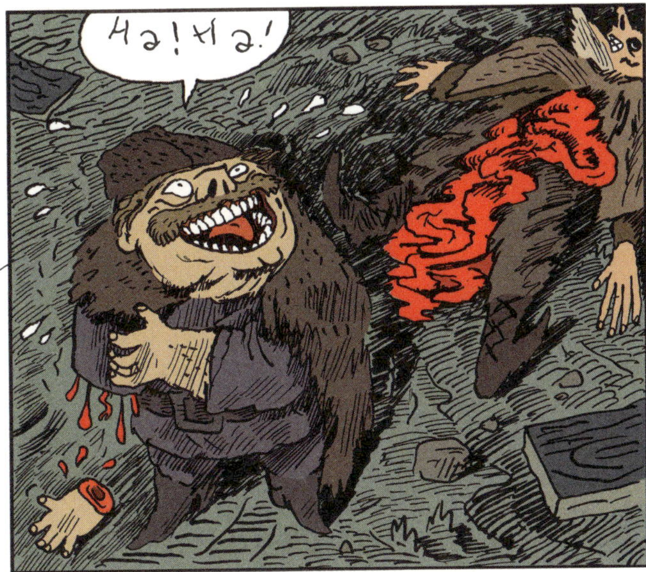
Ha! Ha!

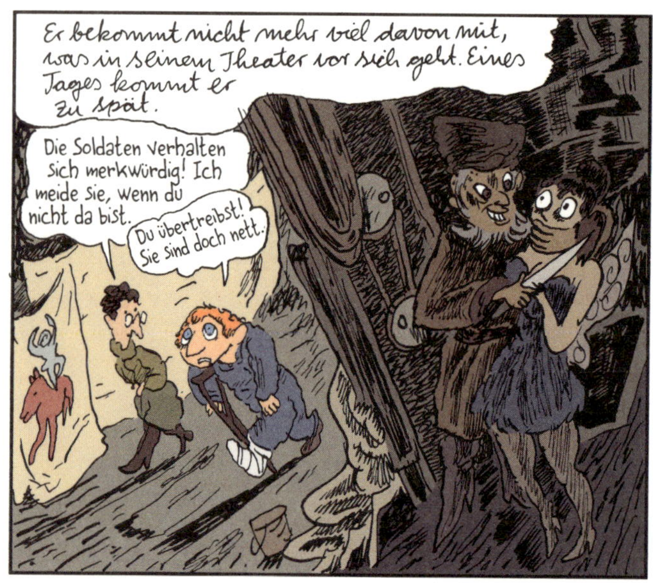
Er bekommt nicht mehr viel davon mit, was in seinem Theater vor sich geht. Eines Tages kommt er zu spät.
Die Soldaten verhalten sich merkwürdig! Ich meide sie, wenn du nicht da bist.
Du übertreibst! Sie sind doch nett.
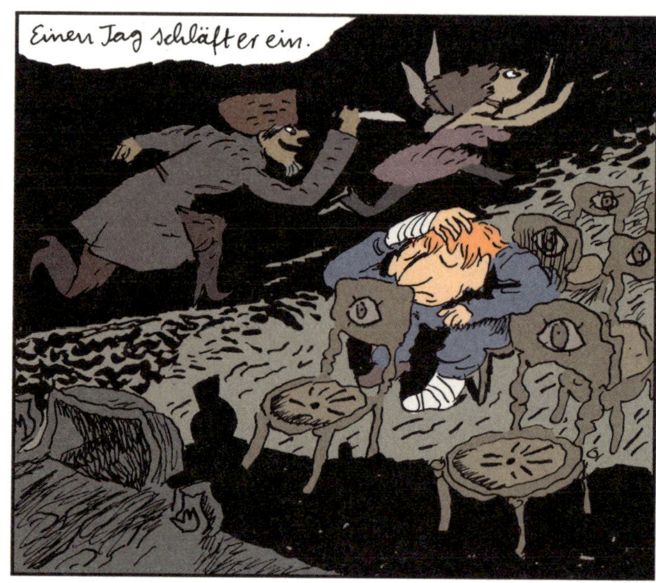
Einen Tag schläft er ein.
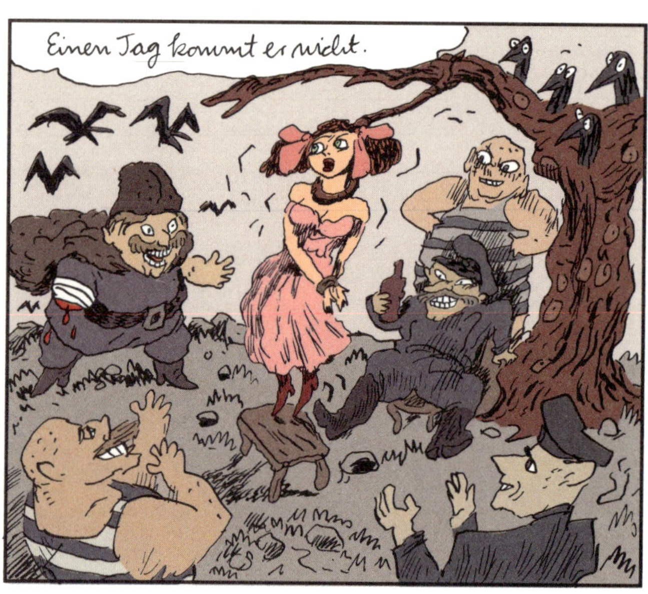
Einen Tag kommt er nicht.
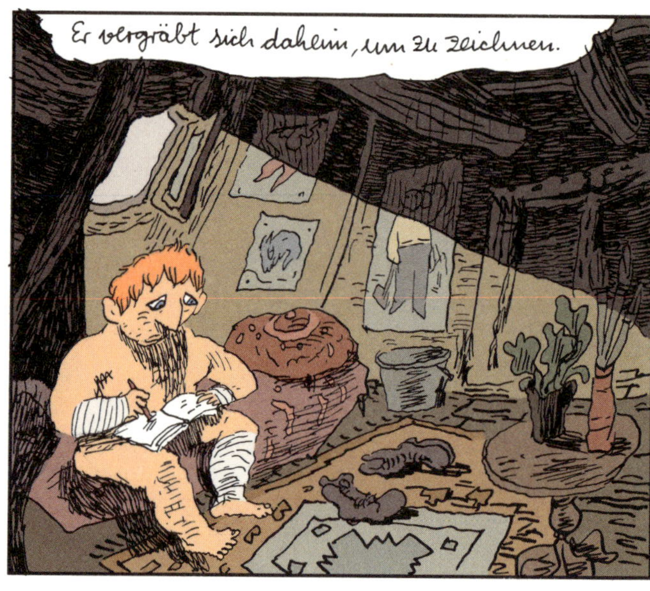
Er vergräbt sich daheim, um zu zeichnen.
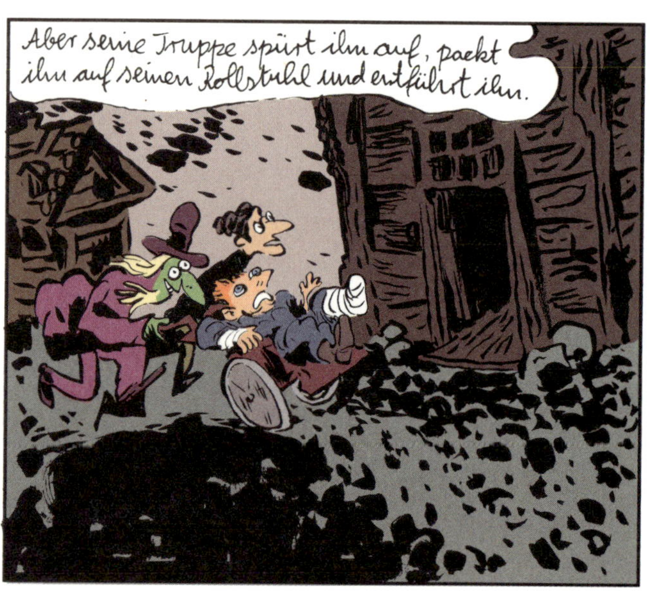
Aber seine Truppe spürt ihn auf, packt ihn auf seinen Rollstuhl und entführt ihn.
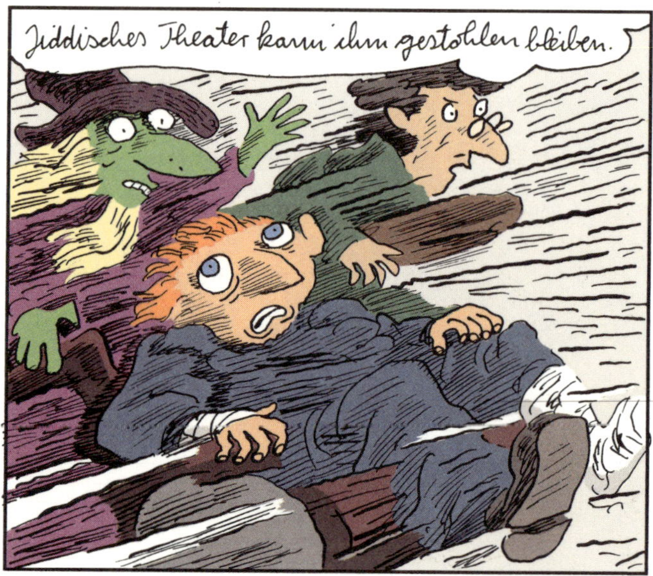
Jiddisches Theater kann ihm gestohlen bleiben.

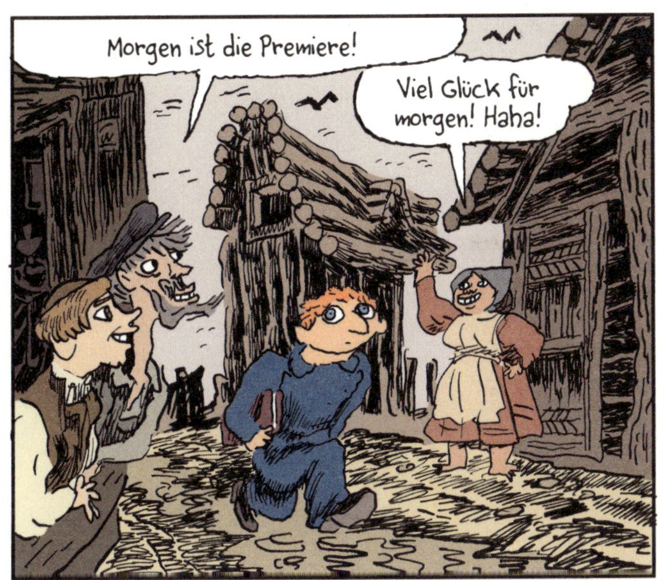
Morgen ist die Premiere!
Viel Glück für morgen! Haha!
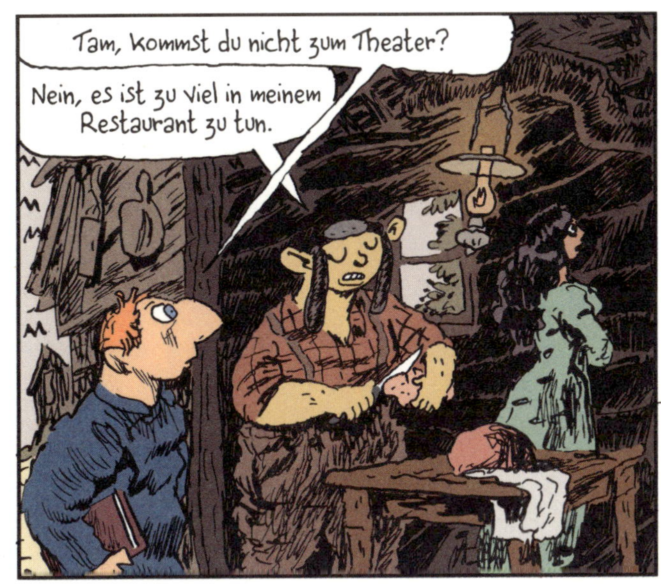
Tam, kommst du nicht zum Theater?
Nein, es ist zu viel in meinem Restaurant zu tun.
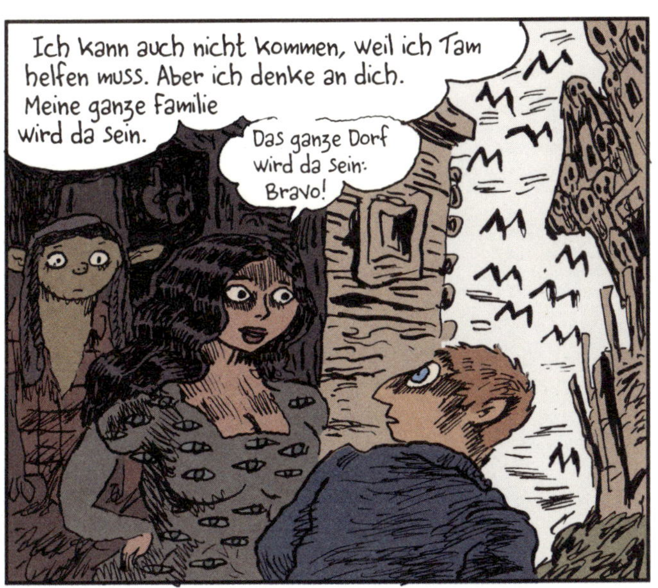
Ich kann auch nicht kommen, weil ich Tam helfen muss. Aber ich denke an dich. Meine ganze Familie wird da sein.
Das ganze Dorf wird da sein: Bravo!
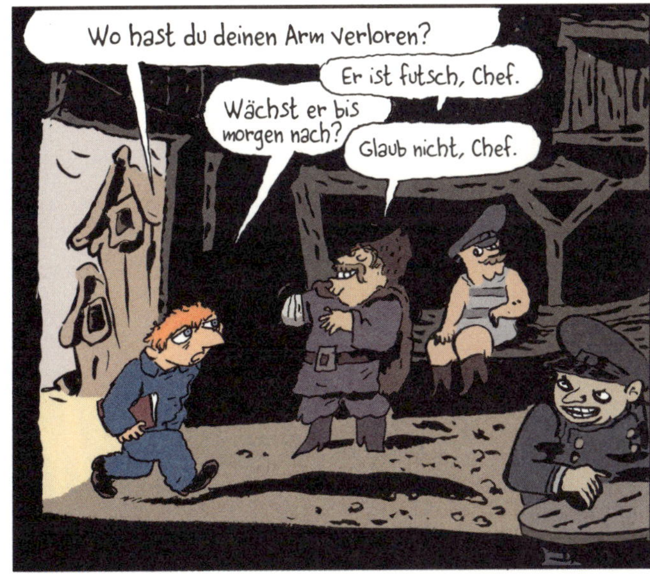
Wo hast du deinen Arm verloren?
Er ist futsch, Chef.
Wächst er bis morgen nach?
Glaub nicht, Chef.
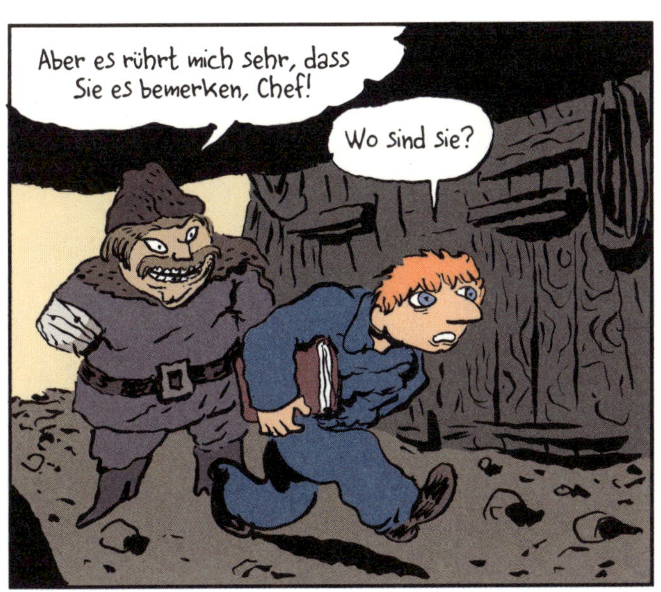
Aber es rührt mich sehr, dass Sie es bemerken, Chef!
Wo sind sie?
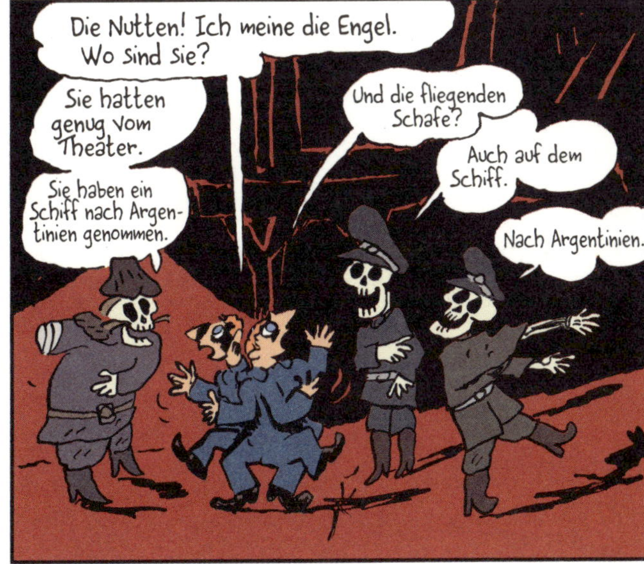
Die Nutten! Ich meine die Engel. Wo sind sie?
Sie hatten genug vom Theater.
Sie haben ein Schiff nach Argentinien genommen.
Und die fliegenden Schafe?
Auch auf dem Schiff.
Nach Argentinien.

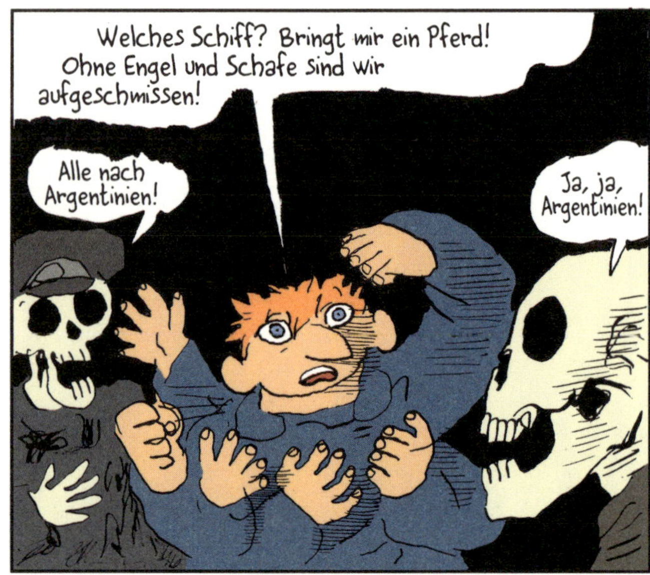
Welches Schiff? Bringt mir ein Pferd! Ohne Engel und Schafe sind wir aufgeschmissen!
Alle nach Argentinien!
Ja, ja, Argentinien!

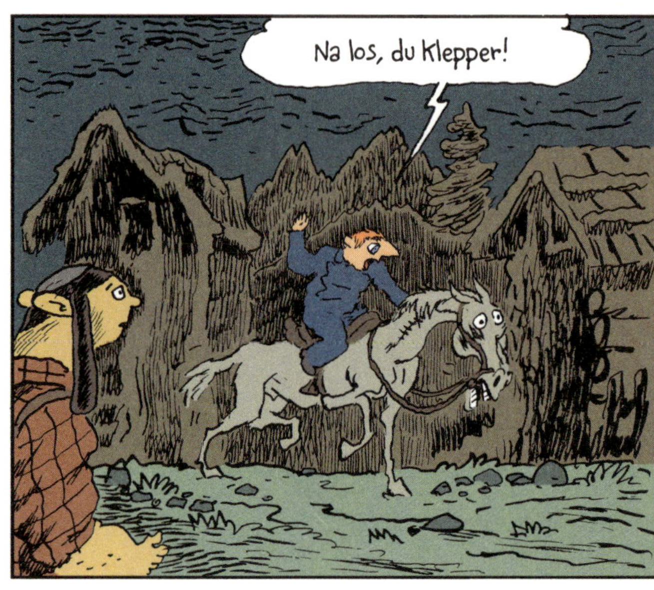
Na los, du Klepper!

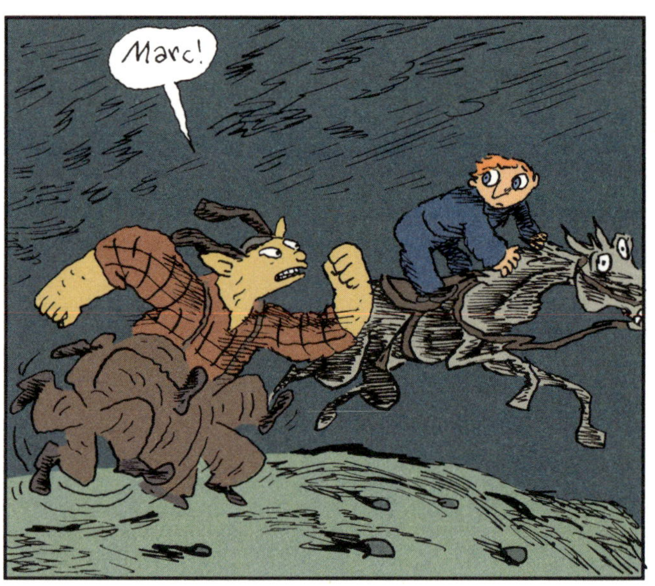
Marc!

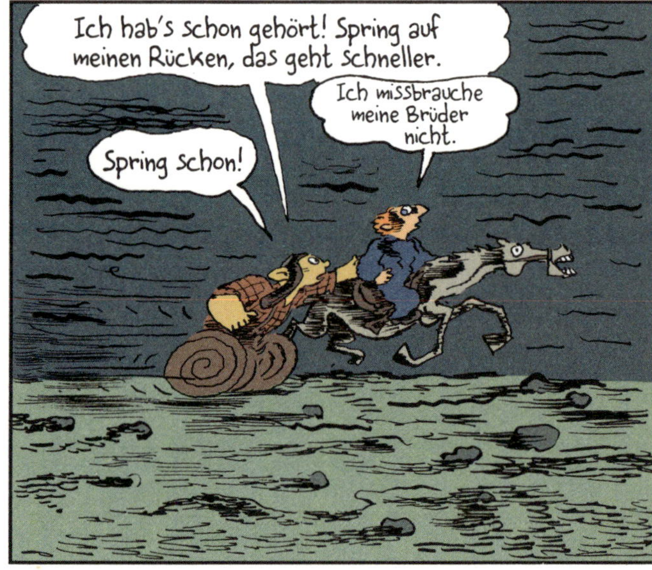
Ich hab's schon gehört! Spring auf meinen Rücken, das geht schneller.
Ich missbrauche meine Brüder nicht.
Spring schon!

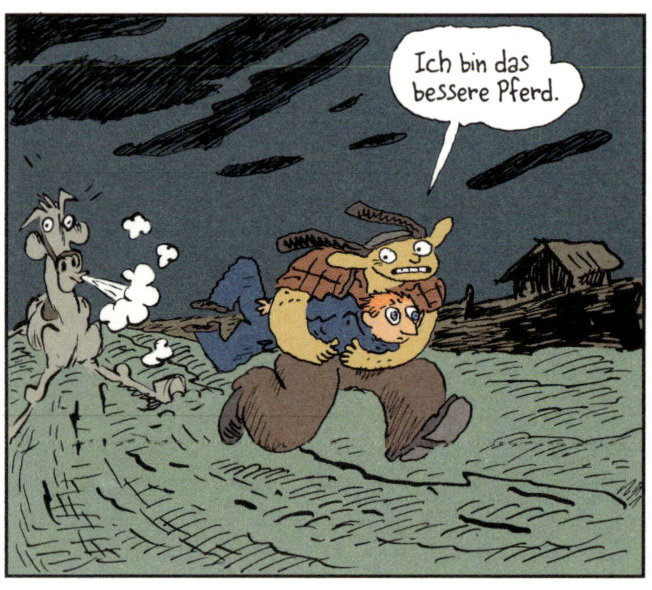
Ich bin das bessere Pferd.

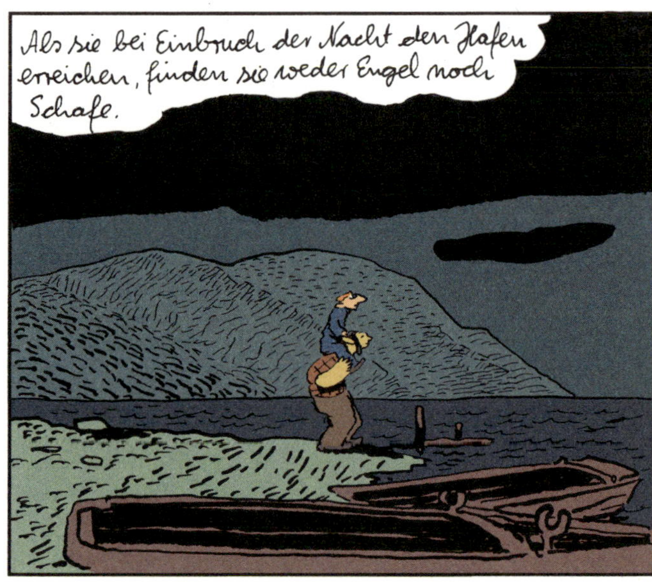
Als sie bei Einbruch der Nacht den Hafen erreichen, finden sie weder Engel noch Schafe.

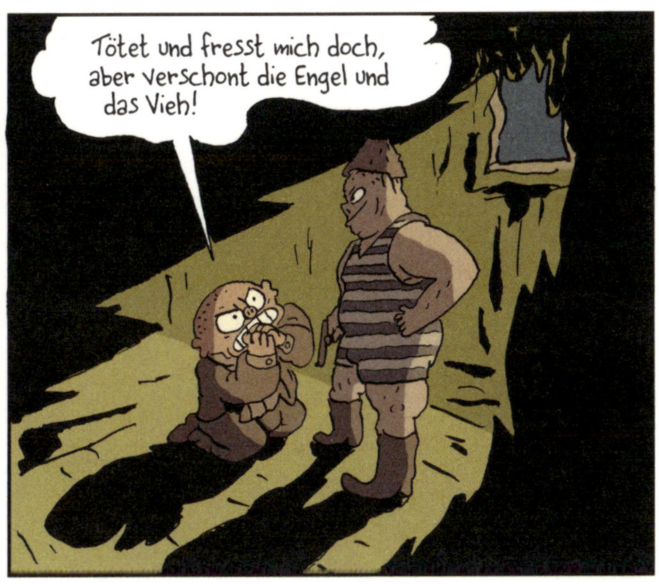
Tötet und fresst mich doch, aber verschont die Engel und das Vieh!

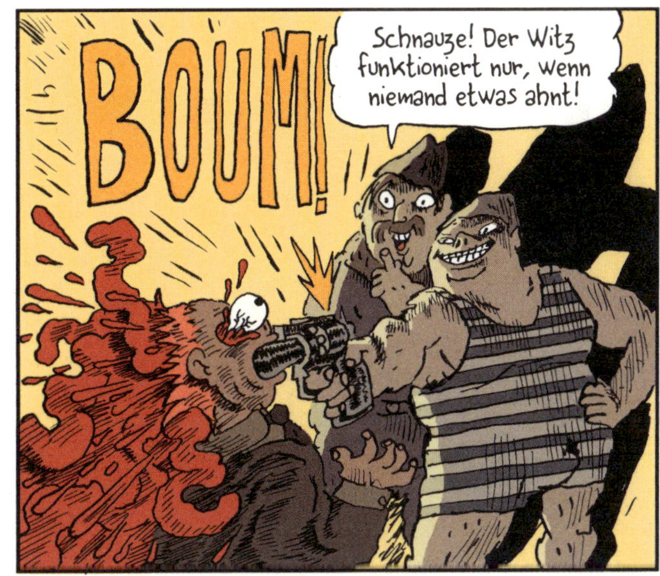
BOUM!
Schnauze! Der Witz funktioniert nur, wenn niemand etwas ahnt!

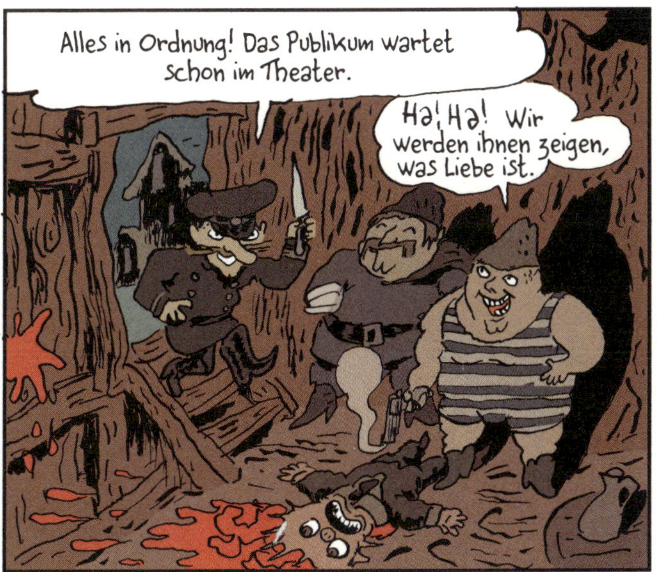
Alles in Ordnung! Das Publikum wartet schon im Theater.
Ha! Ha! Wir werden ihnen zeigen, was Liebe ist.

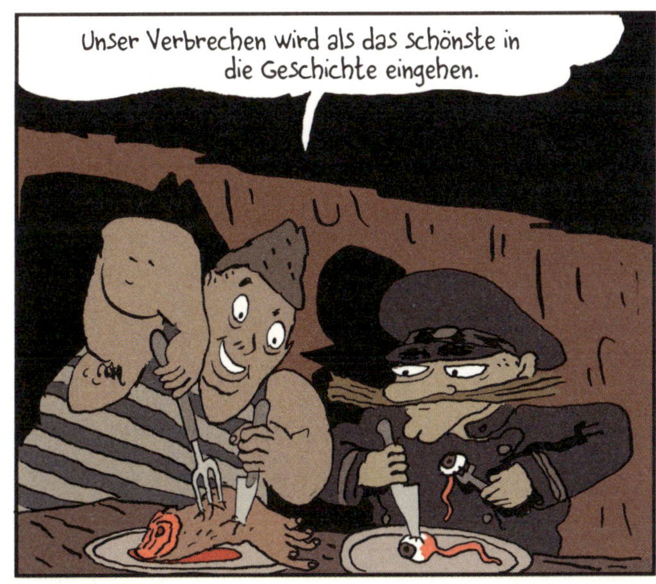
Unser Verbrechen wird als das schönste in die Geschichte eingehen.

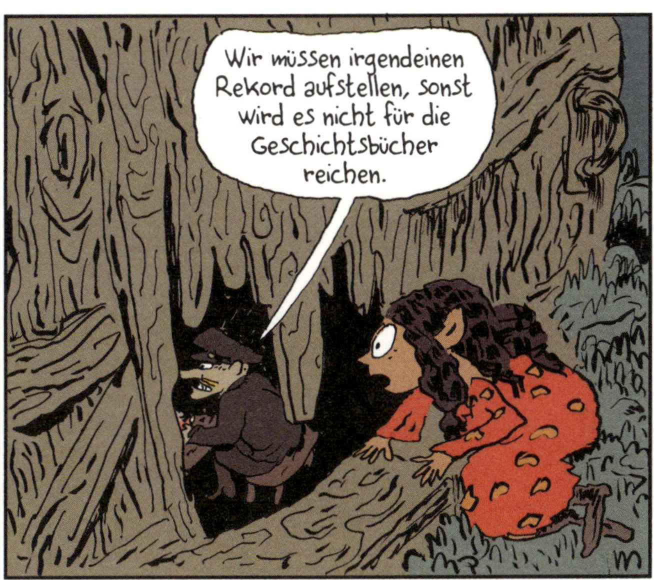
Wir müssen irgendeinen Rekord aufstellen, sonst wird es nicht für die Geschichtsbücher reichen.

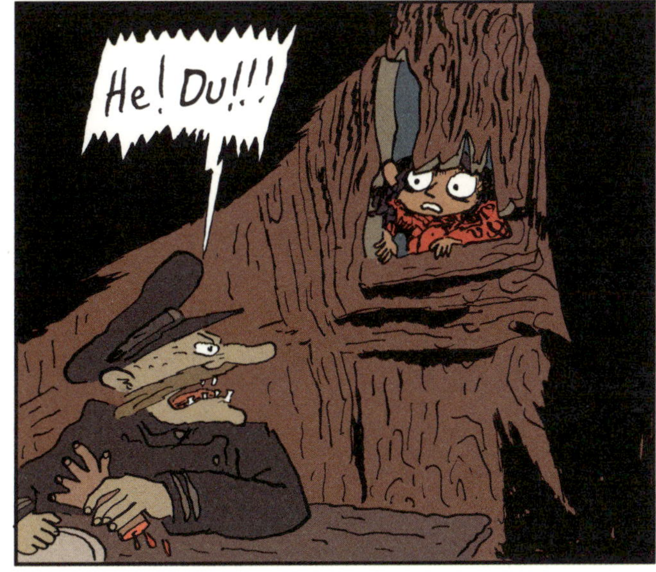
He! Du!!!

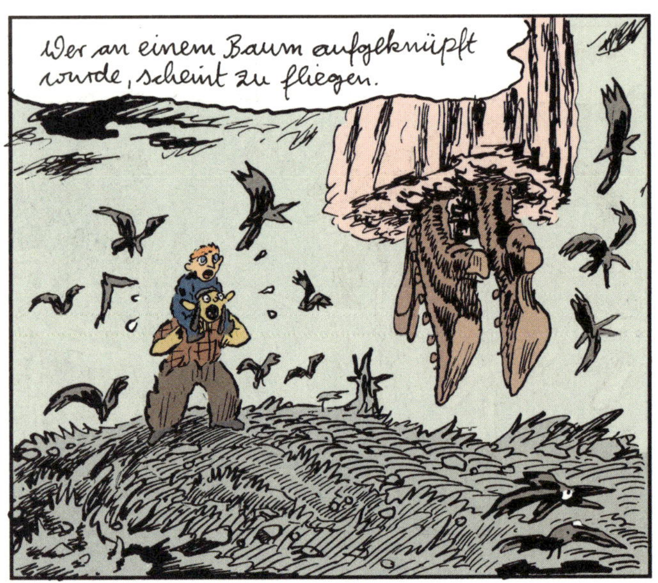
Wer an einem Baum aufgeknüpft wurde, scheint zu fliegen.
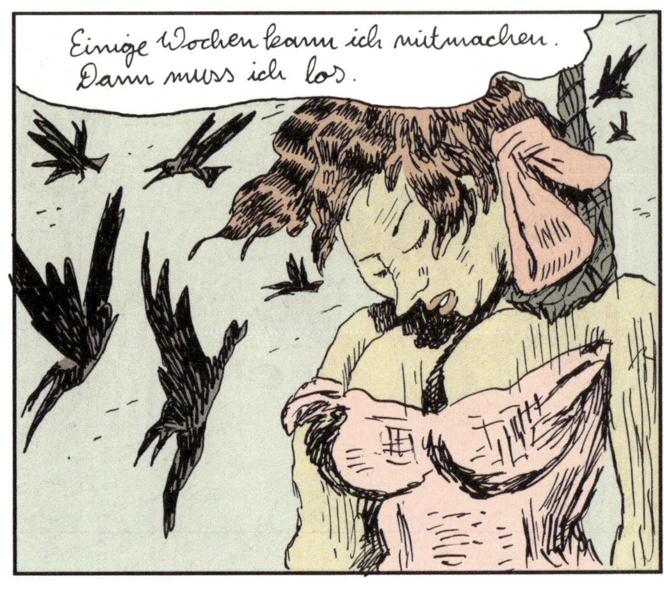
Einige Wochen kann ich mitmachen. Dann muss ich los.
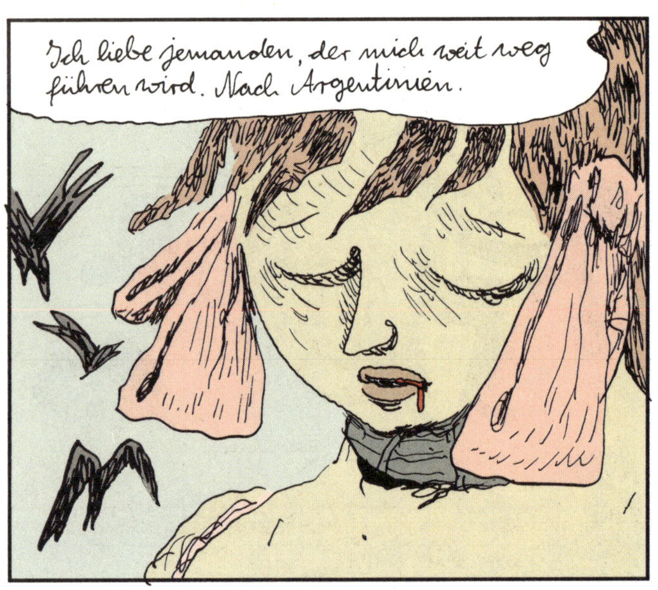
Ich liebe jemanden, der mich weit weg führen wird. Nach Argentinien.
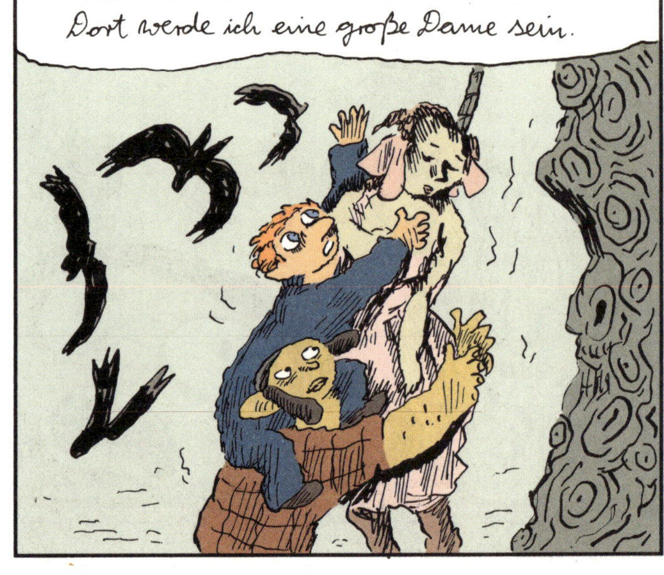
Dort werde ich eine große Dame sein.
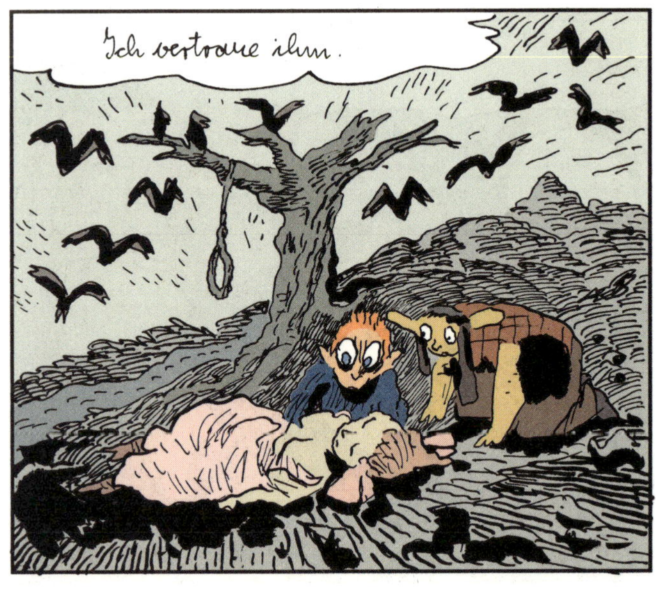
Ich vertraue ihm.
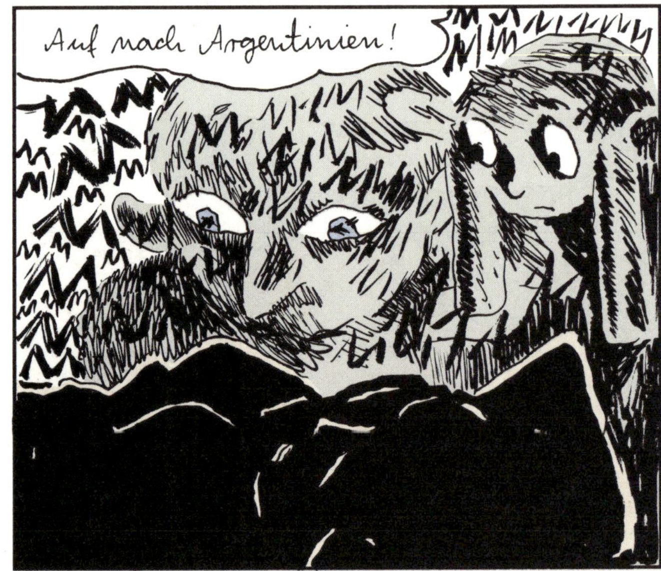
Auf nach Argentinien!

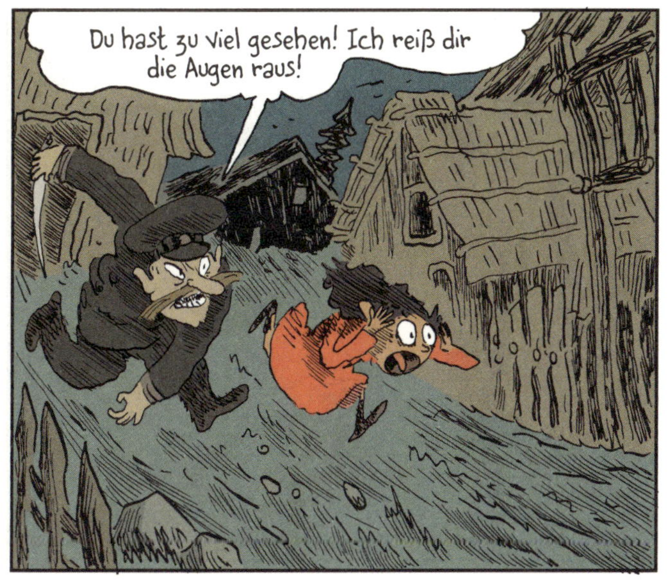
Du hast zu viel gesehen! Ich reiß dir die Augen raus!

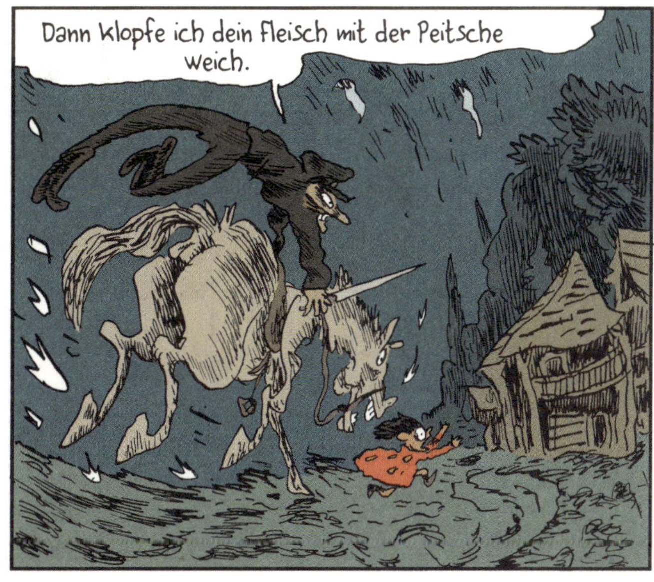
Dann klopfe ich dein Fleisch mit der Peitsche weich.

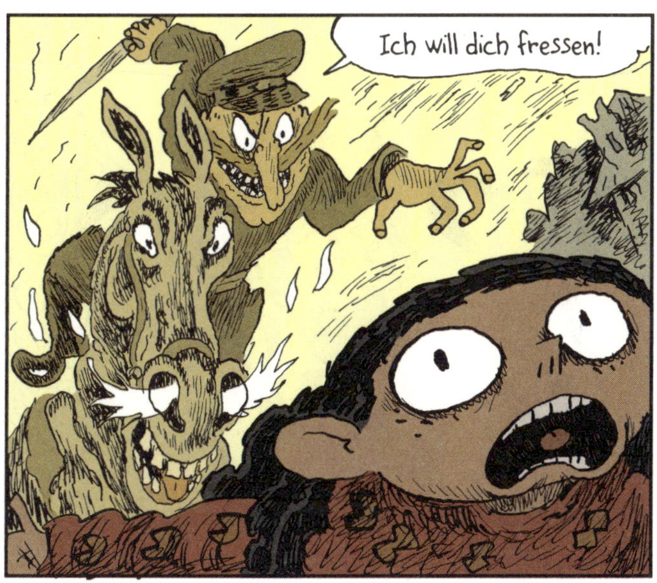
Ich will dich fressen!

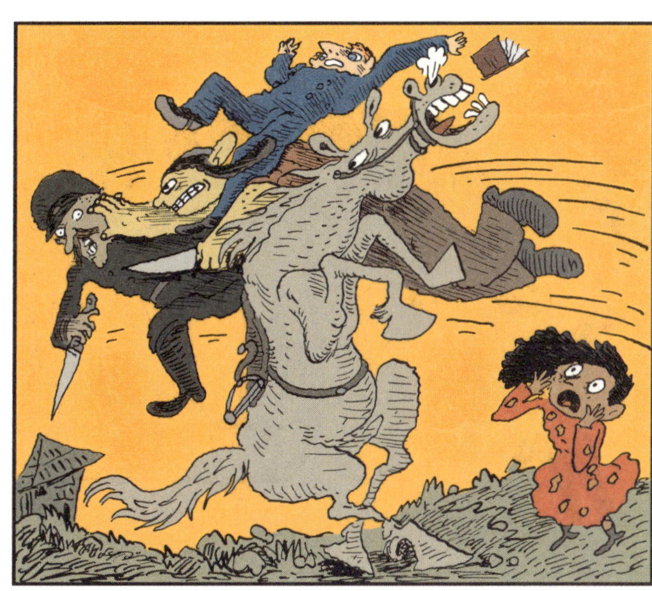

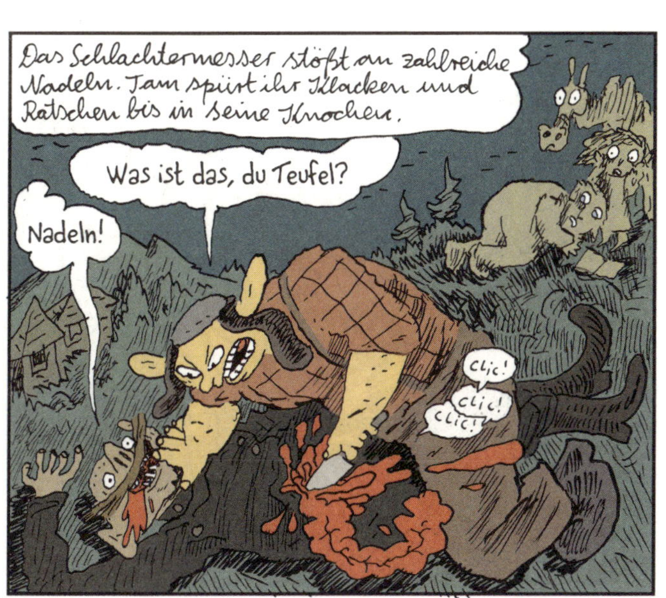
Das Schlachtermesser stößt an zahlreiche Nadeln. Tam spürt ihr Klacken und Ratschen bis in seine Knochen.
Was ist das, du Teufel?
Nadeln!
Clic!
Clic!
Clic!

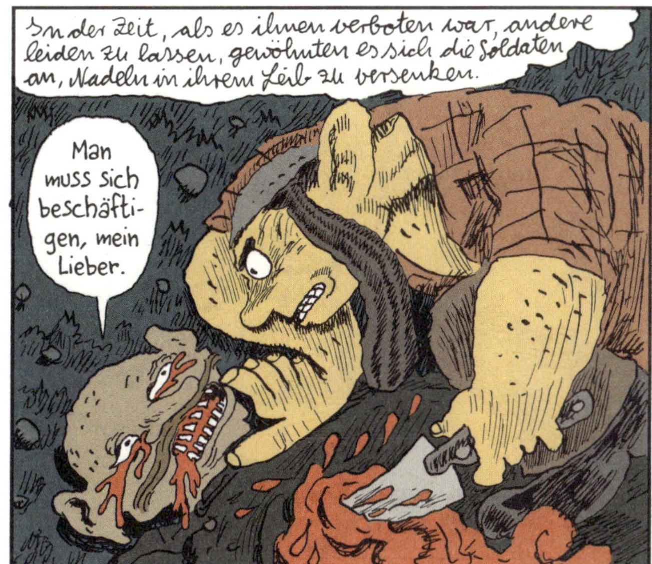
In der Zeit, als es ihnen verboten war, andere leiden zu lassen, gewöhnten es sich die Soldaten an, Nadeln in ihrem Leib zu versenken.
Man muss sich beschäftigen, mein Lieber.

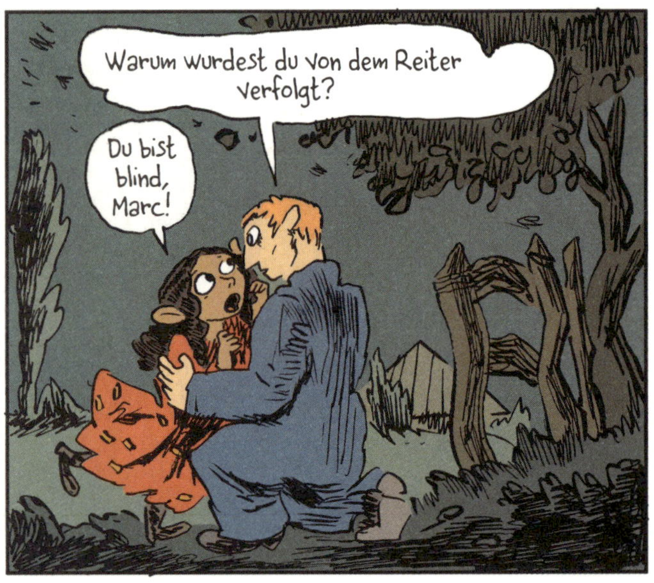
Warum wurdest du von dem Reiter verfolgt?
Du bist blind, Marc!

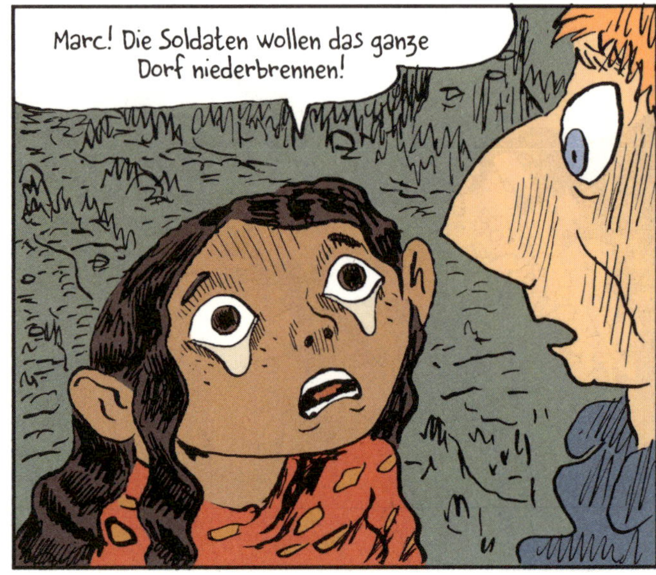
Marc! Die Soldaten wollen das ganze Dorf niederbrennen!

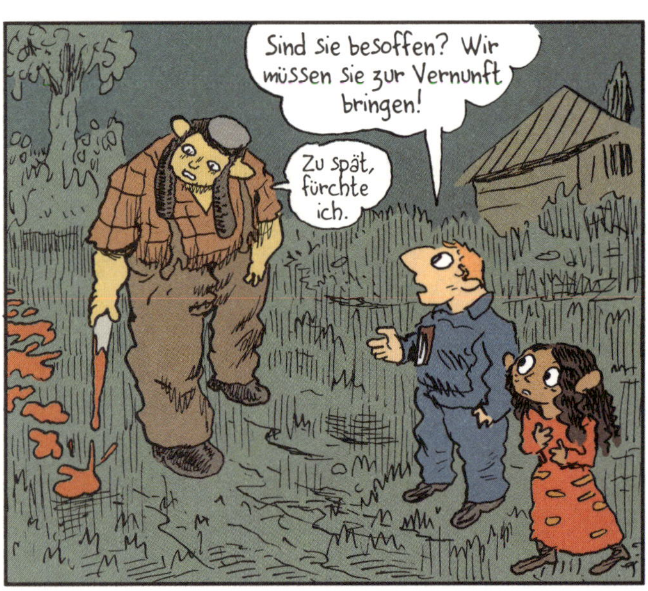
Sind sie besoffen? Wir müssen sie zur Vernunft bringen!
Zu spät, fürchte ich.

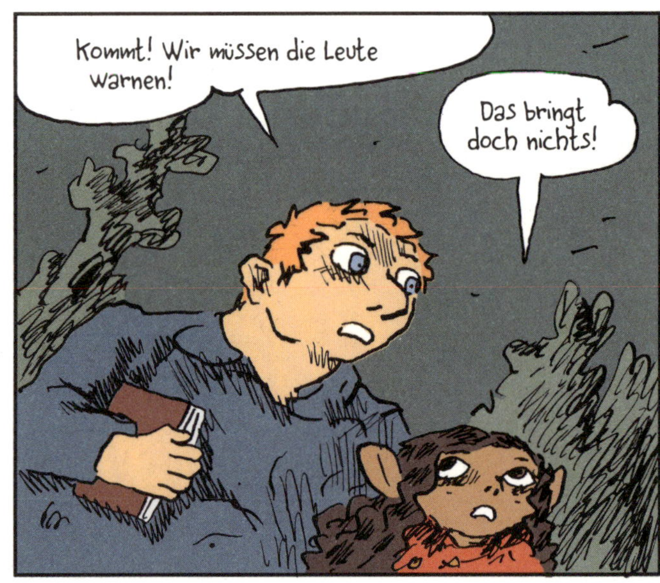
Kommt! Wir müssen die Leute warnen!
Das bringt doch nichts!

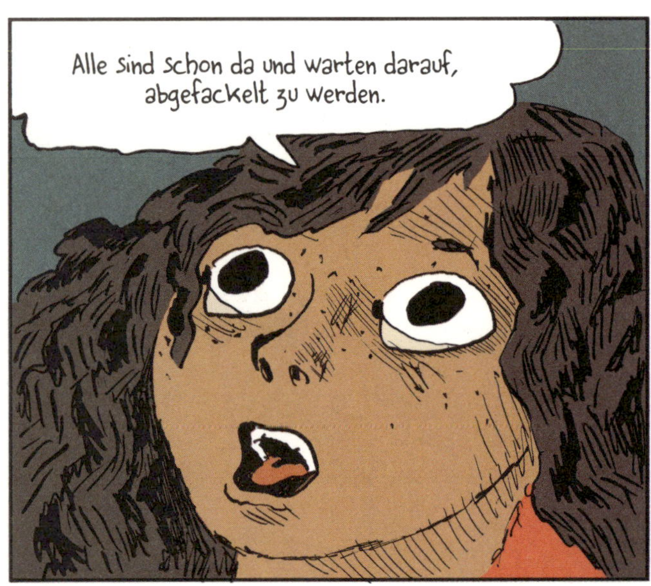
Alle sind schon da und warten darauf, abgefackelt zu werden.

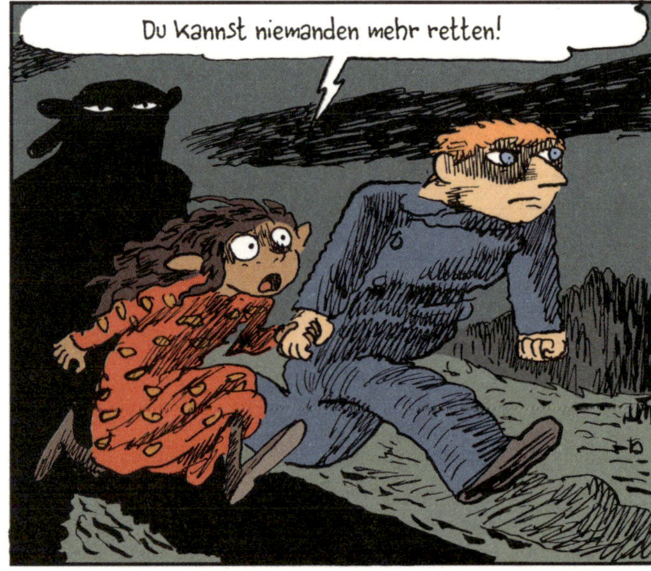
Du kannst niemanden mehr retten!

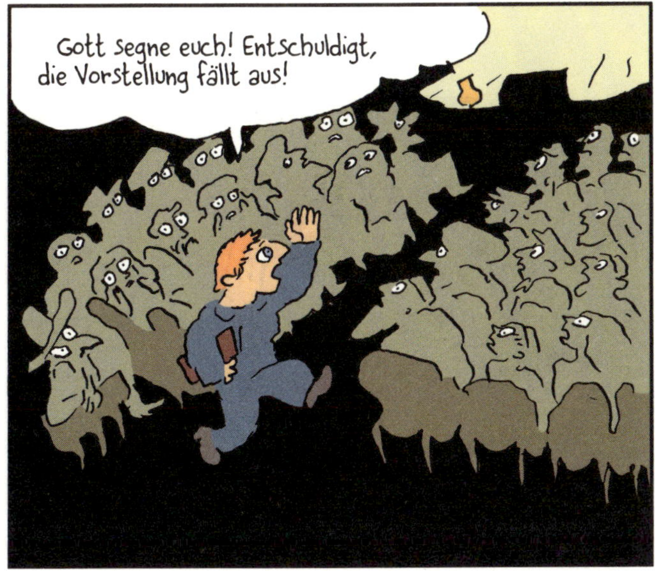
Gott segne euch! Entschuldigt, die Vorstellung fällt aus!

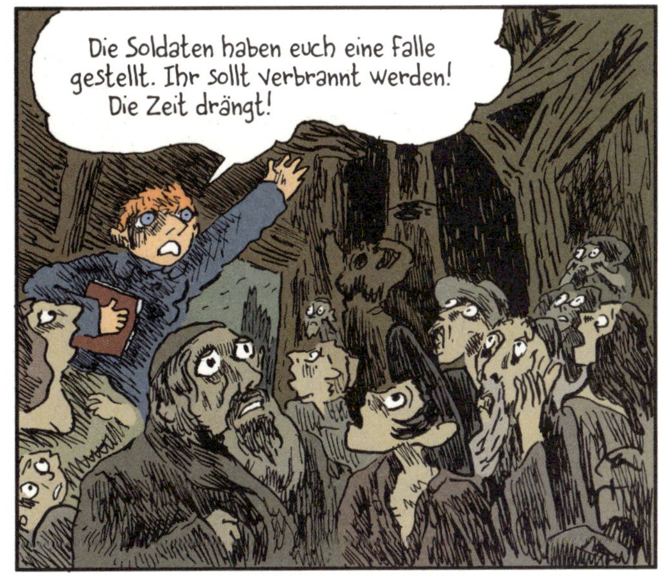
Die Soldaten haben euch eine Falle gestellt. Ihr sollt verbrannt werden! Die Zeit drängt!

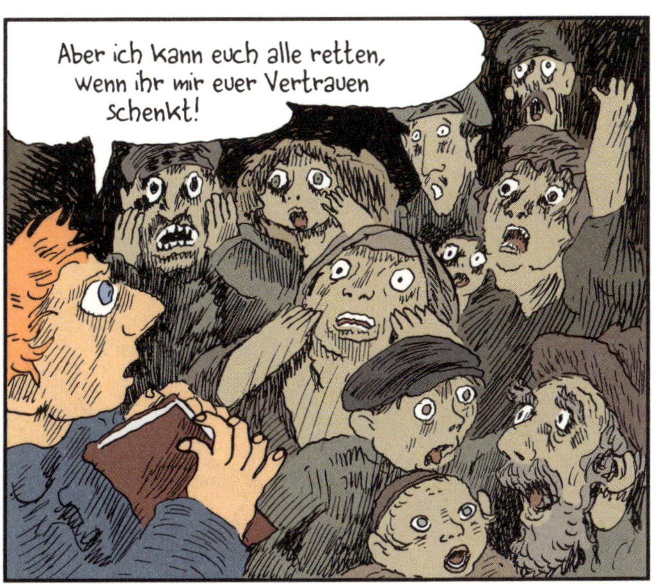
Aber ich kann euch alle retten, wenn ihr mir euer Vertrauen schenkt!

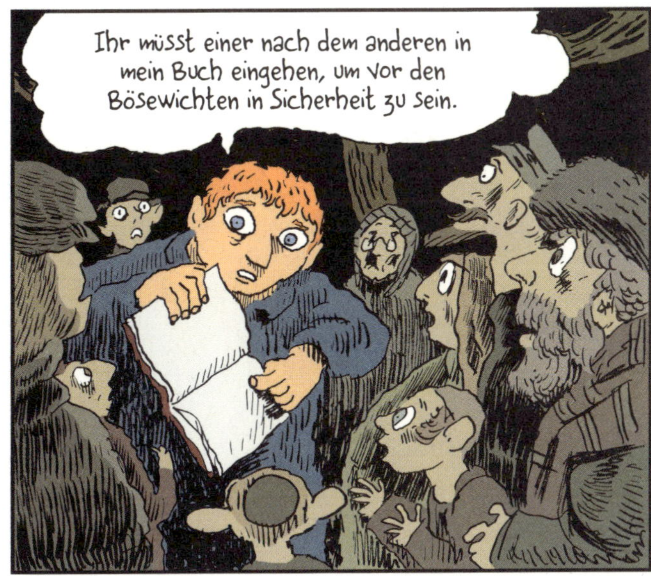
Ihr müsst einer nach dem anderen in mein Buch eingehen, um vor den Bösewichten in Sicherheit zu sein.

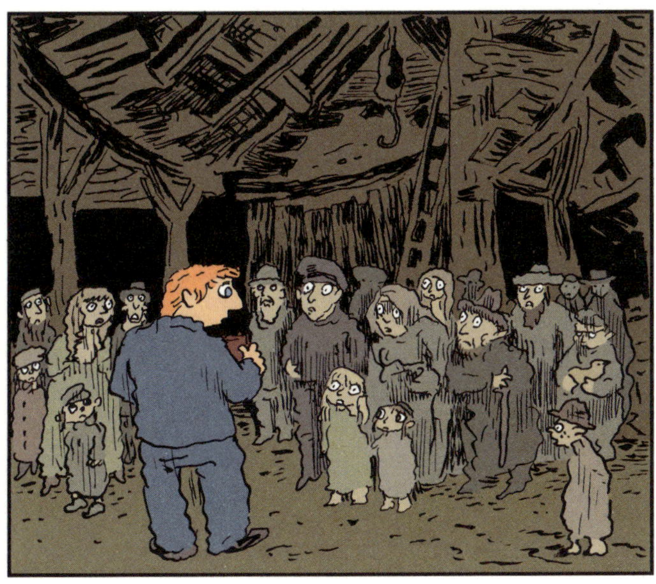

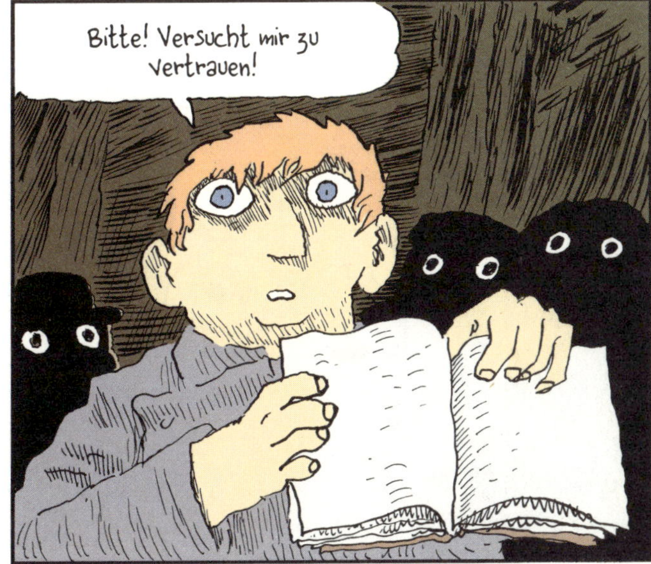
Bitte! Versucht mir zu vertrauen!

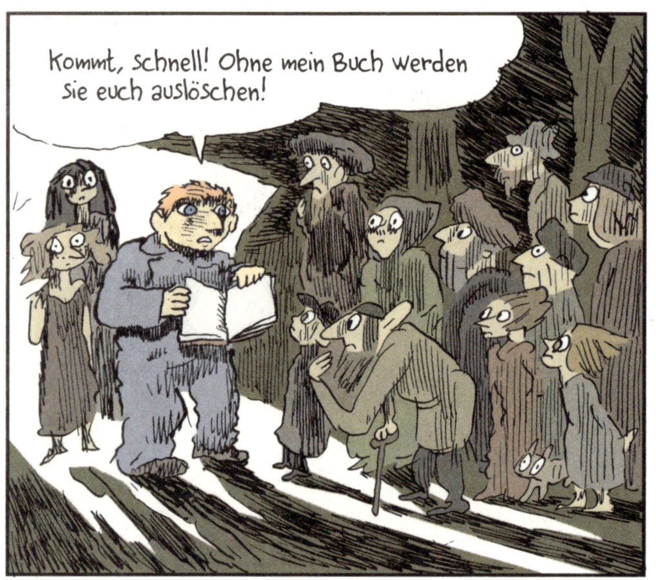
Kommt, schnell! Ohne mein Buch werden sie euch auslöschen!

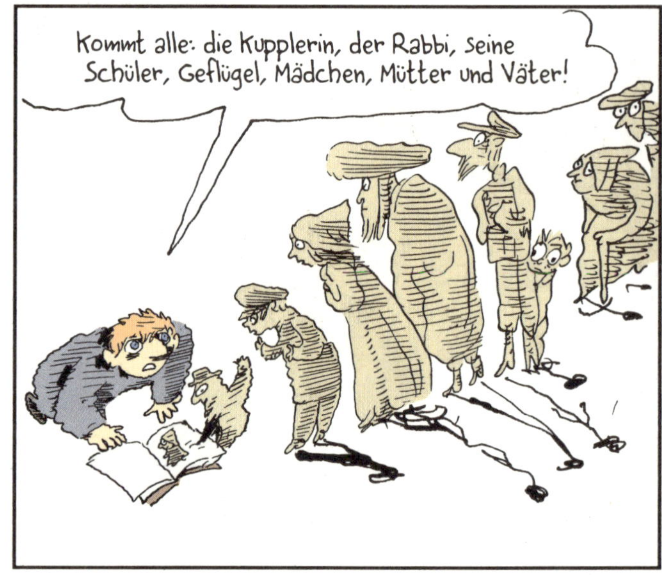
Kommt alle: die Kupplerin, der Rabbi, seine Schüler, Geflügel, Mädchen, Mütter und Väter!

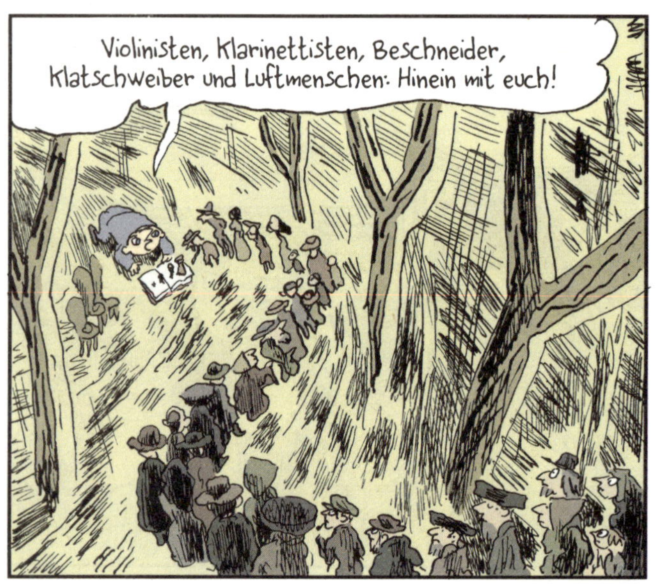
Violinisten, Klarinettisten, Beschneider, Klatschweiber und Luftmenschen: Hinein mit euch!

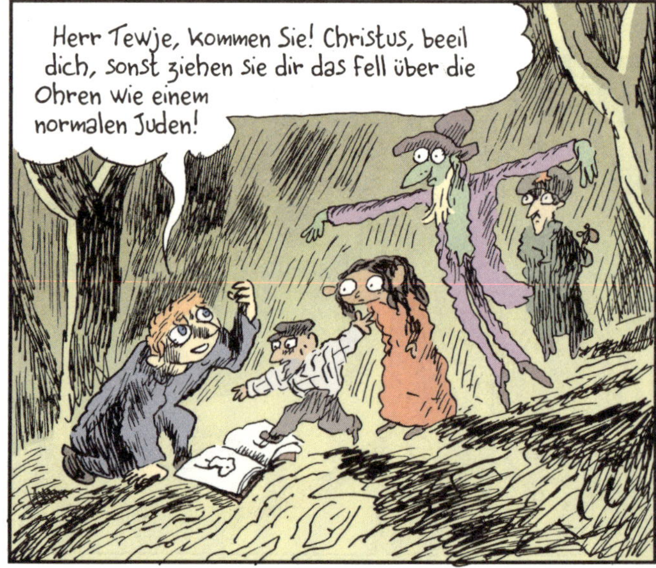
Herr Tewje, kommen Sie! Christus, beeil dich, sonst ziehen sie dir das Fell über die Ohren wie einem normalen Juden!

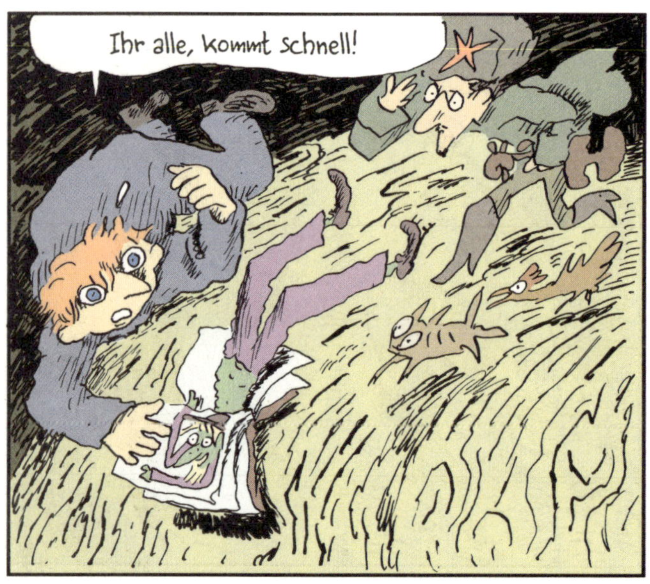
Ihr alle, kommt schnell!

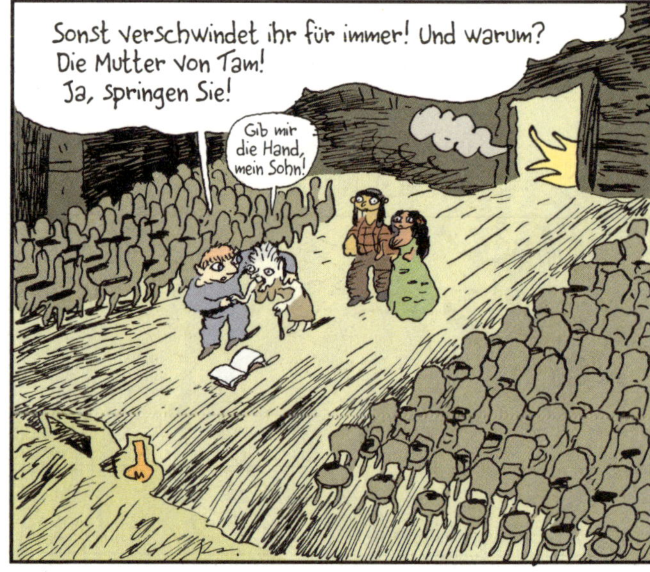
Sonst verschwindet ihr für immer! Und warum? Die Mutter von Tam! Ja, springen Sie!
Gib mir die Hand, mein Sohn!

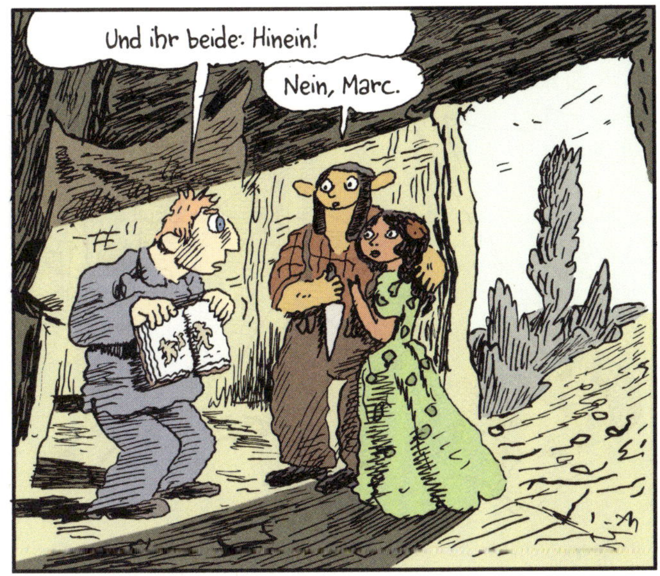
Und ihr beide: Hinein!
Nein, Marc.

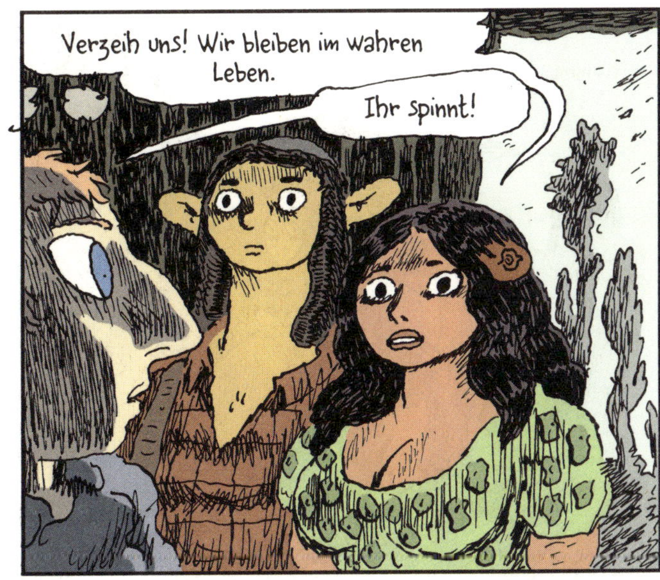
Verzeih uns! Wir bleiben im wahren Leben.
Ihr spinnt!

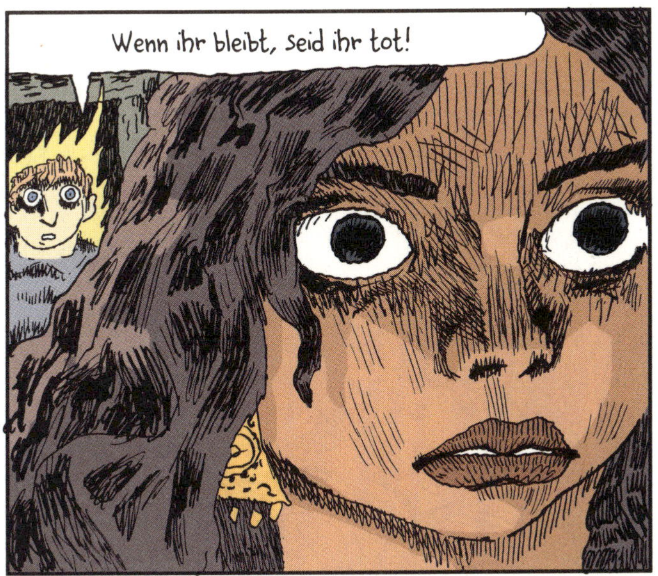
Wenn ihr bleibt, seid ihr tot!

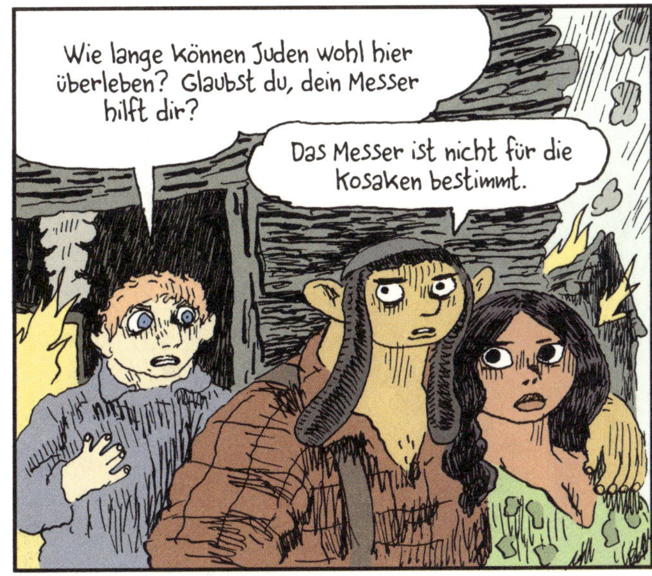
Wie lange können Juden wohl hier überleben? Glaubst du, dein Messer hilft dir?
Das Messer ist nicht für die Kosaken bestimmt.

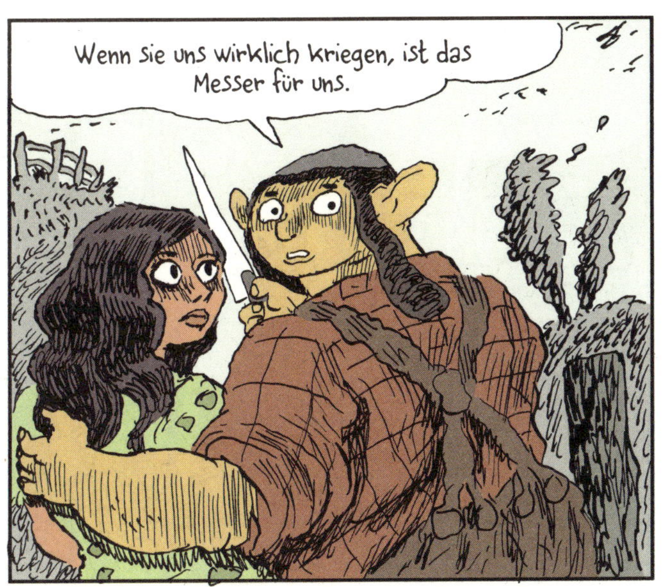
Wenn sie uns wirklich kriegen, ist das Messer für uns.

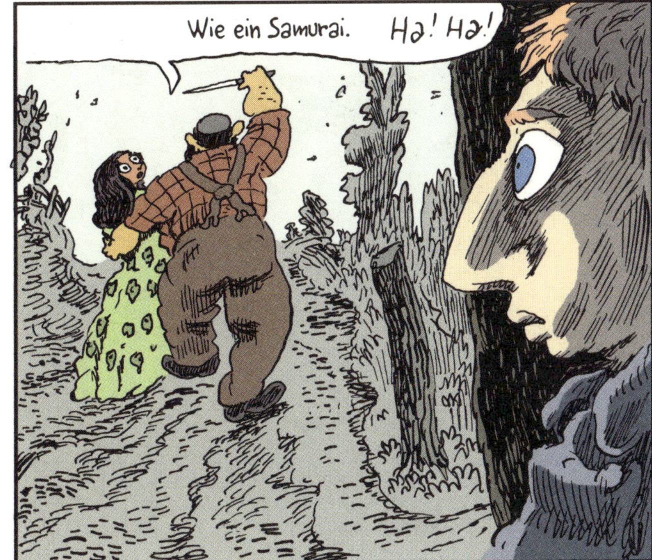
Wie ein Samurai.
Ha! Ha!

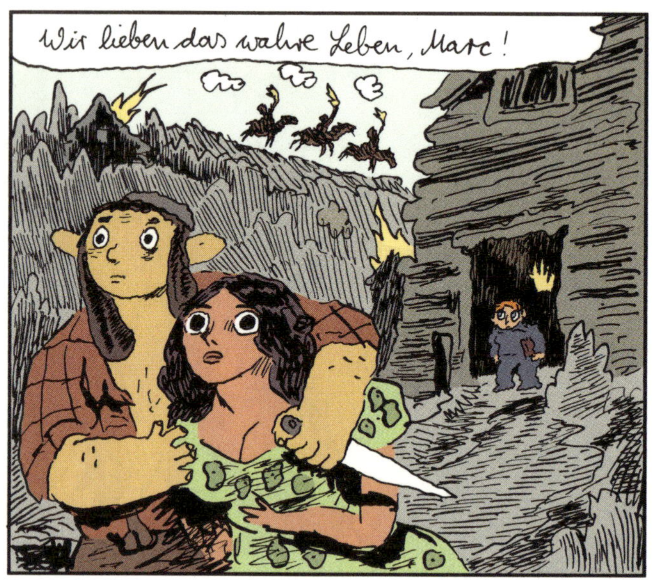
Wir lieben das wahre Leben, Marc!
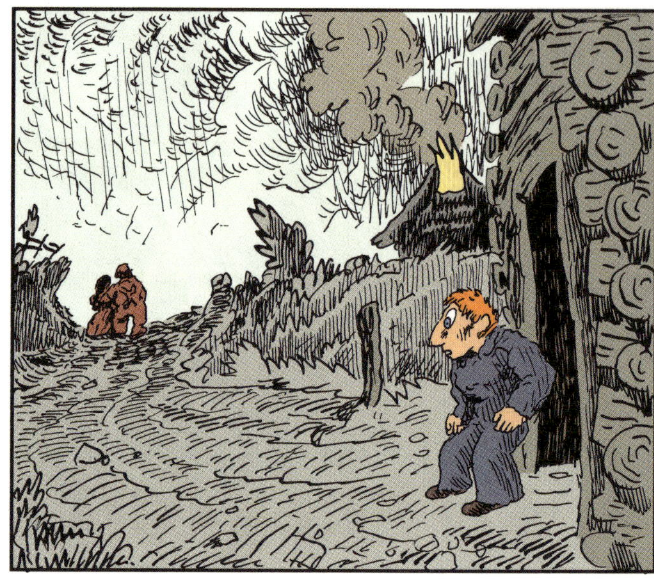
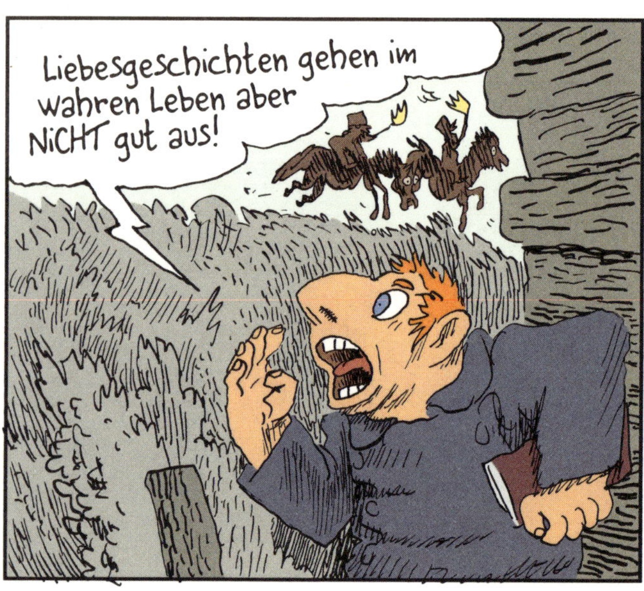
Liebesgeschichten gehen im wahren Leben aber NICHT gut aus!
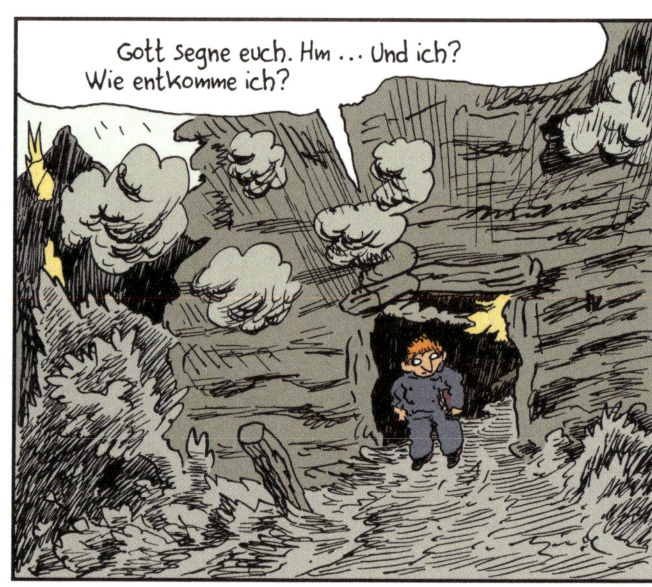
Gott segne euch. Hm ... Und ich? Wie entkomme ich?
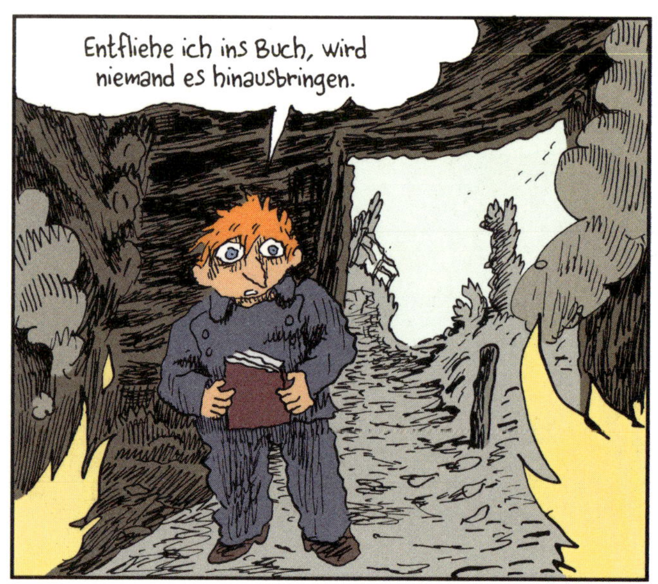
Entfliehe ich ins Buch, wird niemand es hinausbringen.
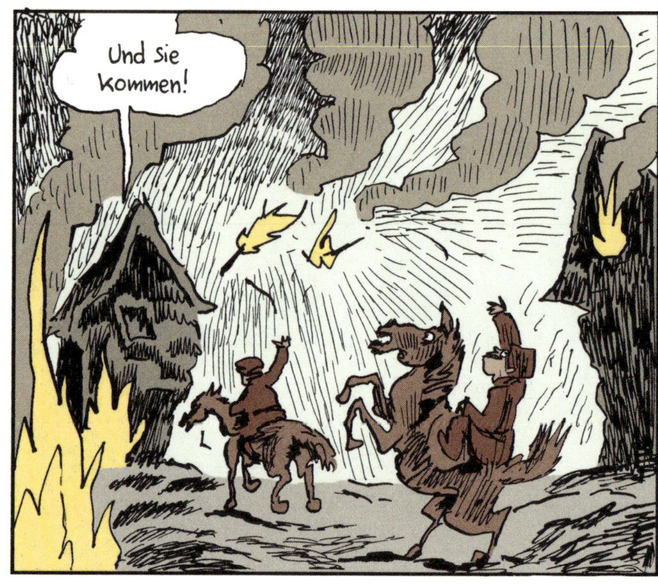
Und sie kommen!

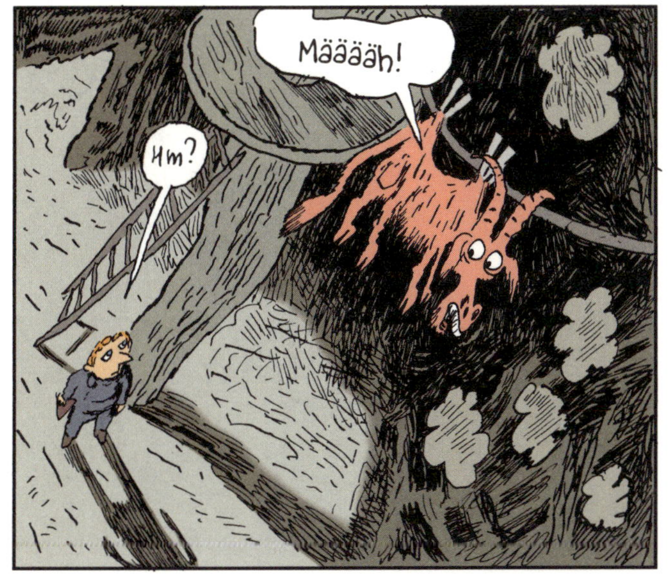
Määääh!
Hm?

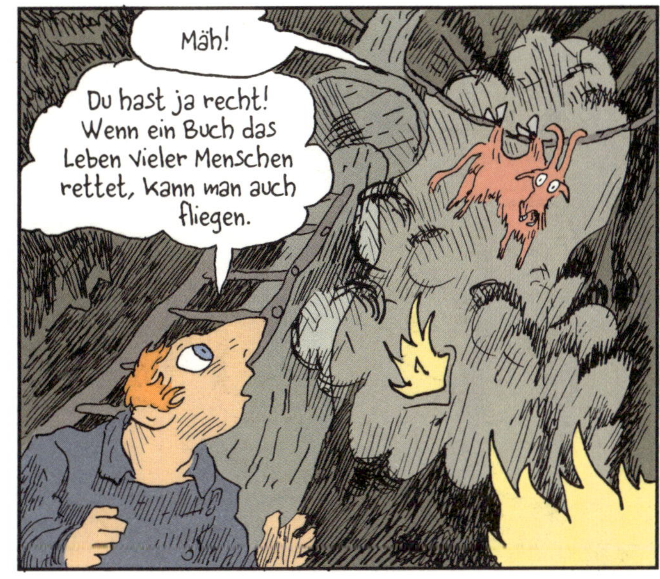
Mäh!
Du hast ja recht! Wenn ein Buch das Leben vieler Menschen rettet, kann man auch fliegen.

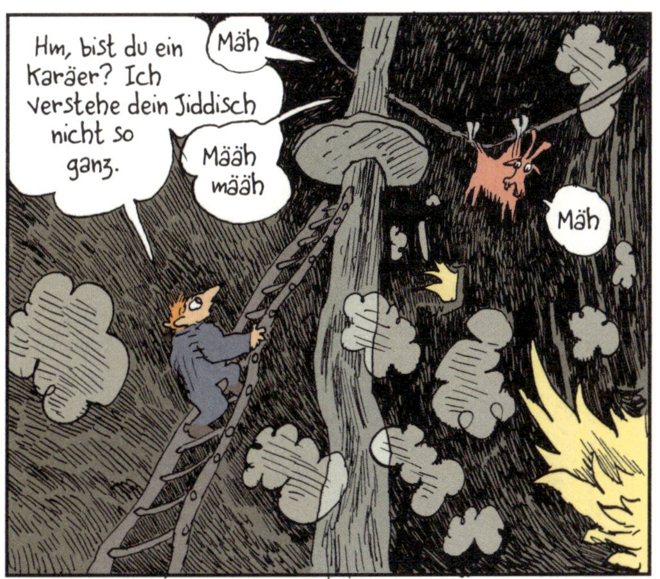
Hm, bist du ein Karäer? Ich verstehe dein Jiddisch nicht so ganz.
Mäh
Määh mäöh
Mäh

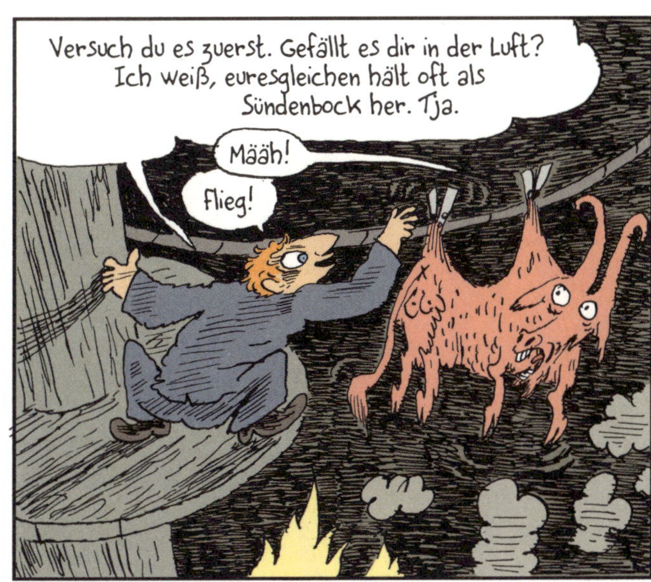
Versuch du es zuerst. Gefällt es dir in der Luft? Ich weiß, euresgleichen hält oft als Sündenbock her. Tja.
Määh!
Flieg!

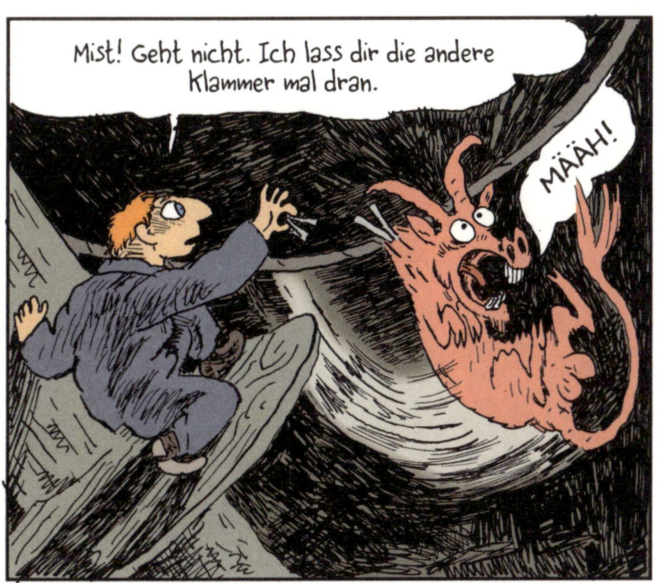
Mist! Geht nicht. Ich lass dir die andere Klammer mal dran.
MÄÄH!

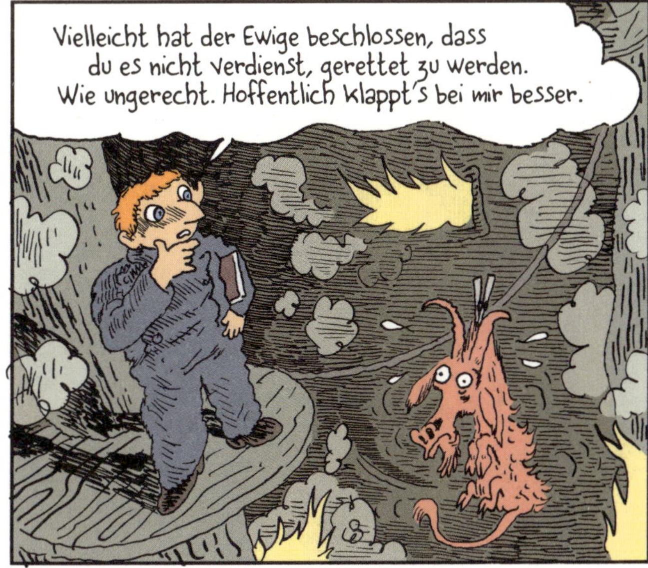
Vielleicht hat der Ewige beschlossen, dass du es nicht verdienst, gerettet zu werden. Wie ungerecht. Hoffentlich klappt's bei mir besser.

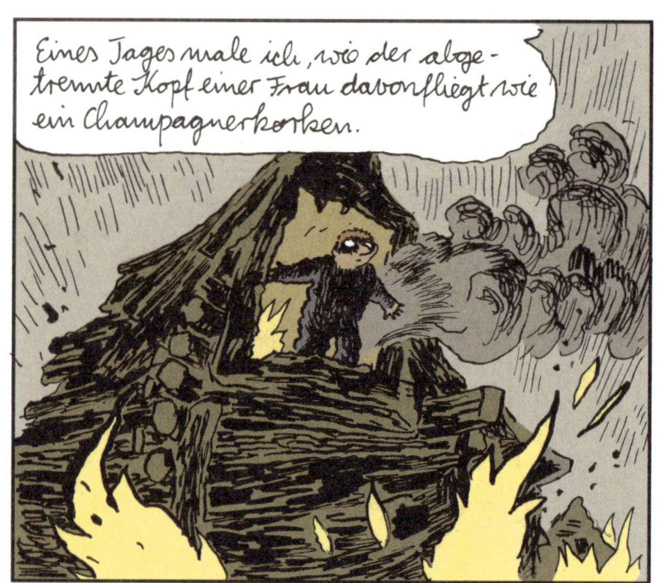
Eines Tages male ich, wie der abgetrennte Kopf einer Frau davonfliegt wie ein Champagnerkorken.

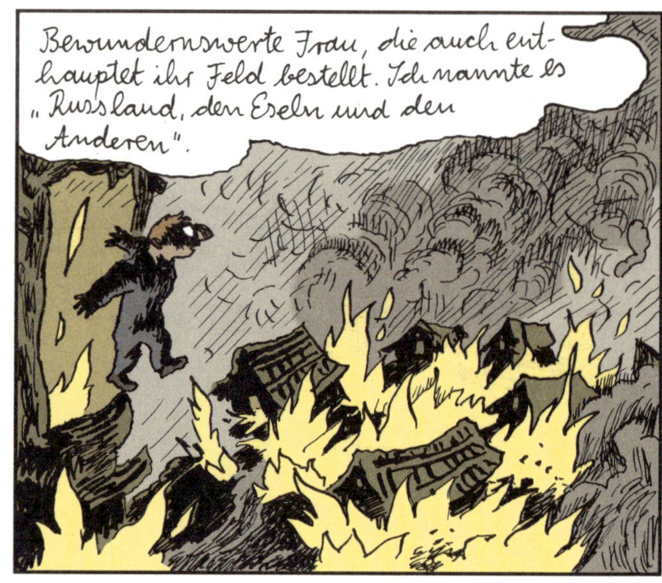
Bewundernswerte Frau, die auch enthauptet ihr Feld bestellt. Ich nannte es „Russland, den Eseln und den Anderen".

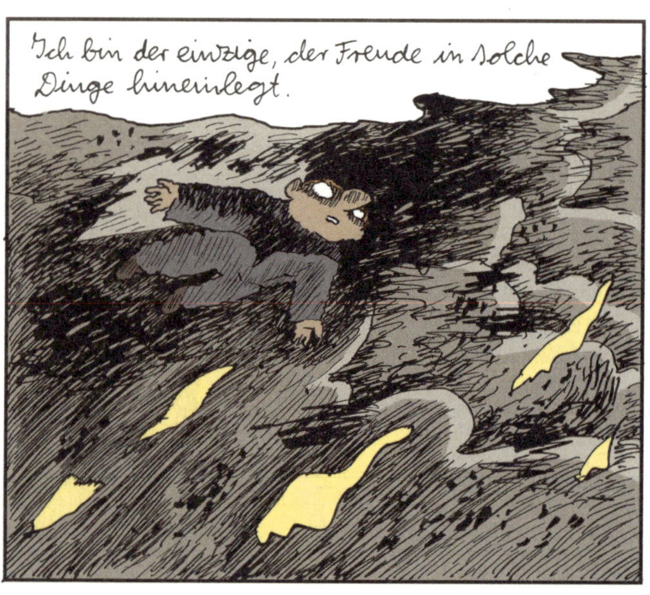
Ich bin der einzige, der Freude in solche Dinge hineinlegt.

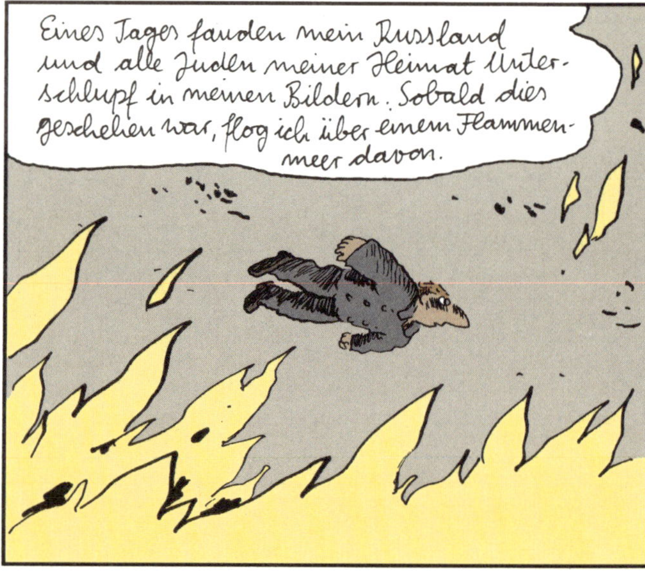
Eines Tages fanden mein Russland und alle Juden meiner Heimat Unterschlupf in meinen Bildern. Sobald dies geschehen war, flog ich über einem Flammenmeer davon.

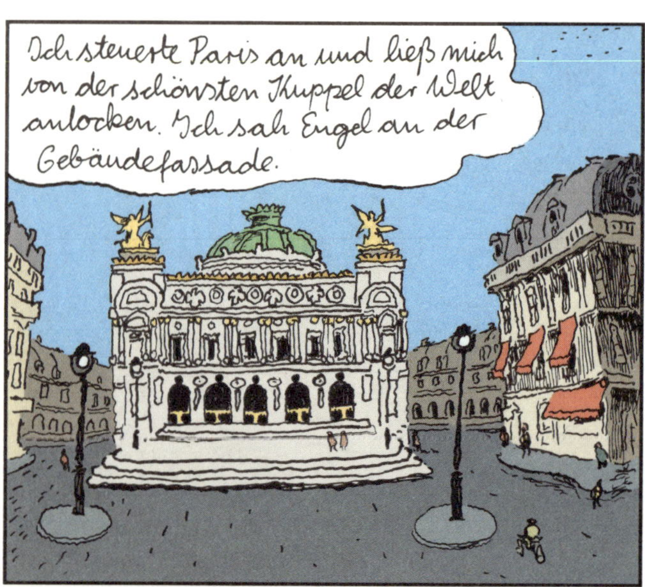
Ich steuerte Paris an und ließ mich von der schönsten Kuppel der Welt anlocken. Ich sah Engel an der Gebäudefassade.

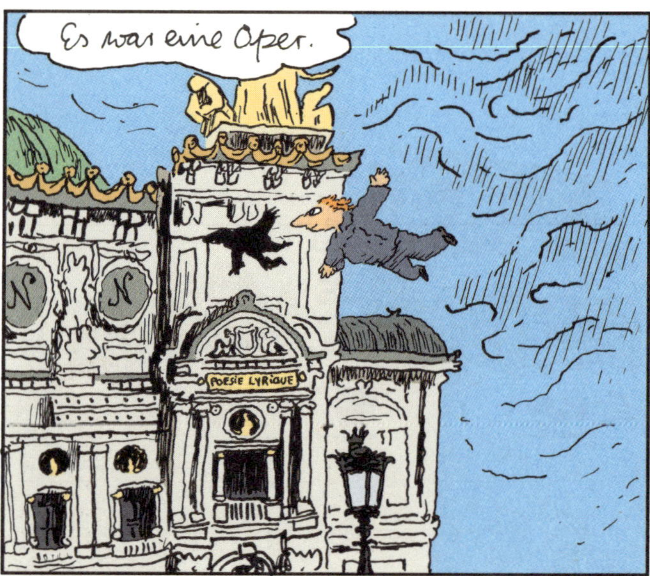
Es war eine Oper.
POESIE LYRIQUE

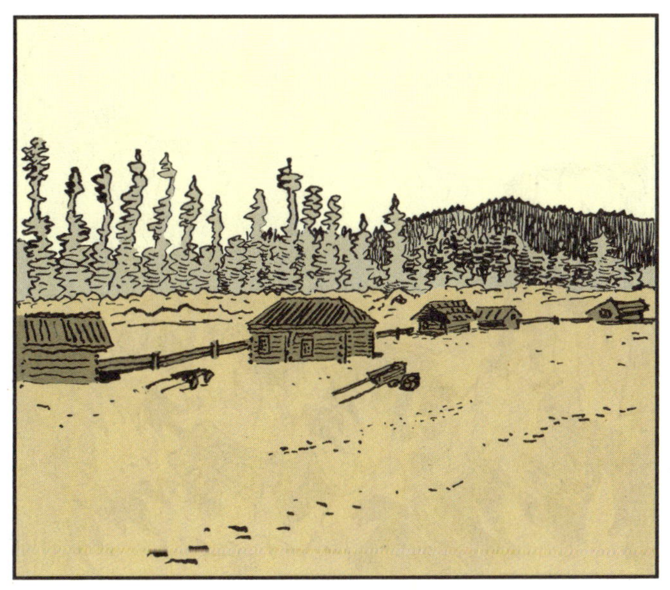

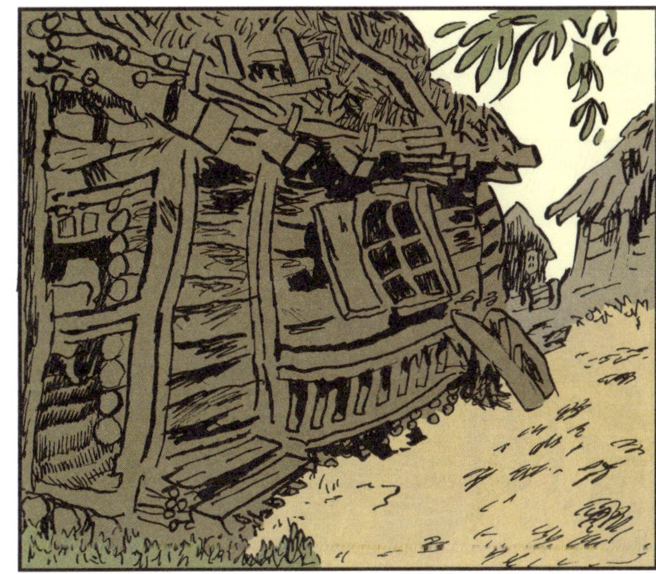

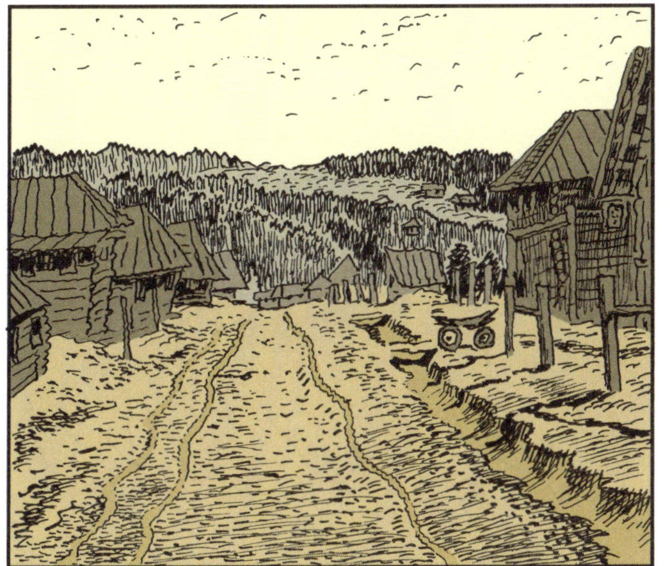

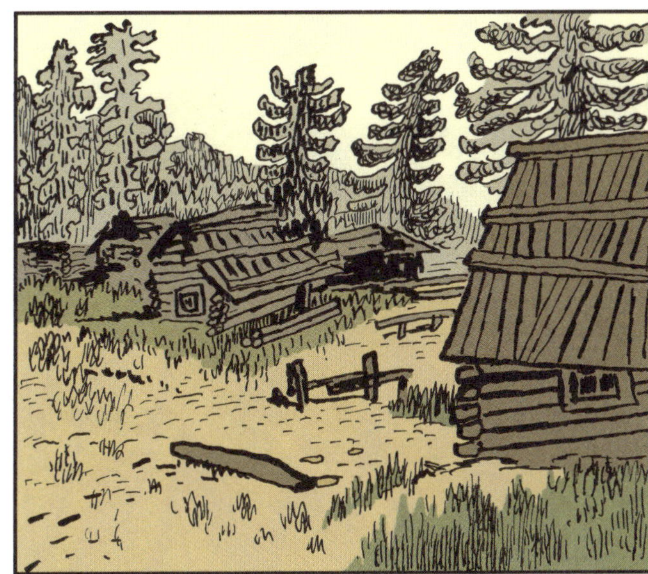

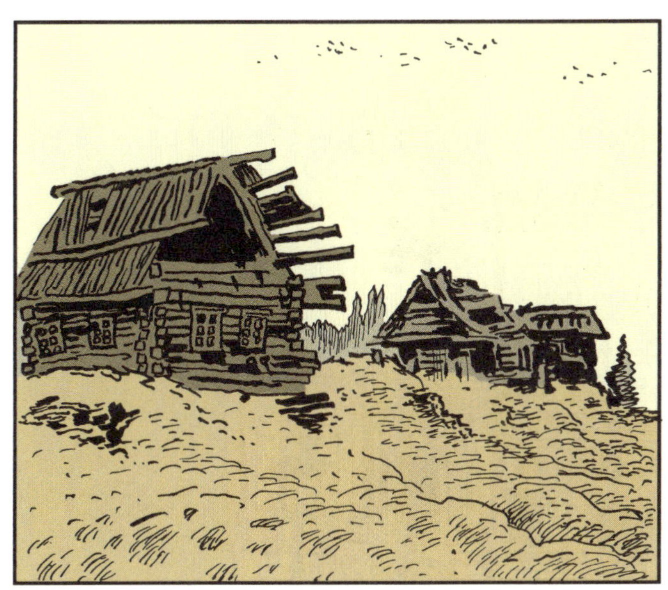

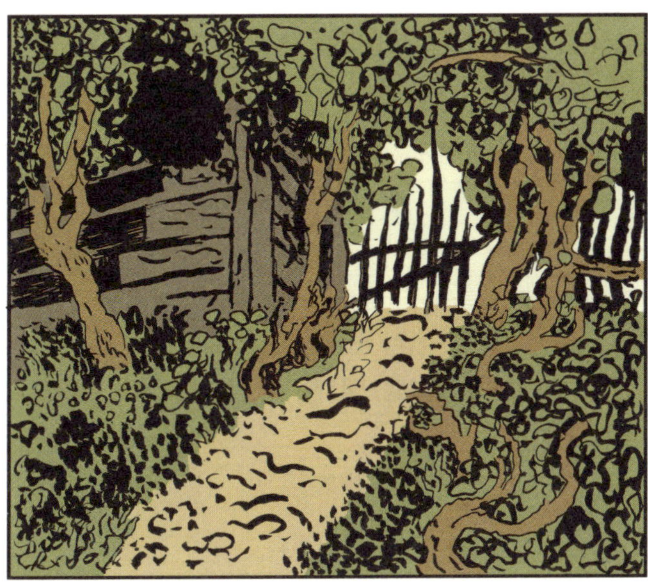

Joann Sfar.

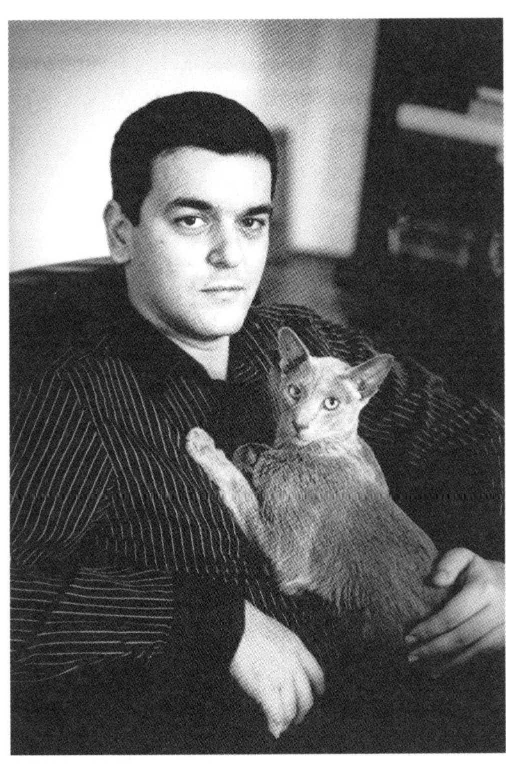

Joann Sfar

Joann Sfar wurde 1971 in Nizza als Sohn einer Sängerin und eines Rechtsanwaltes geboren. Er wuchs in der jüdischen Kultur auf, sowohl askenasisch als auch sefardisch geprägt, lernte Hebräisch und die Vorschriften der Torah, besuchte jedoch die französische staatliche Schule.

Schon in der Kindheit begann er, dessen Name sich vom Wort „Sofer" ableitet – Hebräisch für „Schreiber" – pausenlos Geschichten zu erfinden und diese zu zeichnen. Und das bereits in dem Ausmaß, wie wir es heute von ihm kennen.
Im Alter von fünfzehn Jahren schickte Sfar jeden Monat ein Comicprojekt an Verlage, die diese – mit genau der gleichen Regelmäßigkeit – ablehnten. Dann lernte er Comiczeichner wie Fred, Baudoin und Pierre Dubois kennen, die ihn stark beeinflussten. Nach dem Abschluss seines Studiums der Philosophie in Nizza besuchte er die Kunstakademie in Paris.

1993 wurde er Mitglied einer Ateliergemeinschaft, welche später als „Atelier des Vorges" zu einiger Berühmtheit gelangte. Dort arbeiteten u. a. Lewis Trondheim, David B., Jean-Christophe Manu, Emmanuel Guibert, Christophe Blain, Émile Bravo und Marjane Satrapi. 1994 kam dann der Durchbruch: innerhalb von einem Monat bieten ihm plötzlich drei verschiedene Verlage an, seine Arbeiten zu publizieren. Seitdem kreiert Joann Sfar ein Gesamtwerk von absoluter Originalität, und das in einer Fülle, die nur scheinbar nach Chaos aussieht. Seine Geschichten gehen in die Tiefe, ohne jemals Witz oder Sinnlichkeit missen zu lassen. Seine Charaktere verfügen über die Ausdruckskraft eines Albert Cohen, und die Freude am Zeichnen ist bei ihm genauso kommunikativ wie bei Quentin Blake. Sfar gehört zu jenen Autoren, die mit ihren Geschichten den zeitgenössischen Comic erneuert haben.

Dafür wurde er in seiner Heimat mit zahlreichen Preisen ausgezeichnet, und erhielt hierzulande den „Max und Moritz-Preis" als bester Szenarist.

Weitere Werke von Joann Sfar im avant-verlag:

Professor Bell
Bd. 1: Der Mexikaner mit den zwei Köpfen
Bd. 2: Die Puppen von Jerusalem
Bd. 3: Der Affenkönig
Bd. 4: Die Gesellschaft der toten Königinnen
Bd. 5: Die Kobolde Irlands

Die Katze des Rabbiners
Bd. 1: Die Bar-Mizwa
Bd. 2: Malka, der Herr der Löwen
Bd. 3: Exodus
Bd. 4: Das irdische Paradies
Bd. 5: Jerusalem in Afrika

Desmodus
Bd. 1: Der Vampir geht zur Schule
Bd. 2: Der Vampir macht Kung-Fu!
Bd. 3: Der Vampir und die Hundeschutzgesellschaft
Bd. 4: Der Vampir und die Kaka-Suppe

Klezmer
Bd. 1: Die Eroberung des Ostens
Bd. 2: Alles Gute zum Geburtstag, Scylla
Bd. 3: Diebe, alles Diebe!
Bd. 4: Trapezschwünge

Petrus Grumbart (mit P. Dubois)
Die kleine Welt des Golem
Pascin
Chagall in Russland
Vampir – Gesamtausgabe (in Vorbereitung)

Eine Auswahl weiterer Graphic Novels im avant-verlag:

Altarriba/Kim
Die Kunst zu fliegen

Marijpol
Trommelfels

Paula Bulling
Im Land der Frühaufsteher

Birgit Weyhe
Reigen

Blutch
Blotch – der König von Paris
Peplum

Patrick McEown
Hair Shirt

Mezzo/Pirus
Der König der Fliegen

Peter van Dongen
Rampokan – Java
Rampokan – Celebes

Ben Katchor
Der Jude von New York

Simon Schwarz
Drüben!
Packeis

Winschluss
Pinocchio

Joann Sfar:
Klezmer (4 Bände)
Professor Bell (5 Bände)
Pascin
Die kleine Welt des Golems
Die Katze des Rabbiners (5 Bände)
Chagall in Russland

Brüno/Nury
Atar Gull

Sophia Martineck
Hühner, Porno, Schlägerei

Golo
B. Traven – Porträt eines berühmten Unbekannten

Golo/Dibou:
Chronik einer verschwundenen Stadt

David B.
Auf dunklen Wegen
Die besten Feinde

Gipi
Aufzeichnungen für eine Kriegsgeschichte
Nachtaufnahmen

Fiske/Kverneland:
Olaf G.

Ulli Lust
Heute ist der letzte Tag vom Rest deines Lebens
Fashionvictims – Trendverächter

Manuele Fior
Fünftausend Kilometer in der Sekunde
Fräulein Else
Ikarus
Menschen am Sonntag

Henseler/Buddenberg
Grenzfall
Berlin – geteilte Stadt

Sampayo/Igort
Fats Waller

Giandelli/Ricci
anita